AF412610

Eco: arte contemporáneo mexicano

Museo Nacional Centro de Arte Reina Sofía   CONACULTA

El Ministerio de Cultura no ha escatimado esfuerzos en atender con especial interés el dinamismo artístico que vive México, un país al que nos unen tantas experiencias comunes y tantas conexiones culturales y que, además, en este año conmemorativo del IV Centenario de la primera edición de *El Quijote*, libro fundamental de la lengua que compartimos, adquiere una significación especial.

El Museo Nacional Centro de Arte Reina Sofía, nuestra institución capital del arte contemporáneo, acoge en sus salas durante los próximos meses una serie de muestras que reflejan la efervescencia y diversidad artística de México. Entre ellas, la exposición *Eco: arte contemporáneo mexicano*, ofrece una visión coral, entroncada en las inquietudes de la generación artística que emergió en México durante los años noventa.

Esta exposición, organizada por el Museo Nacional Centro de Arte Reina Sofía en colaboración con el Consejo Nacional para la Cultura y las Artes de México, ha querido esbozar la compleja red de miradas diferentes que habitan en el arte mexicano actual. Esto se materializa por medio de una significativa selección de obras, que no sólo se presentan como portadoras de una intensidad poética subjetiva sino que, a su vez, se comportan como agentes activos con un contenido social crítico. Los comisarios de la muestra no han pretendido una explicación totalizadora de la escena mexicana actual, ni tampoco elaborar una narración predominante, sino expresar su compromiso con la práctica artística plural que se ha desarrollado en México en los últimos quince años.

Es necesario poner de relieve el interés y el esfuerzo del Museo Nacional Centro de Arte Reina Sofía en incrementar la presencia del arte mexicano en nuestro país, que, sin duda, se corresponde con la excelente relación de reciprocidad cultural que venimos manteniendo. Quiero expresar mi más sincero agradecimiento al Consejo Nacional para la Cultura y las Artes de México, por su afable y fructífera colaboración en este empeño. También quiero transmitir mi agradecimiento y felicitación a todos aquellos que, con su participación y entusiasmo, han contribuido a llevar a cabo este importante proyecto.

Carmen Calvo
Ministra de Cultura

Al reconocimiento internacional del que ha sido objeto el arte contemporáneo de México, se suma ahora la exposición organizada por el Museo Nacional Centro de Arte Reina Sofía de España. Más de medio centenar de obras aspiran a dar cuenta de lo acontecido en las artes visuales de México durante los años noventa del siglo XX; una década de múltiples proposiciones artísticas, confrontadas posiciones de debate y un constante cuestionamiento entre el arte y la estética, la identidad y la globalización; como también de los recientes procesos de la apertura democrática mexicana, que culminan con el Gobierno del cambio del presidente Vicente Fox.

El mandato de nuestra política cultural ha sido apoyar la creatividad e impulsar la difusión del trabajo de los artistas contemporáneos. Es por ello, que en el contexto de la presencia de México como país invitado para la feria internacional de ARCO, nos hemos dado a la tarea de apoyar la exposición temporal *Eco: arte contemporáneo mexicano*; en la cual participan casi cuarenta artistas de distintas generaciones, bajo una propuesta curatorial que intenta explicar la condición contemporánea de las artes visuales en nuestro país.

Sin aspiraciones definitorias, ya que el arte contemporáneo ha probado plenamente la multiplicidad de sus posibles lecturas e interpretaciones, la selección reúne el trabajo de grandes maestros del arte moderno, como Günther Gerzso y Francisco Toledo, junto al trabajo de los artistas que maduraron una postura estética en la antesala del siglo XXI, como Kyoto Ota y Julio Galán. Importante tarea de promoción ha sido la de incluir a los jóvenes creadores que despuntan en las artes visuales, cuya evaluación histórica, habrá de llevarse a cabo en años venideros.

De esta manera, el Consejo Nacional para la Cultura y las Artes asume su compromiso de apoyar, de forma decisiva, el arte contemporáneo de México, permitiendo que los artistas tengan acceso a los principales foros de exhibición en el mundo. En esta ocasión, con el Museo Nacional Centro de Arte Reina Sofía y sumando el patrocinio de instituciones mexicanas, como la Secretaría de Relaciones Exteriores y el Instituto Nacional de Bellas Artes, hacemos votos por que esta exposición contribuya a un mayor conocimiento y valoración del trabajo creativo de los artistas mexicanos.

Sari Bermúdez
Presidenta del Consejo Nacional para la Cultura y las Artes
de México

En estos últimos años hemos asistido a una importante eclosión del arte contemporáneo mexicano en los foros internacionales, fruto del nuevo impulso creativo que vive este país, habiéndose convertido en un espacio sugestivo y dinámico con un fuerte poder de atracción para la comunidad artística internacional.

El Museo Nacional Centro de Arte Reina Sofía presenta la exposición *Eco: arte contemporáneo mexicano*. Un acercamiento a la inquieta escena artística mexicana desde la mirada crítica de sus dos comisarios, Osvaldo Sánchez y Kevin Power, que se han propuesto dilucidar un significativo entramado transgeneracional en la creación plástica mexicana de las dos últimas décadas. No se trata de sugerir construcción histórica alguna, como afirman sus comisarios, sino poner en relación un importante número de obras, consideradas piezas clave del arte contemporáneo mexicano, y que sean las obras mismas las que sean capaces de crear resonancias, ecos que reverberen en la exposición generando una comunidad de sentido comprometida con la realidad.

Los autores de las obras seleccionadas abarcan un amplio espectro, sin pretenderlo representativo, de la pluralidad estética que coexiste en México. Diferentes poéticas se yuxtaponen para explorar una realidad que tiene como telón de fondo la singularidad de la megalópolis de la ciudad de México. Como cartógrafos sentimentales, estos artistas rastrean la ciudad a nivel de calle recogiendo imágenes, sonidos, colores y olores que muestran las fisuras de la sociedad. Utilizan lo arcaico para reavivar lo contemporáneo y fusionan con ironía lo global y lo local en un "espacio-frontera" donde todas las mezclas están permitidas.

Esperamos que esta muestra que hemos organizado en amistosa colaboración con el Consejo Nacional para la Cultura y las Artes de México contribuya a un mayor conocimiento de la escena artística mexicana y que el eco de las obras expuestas se alce en el Museo como signo de diferencia artística contemporánea. Felicito y agradezco a los comisarios por el buen trabajo realizado, así como a todos y a cada uno de los artistas participantes y a los autores de los textos del presente catálogo. Agradezco profundamente a todas las instituciones y coleccionistas que generosamente han cedido las obras. A la Embajada de México en Madrid por la asistencia brindada y a todas aquellas personas que con su buen hacer han colaborado para llevar adelante esta exposición.

Ana Martínez de Aguilar
Directora del Museo Nacional Centro de Arte Reina Sofía

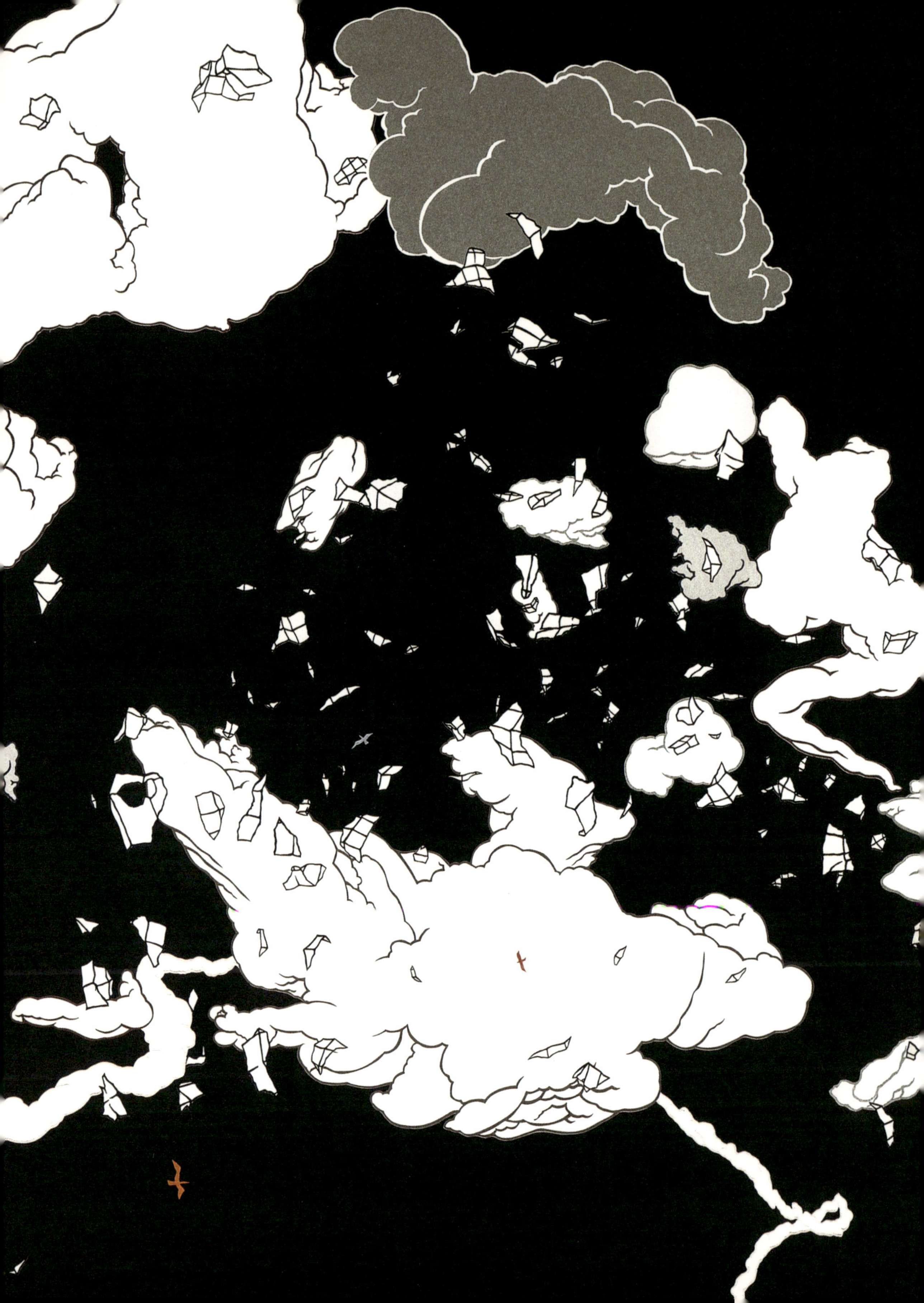

Pablo Vargas Lugo
Mapa roto (negro), 2003 [detalle]

Notas para una estética del modernizado
Cuauhtémoc Medina

1. Metástasis y estilo

Como si de un tumor se tratara, entre agosto y diciembre del año 2004 un enorme anexo de color rojo apagado estuvo colgado de la fachada del Museo Carrillo Gil al sur de la ciudad de México. Sostenido del petril de la azotea con una ingeniosa estructura compuesta de parábolas fabricadas con herrería común y corriente, *Paracaidista, Av. Revolución 1608 bis* (2004) de Héctor Zamora era una instalación habitable: la vivienda temporal con la que el artista invadió un espacio físico y simbólico localizado entre el museo y la calle. La intervención era en muchos sentidos un parásito: estructuralmente, pues dependía tectónicamente de la arquitectura modernista del Museo; financiera y administrativamente, pues esta vivienda personal tomaba sus servicios y sostén del aparato público de cultura. En un sentido más estético, la vivienda sugería una especie de contagio, para ser precisos, una metástasis proletaria. En medio del tráfago y el tráfico de una ciudad cada vez más monstruosa, la intervención parecía contaminar el tejido urbano central con la estética de supervivencia característica de las barriadas de la periferia de la megalópolis, las masa de chabolas a la que los mexicanos llaman, no sin dosis de patetismo, las "ciudades perdidas".

Construida con el repertorio usual de materiales de los asentamientos ilegales que se extienden en torno a la ciudad de México (madera "de tercera", plástico, alambre, metal, cartón y el acabado exterior de lámina acanalada asfáltica, roja y negra) la casa de Zamora era una reelaboración de soluciones prácticas derivadas de la miseria, recursos cuya sencillez estribaba en la lógica de la improvisación, el bricolaje, la transferencia técnica y el reciclaje. Así, la escalinata que venía del nivel de la calle estaba hecha con las técnicas de las cimbras de albañilería, las ventanas de hule se cerraban con un simple tornillo detenido por un brazo de madera, y los focos se protegían magistralmente de la lluvia con secciones de botellas de agua de plástico. En resumidas cuentas, esta casa era una concentración de sabiduría social constructiva: una versión estetizada y ampliada del "estilo" de vivienda autoconstruida por la pobreza. De hecho, era un objeto de propaganda: ofrecía la forma de construcción (y la ilegalidad del asentamiento) como un modelo a ser imitado. Uno se sentía interpelado por un tipo constructivo ideal que flotaba sobre la avenida como una alucinación arquitectónica *tugurizada*.

Fruto complejo de la estilización de lo marginal, la casa de Zamora escenificaba una subversión de nuestras categorías estéticas: planteaba al visitante/usuario, invitado a entrar a este espacio un poco como el que revisa departamentos para rentarlos, la fantasía de una "alta periferia" diseminándose en urbanizaciones colgando entre las edificaciones aproximando a la megalópolis al sueño/pesadilla de *Blade Runner*. Crucial era que la obra no era, en absoluto, una denuncia. Aunque políticamente intensa, no contenía un gramo de redentorismo o lástima, sino que se concentraba en proponer una transvaloración social-estética.

2. La estilización de lo marginal

Al recorrer su interior de nave intergaláctica, comunicada con escotillas y escaleras empinadas, esta instalación se mostraba como uno más de los intentos que, en el arte reciente de la ciudad de México, coincide en hacer un uso estético del subdesarrollo. Además de la experiencia de una anti arquitectura, *Av. Revolución 1608 bis* brindaba un momento de reflexión (y refracción) de una reciente tradición. Sin ser en absoluto (nada lo sería) el sumario o "tipo" del arte proveniente de México desde los años noventa, reafirmaba el terreno de juego de una negociación entre los extremos de la seducción y la crítica, la brutalidad y la delicadeza, la crítica y la estetización. Era imposible no sentir de inmediato que esta casa era parte ya del canon de operaciones mediante las cuales los artistas de las últimas décadas usaron a la ciudad de México como el laboratorio de un diálogo tenso, inoportuno y vistoso: la (re)invención de una estética contemporánea a partir de las ruinas de una modernización postergada, deformada, traicionada y descarrilada al infinito. Principio que, a pesar de sus muchas variaciones e interpretaciones, ha estado en el centro de varias de las obras del período: la persecución de los milagros poético-políticos que Francis Alÿs ha ido entretejiendo en la textura urbana, la transmutación del horror en un sublime político en las operaciones de Teresa Margolles con restos humanos, o la alta sofisticación de lo artificial/comercial de la obra de Melanie Smith, etc. De hecho, bien pudiera ser que la casa de Zamora se tomara como una alegoría del modo en que cierta práctica artística se monta en la estructura social. Bastaría para ello transformar sus características específicas, en operaciones críticas:
– En lugar de corregir la estructura social y material que encuentra, la añade una complicación.
– En lugar de inducir un lamento, utiliza las fallas de lo cotidiano como medios de producción poética.
– En vez de señalar al lugar utópico de cierta modernidad, o celebrar un determinado proyecto desarrollista de elite, ésta y otras obras amplifican los efectos de la violenta modernización efectiva. En suma, son la manifestación oportunista de una estética del *modernizado.*

Pongo un énfasis particular en el último inciso de esta extrapolación. Lo que nos compete aquí son una serie de prácticas que se proponen en observante disidencia frente al proceso de modernización. En lugar de formularse a partir de un mecanismo de identificación para con la modernidad, al modo en que la encarnada por una elite productora de estética avanzada *modernista, la* perspectiva del *modernizado* concibe al arte como un sitio que reporta los efectos subjetivos y sensibles de cierta pasividad, aquella ante la que necesariamente nos coloca el embate de las fuerzas históricas, si se quiere, *impersonales*: los cambios de la estructura social, el proceso de integración cultural y económica global, el desbaste de los agentes políticos, la erosión social y urbana, la colonización, el reprocesamiento que efectúa el capitalismo sobre nuestros sentidos. Obras, pues, que traducen colectivamente los efectos del proceso histórico global. No las expresiones de una subjetividad, sino el padecimiento de un cuerpo social, si bien transformado en medio de sofisticación subjetiva.

3. El desprecio como autonomía

Hoy, que una diversidad de intereses sobrevuela en torno al arte contemporáneo en México, conviene traer a cuentas la productividad que tuvo el relativo desdén que frente a él ejercieron una serie de actores. En buena parte de los años noventa, artistas, críticos y curadores gozaron de una curiosa autonomía: la posibilidad de tejer una narrativa paralela debía su energía a la escasa interacción (y contaminación) de los gustos de la burguesía, las inclinaciones de la administración cultural y, en términos generales, las (supuestas) aspiraciones de cultivo y recreación de la audiencia.

Lo propicio de ese desdén fue el levantamiento de las expectativas de lo que socialmente se entendía como "buen arte", y con ello la emergencia de prácticas que lograron fructificar no obstante su escaso sentido para la cultura. La ausencia casi absoluta de colecciones públicas[1] (y la muy limitada existencia de compradores privados) tuvo la doble consecuencia de reducir el impacto del mercado en el proceso artístico, y a la vez de ofuscar la perspectiva histórica. Es notable cómo la ausencia de genealogías locales claras debe mucho a la falta de un referente museográfico. Por otra parte, las artes plásticas resultaron invisibles para la academia local, y casi universalmente despreciadas por los literatos, con lo que de hecho escaparon a la administración simbólica que, en los países latinos, la literatura ejerce tradicionalmente sobre el contexto cultural más general[2]. Añádase a ello la orfandad política: si bien la obra de varios de los artistas de los años noventa en México es apreciada globalmente por su preocupación política radical, carece prácticamente de articulación local con ninguna posición efectiva. Cuestión que, claro, muchos pueden leer como falta de interés, cuando también es una negativa a adherirse a los términos instrumentales y demagógicos de la política vigente.

Salvo por contadas excepciones (el impacto del *Museo Salinas* de Vicente Razo[3] o el escándalo mediático que sucedió a la publicación en el año 2002 del libro *Ricas y famosas* de Daniela Rossell[4]) el arte contemporáneo ocupó rara vez las primeras planas de los diarios. Si muchas de las obras de período arriesgan una politización al margen de la política, en el sentido de que apuntan a temas que la obsesión por el control el aparato estatal deja de lado del debate cotidiano de los políticos, lo cierto es que su disposición a operar a un nivel global y no bajo los requisitos simbólicos de "lo nacional" las hizo inaceptables para una izquierda estacionada en la nostalgia por los actos soberanos del Estado-nación. Esos ingredientes explican en gran medida por qué el arte contemporáneo aparece en el México del final del siglo XX como un espacio de interacción relativamente estanco, con sus propios canales de comunicación, crítica y experiencia. Muy a pesar de ocuparse del espacio y referencias comunes, habitó un territorio separado, radicalmente diferenciado del lugar común de la cultura.

4. La crisis, esa identidad

Dadas esas condiciones, ¿podemos definir qué tipo de producción derivó de ese desprendimiento cultural que fue la emergencia en lugares como México, de la producción estética modernizada y globalizada de los años noventa? Ante todo, tendríamos que hacernos cargo de su peculiar heterogeneidad, aunque con frecuencia se acusa a los círculos de arte contemporáneo de ser monolíticos y dogmáticos. Bien vistos, sin embargo, éstos son sitio de encuentro de intentonas estéticas profundamente discordantes. ¿Cómo validar que una cierta sensibilidad reivindique a la vez la indulgencia de Miguel Calderón en explorar la cordillera de sus testículos peludos, y el rigor ético y la sabia inmisericordia de Santiago Sierra al exhibir la falsa libertad del liberalismo, y la falsa producción de la economía de mercado? ¿Qué puede hilvanar la fuga de imágenes postnacional de Rubén Ortiz Torres, su empeño en mostrarnos el choque entre la fantasía del sujeto y su entorno fantasmagórico, con el catálogo de oximorones ópticos de Pablo Vargas Lugo?

Ante la atrofia de la noción de unidad histórico-geográfica del estilo, es probable que un período artístico como el que reseñamos deba considerarse como una gama de discordancias, más o menos impregnadas de urgencia por el período inestable que les toca atestiguar. En ese sentido, sería más apropiado sustituir las marcas de proveniencia geográfica, étnica o nacional, frecuentemente establecidas a partir del estereotipo o el mito de origen, por una comunidad provisional e involuntaria: aquella derivada de haber compartido una serie de tragedias colectivas.

La sensibilidad cultural contemporánea que aquí refiero estaría por consiguiente jalonada por dos décadas de desastres mexicanos: el terremoto de la ciudad de México de 1985, la crisis general de mediados de los noventa —caracterizada por la rebelión zapatista, el asesinato del candidato oficialista a la presidencia y la catástrofe financiera y social de 1995— y finalmente, la interminable telecomedia de la "transición democrática" del gobierno foxista a partir del año 2000. Por encima de esos eventos flotaría la evidencia de la implacable integración del país al capitalismo global, que hasta la fecha sólo ha ahondado la desigualdad social. El hecho simple es que desde 1976, sino es desde 1968, los mexicanos se han acostumbrado a vivir bajo el patrocinio de la palabra "crisis". "Crisis" es quizá la palabra más repetida en el discurso público en México, por encima de globalización, democracia, demografía, globalización o deseo. Paradojas lingüísticas: México es un país que transitó de la revolución institucional a la crisis permanente.

Una identidad así formada no es, claro, una condición visualmente identificable. En una fase artística donde el autor no se afilia a "tendencias", sino que genera prácticas, es del todo natural que el espectador no deba encontrar un hilo conductor entre, digamos, la meditación sobre el traslapamiento de hipermodernismo y abyección de Thomas Glassford, las pesadillas postpolíticas de Miguel Ventura o la indagatoria en torno al deseo y el objeto (histórico o no) de Silvia Gruner. Sí en cambio, es factible testimoniar el modo en que ésos y otros individuos contribuyeron a plantear a un público ciertamente muy reducido interrogantes acerca de un lugar definido por la intensidad y la brutalidad.

Pues finalmente, a pesar de sus tintes sociológicos y su intelectualismo, el *gusto del moderniza-do* es una forma de placer. Si se quiere, de hecho, un placer complicado, que consiste en ejercer una exploración refinada, siempre parcial y paradójica, pero al fin exploración, de un territorio social sometido a una vertiginosa y frecuentemente fallida transformación. Aunque sea en el nivel metonímico de sus materiales y componentes, el arte contemporáneo de la periferia tiende a crear sofisticación estética en terrenos donde el arribo del capitalismo global equivalía a la normalización de la zozobra generalizada.

Pero antes de convertir esto en una forma de nacionalismo invertido, que exporta el regodeo con la tragedia localizada, conviene decir que estas condiciones no son en absoluto únicas. Más bien es bien probable que la globalización como modernidad fallida sea la más cosmopolita de las experiencias.

5. La belleza indiferente

Un punto decisivo es el modo en que los artistas mexicanos de los años noventa plantearon tajantemente la obsolescencia del sistema humanista de las artes tradicionales que, en Latinoamérica, sobrevivió el embate de los experimentos de los años sesenta a los ochenta. En Hispanoamérica ha sido especialmente difícil sobreponerse a la división tradicional de las artes y asumir que el campo de producción no-determinado en términos de disciplinas preestablecidas. Fue durante los años noventa cuando finalmente cedieron las bases "humanistas" con las que el discurso dominante del arte latinoamericano resistió en los años sesenta y setenta toda reconsideración del objeto artístico[5], empresa que no habían logrado efectuar ni los experimentos conceptuales y políticos de los años sesenta y setenta, ni el creciente influjo pedagógico y mediático de la narrativa del *mainstream* posterior al pop y el arte minimal. En lugares como México, más que un neonceptualismo estricto, los años noventa hicieron posible la aparición de un *amateurismo polimorfo*, donde los artistas contemporáneos debían ante todo reinventar su práctica, creando un campo de actividades propio, en cierta forma generando disciplinas artísticas *ad hoc*[6]. Como en buena parte del mundo occidental, la función autoral tiene su punto decisivo en esta producción de prácticas, las cuales, una vez facturadas, el artista sirve en la medida en que resultan significativas. En ello radica quizá más que otra cosa, la fluidez de comunicaciones y complicidades del arte global, integrado por artistas y circuitos que ya asumen, explícita o implícitamente, la plataforma abierta de un arte poliformo y no clasificado[7].

Un elemento común a esa desesperada multiplicación de prácticas es poner en duda una serie de discursos aparejados con la presuposición de "calidad": la pulcritud del oficio, las alusiones emocionadas a la "profundidad" y "alta cultura", la exigencia de compostura técnica, la universalidad de la significación, el orgullo nacional, la ilusión por la modernidad, etc. Discursos todos que, como suele suceder, pasaron de ser contraseñas de la alta cultura a unas de las muchas encarnaciones del justo medio.

Históricamente, el arte en la modernidad ha sido un terreno en que aprehendemos e intervenimos simbólicamente en las fuerzas, símbolos y materiales del cambio brutal de nuestras vidas. Quizá uno de sus principales atractivos es hacernos operar, aunque sea metafóricamente, en ámbitos en los que sólo nos hacemos cargo de los efectos. No es en absoluto sorprendente que el arte se haya convertido en la arena de una cierta experimentación con la economía, pues transforma al objeto de la reestructuración capitalista (el espectador) en sujeto de una sensibilidad refinada, incluso hasta su enrarecimiento. El *modernizado,* así visto, no es una víctima, sino un agente simbólico que transforma en sensibilidad los cambios históricos. Ésa es, por lo demás, una ganancia subjetiva que en cierta medida compensa los abusos y desasosiegos que produce quedar empaquetado en el accidente irreparable de la nacionalidad.

1. En medio de la apatía deliberada del aparato cultural mexicano que ha evadido la tarea de formar colecciones prácticamente desde mediados de los años sesenta, tan sólo hubo tibios y muy limitados esfuerzos de coleccionar en el Centro Cultural Arte Contemporáneo de Televisa, a principios de los años noventa y en la Universidad Nacional durante la breve gestión de Silvia Pandolfi. Del mismo modo, salvo los esfuerzos de algunos coleccionistas aislados (la familia López Rocha y Patrick Charpenel en Guadalajara, y el fallecido Ricardo Ovalle en la ciudad de México) habrá que esperar a la formación de la Colección Jumex de Eugenio López a fines del siglo para poder acceder a alguna representación del arte mexicano de la década. La falta de esfuerzos de organismos como CONACULTA para formar colecciones públicas debiera ser suficiente motivo para echar por tierra cualquier demagogia sobre su interés por el arte local.
2. Cosa que no debía ser del todo sorprendente, en un medio donde no es raro que los escritores proclamen a cuatro vientos que su horizonte de expectativas estéticas está en la pintura decimonónica (ver por ejemplo: Guillermo Sheridan, "Nuevo Siglo: Mantequilla Prisionera", en *Letras Libres,* n. 38, Febrero 2002).
3. Véase: Vicente Razo, *The Official Museo Salinas Guide*, textos de Carlos Monsiváis, Federico Navarrete y Cuauhtémoc Medina, Los Ángeles, Smart Art Press, 2002.
4. Daniela Rossell, *Ricas y famosas,* Madrid, Turner, 2002.
5. La clásica exposición de la resistencia latinoamericana a la neovanguardia está en: Marta Traba, *Dos décadas vulnerables en las artes plásticas latinoamericanas 1950/1970,* México, Siglo XXI, 1973.
6. Una discusión más amplia de esta idea la podrá encontrar el lector en: "Action/Fiction", *Francis Alÿs*, Antibes, Francia, Musée Picasso, 2001, pp. 5-25. (Textos de Thierry Dávila, Cuauhtémoc Medina y Carlos Basualdo).
7. Es por ello, aún más extravagante la queja conservadora que trata de descalificar la práctica contemporánea como expresión de un sometimiento a los dictados del *mainstream* internacional, pues lo que define la fluidez global no es tanto un lineamiento de "estilo" sino la expectativa de participar en un circuito hecho de prácticas cada vez más diversas.

Campos de minas en suelo mexicano

Kevin Power

> *Nosotros hacemos historia; pero también nuestra historia nos hace a nosotros. Los individuos y las sociedades se desenvuelven en la historia y la utilizan como depósito de experiencias, alineamientos e ideales que construyen identidades y actitudes. La pátina de la historia envejece el presente. Pero lo importante es cuando el presente está sumido en una visión del pasado que se convierte en el medio para anticipar acontecimientos y moldea la trayectoria hacia el futuro. La historia no es una letra muerta, aunque fracasemos en aprender sus lecciones y rechacemos todo excepto volver a repetir sus errores.*
>
> Ziauddin Sardar

> *Si el psicólogo nos dice "esa gente es capaz de entender", le podemos preguntar: "¿y a qué le llama usted 'gente que es capaz de entender'"? La respuesta a ello sería entonces "la gente que se comporta de tal manera en tales circunstancias".*
>
> Ludwig Wittgenstein

Cualquier exposición que intente reseñar el arte producido a lo largo de una década corre el peligro, no sólo de generar interpretaciones erróneas sino también fomentarlas. Sin embargo, en cierto sentido, la mala interpretación crítica es la única manera de avanzar: una cierta modestia en las pretensiones, aunque dotada de la voluntad expresa de proponer nuevas confluencias y yuxtaposiciones, una textura de interrelaciones más que influencias específicas. El concepto que subyace a esta muestra ofrece una lectura parcial de un período extremadamente volátil, y lo hace avanzando y retrocediendo, centrándose en piezas específicas que parecían significativas en el momento en que aparecieron y que a través de los años han adquirido una importancia mayor. Hemos tratado de evitar los tópicos en la interpretación de la cultura mexicana que han motivado las muestras de gran magnitud en los últimos tiempos. No se puede negar que han sido muestras válidas pero llenas de declaraciones peligrosas y tendenciosas en lo que respecta a la identidad, por ejemplo "The Mexicanness of Mexican Art", que presentaba la ciudad de México como una megápolis apocalíptica impregnada de una oscuridad tipo *Blade Runner*, de oropel charro post-punk, de una pobreza arraigada y de sombras de subculturas: el paradigma híbrido de los cruces y poéticas fronterizos, el espejo deformante colocado delante del *lieu de memoire* colonial; la elite posmoderna y el brillo internacional generalizado que caracteriza a tanta obra de los globalizados años noventa. Todo esto ha sido representado para la satisfacción o insatisfacción de aquellos interesados o relacionados con ello. En ésta hemos regresado a las obras mismas en el papel de protagonistas, obras capaces de fabricar narraciones.

Estoy hablando desde fuera, como individuo que se ha sentido atraído e impresionado por la producción artística mexicana. No fui actor ni interesado, sin embargo, sí que he sentido, como todos los demás a lo largo de estos años, el flujo continuo de toda una serie de piezas que me vienen ahora a la mente: obras muy sugestivas, subjetivas y poéticas, de intensa presencia pero que a la vez funcionaban de vehículos con un contenido social crítico. Me refiero, por ejemplo, a la evocadora *Piedra que cede* de Gabriel Orozco (1992), hecha de plastilina grasienta de color gris que representa el peso del propio artista, lista para rodar sin rumbo por el suelo de las calles, atrapando su polvo y mugre, examinando la vida y siguiendo su desarrollo de un modo caprichoso, pero reafirmando su presencia, haciéndola palpable; también *El colector* de Francis Alÿs (1991-1992), un perro socialmente interactivo que deambula por la ciudad recogiendo desechos de metal: latas, botes que se adhieren al imán que forma el cuerpo del perro; las obras de *Bajo tratamiento* de Yishai Jusidman, una serie con mucha carga emotiva que consiste en estudios intensamente humanos de pacientes mentales que confluyen en una variada gama de significados; no sólo presentan la relación psicológica entre el artista y el paciente, sino también la historia de un género que había caído en cierto descrédito; o el cromatismo urbano sutil de Francisco Castro Leñero, que se manifiesta como una especie de abstracción; o la expansión urbana descontrolada de Melanie Smith: hectáreas de infierno reiterado en la periferia, de sueños que se rompen y compactan, de modos de vida destruidos y frustración concentrada, de algo que está en todas partes: los fracasos y energía de la megápolis; o las incisivas metáforas sadomasoquistas de Thomas Glassford, que cuentan la historia del guaje con el lenguaje de un bar gay. Todas estas imágenes aportan más de una lectura, y eso es a lo que se debería prestar atención. Sin ánimo de alinear estas obras en un mismo grupo, diría que comparten un reconocimiento de la necesidad de hacer más complejo el campo referencial en la obra de arte contemporánea, y que son obras sutilmente conscientes, imaginativamente extravagantes, y que la mayoría de ellas defienden un elemento de ingenio y poesía callejeros.

Sin lugar a dudas, la historia es una narración, y parece ser que en México todo el mundo desea contar la historia a su manera. ¡En efecto, en algunos casos parece que hay una bastante innecesaria insistencia en reescribirla! Lyotard dijo hace tiempo que los grandes relatos habían fracasado, pero señaló también que la pérdida de las grandes narraciones de emancipación, de progreso y de razón no eran el principio de una época de anomia, sino más bien un terreno fértil en donde otras historias aparecían y podían ser contadas. A decir verdad, pienso que se podría argumentar que uno de los logros más importantes de estos artistas mexicanos de finales de los años ochenta y de los noventa ha sido la creación de un inmenso mosaico de pequeñas y personales ironías, de percepciones muy agudas, en ocasiones humorísticas, en otras amargas. Lo que intento decir es que no hay una narración predominante pero sí un compromiso firme con lo que hay. Las cosas han evolucionado en el terreno, y precisamente por eso comenzamos a encontrar las connotaciones, correspondencias y ecos en obras que no son sólo parte de una historia que continúa, sino agentes activos que dialogan con el pasado reciente en calidad, tanto de obra de arte como de contexto social. Las obras de esta exposición son vasos comunicantes que entablan, no tanto una conversación frontal como un diálogo *sub voce*. Son dialógicas en lugar de dialécticas.

Quisiera citar unos espléndidos versos de los *Maximus Poems* de Charles Olson para que sean el marco que organice la obra de muchos de los artistas de esta exposición. *Maximus Poems* me parece una obra que trata de la modulación de los intereses del ser humano, de cosas que proceden del exterior y que penetran en su cuerpo:

> *There are no hierarchies, no infinite, no such many as mass, there are only*
> *Eyes in all heads*
> *To be looked out of* [1]

En otras palabras, la obra de estos artistas se centra en el ser humano en el terreno, y "polis", como también afirmó Olson, "es ojos". Observan un contexto, una ciudad, como otros artistas hacen en otros lugares. No están "escenificándolo" para miradas extranjeras sino explorándolo ellos mismos a través de múltiples posturas hacia la realidad que abarcan, desde una poética callejera, hasta el comentario ácido, del cinismo perverso a destellos existenciales, de la intención paródica a los caprichos de una presencia subjetiva.

En las tres pasadas décadas Latinoamérica ha vivido enormes dramas masivos que han afectado casi todas las esferas de nuestra vida cotidiana: la ideológica, social, económica y cultural. Por supuesto que México no ha sido una excepción; ha experimentado numerosos dramas y conflictos que han constituido las fibras del tapiz social, y las consecuencias, dependiendo de la perspectiva desde la cual se interpreten, se han sentido de distintas formas y a veces en diferentes momentos. Se han producido toda una serie de espirales económicas, de inflación y deflación, que han minado y deshecho a la clase media, resultando a menudo en una caída desmoralizadora de los salarios y servicios sociales. También está el terremoto que asoló la ciudad de México en 1985, un desastre natural de proporciones gigantescas que puso de manifiesto, una vez más, la ineficacia de la infraestructura social; la revolución Zapatista, una tardía y romántica "revolución" mediática que resaltó de forma dramática la incapacidad de los programas políticos, cualquiera que fuera el campo ideológico, para tratar a la población indígena y sus problemas; la tremenda crisis económica de 1994, que reveló una cierta bancarrota moral; y finalmente el fracaso del sueño de la NAFTA, así como un cuestionamiento radical de la política neoliberal de la globalización.

Los artistas, por supuesto, han sentido estas cosas, ¡pero esto no significa que hayan de convertirse en ideólogos! La relación con todo ello puede tomar varias formas y la sensibilidad contemporánea es sofisticada y adquiere constantemente nuevos matices. Sin embargo, quizá se podría argüir que en el reducido mundo de la producción artística, la retórica generalizada posmoderna de la parodia, ironía, pastiche y cinismo parece algo así como el refugio necesario por cuanto proporciona una distancia crítica. Los artistas mexicanos, como la mayoría de los artistas latinoamericanos, se sienten cómodos en un marco de desencanto ideológico, del cual se sienten, paradójicamente, como parte integrante (a veces de un sistema de cuotas, otras porque es su contexto natural) de la cambiante mirada global del mundo de arte internacional que, como cualquier otra multinacional (vale la pena recordar que la cultura es la cuarta industria mundial, justo detrás o delante del turismo) explota todo aquello que se puede aprovechar de una manera rápida para pasar después a otra cosa. El mundo del arte posee una mirada caprichosa que tiende a cansarse, y la representación global es a menudo una escenificación peligrosa del "otro" que va en beneficio de la parte que siempre dirige la escena.

Lo que existe a través de sí mismo es aquello que podríamos denominar significado. En otras palabras, el significado es la existencia compleja y llena de lecturas de la obra. Las obras de esta exposición poseen una presencia intensa, y por consiguiente, están impregnadas de "significado". No pretenden ilustrar teorías sociales o culturales pero se alzan, por sí solas, como objetos inquietantemente interrogativos, intelectualmente sutiles, extrañamente poéticos o agresivamente críticos. Recuerdo, por ejemplo, las máscaras subversivas de Mariana Botey, que parecen rechazar cualquier tipo de limitación cultural y que optan por asimilar el modernismo y también por resistirse a él. Hay imágenes kitsch de barrios marginales que han sido elevadas a la categoría de mito. Botey parece estar preguntando no sólo cómo, sino también si es posible un acto subversivo, o tiene algún significado, en una sociedad saturada de imágenes.

La recontextualización ha sido siempre una de las estrategias a través de las cuales el arte entiende tanto su sociedad como su propia historia. Es un proceso que de algún modo está relacionado con la manera en que la vida cotidiana de la calle recicla constantemente todo lo que encuentra. ¡La pobreza urbana nunca abandona las cosas, sino que más bien tiende a agotar todas sus posibilidades! Los objetos cambian todo el tiempo de categoría, de alta a baja, pero lo normal, por supuesto, es hacia abajo. La naturaleza de la sociedad de consumo produce un intercambio constante, movilidad y múltiples niveles de actividad. Betsabeé Romero explota uno de los iconos sociales más relevantes del sueño mexicano de libertad y movilidad: el Volkswagen o el Vocho. Se crean nuevas estructuras y significados que están vivos con los ecos de las extrañas relaciones que establecemos con estos vehículos: religiosas, sexuales o simplemente de movilidad social y estatus. El uso de rosas, pan, miel o telas añade una carga simbólica evidente cuyas connotaciones están profundamente arraigadas en el tejido social. Estas obras se convierten literalmente en portadores de nuevas posibilidades y relaciones.

Alÿs es un *flâneur* baudelariano pero con una mordacidad social aguda y crítica. Recicla, trastoca y hace que nos involucremos en un diálogo personal que atraviesa todos los niveles de su obra y se relaciona con lo que Natalie Sarraute habría denominado una conversación "por lo bajo". Su pensamiento tiene una elegancia desmañada, está lleno de matices sutiles que encuentran a sus equivalentes en los colores pasteles que tiende a utilizar en sus dibujos y pinturas. Aborda la naturaleza transitoria de los espacios urbanos y participa en un intercambio constante de mini-acontecimientos dentro de los sistemas caóticos pero intensos de la vida en la calle, o como él mismo la llama, "el lugar de las sensaciones y de los conflictos"[2]. Ha sido visto empujando un bloque de hielo por las calles hasta que se derrite, o andando con un perro mecánico hecho de imán que olisquea y recoge basura de la calle, o comprando una pistola y saliendo con ella apuntando durante doce minutos, antes de ser arrestado, y al día siguiente repitiendo la misma acción, esta vez con cámaras y con la colaboración de la policía; o, a una escala mayor, si cabe, de absurdidad beckettiana, preguntando a la gente si podía desplazar una montaña. Dos —si recuerdo bien— de los tres caracoles de bronce con caparazón doble que deliberadamente tiró a la basura ¡aparecieron al mes en el Zócalo! Catherine Lampert lo sitúa en la historia del arte como heredero de los Situacionistas de los años sesenta, "porque comparte el anti racionalismo de este grupo. El artista debía actuar como un *derivéur* cuyas intervenciones furtivas en su propio hábitat (la ciudad) eran casuales y menores provocando, por acumulación, una revolución"[3]. Comparto su argumento, pero añadiría también que Alÿs es un poeta urbano que se ve seducido, voluntariamente, por el caos vital de la ciudad.

Si seguimos estas reverberaciones y volvemos a los lenguajes u obras anti protagonistas de la vanguardia de los sesenta, nos viene a la mente Ulises Carrión que, sin lugar a dudas, es un importante deconstructor del lenguaje. En su búsqueda de formas de representación nuevas, Carrión explota recursos gramaticales no sólo como texto sino también como sonido. Pertenece a un clima artístico que no sólo desafiaba al sistema del arte, sino que también lo empujaba hacia la innovación, extendiendo los límites del arte y llevándolo directamente hacia otros medios artísticos. Ha creado libros, arte postal, vídeos e instalaciones y (junto a la obra de Felipe Ehrenberg en *Beau Geste*) podría ser considerado como un precursor de ciertas actitudes que prevalecieron en los años noventa.

Por ejemplo, se podrían encontrar interconexiones entre las *Definiciones del arte* de Carrión (1977) y ciertas piezas de Alÿs. La obra de Carrión consiste en una carta enviada a un grupo de gente en la que se les pide que respondan a una pregunta y después de hacerlo que devuelvan la carta. La pregunta era que escribieran una definición de arte en una sola frase. Así, el receptor se convierte en participante de la obra de arte. Carrión nos ha dicho claramente que el arte es un signo, una función, y no un objeto. Pensaba que el vídeo proporcionaría una nueva dimensión para tal posibilidad. Habla de la "comunicación marginal", aludiendo, por ejemplo, a una obra suya en la que divulgó chismes sobre su persona, diciéndole a la gente que estaba terminalmente enfermo, o que había heredado una cantidad millonaria de dinero. ¡Este proyecto fracasó cuando Carrión descubrió que no tenía amigos suficientes para hacerlo efectivo! Pero aun así, ¡sigue siendo extraño y convincentemente nostálgico!

El lenguaje es el último recurso que le queda a la búsqueda filosófica de la verdad y se ha convertido en uno de los focos más importantes de atención de los artistas en los últimos años. Tal vez podamos escuchar el eco inquietante que se extiende de Carrión al problemático y megalómano New International Language Commitee (NILC) de Miguel Ventura. Este proyecto se asemeja a una novela de ciencia ficción perversa y psicótica, enmarcada en la seudo-ciencia, o más concretamente en una ideología que todo lo absorbe: una nueva sociedad de control donde a todos nos persiguen las perogrulladas nacionales, tales como la de la neo-fascista Heidi que una vez formó parte de una Disneyland austriaca, pero que ahora parece un personaje que sobrevive, ya sin candor, en los lejanos confines de una novela de Thomas Bernhard. Ventura nos proporciona una representación gráfica del lenguaje que resulta divertida y mordazmente subversiva. Es una lectura tremenda, perturbadora y precisa de la paranoia contemporánea.

El elemento local es inevitablemente una referencia arraigada en la obra de todos los artistas y se manifiesta en numerosas formas, fundiéndose con lo global y convirtiéndose en *glocal*, y afirmando así la especificidad de su herencia cultural para alzarse como un distintivo de diferencia contemporánea, o releyendo obsesivamente sus orígenes. Por naturaleza propia, lo local es un lugar de fusiones y también para resolver las tensiones de los lenguajes contemporáneos. Gerzso podría muy bien estar situado, o históricamente suspendido, entre el surrealismo y ciertas influencias de la abstracción geométrica de los años treinta, pero en otro nivel su obra es intensamente privada y capaz de absorber de manera muy personal lo particular. Los pliegues de estas obras guardan secretos. Percibimos en ellos su gran amor por el campo mexicano y también un profundo compromiso psicológico con los yacimientos arqueológicos. Esta mezcla de elementos culturales le hace adoptar un estilo poético bien diferenciado, unos giros específicos que son mucho más elocuentes que el tan fácilmente reconocible lenguaje modernista. Gerzso mismo ha admitido que una foto de un yacimiento precolombino en Bolivia, Tihuanacu, contenía todas las semillas de su futura carrera de artista. ¿Qué fue lo que le cautivó? Tal vez la forma en que la arquitectura precolombina armoniza con el paisaje donde se alza, o la manera en que su inmensa complejidad, elegancia e ingenio dependen tanto del espacio externo como del interno. Resulta conmovedora la forma en que la naturaleza las ha vuelto a absorber.

En su ensayo sobre la obra de Gerzso, John Golding observa perspicazmente: "es un arte de siluetas y, sobre todo, un arte de contornos; contornos sobrepuestos, dentados, cercenados y rasgados; contornos formados por peldaños y surcos y muescas que a veces también son puertas y ventanas que conducen a cámaras secretas. Y esto nos lleva a reconocer uno de los distintivos del arte de Gerzso, que es lisa y llanamente un maestro de la pintura de contornos (y ser pintor de contornos no es lo mismo que ser dibujante, oficio que en la obra de Gerzso ha tendido hasta la fecha a subordinarse o, cuando menos, servir a la actividad del pintor). Los contornos de Gerzso son, en su mayor parte, cortantes y afilados como navajas (y en parte, de aquí provienen aquellas implicaciones de sadismo). Uno de los recursos más frecuentes consiste en rebanar o rasgar las figuras o formas sobrepuestas, de tal suerte que las áreas más oscuras del fondo tiendan hacia la superficie, ciñendo y aplastando las áreas de capas superiores. Esto puede aparecerse claramente en *Paisaje arcaico*, de 1963 y en *Verde-azul-amarillo*, de 1968"[4]. En otras palabras, las tensiones de los contornos son más culturales que formales o estéticas. *Paisaje* (1955) por ejemplo, parece reunirse consigo misma, no sólo en el sentido de medio natural, sino también de las connotaciones que sugieren los objetos ceremoniales y decorativos hechos de obsidiana, concha o hueso. ¿Se sienten también estos contornos, o los ecos de sus significados, en las piezas de Yazpik, herméticamente resistentes y monumentalmente seguras?

Son obras hieráticas que empujan de nuevo el modernismo a su esencia mexicana, más dispuesta al enfrentamiento que al diálogo: son declaraciones independientes y autónomas.

Del mismo modo, Mathias Goeritz dota a su obra de una especificidad cultural muy clara. Su última pieza se yergue en el campus de la Ciudad Universitaria de México. Es una síntesis de sus ideas principales y fue diseñada junto con un grupo de artistas (Helen Escobedo, Hersua, Sebastián, Federico Silva y Manuel Felguérez). La obra es una expresión de la creencia de Goeritz de que la creatividad debería ser entendida como un acto de hermandad entre las personas. Una vez más, el tamaño monumental evoca la escultura antigua mexicana, pero sin perder de ningún modo el contacto con el presente. ¿Podría entenderse bajo la etiqueta de urbanismo, arquitectura o escultura? Tal vez bajo las tres. Resulta impactante porque sugiere un espacio emocional, colectivo, abierto y a la vez cerrado, y lleno de la lava que afloró hace mil años del Pedregal de San Ángel.

El manifiesto lanzado por el grupo de artistas participantes recogió gran parte de las propuestas que Goeritz había formulado a lo largo de su vida. El manifiesto concluye así: "Este espacio escultórico es una manera de aproximarse con responsabilidad a la comprensión de lo que debe significar el arte en su relación con la vida del hombre, arte que no solamente debe rescatar su testimonio, sino también ser instrumento transformador por la vía de la sensibilidad"[5]. Así pues, con estas palabras vemos que Goeritz es capaz de aferrarse, mediante su anclaje en sus propias raíces culturales, al sueño modernista de utopía.

Ni que decir tiene que gran parte de la obra latinoamericana se construye a partir de la cultura popular, que proporciona un impulso revitalizador a la exploración de formas esculturales nuevas. Las figuras de Riestra juegan con el contexto y la tradición, aunque tratan tanto de sexualidad como de identidad. Su pasión por la figura está cimentada en las claras influencias prehispánicas, pero lo que emerge es una mezcla híbrida y sofisticada de lo popular y lo contemporáneo. Riestra es una figura romántica sacada de los sesenta, igual que Ulises Carrión. Este último no es un neo-mexicano, si bien su obra fue asociada con este grupo. Pero sí que comparte cierta postura irónica frente a la visión nacional propuesta por esta escuela mexicana de los años veinte y treinta. La idea que subyace a estas figuras es la desmitificación de la política de la identidad. Desprenden una energía que procede de lo popular, pero reformulada. Ron Kitaj dijo una vez que cada generación tenía que definir su propia cara; las figuras de Riestra son parte de la búsqueda de la identidad contemporánea.

Sus dibujos, tales como *Recuerdos del temblor* (1985), que muestra figuras sumergiéndose y cayendo en los escombros de edificios, son tomas cinematográficas rápidas y emotivas. Sin embargo, sus esculturas son de aspecto monumental pero profundamente emotivas, ya que explotan un lenguaje gestual. Poseen una inmediatez irresistible. Habla de ellas de una forma que demuestra cuán arraigadas están en la mitología creciente de la tradición popular mexicana: "El trabajo en barro —tradición antigua tanto en el occidente como en el oriente de México— desde hace tiempo despertó mi curiosidad y provocó mi interés, mi deseo de penetrar en la entraña de figuras fantásticas que iban emergiendo de la pasta húmeda, de la tierra moldeable. Hueco como un guaje, el barro se amasa y moldea dejando siempre espacios para respirar, espacios, rodeados de una superficie tan delgada como el hojaldre. Al mismo tiempo, su construcción es arquitectura que requiere de muros y bóvedas, túneles amplios, salones donde ventanales, chimeneas y pórticos comunican con el exterior"[6].

Preocupaciones interrelacionadas surgen también en la obra de Suter y Marcos Kurtycz. En el primer caso hay un regreso similar a la mitología prehispánica, pero llevada a un proceso de enfriamiento y controlada estrictamente por lo que parece ser una estratégica y fría estetización. Como consecuencia, el elemento pseudo sacramental tiene un trasfondo homo-erótico. En el segundo, los dejos chamanísticos de *Caravíbora* de Kurtycz —que nos recuerdan a los dibujos de arena indios—, son arrastrados dramáticamente a un contexto científico contemporáneo, ya que hace uso de mercurio para construirlo. Lo arcaico se reafirma como una manifestación inmediata de energía, como materia viva y siempre activa y como un símbolo poderoso de continuidad.

Esta reubicación de la tradición popular se encuentra también en la obra de Carlos Arias. El impacto de la obra se hace más intenso por la insistencia del artista en complicar el campo referencial. Arias se sirve de la artesanía tradicional del bordado, que normalmente se asocia con las mujeres y que, por extensión, es utilizada frecuentemente como una codificación de la estética feminista en el arte contemporáneo. Arias revierte el tópico hacia sí mismo y lo utiliza como instrumento para mostrar su propia sexualidad. Son obras juguetonas y ácidas, y subvierten su propio lenguaje, igual que la relectura post-freudiana de Blancanieves que hace Donald Barthelme, ¡en la que la heroina de inocencia teñida se transforma en un ama de casa americana que pasa un buen rato con los siete enanos! A propósito de la evolución y de los cambios que se han producido en su obra, Arias observa: "Ejercí en mí un retorno a la mecánica del oficio, que se vuelve, tanto un ritual como un espacio de dilucidación intelectual. Sin limitar sus posibilidades, ejercí ciertas reducciones usando el mínimo de pintadas y haciendo que éstas expresaran al máximo su valor de materia, textura, y color; sinteticé las formas en un tipo de dibujo *ad hoc* con el rellenado de las mismas. Comencé por hacer intervenciones de bordados hechos por otros. Después continué explorando los patrones que se comercializan para ser bordados dándoles una torsión que los acerca a un desarrollo visual de carácter más personal; con ello surgió la necesidad de crear mis propios diseños, comenzando a explotar de una manera más concentrada los valores perceptuales y las posibilidades conceptuales del material, así también, en las imágenes que reinciden en el campo de definiciones de quienes ejercen esa labor y de cómo los límites de género se rompen al hablar del hecho artístico"[7].

Resulta inevitable hablar de los problemas sociales en Latinoamérica. Existen imperativos que el arte sólo puede ignorar por su propia cuenta y riesgo. Tiene una responsabilidad crítica, pero esto no significa que haya de hacer un refrito de los tópicos de lo políticamente correcto. Exige una serie de estrategias sutiles para mantener la atención de un espectador cada vez más sofisticado visualmente. La obra debe contener más de un nivel de significado. Ya he mencionado en este ensayo las imágenes de esquizofrénicos y maníaco depresivos de Judsiman, imágenes de pacientes externos o internos del hospital Fray Bernardino Álvarez de la ciudad de México, pero quisiera hacer unos comentarios adicionales. Representa a estos personajes mirando un libro artístico ilustrado que está mostrando el dibujo favorito de cada uno de ellos. El dibujo está inclinado hacia el espectador con discreción clásica en una obra donde todo lo que hay se exhibe de una forma deliberadamente comedida. Como dice él mismo de *El Calabacillas* de Velázquez: "es un cuadro que se pinta al mirarlo, precisamente en nuestro contacto con la mirada del retratado"[8]. Son encuentros extraños, directos e inquietantes entre el espectador y el tema de la obra, así como entre lo que es representado y los pigmentos que constituyen el medio a través del cual se representa. "En ese transcurrirse se generan tensiones entre presencias inmediatas y distantes, entre asociaciones y disociaciones que se derivan del ordenamiento de la representación de acuerdo con su disposición como tal."[9] Nos vemos atrapados en un sentimiento solidario por los pacientes, cuya mirada nos persigue, y en una seducción inmediata con la naturaleza material de la pintura.

Judsiman elabora su argumento y señala: "*Bajo tratamiento* se adentra —por la puerta del servicio— en el ya bien delineado terreno en donde pintura y locura se empalman. Es costumbre valorar la expresividad de una pintura en la medida en que ésta funge como una válvula de descarga de tensiones psíquicas, basándose su apreciación en la gestualidad y en la simbología de la obra. En contraste, en estos dípticos el espectador se ve obligado a aproximarse a ellos mediante un complejo entramado: la delicada presencia pictórica de los psicóticos retratados, la información clínica que de ellos tenemos, y las pinturas reproducidas en los libros que éstos escogieron. A partir de ahí, el espectador puede formularse un sentido distinto de la expresividad del cuadro; una expresividad en la que el pigmento no traduce un estado emotivo sino que se construye en el contacto visual por medio de tensiones estratégicamente articuladas entre las presencias y los distanciamientos"[10]. En otras palabras, Jusidman se mueve con habilidad entre la historia del medio y los complejos sentimientos humanos.

¿Puede guardar la obra de Judsiman alguna relación tangencial con las piezas frontalmente provocativas de Semefo (Servicio Médico Forense)? Quizá, pero sólo porque ambas son metáforas de la inevitabilidad de nuestra condición física. Semefo rompe el silencio y la intimidad de los estudios de Judsiman y nos empuja hacia el extremo más hondo de nuestros propios miedos y reticencias. Teresa Margolles, otro de los miembros del grupo, transforma el cuerpo muerto en una metáfora del conjunto de la sociedad. Nos vemos arrastrados hacia la vida del cuerpo después de la muerte: las secreciones, el olor, los líquidos y el material orgánico. La extraordinaria *Lengua* (la lengua agujereada de un adolescente muerto violentamente en la calle), o su cadáver preservado en un bloque de cemento nos dejan sin habla. *Vaporización* (2001), exige que nos enfrentemos físicamente a las sombras que tanto deseamos evitar. Consiste en un vaporizador que despide un vaho nebuloso, ya que utiliza agua que ha sido empleada previamente para lavar cuerpos en la morgue. Nuestra reacción es que queremos lavarnos nosotros para así librarnos de esta sensación incómoda y amenazadora, pero Margolles pone a prueba nuestras sensibilidades e insiste en que nos enfrentemos a la muerte como experiencia física cercana a nosotros y en que compartamos su espacio. Pero se extienden las reverberaciones, y Margolles regresa al tema prehispánico incluyendo purificaciones ceremoniales y entierros sagrados, ¡o simplemente la fascinación de los mexicanos con la muerte! O tal vez lo que estemos escuchando es la carcajada hueca del absurdo que había en aquella declaración colosal de Jung, o puede que Freud, ante la muerte: "¡Realmente nada tiene sentido!" Son obras extraordinariamente gráficas que forman puentes entre un siglo y otro, desde los rituales aztecas hasta la tortura política.

La ironía y la parodia constituyen la retórica clásica posmoderna. Son recursos que permiten una distancia crítica y forman parte de la mirada de estos artistas a las contradicciones inmensas y flagrantes de la realidad social a todos los niveles de la vida latinoamericana. El caballo de Troya de Marcos Ramírez, *Toy-an horse*, revive un símbolo tremendo de la inmigración mexicana en la frontera. ¡El caballo tiene una pata a un lado y otra en el otro de la frontera que está llena de gente intentando cruzarla a gatas! Del mismo modo, Rubén Ortiz juega entre fronteras y amplía la carga metafórica. Mira de forma aguda a las fronteras entre el arte *high and low* de la cultura híbrida y no tiene ninguna reserva en cambiar el contexto cultural de una motocicleta, o en introducir un alien para mostrar la discontinuidad de los patrones culturales. Diciéndolo de otro modo, las sociedades nuevas no sólo llevan a cabo intercambios culturales sino que los inventan.

Daniela Rossell presenta un retrato irónico y cáustico de la alta sociedad mexicana, a la cual ella misma pertenece. *Ricas y famosas* presenta una serie de imágenes de lo que podría haber sido una reluciente revista de moda ¡pero en la que todo parece haber salido mal! El exceso pende del vacío de la nada, el relumbrón ha desaparecido y reina una fría superficialidad. Las jóvenes se representan o, más correctamente, representan fantasías de ellas mismas. Se encuentran entre sus posesiones, rodeadas del desorden y la banalidad de las compras interminables, congeladas momentáneamente a causa de su incapacidad para relacionarse con la vida real a cualquier nivel. Son obras que resaltan los detalles y éstos se retuercen y distorsionan llevándonos de nuevo a aquellas a las que representan, minando su frágil estatus y revelándonos la ignorancia masiva y triste de una plutocracia agotada y decadente. Ahí se nos muestra nuestra sociedad de espectáculo escenificando sus sueños baratos, su fatuidad de oropel, donde hasta el deseo se ha vuelto grotescamente incómodo. Rossell descubre su vulgaridad simplona, y ahí es donde se quedan con sus cuerpos como único negocio. ¡Ellas mismas están en venta!

La ciudad de México es una megápolis extravagante, infatigable, que inevitablemente pesa en la imaginación del artista. Se siente su presencia en la obra de muchos de los artistas de esta exposición, a menudo de forma tangencial más que frontal. Es el supuesto tema de las fotografías de Melanie Smith, pero ésta huye de los clichés. Se perciben claros ecos de las piezas *non-environment* de De Kooning, de pasos subterráneos y autopistas, de expansiones urbanas sin control, es decir, se trata de una reducción de todo a lo mismo, y es precisamente esta imagen urbana la que la artista logra recrear a través de su capacidad imaginativa. Su tema principal son los sistemas de control que dirigen la vida contemporánea y la vigilan, el sistema de la cámara oculta que todo lo ve; por ello está más próxima a las ideas situacionistas de Debord que a las de Alÿs. Muestra las imágenes de una sociedad de espectáculo donde la verdad ha dejado de existir o, como mucho, se plantea como una hipótesis. Recuerdo la observación de Debord que decía así: "el secreto generalizado sigue en su sitio tras el espectáculo, como el complemento decisivo de lo que éste escenifica, y si llegamos al fondo de la cuestión, como su operación más significativa"[11]. Nos lleva a pensar también en las fotos militares en blanco y negro de Smithson, que presentan la vida bajo asedio. Examina los entornos urbanos y situaciones y registros diversos, que incluyen, no sólo el aspecto socioeconómico, sino también los posicionamientos políticos. Sostiene en el aire fragmentos en estado de equilibrio momentáneo, creando la ilusión de un todo.

¿Podemos pasar, a través de un eco caprichoso y sesgado, de la obra de Melanie Smith a *Reparar* (1999) de Silvia Gruner? Si fuera posible, sería por cuestiones puramente formales, pero también hay una especie de afinidad existencial humana, de sentirse psicológicamente encerrado. Gruner "documenta la tarea titánica, y por demás inútil, de restaurar minuciosamente los fragmentos de un piso estrellado. Si bien en trabajos procedentes su cuerpo se revelaba como un componente activo de la obra, ahora la narrativa performática que caracteriza las piezas se adivina como el gesto que le permitió hacer un recuento de los hechos, como quien se atreve mirarlos desde fuera (en este caso, más que rescatar una continuidad perdida, Gruner consigna su impotencia frente al carácter laberíntico de la empresa al multiplicar las perspectivas en las que el rollo de cinta adhesiva cambia de ubicación en las distintas fotografías). Si bien la imposibilidad de asir las distintas configuraciones del deseo ha aparecido como metáfora constante en la obra de la artista, la referencia a un erotismo utópico y fallido se hace más explícita en sus piezas recientes"[12]. La crítica Magali Arriola nos conduce adecuadamente al terreno del deseo y el inconsciente. Se trata de una lectura que se hace todavía más patente en *Away from You* de Gruner (2001), en la que vemos una figura delgada (la artista) saliendo elegantemente del agua para respirar, perdida vulnerablemente en el azul del mar. Es una imagen de poética feminista, así como de un sentimiento más amplio de necesidad humana y de pérdida, y como tal, es profundamente conmovedora, adictiva, y conceptualmente sensual. Me recuerda a las imágenes de *Ariel*, de Sylvia Plath, imágenes de "éxtasis en la oscuridad" y "azul etéreo". En otras palabras, el atractivo y la fascinación del suicidio.

Jameson proporcionó hace ya tiempo una definición clave del posmodernismo presentándolo como la condición social y cultural de las sociedades post-tecnológicas. Los artistas, como el resto de nosotros, tienen cierta complicidad con su dirección, pero esto no significa que no puedan elaborar espacios críticos eficaces e interpretaciones sutiles. Pablo Vargas Lugo, Eduardo Abaroa y Thomas Glassford llevan a cabo esto precisamente pero con resultados completamente diferentes. Vargas Lugo cultiva relaciones enigmáticas. "Si bien este artista ha trabajado a partir de las imágenes, objetos, y sucesos que enmarcan e inciden en nuestras costumbres rutinarias, su obra, sin embargo, no opera desde una plataforma crítica para rescatar, destituir o resignificar las convenciones que determinan las configuraciones inmediatas del entorno. Por el

contrario, Vargas Lugo parece rendir una suerte de tributo al simple existir de las cosas para señalar las distintas maneras en que el mundo llega a significarse, o, inversamente, para eviden-
ciar los senderos y atajos que tomamos para llegar a significar el mundo. Sus dibujos, pinturas,
esculturas e instalaciones revelan el asombro que experimentamos —o que quizás hayamos dejado de experimentar— frente a la arbitrariedad de todo aquello que permite esbozar una lectura coherente del entorno"[13].

Glassford también explota materiales industriales procedentes de la sociedad post-tecnológica,
junto a iconos populares como los guajes, para crear extraños objetos esculturales híbridos que
se asemejan a ayudas sexuales *heavy-metal* para películas pornográficas: vitales, salvajes, ten-
sos y erectos. Hace que las cosas hablen y traslada cromo pulido a una suerte de paisaje futurista que nos recuerda a las utopías fracasadas. De manera similar, Abaroa recicla pero con una
ironía poco convencional. Trata el lenguaje del impacto visual, la retórica de la apariencia de
las cosas y la iconografía del deseo. Sus obras son afirmaciones deliciosas, a menudo burlonas
y con vida propia, ya que poseen la capacidad de producir placer. Podemos recordar a Baudelaire cuando decía que lo bello es siempre extraño, queriendo decir, por supuesto, que resulta
extrañamente familiar. Abaroa mismo se refiere a sus piezas como "un ejercicio de humor negro pero en colores"[14]. Son codificaciones crípticas que a menudo hacen uso de productos de
consumo, pero elevándolos a una categoría imaginativamente poética y singular, mientras que
al mismo tiempo incorpora —y es aquí donde encontramos el humor negro— un denso campo
de otras referencias que se extienden de la genética a la antropología.

Las injusticias sociales, tales como la violencia callejera, el salario mínimo y la pobreza pueden
ser enfocadas frontalmente, o bien a través de metáforas elocuentes. La obra de Santiago Sierra
ha sido considerada extremadamente polémica por su adopción de un compromiso social claro. El que pagara a jóvenes drogadictos cubanos a cambio de que le dejaran dibujar una línea
en sus espaldas con un cuchillo, o que pagara también el salario mínimo a un grupo de desempleados para que sostuvieran una pared falsa durante las horas de visita de una exposición en
Buenos Aires, son actos que llaman la atención. No resuelven el problema, pero el arte nunca
lo ha hecho, ni se puede esperar que lo haga. Sierra utiliza los problemas que encuentra, en
cualquiera que sea el contexto social donde se encuentre, para cuestionar los sistemas de poder. Son problemas sentidos y abordados de manera eficaz. Sin embargo, el dilema evidente de
estos problemas es que su representación tiene lugar dentro de otro de esos mismos sistemas,
el del mundo del arte contemporáneo que, ciertamente, habría preferido evitar la confrontación
y que tiene además una larga historia de absorber y neutralizar dichos intentos. Miguel Calderón y Yoshua Okon optan asimismo por un ataque directo (*A propósito*, 1996). Deambularon
por las calles y se grabaron en vídeo mientras abrían coches y les robaban la radio. Es una acción
que desafía a la infraestructura social de la ciudad así como al espectador, quien no sabe si se
trata de una *performance* grabada de un robo, o el robo real. Igualmente elocuente y dramático
es el vídeo de Miguel Ángel Ríos, *A morir*, que emplea una efectiva y feroz imagen metafórica
para hablar de actos violentos y de la supervivencia de los más fuertes. Las peonzas, el juego
nacional, chocan unas contra otras, lanzan sus cuerpos hacia un lado, se reúnen en grupos,

establecen rangos jerárquicos, caen, se levantan, comienzan de nuevo y, finalmente, una figura
regia y poderosa queda en pie sobre todas las demás.

Los ecos, fricciones y pautas de interrelaciones que se rozan en esta exposición pueden también venir en forma de declaraciones sutiles y moderadas, que a menudo piensan e imaginan el
mundo desde un punto de vista radical, pero lo expresan mediante acordes mudos y silencios.
En la obra de Kiyoto Ota e Iñaki Bonillas regresamos quizás a la idea de belleza (de la belleza
que posee una idea, de una cierta pureza conceptual que se convierte en sentimiento). *Resonancia congelada* (1997) de Ota, sigue la lógica interna de la pieza, la esencia interior, su evolución natural. La obra es el resultado de lo que sucede: el proceso se convierte en principio.
Bonillas emplea un lenguaje de percepción matizada para proporcionarnos afirmaciones míni-
mas que han sido cuidadosamente consideradas. La moderación de la expresión se manifiesta
como una forma ética y poética.

Ni que decir tiene que los ochenta y noventa fueron años en los que muchos artistas jóvenes
rechazaron y se rebelaron contra el arte nacionalista dirigido sobre todo al mercado interno. Este rechazo se ha manifestado de muchas maneras, pero la más significativa es que ha conduci-
do quizás a una situación de orfandad en lo que a influencias dentro del propio contexto se
refiere. Estos artistas se han inclinado a buscarlas fuera de los límites nacionales. El neo-mexi-
canismo les parecía dudoso. Esta percepción encerraba un cierto malentendido, pues el neomexicanismo no fue un movimiento, sino un brote relacionado con lo que sucedía en Europa,
aunque nunca llegó a asentarse completamente. La obra de Guzmán y Galán —su imaginería
poderosa, saturada, que mezcla el *kitsch*, lo sexual, lo religioso y lo popular— podría verse como estratégica, pero asimismo como parte del retorno a la pintura que se dio en más lugares.
Lo más importante tal vez fue que se trataba de una revisión irónica del mexicanismo de los
años veinte y treinta. Lamentablemente, en ocasiones fue utilizado para fines culturales y políticos y, como resultado, hubo de soportar cierta repudia por parte de los artistas más jóvenes,
quienes, por su parte, nunca han abandonado totalmente el problema de la identidad nacional,
un parámetro teórico fundamental para este período y también un pasaporte para lucrativos
mercados internacionales.

Nadie discutiría que, a lo largo de los ochenta y los noventa, Latinoamérica ha intentado globa-
lizarse. Los economistas convencieron a los políticos de que había que abrirse a la inversión extranjera. Las industrias nacionales no parecían importar a nadie y las únicas medidas de éxito
eran la inversión o la exportación. La relación con el mundo exterior parecía ser, de repente,
más importante que cualquier interés nacional o local. ¡El arte y los artistas, por supuesto, no
se iban a quedar atrás! Muchos de ellos se marcharon al extranjero y dirigieron allí sus miradas. Fue un gesto que se puede entender en términos estratégicos y de necesidad humana, una
cuestión de afinidades. No fue un fenómeno nuevo, sino que germinó en un marco de cambios
radicales. México ha vivido su mini drama particular en lo relativo al "internacionalismo" o lo
que vagamente se conoce como un abandono de las raíces. Podemos sentir los peligros que en-
cierra la adopción de una etiqueta internacional en la que el arte está cortado por el patrón de

un estilo y un lenguaje dominantes, del mismo modo que podemos admitir que lo que ha sido un reconocimiento positivo de la "diferencia" se puede asimilar y reducir a lo mismo. Existen miedos legítimos a que el arte del "otro" en los circuitos globales pueda simplemente volverse cómplice y conforme a los gustos de un sistema más amplio y provechoso. Sin embargo, también es cierto que esta visión negativa es inevitable en un clima hostil a la globalización y, por tanto, a la idea de la cultura global. Una de las consecuencias más graves y tristes de esta tendencia ha sido la creciente "deglobalización" de las regiones. Esto significa que las culturas excluidas de la globalización pierden todo lo que era local y específico. Pierden todos los sistemas sociales y económicos de apoyo y por consiguiente, pierden su significado.

De todos modos, "internacional" es un término desafortunado. Nos referimos a lo que Julian Stallabrass denomina *High Art Lite*, que es una cierta tendencia a "un arte que parece arte, pero que no lo es: únicamente actúa como sustituto del arte"[15]. Stallabrass utiliza el término comercializado común, *lite*, para enfatizar su argumento. En mi opinión, cada vez más, de los noventa en adelante se pueden encontrar signos de esta figura en Latinoamérica, pero es irrelevante para los artistas de esta exposición. No obstante, lo que se nos pide que consideremos es la evidencia creciente de "un exceso de arte de sabor claramente contemporáneo, con el empleo frecuente de material popular o *low*, relaciones nuevas con los medios de comunicación de masas y la traducción de los temas del arte conceptual a un lenguaje visualmente accesible y espectacular"[16]. Las inquietantes implicaciones que se desprenden de esto son que la preponderancia del *high art lite* degrada la propia subjetividad y amenaza con dejarnos incompetentes ante la obra desde el punto de vista crítico. Todos sabemos que el valor mercantil coloniza todos los aspectos de la vida cotidiana. Un arte que refleje un posmodernismo fácil tiende a presentar dilemas al espectador mientras que al mismo tiempo se esconde detrás de una supuesta irresolución. Lo que me parece preocupante es que, en este caso, la ambigüedad refleja un rechazo por parte del artista a adquirir un compromiso con su propia obra. Lo que esto implica es no sólo un alejamiento del compromiso social y político, sino también de la teoría académica sobre el arte. Corremos el riesgo de caer en el cinismo oportunista, en el argumento simple y en el relativismo que dicta el mercado.

La globalización es una cuestión espinosa y genera situaciones complejas para la cultura contemporánea. Thomas Friedman, con el populismo de mercado característico americano, entiende la globalización como: "un proceso cuya característica más importante es la integración. El mundo se ha convertido en un lugar de relaciones cada vez más inextricablemente estrechas"[17]. ¡En realidad no! El mundo no se encuentra al borde de una era nueva y desconocida de cooperación e integración. La globalización no es un fenómeno homogeneizador, ni tampoco inevitable. Puede que ahora esté viviendo un momento de aceleración, pero en absoluto se trata de un movimiento incontestable. No estamos tratando con realidades incuestionables, sino más bien con lo que Néstor García Canclini describe como: "un proceso de fragmentación y recomposición; en lugar de homogeneizar el mundo, la globalización reorganiza las diferencias y desigualdades sin eliminarlas"[18]. Y es aquí, en este espacio intermedio, donde los artistas encuentran un terreno inmensamente fértil. Estoy pensando en Alÿs, una figura tan significativa como Orozco en los circuitos internacionales; en Vargas Lugo, en Abaroa, en Rubén Ortiz, cuyo "argot" puede ser más local, pero cuyo discurso alcanza los fenómenos que los demás artistas comparten. Estos artistas hablan a través de poéticas muy personales.

Como estructura, el centro sigue siendo monolítico y absorbe a las culturas periféricas. Existen razones geopolíticas evidentes tras los movimientos del centro, pero quizá también hay una pérdida de rumbo, una curiosa pérdida de poder a nivel creativo que necesita llenarse de algún modo. No se trata de un gesto generoso (aunque no negaría que existe cierta curiosidad), pero es un espacio que México, junto con otros países latinoamericanos, está llenando, como ya lo hicieron Rusia o África, ¡o como China está a punto de hacer! Bien es verdad que las grandes muestras mexicanas de los últimos tres o cuatro años han intentado desmarcarse de cualquier tipo de "representación nacional" por considerarla irrelevante para lo que estaba ocurriendo en el arte, y que el eje central de la representación nacional se ha convertido, como debería ser, en algo interno para el arte, como las estrategias neoconceptuales de los noventa. También es cierto que la recepción externa tiende a considerar mimética una exposición que no presente temas de identidad para el consumo del centro, por ejemplo, violencia, crítica social, cruce de fronteras, drogas, ¡o simplemente color pseudo tropical! Tal vez sea también cierto que una toma de conciencia de lo global y el establecimiento de nuevos imaginarios no implica necesariamente una homogeneización, sino más bien un regreso a, o reinserción en, lo local, convirtiéndose éste en un lugar fronterizo en el que se puedan llevar a cabo mezclas e intercambios híbridos.

Esta muestra está llena de ecos y continuidades. Mira hacia atrás y hacia delante mediante obras que, a mi parecer, se han ganado su lugar en el arte. Y mucho más que esto, han abierto nuevas posibilidades.

1. Olson, C., *The Maximus Poems,* Jargon/Corinth, Nueva York, 1960. No hay jerarquías, ni infinito, ni nada como masa, sólo hay/ ojos en todas las cabezas/ para mirar fuera. (N del T.)

2. Alÿs, F., citado por Medina, C., *Arte Contemporáneo de México en el Museo Carrillo Gil,* México D.F., 2000, p. 82.

3. Lampert, C., *El Profeta y la mosca. Francis Alys,* Turner, 2003.

4. Golding, J., *Gerzso,* Editions de Griffon, Neuchatel, 1983, p. 19.

5. Asta, F. y Prampolini, I.R., *Los Ecos de Mathias Goeritz,* Instituto de Investigación Estética, Antiguo Colegio de San Ildefonso, México D.F., 1997, p. 193.

6. Riestra A., citado por Billeter, E., *Adolfo Riestra,* OMR., México D.F., 1994, p. 16.

7. Arias, C., *Arte Contemporáneo de México en el Museo Carrillo Gil,* México D.F., 2000, p. 42-43.

8. Jusidman, Y, *Yishai Jusidman: Bajo tratamiento (en-treat-ment),* Museo de Arte Carrillo Gil, México D.F., 1999, p. 24.

9. *Ibid,* p. 25.

10. Jusidman,Y, *Arte Contemporáneo de México en el Museo Carrillo Gil,* México D.F., 2000, p. 191.

11. Debord, G., *Commentaires sur la société du spectacle,* Gallimard, París, 1992, p. 26.

12. Arriola, M., *Silvia Gruner: "en blanco",* Museo Arte Carrillo Gil , México D.F., 2000.

13. Arriola, M., *Arte Contemporáneo Mexicano en el Museo Carrillo Gil,* Museo Carrillo Gil, México D.F., 2000, p. 151.

14. Citado por Arriola, M, *ibid.,* p. 62.

15. Stallabrass, J., *High Art Lite; British; Art in the 90s,* Verso, Londres, 1989, p. 2.

16. *Ibid,* p. 4.

17. Friedman, T., *The Lexus and the Olive Tree,* Harper Collins, Londres, 1999, p. 8.

18. Garcia Canclini, N., *Consumers and Citizens: Globalization and Multicultural Conflicts,* University of Minnesota, Minneapolis, 2001, p. 3.

Cinco pruebas acerca de la imposibilidad de este ensayo
Itala Schmelz

Primera prueba. No fui curadora de la presente exposición, por lo que no cuento con una tesis a priori que pueda servirme para determinarla. El curador, por su parte, me hizo saber que en la selección de estas piezas no hubo "andamiaje teórico".

Como sabe quien llega a estas páginas, México resultó el país invitado en ARCO'05. Para la ocasión, el Museo Nacional de Arte Reina Sofía ha reunido una amplia retrospectiva. Alrededor de setenta piezas, más de cuarenta artistas. Producción, en su mayoría, de la última década del siglo XX, pero con los márgenes cronológicos flexibles. Aquí encontraremos el trabajo más o menos conocido de artistas más o menos conocidos. Obras que, digamos, ya tuvieron su momento de emergencia, su repercusión crítica y que, sin embargo, aún siguen funcionando por sí mismas. Osvaldo Sánchez, curador invitado[1], ha hecho su recorrido de memoria; el resultado, en sus palabras:

> no es una exposición de piezas recientes, no es una muestra de una generación, no ilustra ejes de herencias históricas, ni deudas de lenguaje, ni tampoco enlista a los héroes culturales de la plástica nacional [...] la muestra tiene como única estructura explícita el propio recorrido del espacio expositivo y, como único aval intelectual, la solidez y rareza espiritual que emana de las piezas mismas[2].

La selección tuvo por principio dejar a las piezas hablar y al espectador escucharlas. El reconocido curador hizo patente con su actitud cierta fatiga y malestar al tener que teorizar en torno al arte contemporáneo mexicano y, por mi parte, invitada a escribir este texto, lo secundo. Sánchez me comentó su intención de desarrollar "una exposición sin andamiaje intelectual agregado" y me retó a hacer la prueba de generar un argumento teórico: "Verás que es difícil, si no, imposible", me dijo. Y en efecto, esta muestra es como un *collage* en el cual nada se pega. Sin embargo, tiene que haber una dicción posible, ¡no podemos quedarnos simplemente callados!, aunque quizá sí pudiésemos… En todo caso, este texto es como una espiral de ruido que merodea las piezas sin tocarlas, que discurre sin el propósito de definir nada y que, no acaba de decir algo, cuando ya ha sido dicho.

Segunda prueba. A pesar de que los artistas y los curadores mexicanos han puesto en crisis los modelos de identidad nacional, las expectativas internacionales siguen siendo prototípicas.

La producción de "arte contemporáneo mexicano" ha tenido en los últimos años su propio "efecto tequila", es decir, ha ganado visibilidad internacional. Esto ha implicado, cada vez, un ensayo de síntesis y de posicionamiento, así como una toma de decisiones conceptuales e históricas por parte de los curadores responsables. De no ser por el agotamiento, podríamos, nuevamente, aprovechar el presente ensayo para revisar los modelos de lo exótico, lo tropical y lo colorido como expectativas en torno a la mexicaneidad y, a su vez, denunciar críticamente las estrechas vías que permiten a *lo diferente* acceder al *mainstream*.

En el año 2000, la participación de México en la feria mundial de Hannover generó escepticismo conceptual: ¿Cómo debíamos representarnos internacionalmente?[3] En el coloquio, coordinado por Cuauhtémoc Medina para la Universidad de Puebla[4], titulado *El insidioso gusto de lo global. Arte para un siglo post-México*, se redefinió teóricamente la no pertinencia de los modelos de identidad nacionalista. El historiador declaró, en ese entonces, que "la nación y sus ideologías aparecen hoy en el arte como un objetivo de deconstrucción crítica, ya no más como un concepto productivo estéticamente"[5]. En 2001, para el Centro Cultural de México en París, Magali Arriola realizó una exposición colectiva que tituló "Coartadas". La curadora tuvo la virtud de exhibir las formas más contemporáneas de asimilar y, a la vez, disociar los temas de la identidad nacional, observando que: "la recuperación e inversión de determinados códigos mediáticos por parte de los artistas, quizá sirva para interceder entre el registro de una experiencia individual y la construcción de una historia colectiva"[6].

James Oles tituló su exposición para MexArtes Berlín, 2002, "Superficies coloreadas" e, inteligentemente, tomó como móvil curatorial el lugar común del color en el arte mexicano. De esta forma pudo poner de manifiesto uno de los dispositivos más reiterativos de la identidad nacional. Señala Oles que "es por su colorido, obviamente, que este país se ha vuelto una parada importante [...en] la ruta peregrina de los artistas modernos huyendo de las metrópolis industrializadas"[7]. En su manera de presentar las cosas, el investigador deja claro que México, a su vez, juega un papel importante en el imaginario de la modernidad, es decir, que para el *mainstream* México es una de las representaciones del eterno-otro-exótico, el diferente bajo cualquier concepto.

En 2002 se presentó en PS1, Nueva York, una gran retrospectiva: "Mexico City: An Exhibition About the Exchange Rate of Bodies and Values", el curador Klaus Biesenbach pretendía encontrar un nuevo *statement* de lo mexicano, presentando a la ciudad de México como un atractivo postapocalipsis urbano. Medina prologó esta iniciativa con un texto titulado *Abuso mutuo*, en el que ya se cuestionaba, con cierto dejo de fatiga, la idea de que el significado "México" pudiera tener alguna relevancia crítico-artística. Sin embargo, siguieron las iniciativas: en Italia, una exposición colectiva organizada por Teresa Macrì, se llamó: "México Attacks!", 2003, y "Made in Mexico" fue el nombre que le dio Gilbert Vicario a su exposición en el Institute of

Contemporary Art, Boston, 2004. Las publicaciones más relevantes del arte contemporáneo, por su parte, no dejaron fuera de sus páginas al fenómeno mexicano. En la portada[8] de la revista *Parachute-104* puede leerse *conozca México*, frase que acompaña cuatro fotografías que bastan para confirmar lo dicho por André Bretón: "México es un país surrealista".

Lo que nos diferencia como mexicanos es el mismo mecanismo que nos hace iguales a cualquier otro país. El estigma nacional es igualmente poderoso, acabado, empaquetado, comercializado y transportable en cada nación; cada pueblo tiene su propia versión en *souvenir*. Hubo un tiempo (primera mitad del siglo XX) en el que todas las artes se pusieron al servicio de la creación de una identidad nacional, los modelos se fueron haciendo multirreproducibles hasta llegar al abuso. Los iconos tradicionales que alguna vez nos dignificaron hoy están convertidos en huecos discursos de Estado o en obscenas estrategias comerciales. En estos últimos años, sin embargo, la identidad nacional ha pasado por una autocrítica rotundamente enriquecedora[9].

Resulta siempre interesante estudiar el impacto de nuestras figuraciones patrias en el extranjero, mas también es opresivo no poder despuntar de ellas en un diálogo internacional, ya que el campo de la creación y del pensamiento siempre ha sido trasnacional. La presente exposición, lejos de centrar su interés en una construcción discursiva de la identidad nacional, es una reunión de individualidades en busca de su propia referencialidad. Subjetividades que, aún atravesadas por imaginarios gregarios como lo son los de la identidad nacional, resaltan, más bien, por su sensualidad íntima.

Tercera prueba. Más que del arte mexicano, la reunión de estas piezas podría hablar de las preferencias del curador. No revela un imaginario colectivo, sino la más radical individualización en cada uno de los trabajos.

La selección reunida en esta muestra, lejos de introducirnos en el arte mexicano de manera objetiva, permite, en todo caso, interpretar con freudianismo genérico al curador. A través de sus preferencias objetuales se puede colegir un proceso sensual. Se trata de una exposición básicamente homo-erotizada, surcada de falos, tan provocativa como diversa, en donde predomina una actitud de perversión y lujuria. Piezas con aura propia que, como quería el curador, están reunidas mas no revueltas. Terreno minado por una seducción reactiva al espectador, obras que revelan los procesos más diversos que puede tomar la subjetivación.

En aquel coloquio que tuvo lugar en Puebla en el año 2000, Osvaldo Sánchez participó con un texto muy particular: "El cuerpo de la nación. El neomexicanismo: la pulsión homosexual y la desnacionalización"[10]. Su tesis fue, sin duda, la más ingeniosa y en ella podemos distinguir sugerencias interesantes para contemplar la presente muestra. Sánchez señalaba en aquella ocasión, que este movimiento pictórico característico de la década de los ochenta, pervierte deliberadamente el uso moderno del cuerpo como alegoría nacional[11]. "Si en el neomexicanismo hay un protagonista adjunto a la Virgen de Guadalupe, al maguey, al penacho de Moctezuma

[...] y al corazón sangrante, es la pulsión sexual, y específicamente la pulsión gay". "Aquí el cuerpo específico, en el despliegue de su pulsión sexual, arrastra los viejos emblemas de la nación y los convierte en artificio, en maquillaje, en mercancía de seducción". Estas prácticas, señala, "adelantan operatorias de desnacionalización que no son operatorias de mercado en primer término, sino de sentido". Es así cómo, desde entonces, Sánchez apuntaba a explicitar "el cuerpo como portador de identidad individual" y apelaba a una "desnacionalización de las representaciones del cuerpo"[12].

"La única finalidad aceptable de la actividad humana" —escribe Felix Guattari— "es la producción de una subjetividad autoenriquecida de forma continua en su relación con el mundo". El arte, así como el psicoanálisis, son "dos modelos de producción de subjetividad". "El arte es eso en torno a lo cual la subjetividad puede recomponerse y evitar que acabe convertida en un aparatejo colectivo rígido y al servicio exclusivo del poder"[13]. La idea de desterritorializar (desnaturalizar, desnacionalizar) el cuerpo como un proceso de subjetivación resulta particularmente pertinente ante una sociedad alienante que, precisamente, busca apropiarse de los cuerpos: deseantes y voluntariosos, frágiles, falibles y viciosos ¿Pero qué estamos entendiendo como subjetividad o como proceso de subjetivación?

En su *Filosofía trascendental* del siglo XVIII, el filósofo alemán Immanuel Kant, señalaba que la construcción de la identidad es la tarea constante de un sujeto sintético, es decir, no sustancial. Concebir que la subjetividad es algo que se construye es una contradicción dolorosa para el yo que se piensa como idéntico a sí mismo y aspira a lo sustancial. Kant llama al sujeto "originariamente sintético" y, como buen mecánico, revisa cada una de las facultades a priori (es decir, meramente subjetivas) a partir de las cuales se vincula con lo real. El filósofo de Königsberg pone entre paréntesis la cosa en sí y, con absoluta claridad, sentencia a la subjetividad a sumirse en el solipsismo. Esto quiere decir, que sólo podemos relacionarnos con el mundo a partir de nuestras condiciones de conocimiento y, tanto que son finitas, no podemos pretender al conocimiento de lo infinito; o como lo explica, más de un siglo después, Henri Bergson: "sería como pretender que la parte igualase al todo". En términos estrictos: "sólo tenemos una imitación de lo real, una imagen simbólica"[14].

Dentro de este modelo, el terreno del arte es el propicio para una autoconciencia reflexiva que arriesga separarse de los modelos preestablecidos, haciendo un poco más compleja y más crítica su relación con el mundo. El arte contemporáneo, tanto para el artista como para sus públicos, es un constante proceso de-construcción, el sentido nunca está acabado. La subjetividad, a través de estas prácticas explora, ejercita, su libertad. Las obras reunidas en la presente exposición son prueba fehaciente de la construcción permanente y experimental de la subjetividad. "Lo que se afirma con más certidumbre es el propio cuerpo"[15] y es precisamente a través de la erotización como muchos de los artistas aquí reunidos se apropian de los objetos más diversos y de los discursos más sonados. Esta exposición destaca, en el arte, un ámbito de libertad para imaginar, amar y satisfacerse. Arte como autoconocimiento, autogoce, *Autogol*[16].

Cuarta prueba. En lugar de utilizar la teoría filosófica para legitimar al arte, me pregunto ¿cuáles son las aportaciones de las prácticas artísticas contemporáneas a la reflexión filosófica?

El pensamiento de filósofos como Foucault, Deleuze, Guattari, Debord, Baudrillard, Derrida, Eco, Virilio, etc. se ha convertido en una plataforma discursiva para definir el "arte conceptual". Antes los usábamos, con cierto pudor, los críticos, ahora los artistas para "legitimar" su obra. Actitud en ocasiones pedante. Es el mundo al revés cuando uno, como curador, tiene que pedirle al artista que se calle, que deje ver, apreciar, vivir la obra (Kandisnky, en retrospectiva, vociferando que el arte no se tiene que pensar, sino que sentir). Cuando creíamos tener al arte atrapado, comprendido en una red conceptual y lógica, hay que dejarlo otra vez escapar. Estas teorías funcionan pero no son necesariamente válidas. Reproducir hasta lo paródico a estos magníficos autores no garantiza que el arte actual sea efectivamente "conceptual". La obra de arte, como la moneda, está en el aire, el azar y el hallazgo siguen siendo musas predilectas. La capacidad provocativa de la fuerza estética y del estilo propio, inclusive la genialidad, son recursos que se ven fortalecidos por la teorización, pero que no pueden ser sustituidos por lo teórico.

Tras tanto buscar un discurso que nos permitiera abordar el arte de nuestros días, ahora, lo discursivo parece someternos a una camisa de fuerza. Los artistas tienen más discurso que obra y las formulaciones teóricas, en su momento exultantes, se están repitiendo hasta la vacuidad. El arte que rompió con los formatos tradicionales y, siendo objeto, se presumió con las facultades del signo y del texto, ¿necesita un texto crítico? Y por su parte, la escritura ¿depende de reflexionar la obra de arte, o se basta a sí misma para construir sentido, ficción y reflexión?

Los artistas han rechazado con singular desliz la figura del curador, señalando como falta de respeto imponer a la obra sentidos que le son ajenos; sin embargo, el arte es un campo de lectura, y por más lograda que sea la idea comunicada por el artista, en la pieza se registran, en cada caso, los significados de quien le da lectura. El arte de nuestros días tiene un argumento fascinante: "el sustrato de una obra de arte contemporáneo está en la elaboración colectiva de sentido"[17], su especificidad es "la producción de relaciones intersubjetivas", no de objetos.

El cambio de paradigma en el proceso artístico ha implicado necesariamente la evolución del público, no sólo la del creador. Sería interesante revisar si el arte contemporáneo ha tenido en México un efecto en terceros. Es decir, ¿alguien ha aprendido, a través del arte, a ver las cosas de un modo un poco diferente?, ¿practicar la "lectura deconstructiva de los signos" nos ha ayudado a liberarnos, realmente, de modelos coercionantes de pensar y de moralizar?, ¿se ha abierto alguna vía crítica en el orden social que sea significativa? Porque, para explicarnos, o más aún, para justificar la irrupción de un arte bastante hermético y autorreferencial, siempre se arguye su función social y su carácter transgresivo respecto a las identidades gregarias.

Los filósofos no suelen asistir a las exposiciones de arte contemporáneo; curiosamente, sus gustos estéticos no están ligados a sus desarrollos teóricos y, teniendo a la ciencia como modelo cognoscitivo, el arte ni falta les hace. Sin embargo, se dice que se ha estado procesando una trasmigración de la reflexión filosófica hacia las prácticas del artista conceptual, de alguna manera, la construcción de conocimiento se está haciendo posible a través de las prácticas artísticas. Reino de la simulación, la apariencia, la seducción, el arte actual ha resultado un generoso horizonte para la reflexión teórica, es cierto. En dicho caso, ¿cuál es el efecto ontológico producido por los nuevos lenguajes y las nuevas apuestas en el arte? ¿Hay una dimensión teórica que se ve afectada o favorecida por estas nuevas puestas en practica? ¿En qué medida la lectura de arte contemporáneo ha dado apoyo para estructurar, conceptuar o pensar los temas de la filosofía?

Quinta prueba. A pesar de que la dimensión del arte como factor de revolución social se muestra promisoria, hoy por hoy la confrontación más radical al sistema sigue siendo, en el fondo, el solaz sublime del "arte por el arte".

Y, para concluir, sólo resta quitarme de encima la conciencia incómoda de que el poder reintegra permanentemente toda disidencia. Hoy es completamente ingenuo suponer que existe un territorio libre desde donde diferir. Si bien Guy Debord suponía en el arte un "intersticio social", un lugar de acción y subversión, cuando la silueta del rostro de El Ché Guevara pasa de las pintadas clandestinas a estamparse en las camisetas de marca, se hace evidente, sin embargo, que hay algo montado y artificioso en la figura del artista rebelde. Si bien no aspiramos a confrontar un poder que reintegra toda oposición a su sistema de control, sí suponemos que hay algo importante que hace el arte en lo social; no por menos la dimensión de David existe frente a Goliat, auque sólo sea mitológica.

En el noticiero de la televisión, la mirada del niño palestino denota que su existencia estará siempre aferrada a una identidad fundamentalista, la maquinaria genocida instalada en Oriente Próximo terminará por deglutirlo, mas no dudará ni por segundos de su sangre y de sus enemigos. En un mundo paralelo, esta muestra, lejos de restaurar identidades nacionales, es prueba del diletantismo de unos cuantos, en otro cuadrante del mundo globalizado. A pesar de quienes demandan para el arte un rol guerrero, un arte con martillo, como quería Nietzsche, el arte es y siempre será incoercionable no por su posición política o moral sino, simplemente, por ser "arte por el arte". ¿Qué puede hacer el arte sino dar bríos al absurdo? Y por último ¿de qué vale la libertad que ofrece el arte si, a la vez, es como asomarnos al vacío?

1. La muestra es el resultado del trabajo conjunto de Osvaldo Sánchez y Kevin Power sin embargo, este texto se estructuró en una suerte de diálogo con Sánchez.

2. Osvaldo Sánchez, correo electrónico, 18 agosto 2004

3. En el caso mexicano, la construcción de modelos de identidad nacional en función a su "exportación" debe revisarse tomando en cuenta las primeras décadas del siglo XX, y muy particularmente en su relación con Estados Unidos, el vecino del norte. No desarrollo esa historia ya que existe magnífica bibliografía.

4. Primer Simposio de Arte Contemporáneo en la Universidad de las Américas (UDLA-P) Puebla, México, Noviembre 2000.

5. Cuauhtémoc Medina. "Negociación y apertura". Publicado en la revista *Curare*, n. 17, México D.F., 2001, p. 83.

6. Magali Arriola. *México 2001, iniciativas privadas a contrabando*. Texto para el catálogo de *Alabis – Coartadas*, Centro Cultural de México en París, 18 enero - 9 de marzo de 2002.

7. James Oles. *Superficies coloreadas*, MexArtes, Berlín, 2002, texto para el catálogo, p. 7.

8. El diseño gráfico fue realizado por el artista mexicano Jonathan Hernández.

9. Las referencias precedentes son significativas, mas no cuantitativas. Podrían reunirse muchos más ejemplos e iniciativas interesantes.

10. Osvaldo Sánchez. "El cuerpo de la nación. El neomexicanismo: la pulsión homosexual y la desnacionalización", revista *Curare*, n. 17, México D.F., 2001.

11. "Los cromos, el cine y las ilustraciones gráficas fueron, desde principios del siglo xx, el búnker del discurso del cuerpo canónico. El neomexicanismo pervierte el uso moderno del cuerpo como alegoría nacional, cuyo ideal físico del mestizo mexicano —de una masculinidad sobreexpuesta— inscribió por décadas nuestra pertenencia territorial" Osvaldo Sánchez, *op. cit.*

12. *Op. cit.*

13. Para la realización de este ensayo fue muy oportuna la lectura de *Esthétique relationnelle* de Nicolas Bourriaud. Les presses du réel. París, 2001. En el último capítulo, "Vers une politique des formes", Bourriaud revisa la filosofía de Felix Guattari. Las citas fueron tomadas de ese libro y originalmente pertenecen al libro *Chaosmose*, de Guattari.

14. Henri Bergson, *La evolución creadora*.

15. Friedrich Nietzsche, *Más allá del bien y del mal*.

16. *Autogol* es el título de una pieza de Thomas Glassford incluida en la muestra.

17. Nicolas Bourriaud, *op. cit.*

Otras mentiras mexicanas
Osvaldo Sánchez

Durante mucho tiempo me he acostado temprano. Con esta frase de Proust, la primera de *En busca del tiempo perdido*, Foucault ejemplifica la irrupción del lenguaje moderno, entendido como el asesinato reiterado de una expectativa canónica. Y a propósito de ello, menciona la muerte de un vetusto modelo de historicidad: "La relación de sucesión que aparece a partir del siglo XIX es una relación mucho más de primera hora"[1]. Hoy, esa emergencia asesina "de primera hora" se exhibe como el requisito de admisión a una economía global combustionada por accesorios locales. La ausencia de exposiciones de arte mexicano que intenten historizar estos últimos años quizá confirme la supremacía de una otra temporalidad más "real", basada en esa red de sincronías "globales" que aceptamos como "condición contemporánea". Temporalidades adecuadas a la compulsión que regula los consumos culturales y garantizan el caro papel simbólico que el arte contemporáneo juega en el seno de estas dinámicas enmascaradas. Parecería que apenas tenemos un breve *presente*, operado desde la ficción de sincronía que es todo espectáculo. El indicador de éxito (pre)supone sin escándalo una relación diluida con todo "afecto local", es decir, que obliga a una inhibición de aquellos indicadores temporales que refieren a las condicionantes orginarias de producción. Entonces ¿sería ésta otra exposición mexicana más, en la que las opciones de contemporaneizar obligan a presentarnos de una manera "perpetuamente desplazada"? Es sintomático que a las exposiciones de arte contemporáneo mexicano les sea tan problemático moverse en reversa y re-asimilar su pasado reciente o incluso dar crédito a las disrrupciones con que ese pasado reciente —asumido cada vez más como presente imperfecto—, alimenta el espesor del imaginario visual de su época. Tal acatamiento de "última hora" —que también es político— no sólo ha envenenado la escena artística mexicana; en su reiteración mundana también la ha hecho más raquítica. Asumir esta exposición era conceder algún tipo de provecho a esa sincronía. Entonces ¿cómo esquivar esta compulsión asesina de la sucesión "de última hora"? ¿cómo exhibir sin asustarse aquellas obras ya no recientes que todavía siguen ahí, latentes, incluso en aquellas "noticias" que pretenden negarlas, y participan de ese presente tan contaminado, en un país de mala memoria? Un riesgo serio. Riesgo que podría estar agravado por mi falta de interés por desatar cualquier tipo de armazón histórica. Entonces, más que un repaso disidente o aplicado de la historia de los últimos quince años, —en la premisa de que 1989 marca un año crucial para la escena artística mexicana— preferí asumir una banda de flotación temporal que implicara al menos una impugnación —no importa cuán modesta resultara— al acto bulímico de acomodar México a la reiterada noticia de su advenimiento internacional. Con Kevin Power, co-curador de esta exposición, pensamos que tal vez fuera interesante sacar líneas de fuga, diagonales que atravesasen el marco referencial de estos últimos quince años y que de hecho espesan la producción artística actual, dificultando la expectativa de un presente artístico obediente, a favor de 'la incertidumbre que aún alberga aquello que ha sabido permanecer oculto' (J.Clifford). También estaba pendiente cómo aliviar el acaparamiento que una generación "de última hora" ejerce sobre todo el presente artístico de una cultura. Mezclar piezas claves de inicios de los noventa —ya mal olvidadas—, con obras recientes y con obra de artistas de otras generaciones que merecerían una revisión más informada parecía una opción. Esto enlistó, en un primer bosquejo de trabajo —cuando teníamos asignado un espacio de exhibición mayor— a obras quizás impensables dentro de una misma exposición mexicana de "actualidad", de artistas como Ulises Carrión y Pedro Friedeberg, Melquíades Herrera y Manuel Álvarez Bravo, Gabriel Orozco y Feliciano Béjar, Victor Jurado y Luis Barragán. Finalmente, estos entretejimientos transgeneracionales quedaron constreñidos al frágil paréntesis de casi dos décadas, y con un énfasis brutal en no sugerir construcción histórica alguna. Entonces, más que en historizar desde los noventa, pensamos en exhibir la vulnerabilidad de esta ficción de *presente*, sacar a flote si fuese necesario "su poder ilimitado de dispersión" antes que permitir que la exposición contribuyera a la disciplinada red de sincronías prescrita por "la escena artística global" donde está calendarizada esta muestra.

Porque no son los vasos llenos de ti los que te hacen estable, ya que, aunque se quiebren, tú no te has de derramar; y si se dice que te derramas sobre nosotros, no es cayendo tú, sino levantándonos a nosotros; ni es esparciéndote tu, sino recogiéndonos en nosotros[2]. Peter Sloterdijk recurre a san Agustín para cuestionar la suficiencia operativa del ego moderno en tanto delirio constitutivo, en tanto flujo. Y acto seguido habla de cómo actuamos estas burbujas de individualidad que somos dentro de un campo de proximidad, como podrían y/o pueden éstas limitarse y contenerse mutuamente, "comportándose como receptáculos inquietos"[3]. La curiosidad por desvelar el roce más frágil de esa "inquietud" —que podríamos también llamar deseo[4]—, su registro menos ruidoso, es lo que me hizo asumir esta exposición como una reflexión sobre la naturaleza espiritual extraordinaria de los posibles "sujetos heroicos" —todo lo que en el fondo es un argumento sobre la seducción— y desde ahí exhibir el poder de resistencia y de desapego que le permite a toda obra de arte sobrevivir a las prioridades más banales de su circunstancia. En este campo, esa "inquietud" del sujeto artístico emanaría desde la falla que existe entre el lenguaje y el objeto, ahí donde se constituye la experiencia del arte. ¿Hay algo genérico y a la vez local aún en esa experiencia? ¿Hay una especificidad identitaria en su naturaleza espiritual y es ésta acaso articulable? *[El ser humano] no sólo es el diseñador de un espacio interior propio imaginado con objetos relevantes tiene además que dejarse instalar, siempre e ineludiblemente, en los receptáculos del prójimo y de la proximidad interior como mobiliario familiar, como cuerpo de resonancia, como pared antagónica*[5]. Entonces, apelando apenas la exposición a ese poder de resistencia latente en las obras, no tendría más fundamento su posible eficacia que la experiencia del recorrido. Un riesgo de tontos. ¿Y el discurso curatorial sería entonces esta entelequia? Quizá estas obras elegidas —desde su propia densidad algunas, otras, las menos, desde su trágica ligereza— serían capaces de secretar esa "inquietud" lo suficiente como para rastrear al sujeto que se expone en su delirio de sí. De este modo el discurso curatorial, más que un trayecto de sentido explícito —digamos por ejemplo algún fragmento del *zeitgeist* mexicano a ilustrar—, sería el discurso de levantar con precisión esas "paredes antagónicas", proximidades emplazadas, capaces de crear el espacio de resonancia necesario para que no sólo la obra quede en exhibición, sino también su experiencia.

Así pues, tenemos aquí, de un lado, el lenguaje. Por otro están las obras. Digamos que está esa cosa extraña en el interior del lenguaje, esta configuración de lenguaje que se detiene sobre sí, que se inmoviliza, que constituye un espacio que le es propio y que retiene en ese espacio el derrame del murmullo que espesa la transparencia de los signos y de las palabras, y que erige así cierto volumen opaco, probablemente enigmático. Es eso, en suma, lo que constituye una obra[6]. Quizá lo que más me asuste de una construcción curatorial como ésta es la pretensión de que la obra (el texto), debidamente expuesta —es decir, parcialmente velada por la presencia-latencia de un otro texto, ajeno— es capaz de secretar esa matriz de sentido —ese volumen opaco— y que esta matriz fuese el único (con)texto prevaleciente, o casi, aceptado como campo de referencia por alguna articulación que se explícita sólo a través de estas visiones estresadas. ¿Por qué resulta tan contraproducente hoy en nuestro medio curatorial intentar emular la suficiencia de un Jouvert diciendo "Soy como un arpa eólica, que produce algunos bellos sonidos, pero no ejecuta ninguna música?". ¿Tiene sentido acaso replantearse el acto de curaduría no ya como la declaratoria de una cierta instrumentalización, sino como una gestión casi del todo sumergida, que (con)cede a la obra la arena de exhibición y que más que reinscribir las hermenéuticas al uso busca en cambio develar la heurística de las experiencias fragmentarias y silenciosas donde se produce el hecho artístico, su disyunción crónica? ¿Tiene sentido intentar desde la curaduría recolocar la obra en el marco de su propia experiencia constitutiva burlando el recubrimiento canónico que la devora como objeto? ¿Provee de alguna lenta eficacia o protege de algún tipo de sometimiento el diluir el ajetreo de expectativas donde sucede la legitimación del arte contemporáneo?

These scripts can and do get disaggregated into complex sets of metaphors by which people live as they help to constitute narratives of the Other and protonarratives of possible lives, fantasies that could become prolegomena to the desire for acquisition and movement[7]. Tal vez sí delate un territorio no sólo local de entropía el nivel de credibilidad que damos a estas "ficciones serias". Todo parece depender del crédito que otorga crear nuevas metonimias, energetizadas por "la incansable actividad nómada" que implica "contemporaneizar". Me queda claro que esta exposición también funciona, a pesar mío, como la defectuosa *mise en scène* de esa expectativa remota, expectativa que acompaña como una sombra al "arte contemporáneo mexicano" en ésta ya larga temporada. Me interesa que determinadas ausencias, la inclusión de ciertas obras y la construcción de extrañas cercanías logren provocar preguntas precisas en el interior del debate crítico mexicano, no en relación con la historia de estas últimas décadas, todavía por entramar, sino sobre todo en relación a las estrategias con que hemos estado negociando estas ficciones, y también sobre la condición política de estos "modelos desplazados" de "actualidad". *More and more identity has become a form of economic value and strategy, less an less it is the core of a self-acknowledgement. The ultimate value of the corroded character is to be flexible, flexible, and again: flexible. However: if the big achievement is to be flexible and to be able to cope with anything, to adopt any role and to incorporate any value, where do you draw the line? If the energy of defense is focused on the protection of one's interest these questions are frecuently answered by dangerous responses*[8].

1. Michel Foucault, *De lenguaje y literatura*, Barcelona, Paidós, 1996, p. 68.

2. San Agustín, "Confesiones I", en Peter Sloterdijk, *Esferas I. Burbujas. Microesferología*, Madrid, Siruela, p. 37.

3. Peter Sloterdijk, *op. cit.*, pp. 86-87.

4. Itala Schmeltz, en su texto en el presente catálogo, señala a la pulsión homoerótica como el eje curatorial de esta exposición. Ciertamente el deseo aquí —¿dónde no?— es un articulador de sentido poderoso, pero ello no avala el malentendido de que el deseo individual es reductible y nombrable atendiendo a los roles sociales de la sexualidad.

5. Peter Sloterdijk, *op. cit.*, p. 86.

6. Michel Foucault, *op. cit.*, p. 64.

7. Arjun Appadurai, *Modernity at Large*, University of Minnesota, 2000, p. 36.

8. Ole Bouman, *Don`t save art. Spend it!*, Ljubljana, en catálogo *Manifesta 3*, 2000.

Santiago Sierra

Palabra tapada, 2003
Fotografía blanco y negro, 4 fotos, 100 x 150 cm (c/u)
Colección Helga de Alvear, Madrid

El trabajo de Santiago Sierra se inscribe dentro de un conjunto de operaciones críticas que han puesto
en cuestión la creencia de que el arte es una actividad autónoma, sublime y desinteresada. Evaluando
los trabajos realizados en los últimos doce años, se constata la persistencia de temas y líneas recurrentes de actuación que se dispersan para reconectarse entre ellas y acabar remitiendo a una obsesión
fundamental: la que deconstruye el minimalismo —como lenguaje hegemónico— asociándolo a la
mercancía y la muerte, concebidas ambas como tareas administradas por el capital. En sus acciones, el
lumpen postindustrial, los inmigrantes, parados y otros subalternos de las sociedades hegemónicas se
convierten en "ready mades preformativos" con los que conforma "historias situadas" que amplían la
noción clásica de intervención específica. Conectar las cargas semánticas que sus actores personifican
con las condiciones socio-económicas de la zona geo-política donde se producen es una forma efectiva
de enlazar lo personal y lo político, lo local y lo global. Algunas de las líneas fundamentales de su poética convergen en sus proyectos para el Pabellón Español de Venecia —obstrucción, provocación lingüística y la el concepto del trabajo como castigo.

Muro cerrando un espacio remite a las tecnologías de intermediación y de restricción del acceso repre-
sentadas por las fronteras y por los límites, visibles e invisibles, que sitúan a las personas en diferentes
territorios geográficos, sociales e ideológicos. El muro polariza a los espectadores de la Bienal a ambos
lados de un escenario hipotético. Las ordenaciones no son aquí modulares, pero siguen formalizando
tensiones físicas y políticas que remiten a ese extraño territorio de ciudades y países blindados que define las exclusiones contemporáneas. A diferencia del existencialista y absurdo "muro de la nada" de
Beckett, Sierra construye muros que muestran que, a pesar de las apariencias, las fronteras no se han
abolido sino que se han consolidado. En el interior del Pabellón la puesta en escena de los restos del
trabajo de construcción del muro, el desorden y el abandono se proponen como un ejercicio de desnu-
damiento de lo real, y remiten a otros restos y otras zonas de penumbra.

Palabra tapada es una sencilla escultura realizada con materiales pobres. Aquí Sierra actúa por omisión. Tapando la palabra "España", suspende momentáneamente sus múltiples significaciones históricas y simbólicas. Prefigura así una controvertida emergencia de reacciones sentimentales, lecturas
ideológicas y evaluaciones estéticas.

Rosa Martínez, 2003

El problema principal es que se gastó mucha tinta diciendo que mi intervención en Venecia era una
crítica puntual al gobierno de entonces por su política de extranjería, y en realidad fue un trabajo que
pudiera haberse hecho hace cuarenta años o repetirse en la próxima edición con el nuevo gobierno.
Pudo hacerse con ciertos retoques incluso en otro pabellón nacional, porque la idea de nación es, ha
sido y será excluyente, los países son pura ideología, reales sólo en la medida en que sean efectivos
sus métodos de coerción. No hay pabellón hondureño o palestino, así que la existencia de pabellones
nacionales exigía un posicionamiento primer mundista, una cierta amplitud que sin embargo no olvi-
dase la titularidad del pabellón.

Santiago Sierra, 2003

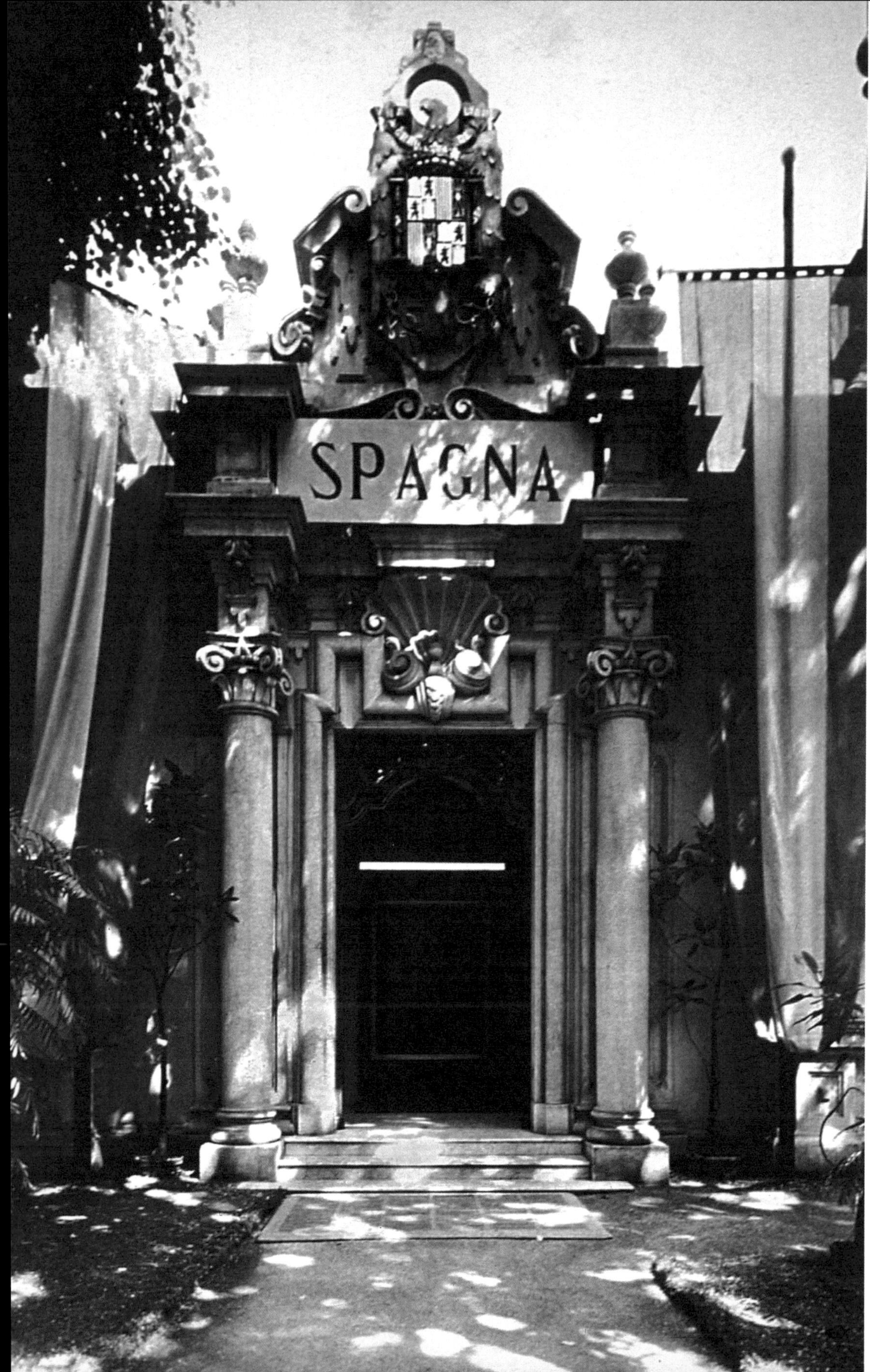
SPAGNA

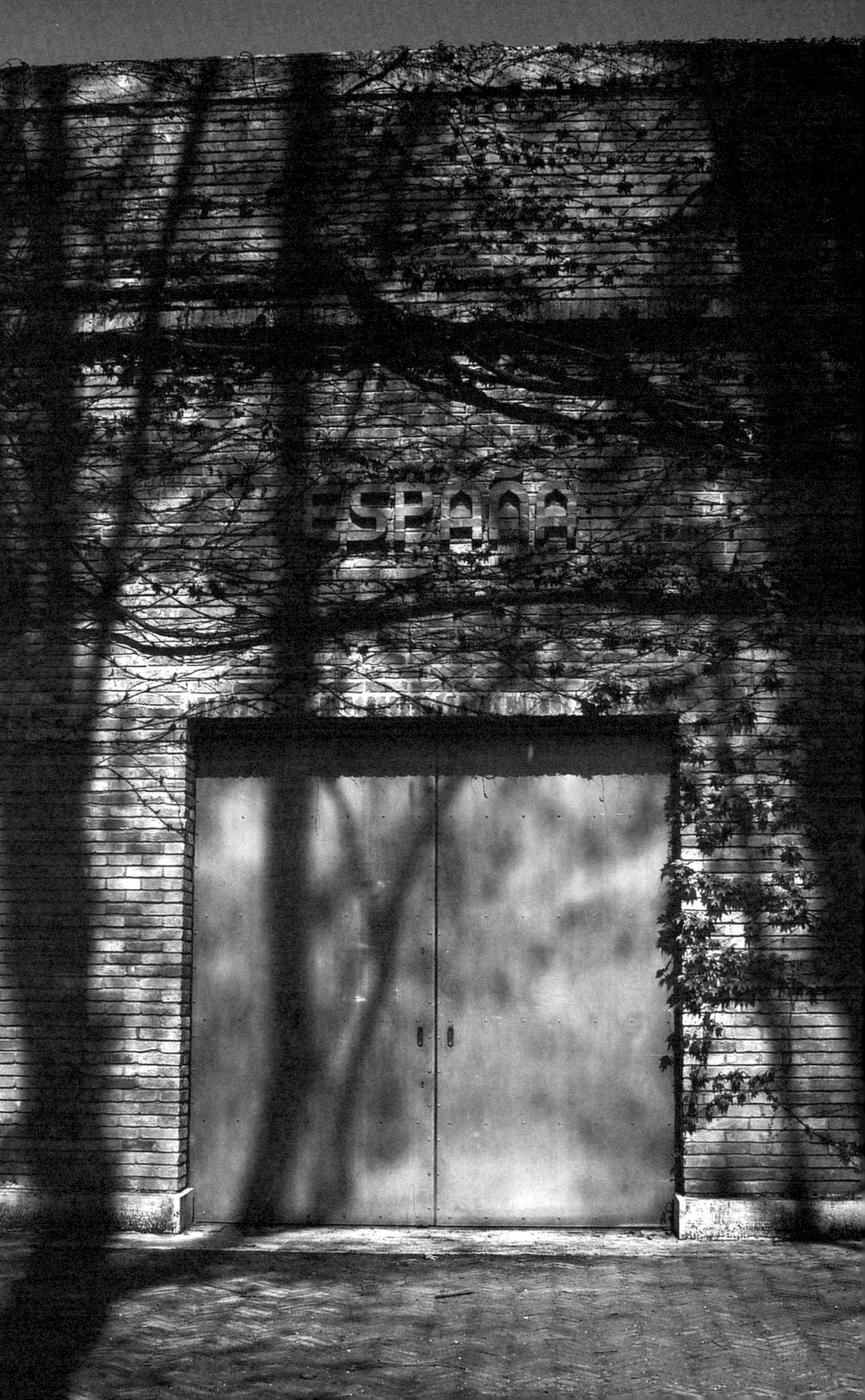
ESPAÑA

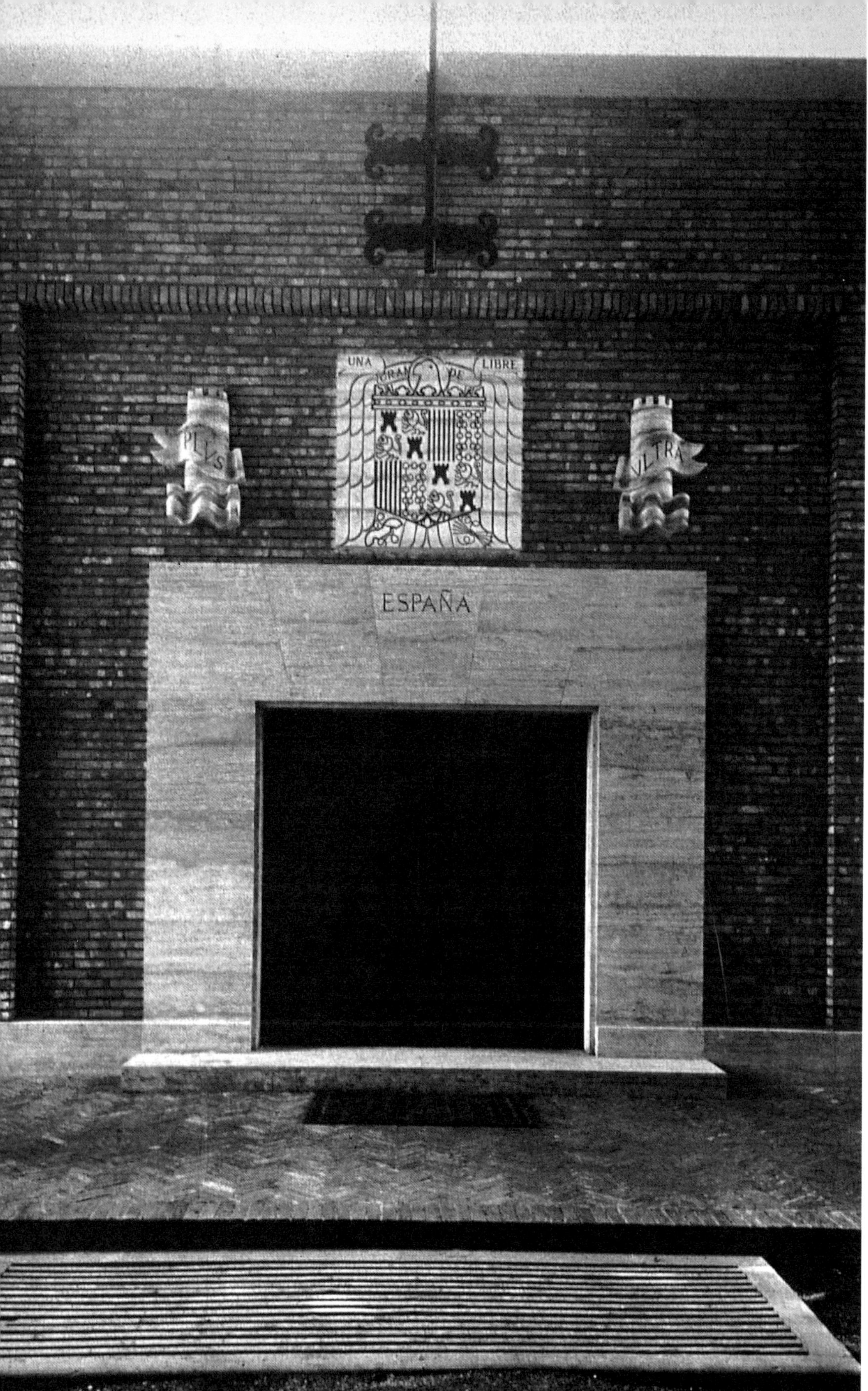

UNA GRANDE LIBRE
PLVS VLTRA
ESPAÑA

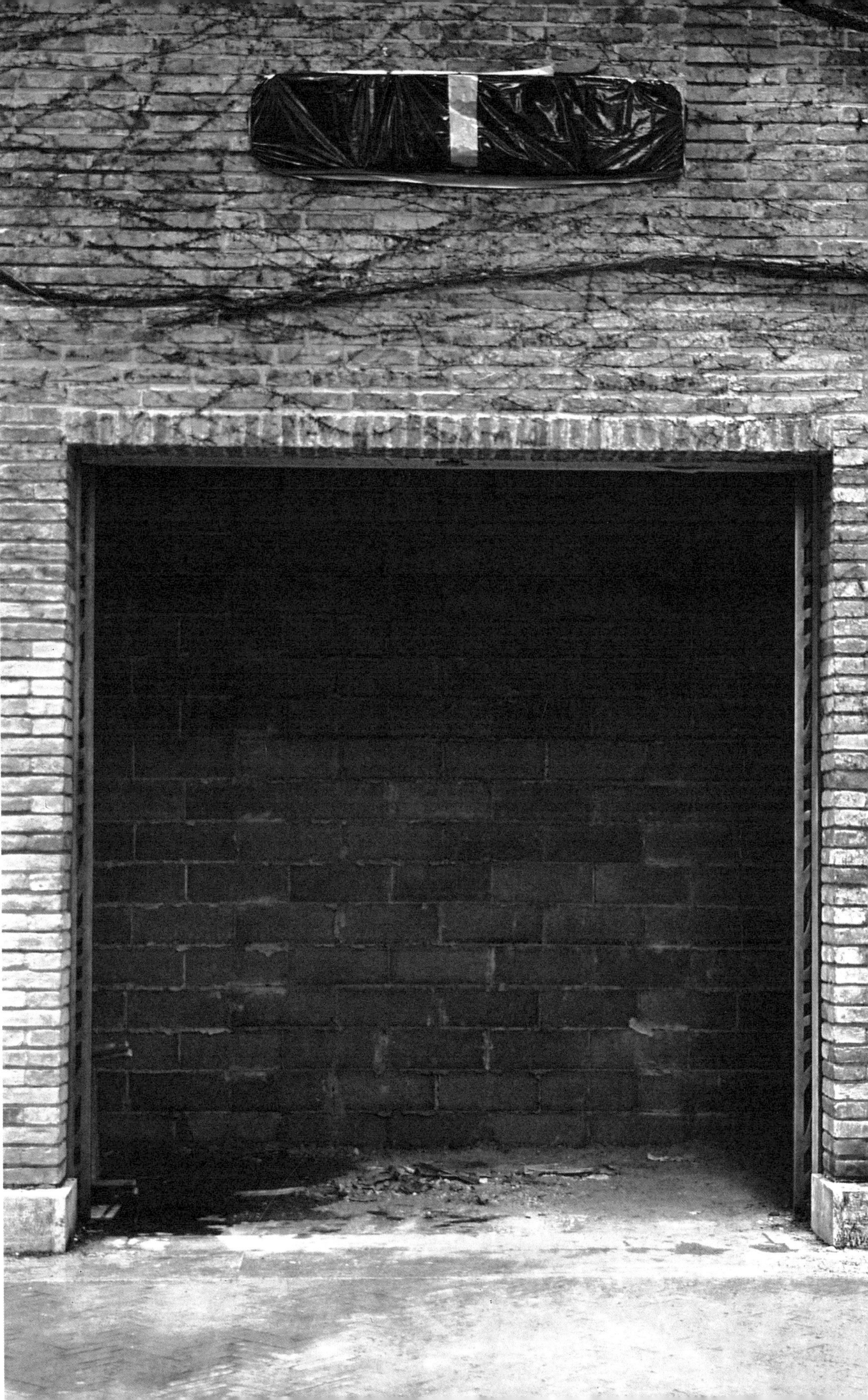

Marcos Kurtycz

Serpiente I, 1995
Talla en piedra caliza, mercurio líquido, 60 x 25 x 2,5 cm
Colección Anna y Alejandra Kurtycz, México

Serpiente II, 1995
Talla en piedra caliza, mercurio líquido, 60 x 25 x 2,5 cm
Colección Anna y Alejandra Kurtycz, México

Tras su muerte prematura en 1995 —y a pesar de su impactante claridad de lenguaje— Marcos Kurtycz quedó para la gran mayoría, y hasta para muchos especialistas, como un artista hermético. Desde su primera *performance* en el I Salón de Experimentación de 1979 evidencia su adhesión al llamado "anti arte". El sincretismo que se le atribuye a Kurtycz por la fusión y el uso indistinto de simbologías tanto polacas como indígenas es una apropiación clara y eficaz de sus dos identidades —la original y la adoptada—, y emana de su indiscutible habilidad lingüística y de su virtuosismo gráfico. El vínculo entre estas dos culturas parece en él obvio y hasta natural. A este sincretismo se incorpora también el lenguaje de la tecnología como una tercera identidad apropiada y siempre cambiante.

La manipulación experta o el dominio sobre ciertas materias que aparecen repetidamente en la obra, como el fuego, el aire (del metro), el agua, el mercurio y el copal; o de elementos como el laberinto, el hacha, la escalera, la espiral y la serpiente bien pudiera acarrear connotaciones gnósticas y/o chamánicas. No cabe duda de que la energía ejerce una fascinación sobre Kurtycz, quien se consideraba él mismo conductor de energía. Pero, hasta ahora, no existe ningún texto suyo que indique una inclinación esotérica. Su forma de definir su trabajo indica todo lo contrario: "La producción y emisión de obras de arte en todos los medios que tengo a la mano para acercarme lo más que pueda al entendimiento de la vida contemporánea".

Patricia Sloane, 1999

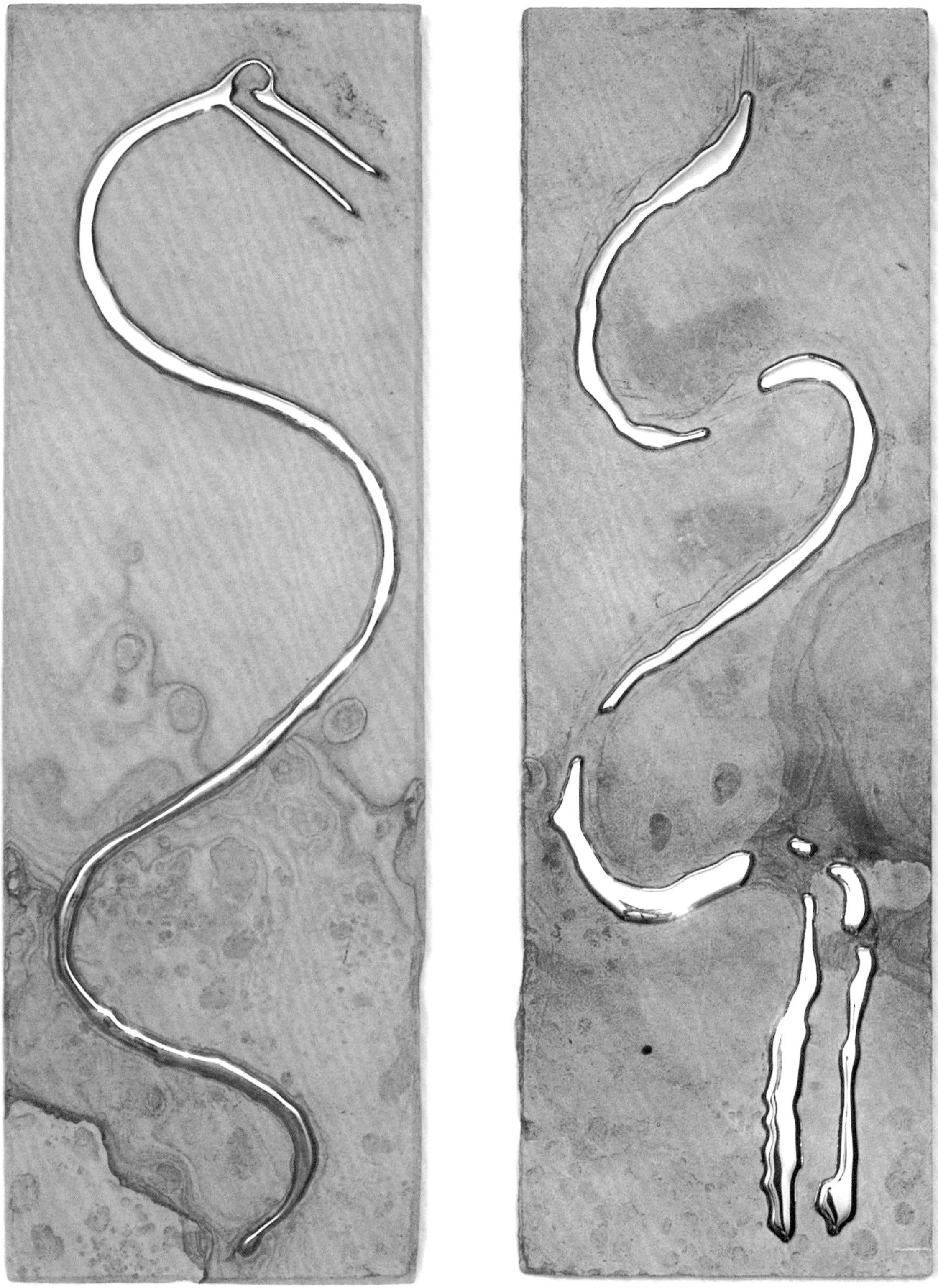

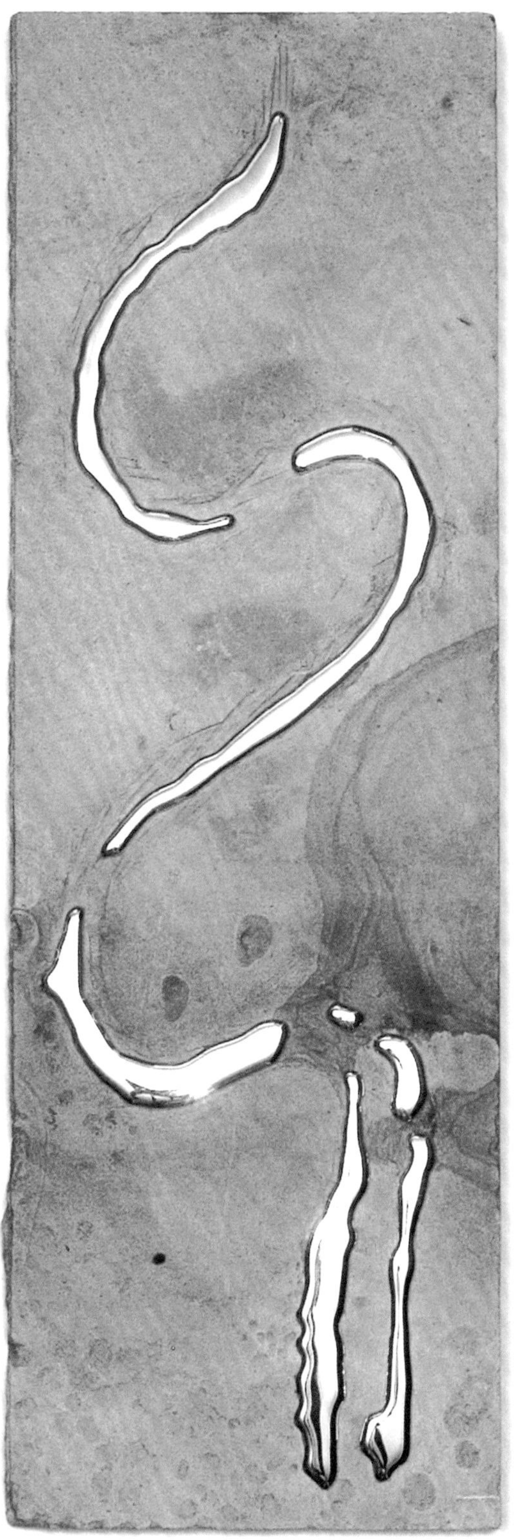

Thomas Glassford

Ascensión, 1991
Jícaras, cadenas de bicicleta y hierros, 244 x 10 cm
Colección Michael Krichman y Carmen Cuenca, San Diego

De etiqueta, 1994
Calabaza, látex y latón niquelado, 27,5 x 15 x 30 cm
Colección Elena K. Holloway, Laredo (Tejas)

Glassford ha visto en el guaje un desdoblado símil del cuerpo: ya bien la extensión del torso femenino desde las asentaderas al cuello, ya un posible equivalente del escroto y el falo. [...] El cuerpo intervenido por aparatos de control y dominio sádico: el guaje constreñido por la faja ortopédica, aprisionado por alambres y tensores del aparato clínico (fórceps, agujas o abrazaderas), horadado por cadenas y aretes, tatuado, cortado, cosido, quemado o cicatrizado. La tribalidad evocada por el excéntrico post-industrial que expresa su desconfianza hacia los oropeles del progreso humillando al objeto cromado de la funcionalidad tecnológica, al tornarlo en decorado y traje ritual del supuesto salvaje.

Cuauhtémoc Medina, 1994

Cinto: Paisaje 3, 1991
Banda de cuero, 57,8 x 266 x 14,3 cm
Colección Fundación Televisa A.C., México

En su larga serie en torno al bule, el objeto cotidiano y milenario para transportar líquidos, Glassford investigó a profundidad la relación de los objetos con el cuerpo, en cierto modo también, cómo estos objetos construyen una noción de corporeidad. En otros casos la movilidad era interrumpida por medio de superficies de cuero, plástico y otros materiales que el crítico de arte Olivier Debroise ha interpretado como versiones del paisaje inconmensurable e intoxicante del desierto tejano.

Glassford ahora trabaja con la manera en que la razón de ser de los objetos es precisamente facilitar la circulación de los cuerpos. En varias instalaciones se utilizan materiales que generalmente ayudan al traslado humano, como barandales o espejos retrovisores ,y que son parte de todo un sistema creado para ser ignorado en el cumplimiento de su función. El momento en que un objeto de uso revela su ineficiencia puede ser también el que nos hace verlo por primera vez. Glassford alude sin duda a la manera en que los objetos, incluyendo por supuesto los objetos de arte, crean una ruta específica a la que es preciso adaptar un comportamiento. No se trata aquí de denuncias particulares sino de la vuelta del signo sobre sí mismo como estrategia de investigación.

Eduardo Abaroa, 1999

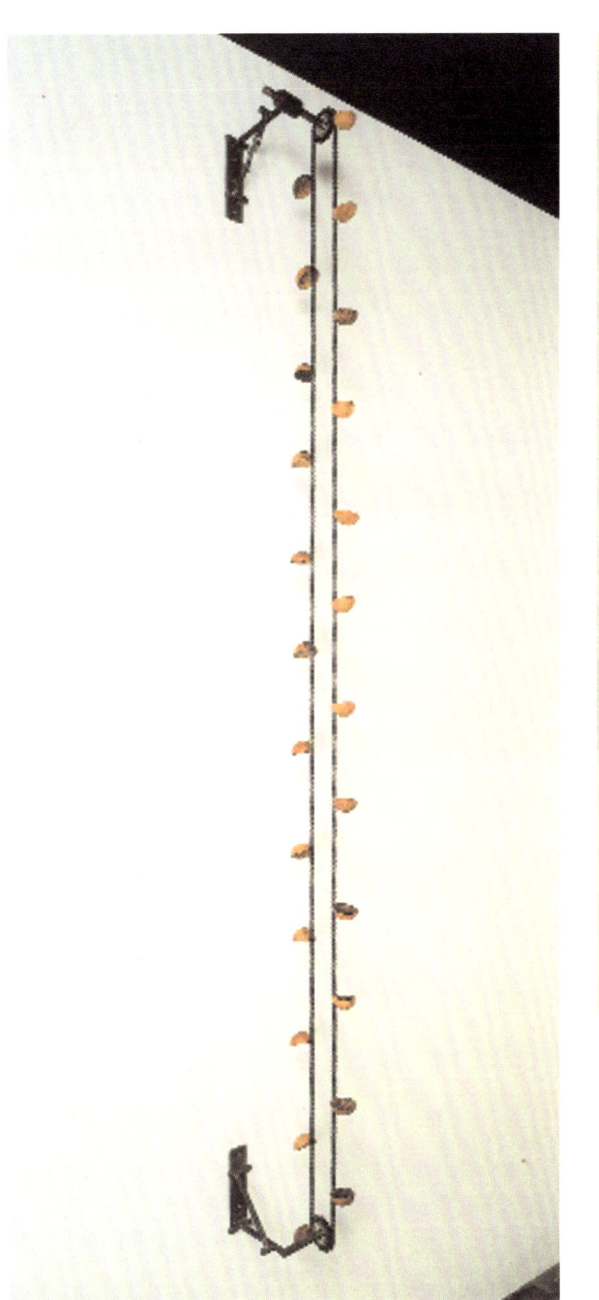

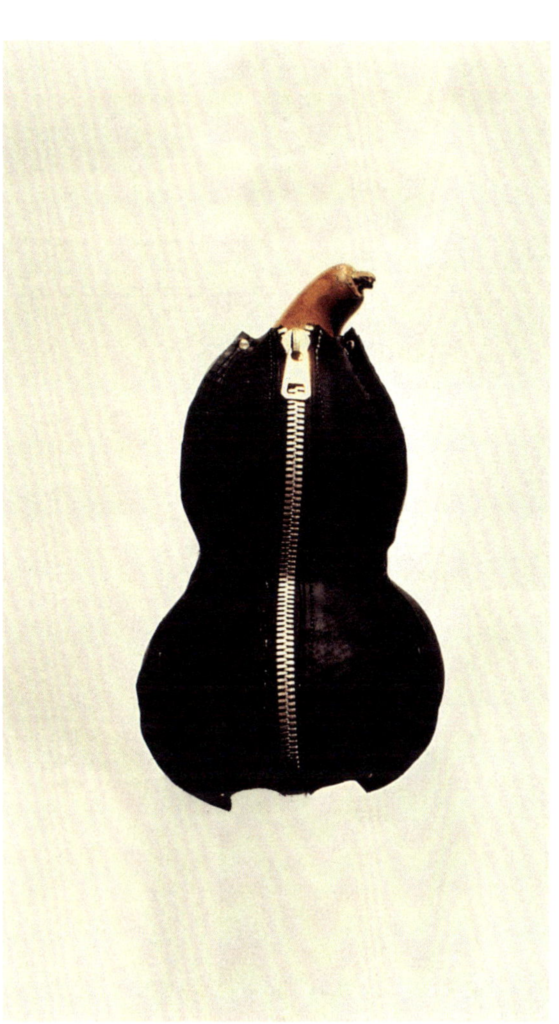

Enrique Ježik

Obús XI, 1996
Plomo, 12 x 80 x 55 cm
Colección particular, cortesía Nina Menocal

Polaris (Obús doble), 1997
Plomo, neopreno, aluminio y acero, 2 piezas de 66 x 12 cm c/u,
4 mangueras de 75 x 2 cm
Colección particular, cortesía Nina Menocal

Enrique Ježik hace una obra enérgica y por momentos agresiva, usando lo mismo maquinarias pesadas, armas o documentación de hechos violentos. De ese modo reproduce y critica las relaciones de poder que se instituyen a nivel social. Le interesa en especial la contaminación de los procesos sociales por situaciones de violencia y el modo en que estas situaciones pueden ser convertidas en modelos de comunicación. Así, la política y el intercambio comunicativo parecen ser los temas recurrentes en todo su trabajo.

Juan Antonio Molina, 2003

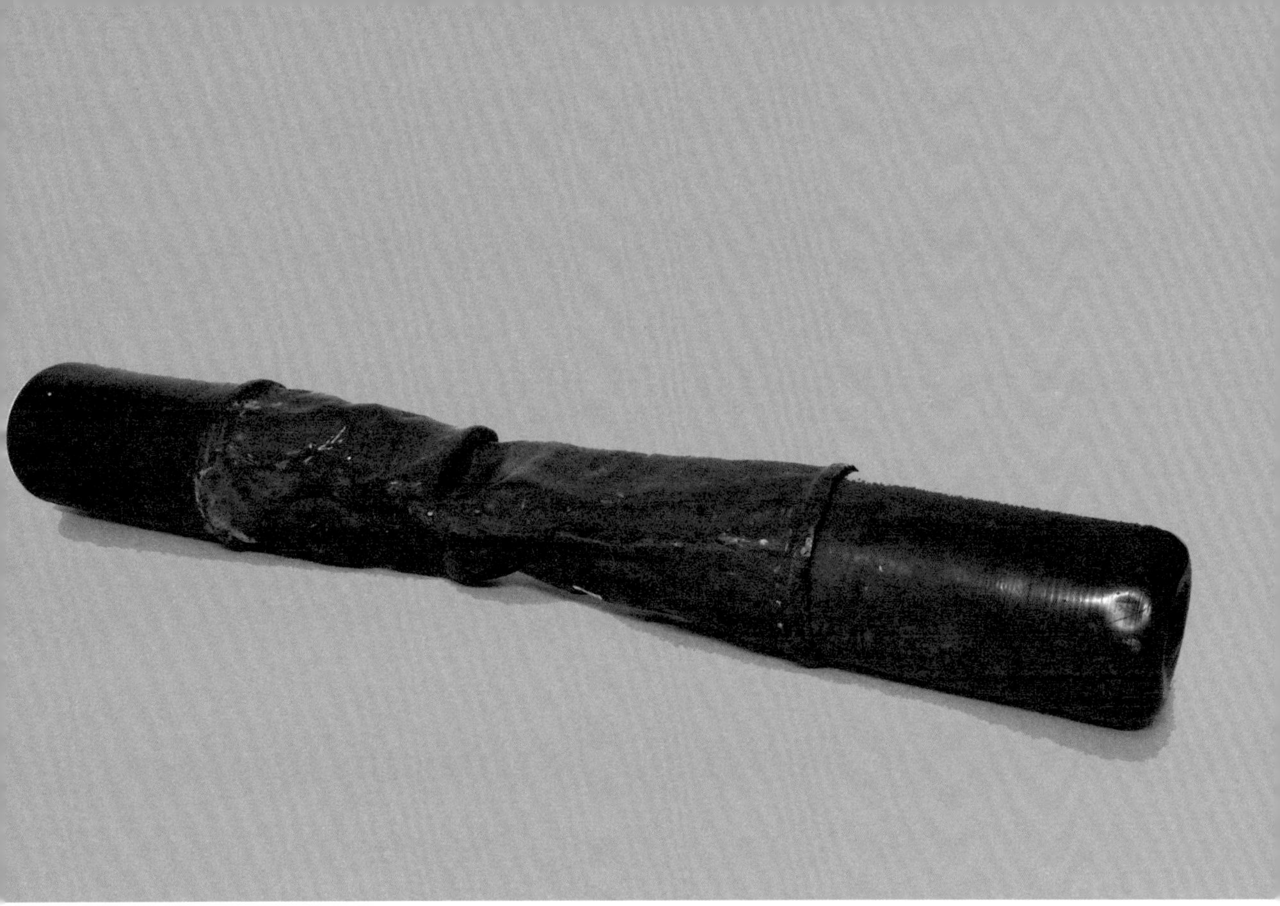

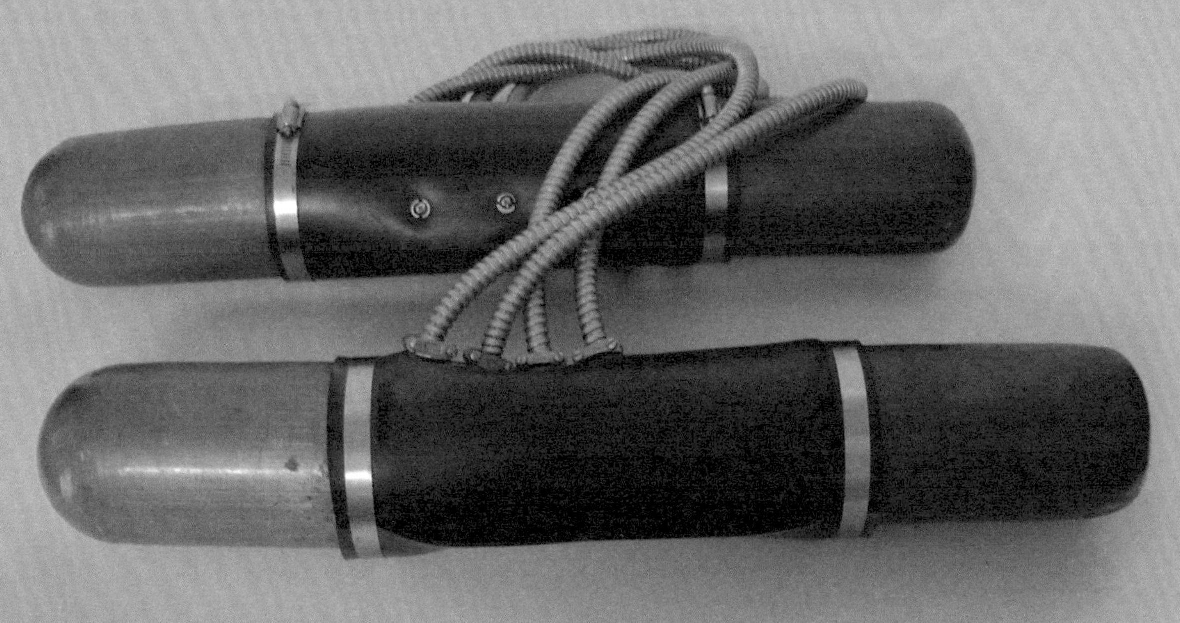

Pablo Vargas Lugo

Mapa roto (negro), 2003
Collage sobre madera, 174 x 184 cm
La Colección Jumex, México

Una mirada parcial a la obra que Pablo Vargas Lugo ha realizado en los últimos años inscribiría algunas de sus piezas dentro del contexto de una generación artística que ha consolidado su discurso partiendo de un análisis plástico, de un comentario conceptual, nuestros comportamientos cotidianos; otras tantas, cercadas por una enigmática penumbra, serían condenadas a vivir en la clandestinidad. Si bien este artista ha trabajado a partir de las imágenes, objetos y sucesos que enmarcan e inciden en nuestras costumbres rutinarias, su obra, sin embargo, no opera desde una plataforma crítica para rescatar, destituir o resignificar las convenciones que determinan las configuraciones inmediatas del entorno.

Magali Arriola, 1998

En su serie *Landscapes from Hell*, Vargas Lugo utiliza combinaciones de colores vivos y disonantes para recrear las profundidades del mundo, donde los volcanes escupen nubes tóxicas que forman un arco sobre paisajes fundidos. Cada escena de una belleza extraña es independiente y flota sobre un fondo negro continuo. Ejemplos de la serie *Mapa roto* del artista se revelan a primera vista como trozos de papel arrancados con violencia de un todo. Sin embargo, un análisis más profundo muestra que cada pedazo de papel está rodeado de papel de distintos colores que Lugo ha recortado celosamente para definir los bordes. Los colores tenues y apagados y la construcción cuidadosa de estas obras contrastan con la violencia implícita en su creación.

Stephanie Cash, 2003

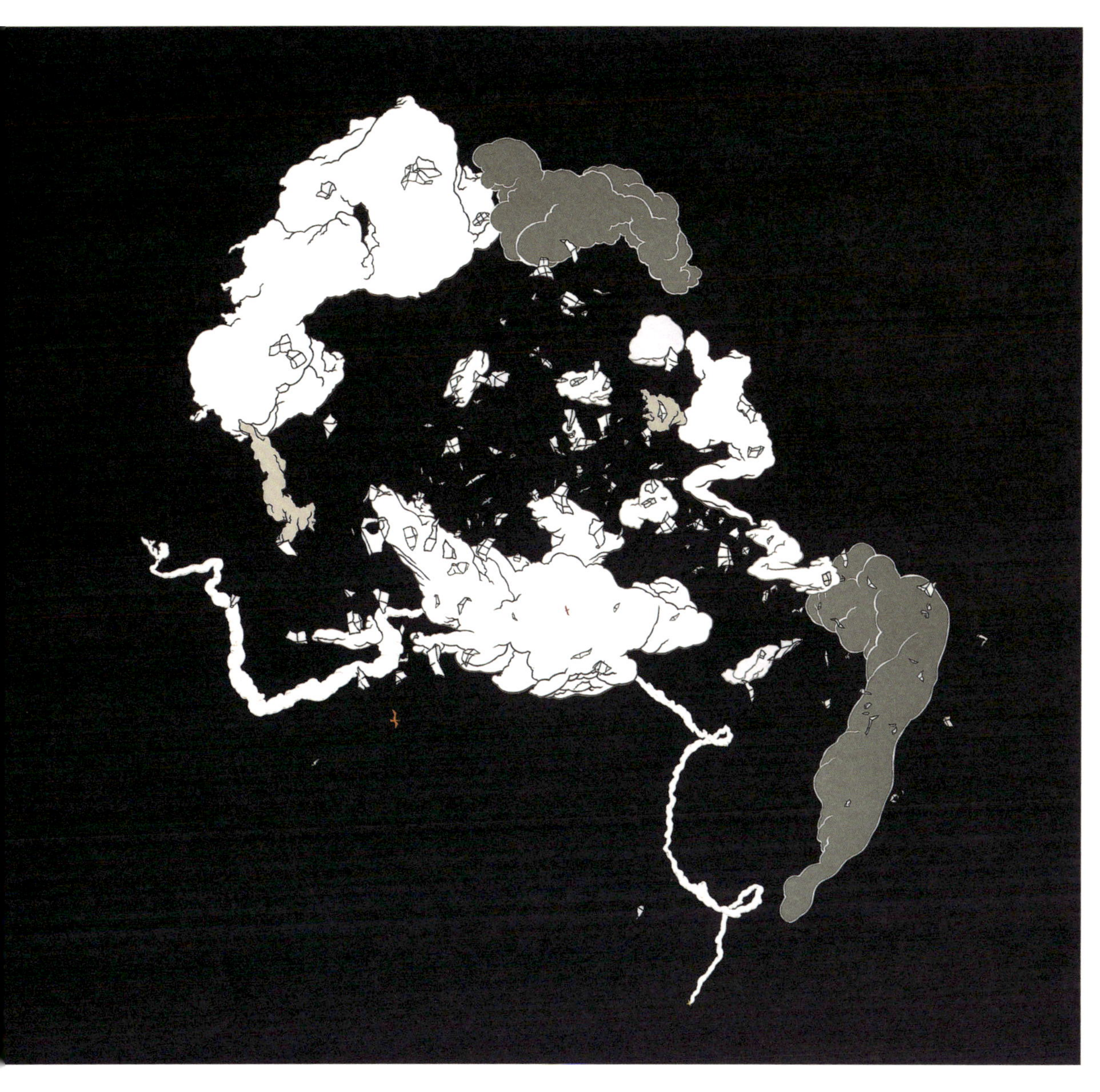

Melanie Smith

Photo for Spiral City Serie 1-I, 2002
Plata sobre gelatina, 153 x 127 cm
Colección particular, cortesía Galería OMR, México

Photo for Spiral City Serie 3-I, 2002
Plata sobre gelatina, 127 x 152 cm
Colección particular, cortesía Galería OMR, México

Photo for Spiral City Serie 3-II, 2002
Plata sobre gelatina, 127 x 152 cm
Colección particular, cortesía Galería OMR, México

Photo for Spiral City I Serie 3-III, 2002
Plata sobre gelatina, 152 x 127 cm
Colección particular, cortesía Galería OMR, México

Sus coloridas vistas de tianguis, baratos objetos *kitsch*, supermercados, gimnasios de clase media, tiendas de tela, señales de la calle, servicios turísticos y aparadores, registran fielmente la manera en que el paisaje del Tercer Mundo malinterpreta creativamente tanto el encanto del consumo y las dificultades del subdesarrollo. El trabajo de Smith es un ejercicio interminable sobre el intercambio de la abstracción y la representación, sublimación y presencia, documentación e instalación,en relación con espacios y objetos que ya han traicionado la estandarización de experiencias ocurridas simultáneamente en sociedades post y semi-industriales. Esta idea está bien representada en su reciente vídeo de *Spiral City*, 2002, está basado en vistas aéreas de la seccionada masa del poco planeado urbanismo de la ciudad de México. Al combinar la estética de la erosión de Robert Smithson y la retícula de Mondrian Smith provee esta exposición de un punto ventajoso desde el cual contemplar la vasta capital mexicana como una de las experiencias más sublimes de la catástrofe moderna.

Cuauhtémoc Medina, 2002

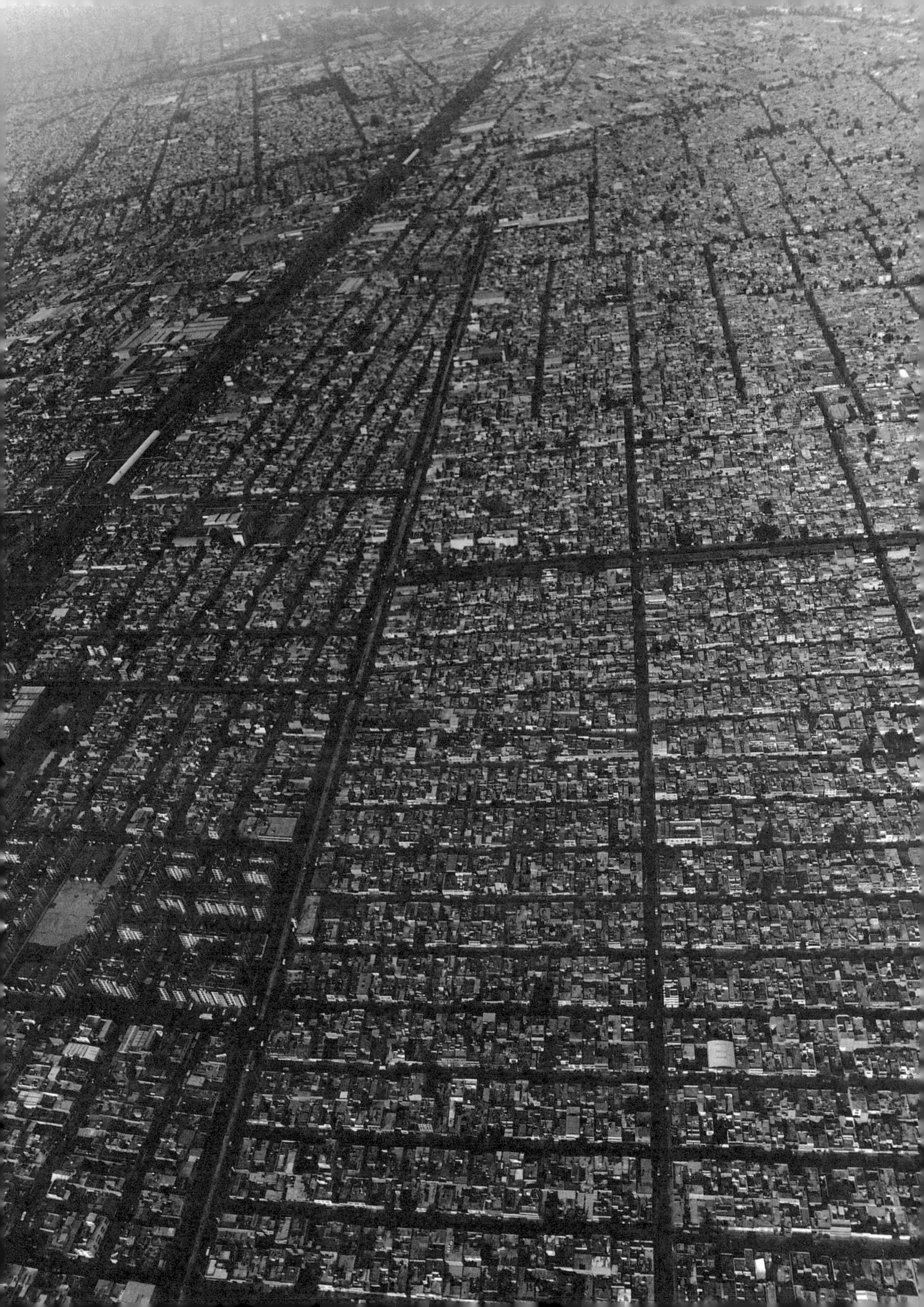

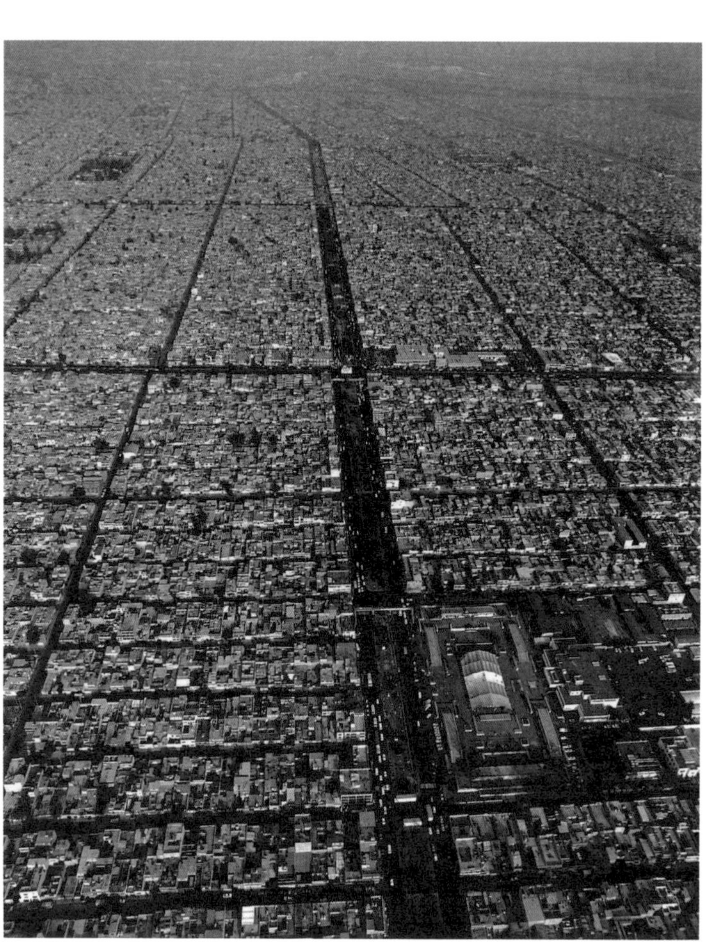

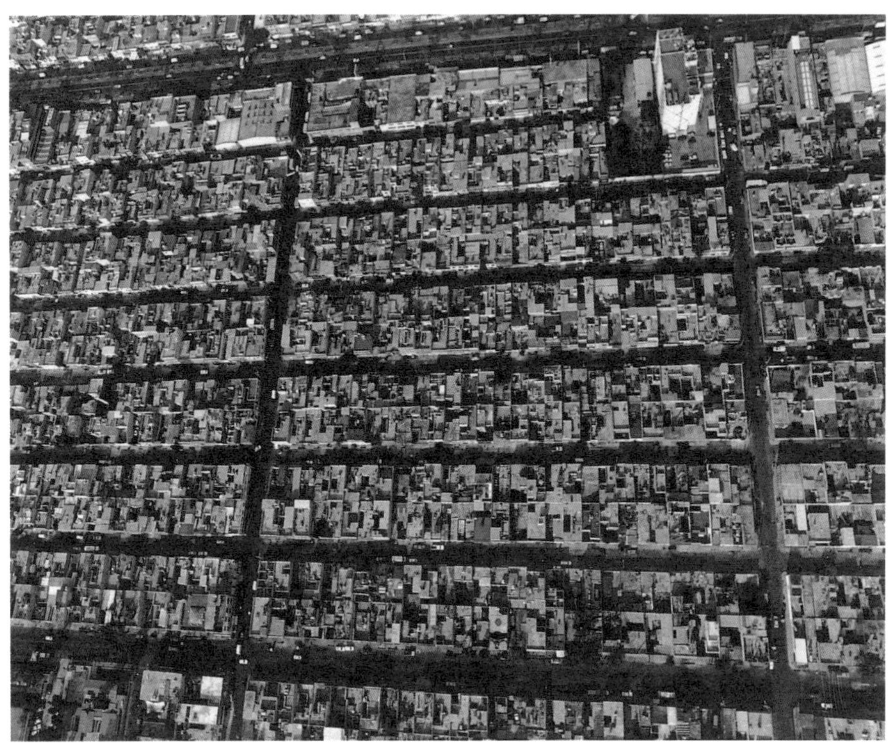

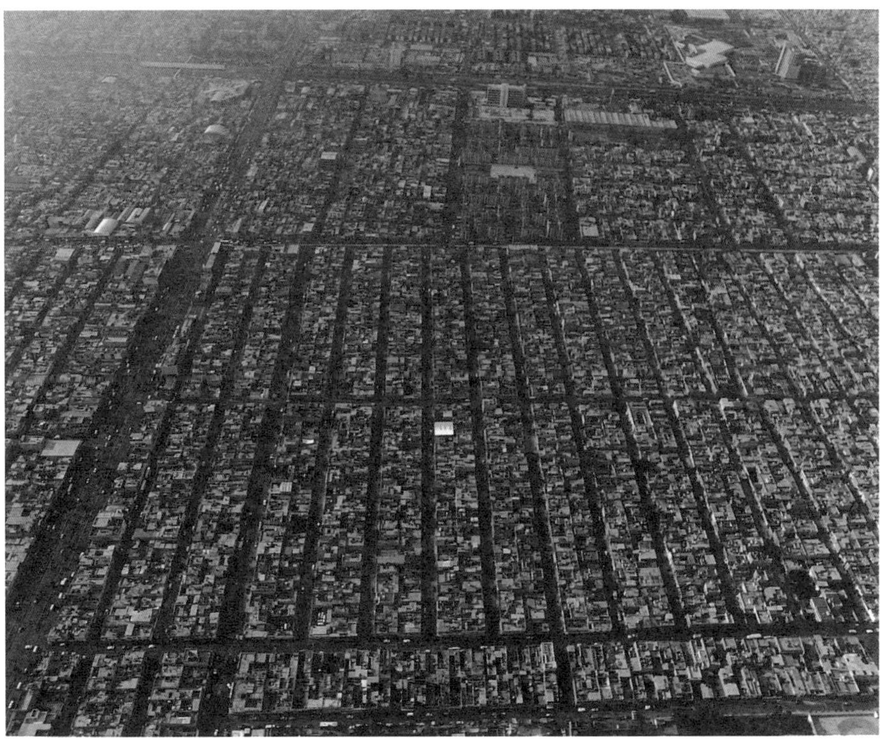

Teresa Margolles

Entierro, 1999
Feto incluido en cemento, 15,5 x 66 x 43 cm
Colección de la artista, Frankfurt

A lo largo de más de una década Margolles ha investigado sola o en colaboración con el grupo Semefo, la vida de los cadáveres y su mutación en obras de arte, dotándolos de vida nuevamente, aunque esta vez dejan —por características mismas del material y los métodos de conservación— de ser perecederos, condición primordial de la vida. La obra de Margolles va desde plastificar una lengua humana con un *piercing* (conseguida al negociar con la familia del adolescente muerto, el intercambio de la lengua por el pago del ataúd); un bloque de concreto que contiene en su interior un feto; una banca hecha con mezcla de cemento y agua que ha lavado cadáveres; una impresionante colección de tatuajes hechos en prisión entre los mismos presos con técnicas rudimentarias y extraídos de los cadáveres mismos, etc.

Francisca Rivero Lake, 2003

En una entrevista con Gerald Matt, Margolles describe su trayectoria: "Desde el comienzo de mi carrera, a principios de los noventa, he estado trabajando en una aproximación estética menos sobre la muerte que sobre los cadáveres en sus varias fases y sus implicaciones socioculturales. Trabajo con cuerpos sin vida, con materia en descomposición, y siempre comienzo con la pregunta: '¿cuánto ha experimentado un cadáver?'. Yo misma he pasado por varias etapas. Comienzo mostrando el cadáver en términos de la violencia directa. Finalmente paso a la limpieza de los objetos, que permite expresar ya sea un contenido simbólico u otros factores" (catálogo de la exposición T.M. Kunsthalle Wien, Proyecto espacio, 2003, pp. 19-20). Margolles ve paralelos con los activistas vieneses Mühl, Nitsch y Schwarzkogler pero se remite "a una sociedad en la que la violencia es casi un hábito y una alegoría y en donde la insensibilidad ante el dolor, la falta de la solidaridad y a la lucha individual está aumentando más y más".
La obra *Entierro* (1999) consiste en un cubo de concreto que recuerda al arte minimal pero que es realmente un ataúd. Después de un aborto de una mujer indigente, la artista le solicitó que no dejara a disposición del hospital al "niño" sino que lo preservara como una obra de arte, así, Margolles hizo un compartimiento en el cemento, un hueco hermético para contenerlo dentro.

Michael Nungesser, 2003

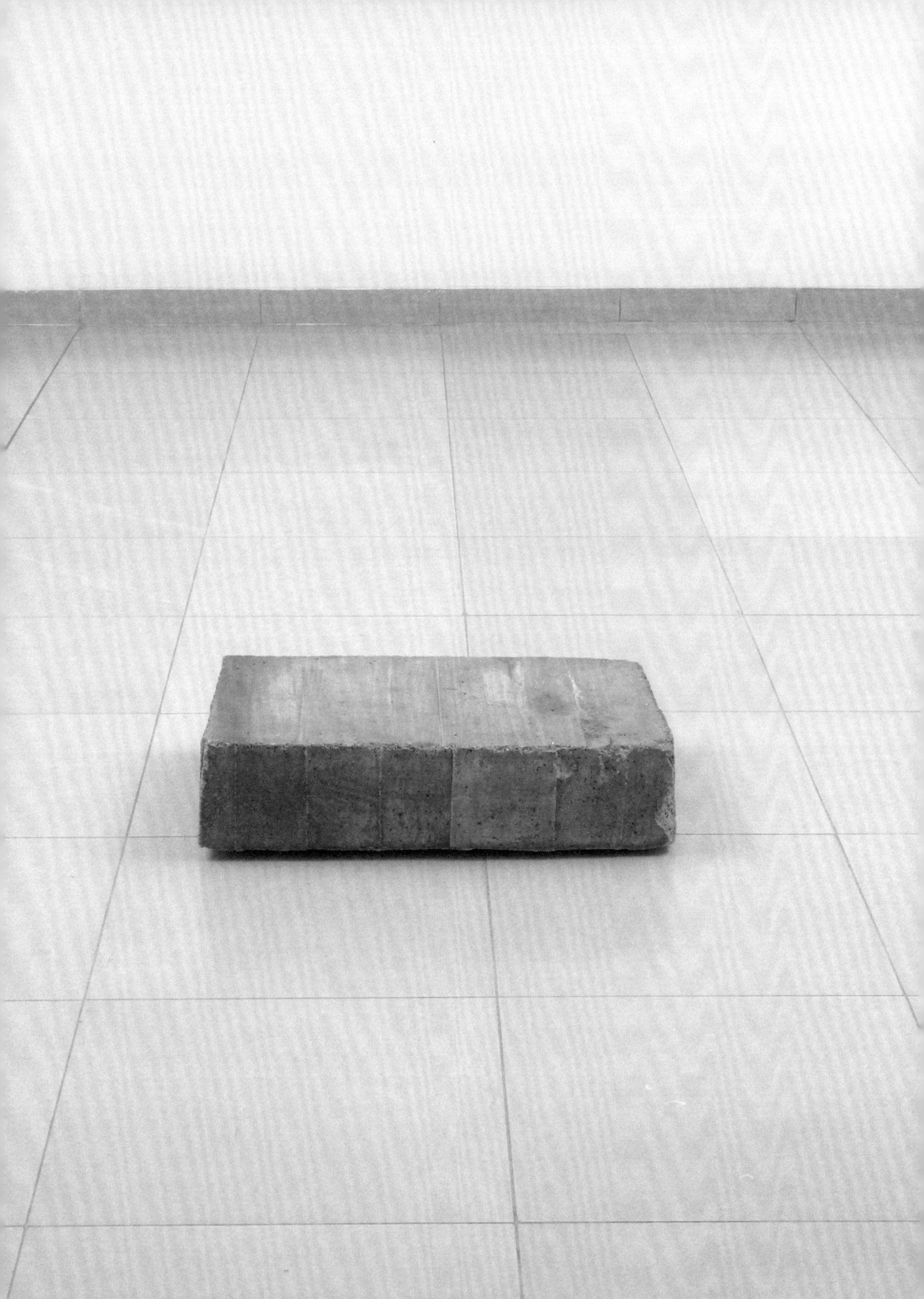

Kiyoto Ota

Resonancia congelada, 1997
Lámina de plomo, piedra y sistema de congelación, 180 x 110 x 110 cm
Colección del artista, México

Para mí congelar "una cosa" es hacer perder su significado cotidiano a "una cosa" y elevarla a otra categoría. Hacer congelar una campana del templo budista, puedo decir que es un acto ritual para crista-
lizar de una forma especial la memoria del ritmo de vida de mi infancia que existe dentro de mí junto
con el sonido de esa campana. [...] La campana es usada para marcar los tiempos rituales, para dar avi-
so en emergencias, es un medio de comunicación. En cuanto se congela pierde su capacidad de uso, se
calla. [...] Mi intención no es la búsqueda de la forma y del espacio, más bien es la existencia del objeto en sí mismo.

Kiyoto Ota, 1998

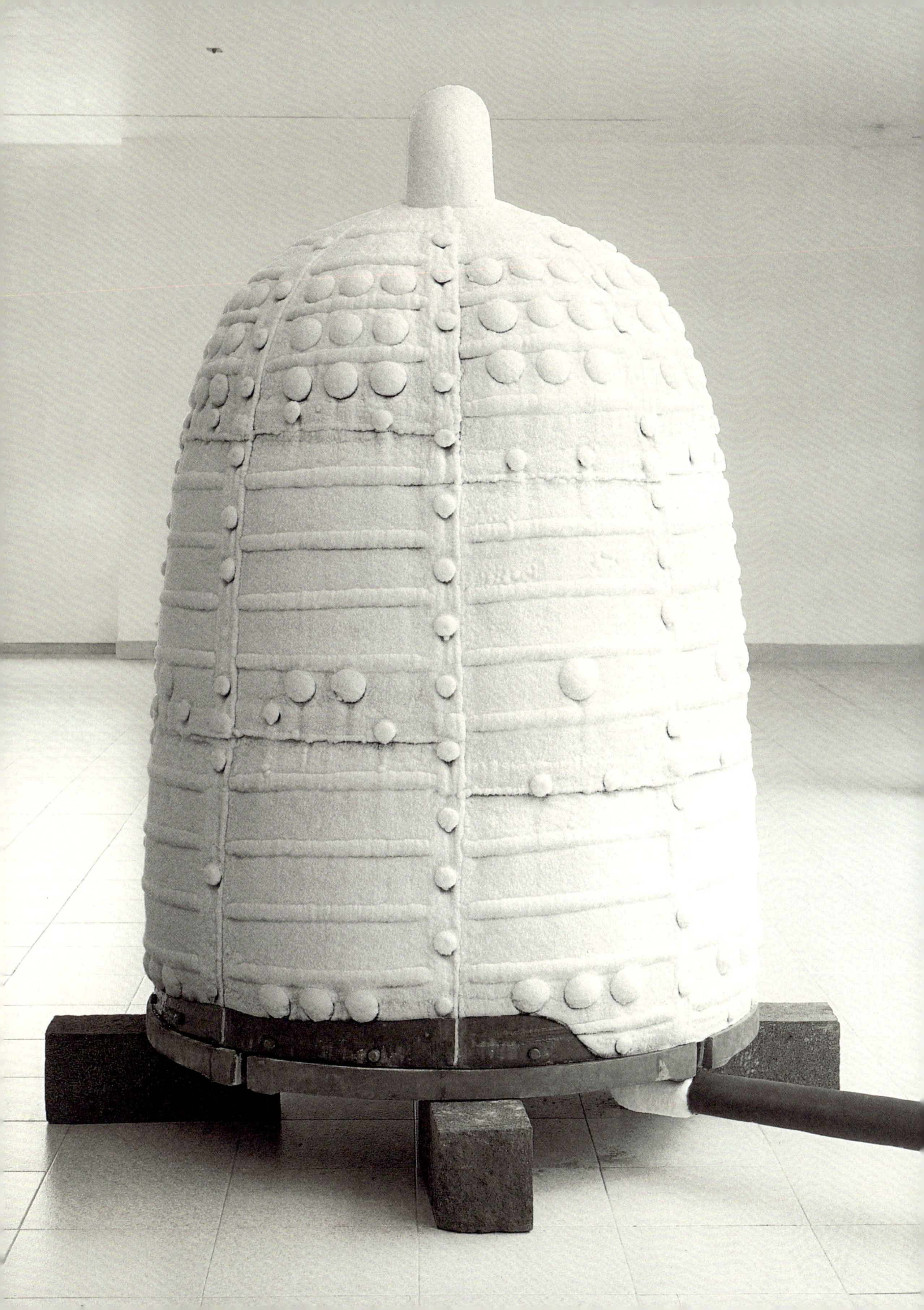

Yishai Jusidman

M.S., Serie *Bajo tratamiento*, 1997
Óleo y huevo al temple sobre madera, 90 x 53 cm / 16,5 x 4,5 cm
Colección particular, cortesía Galería Ramis Barquet, Nueva York

M.T., Serie *Bajo tratamiento*, 1997-1999
Óleo y temple al huevo sobre madera, 90 x 53 cm / 16,5 x 4,5 cm
Colección Daros Latin America, Zurich

J.N., Serie *Bajo tratamiento*, 1997-1999
Óleo y temple al huevo sobre madera, 90 x 53 cm / 16,5 x 4,5 cm
Colección Ronald y Lucille Neeley, Del Mar (California)

Bajo tratamiento se adentra —pero por la puerta de servicio— en el ya bien delineado terreno donde se ensamblan la pintura y la locura. El espectador de estos dípticos se ve obligado a aproximarse a ellos a partir de las relaciones tejidas entre la minuciosa pero retraída presencia de los psicóticos retratados, la información clínica que de ellos tenemos y las pinturas reproducidas en los libros que escogieron. Ya que el pigmento no traduce aquí un estado emocional, pues tampoco se acude a las estrategias pictóricas comúnmente asociadas con la representación de la locura, el sentido de la expresividad del cuadro se construye durante el tiempo de contacto con el espectador. En ese transcurrir se generan tensiones entre presencias y distanciamientos, entre asociaciones y disociaciones que se derivan del ordenamiento de lo representado, de acuerdo con su disposición como representación.

Yishai Jusidman, 1999

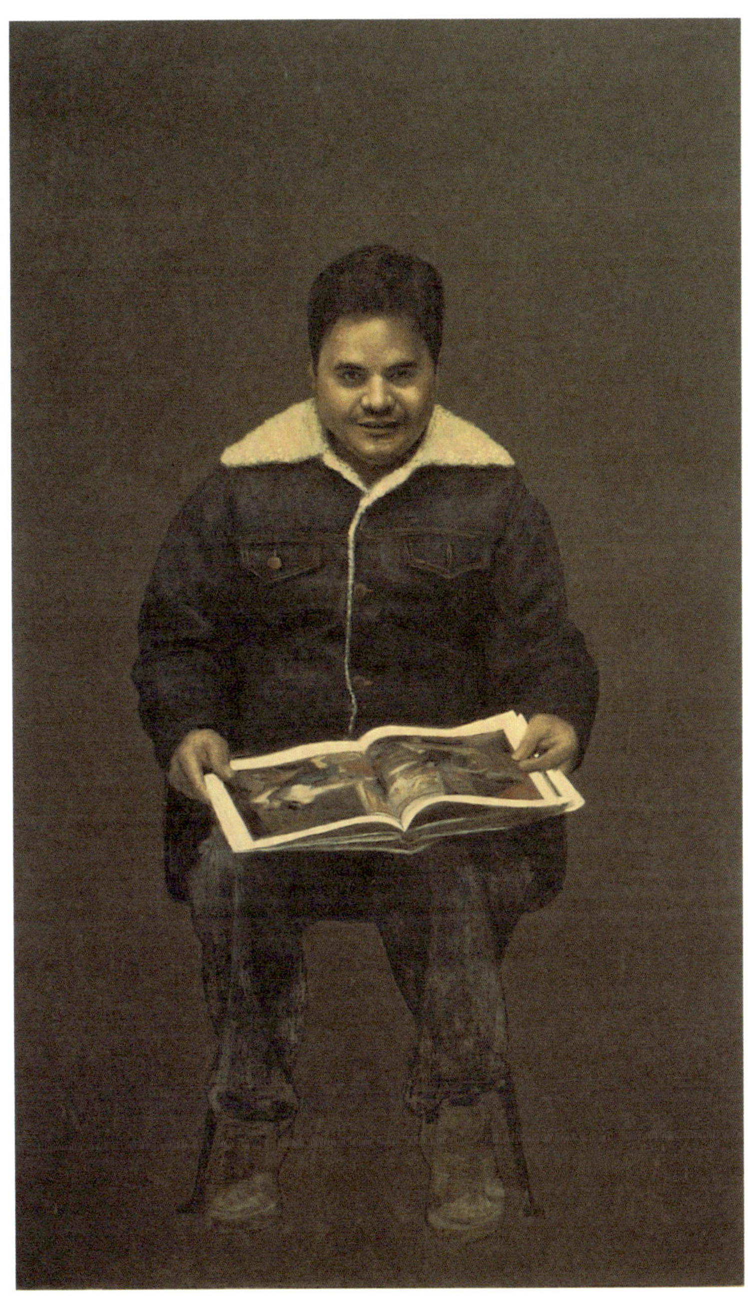

Yishai Jusidman (México, 1963)

M.S., paciente con esquizofrenia hebefrénica
manifiesta por circunstancialidad asindética
y ataxia intrapsíquica, acompañada por
alucinaciones dismegalópicas y
delirios emasculantes, con
Las Hilanderas (ca. 1645-48) de Velázquez.
(1993)

Óleo y temple al huevo sobre madera

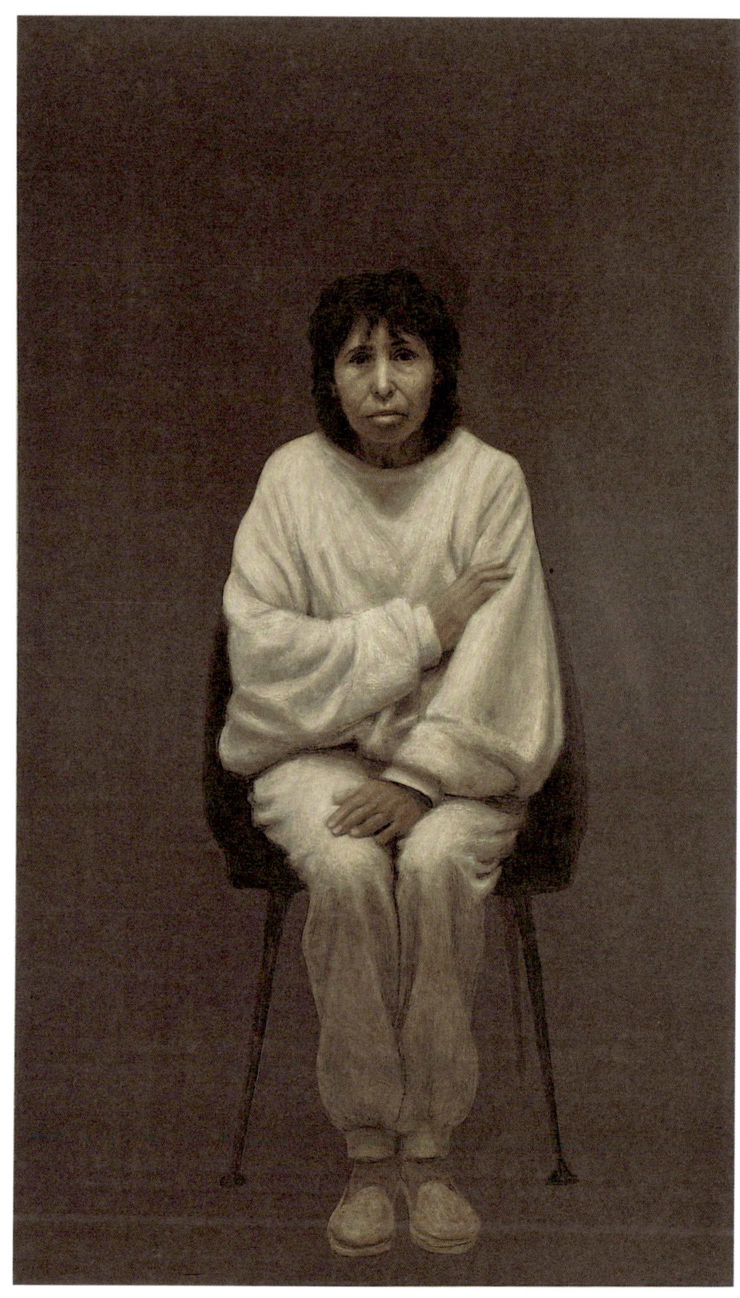

Yishai Jusidman (México, 1963)

M.T., paciente con psicosis involutiva de tipo melancólico-paranoide manifiesta por delirios hieromaniacos de culpa y pecado, anhedonia persistente, hipocinesia y apoclesis.
(1998)

Oleo y temple al huevo sobre madera

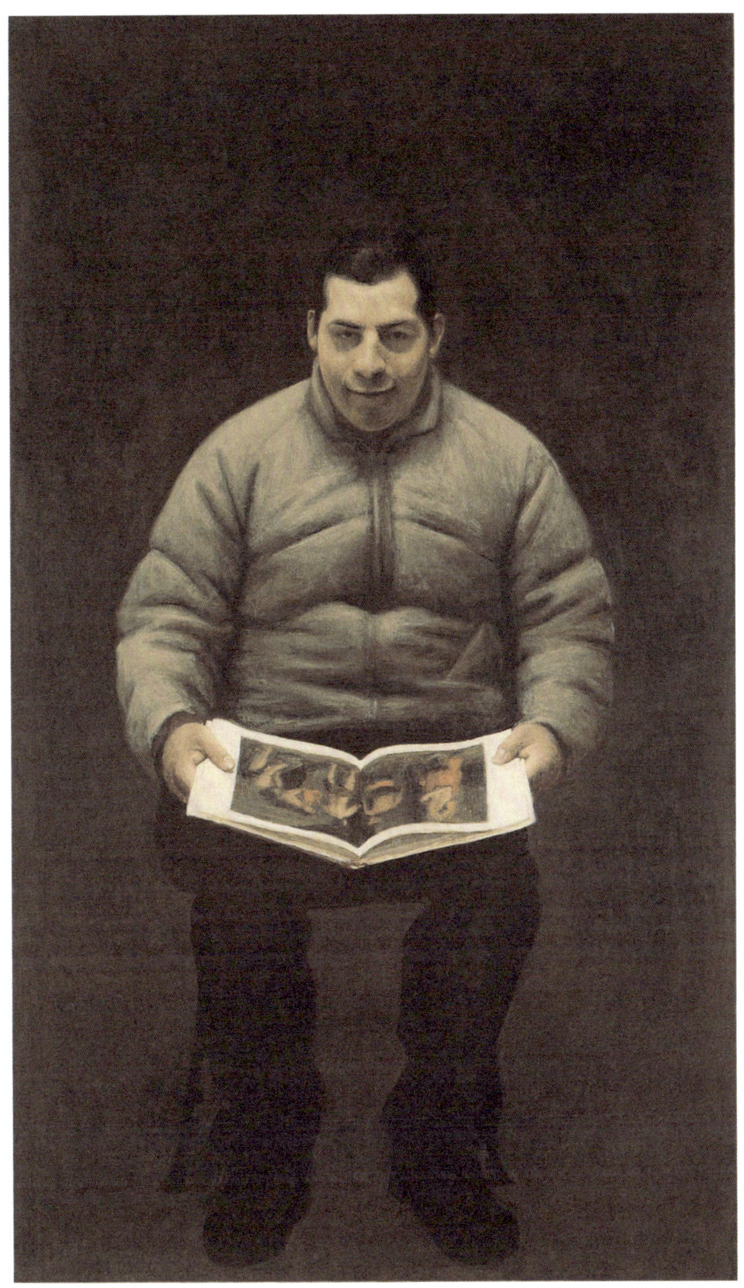

Yishai Jusidman (México, 1963)

J.N., paciente con trastorno esquizofreniforme
orgánico asociado a traumatismo cráneo-
encefálico acompañado de empobrecimiento
afectivo, intelectual y de voluntad, con
La fragua de Vulcano (1630) de Velázquez.
(1998)

Oleo y temple al huevo sobre madera

Enrique Ježik

Obús II, 1995
Plomo, 11 x 11 x 42 cm
Colección del artista, México

Obús X, 1996
Plomo, acero y neopreno, 15 x 12 x 55 cm
Colección del artista, México

Sin título, 1996
Plomo y aluminio, 17 x 50 x 70 cm
Colección del artista, México

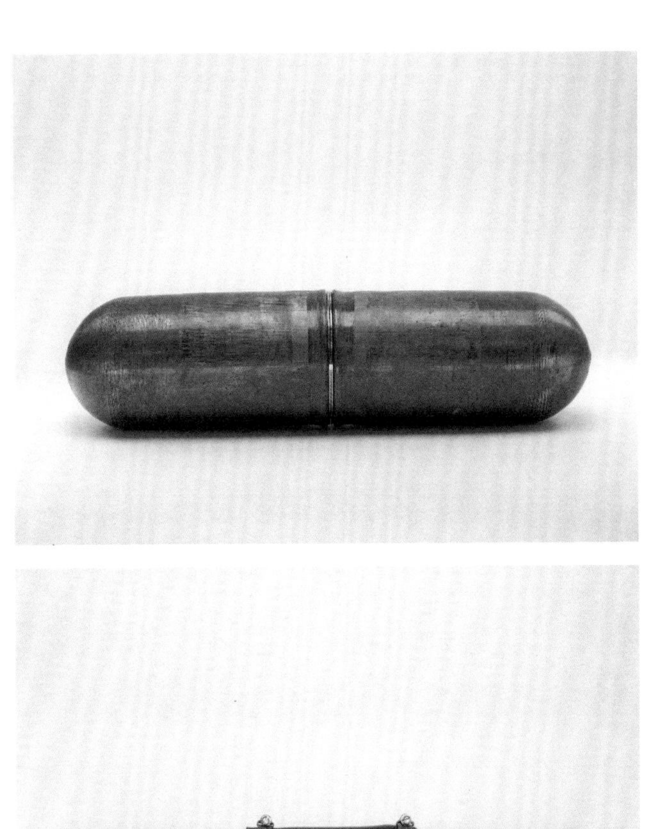

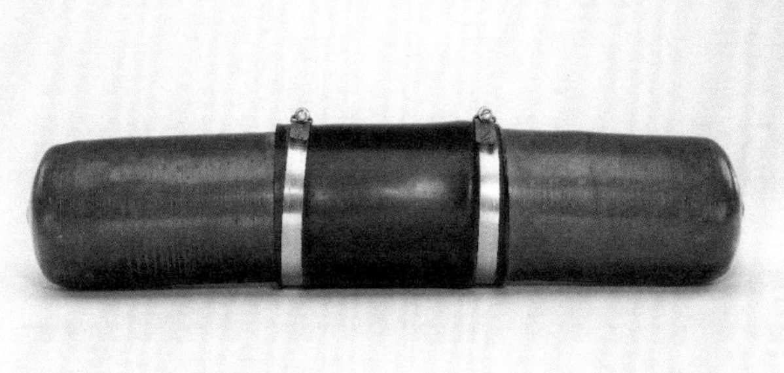

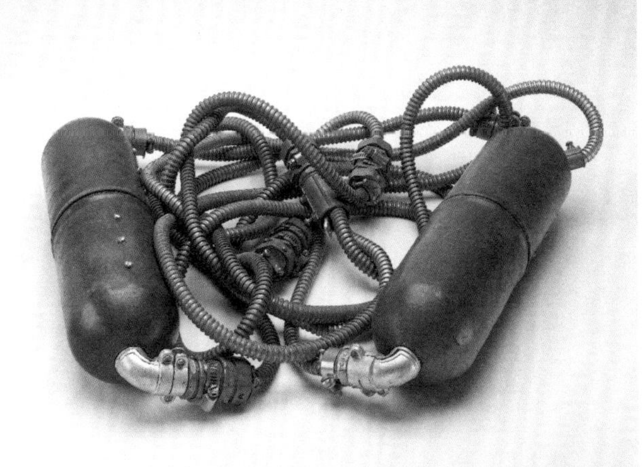

Pablo Vargas Lugo

Palabra ardiente I, 1999
Papel calado, 74 x 74 cm
Colección Ronald y Lucille Neeley, Del Mar (California)

Palabra ardiente II, 1999
Papel calado, 74 x 74 cm
Colección Ronald y Lucille Neeley, Del Mar (California)

La serie de *collages* en papel que representan mapas o cartas de navegación rotos por una mano invisible o por una misteriosa catástrofe confirman la implicación de Vargas Lugo con esta técnica, que en este caso logra un grado de profundidad fuera de lo común por la disposición casi caótica en capas de trozos individuales recortados enrevesadamente.

Pedro Barachena, 2001

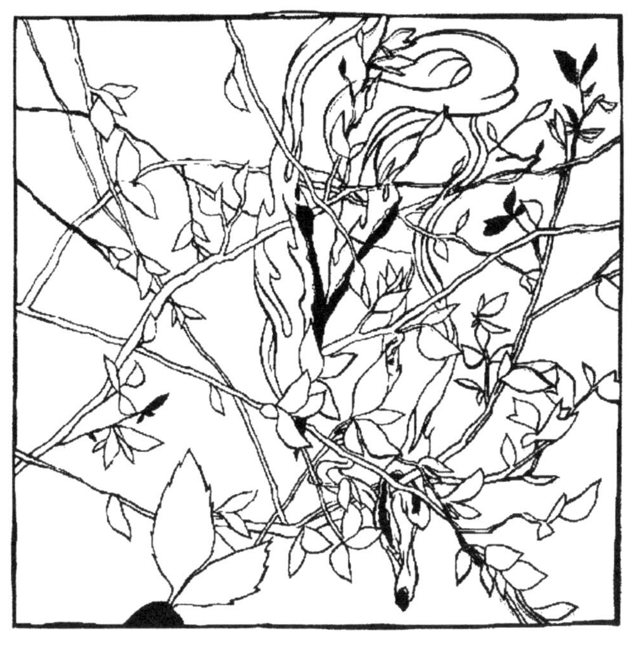

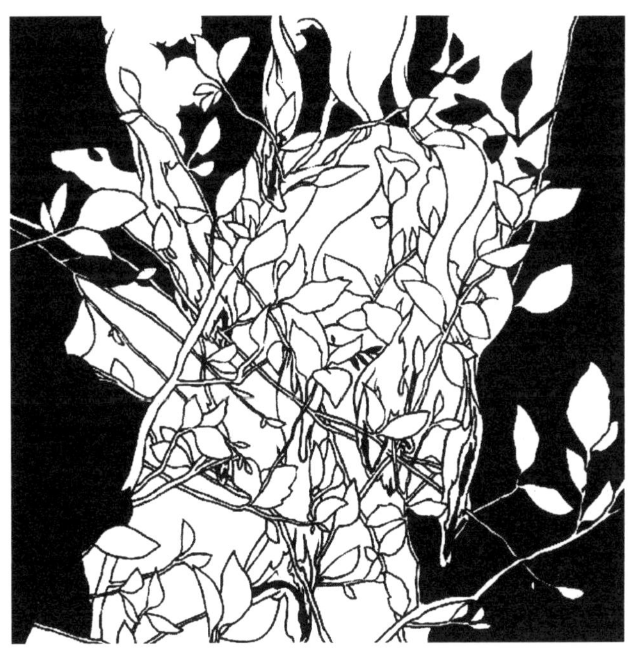

Betsabeé Romero

Águila y serpiente. Símbolo masticado, 2004
Llanta de tractor grabada con incrustaciones
de chicles masticados de sabores, 157 x 40 cm
Colección de la artista, México

El coche en sí no es lo único valioso para Betsabeé Romero. Cada una de sus piezas es por sí misma
un objeto con un valor narrativo. Un retrovisor, las llantas, las ventanillas han entrando en un proceso
de deconstrucción con el objeto de indagar en las entrañas del automóvil y su cultura.
Los neumáticos son las piezas que más ha trabajado la artista: "Cuando dejan de ser útiles, son un
desecho indeseable, cuando no tienen dibujo y todo se ha borrado es cuando me interesa volver a dibujar y grabar en ellas la memoria arquitectónica y cultural que han dejado en el camino. Son también
el prototipo de la velocidad y la potencia y en mi trabajo, por el contrario, son símbolo arqueológico
de la memoria". En lugar de buscar la velocidad, se crean lenta y artesanalmente, con las manos. En
lugar de sus dibujos, que nadie interpreta y que sólo pisan, dejan atrás y accidentan, esta nueva forma
busca recordar lo atropellado, lo que se dejó atrás sin atención. A través de la iconografía prehispánica
en los neumáticos, Betsabeé quiere recordar que en todas las culturas la rueda en primera instancia
fue el primer instrumento de impresión, y que si los aztecas o incas no la usaron en sus vehículos, fue
por la geografía, no por su nivel de progreso. Es la lucha contra el olvido, contra la velocidad injustifi-
cada, lo que caracteriza las obras de esta artista mexicana.

Sandra Balvin, 2003

Recipientes de sacrificio, 2004
Grabado sobre llantas usadas de microbús, 65 x 15 cm c/u
Colección de la artista, México

Betsabeé Romero es una artista conceptual cuya trayectoria se caracteriza por trabajar en diferentes
disciplinas y por la combinación de las mismas. Si bien ha trabajado en pintura, grabado, escultura,
arte público y más recientemente, en fotografía y vídeo, hay una constante: su mestizaje cultural. [...]
Romero aborda lo global combinando de manera no lineal signos, lenguajes, prácticas y actitudes que
mezclan momentos de encuentro, ruptura y transformación de culturas y en marcos desiguales de poder y de representación. [...] Estas marcas de tiempos y espacios conflictivos que continúan vigentes
hoy en día le proporcionan a Romero un vasto inventario tanto temático como formal para su práctica
artística. Por más de una década Romero trabajó con el coche y su contexto urbano, particularmente
el Volskwagen —vocho— en la ciudad de México. El vocho ha sido material, símbolo, alegoría y vehículo conceptual que, desplazado de la cultura urbana, produce redes de significación amplias y ricas
para Romero.

Víctor Zamudio Taylor, 2004

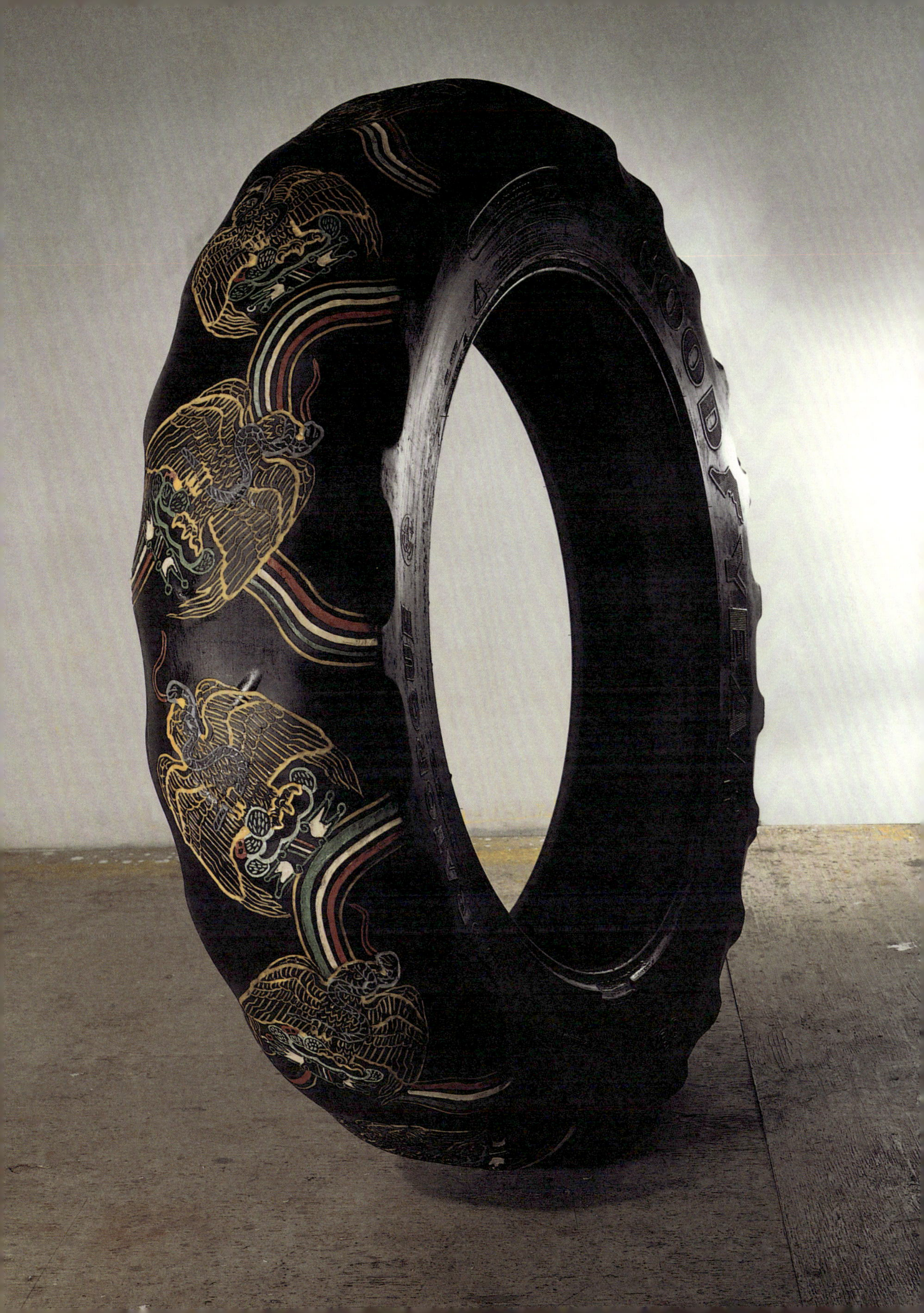

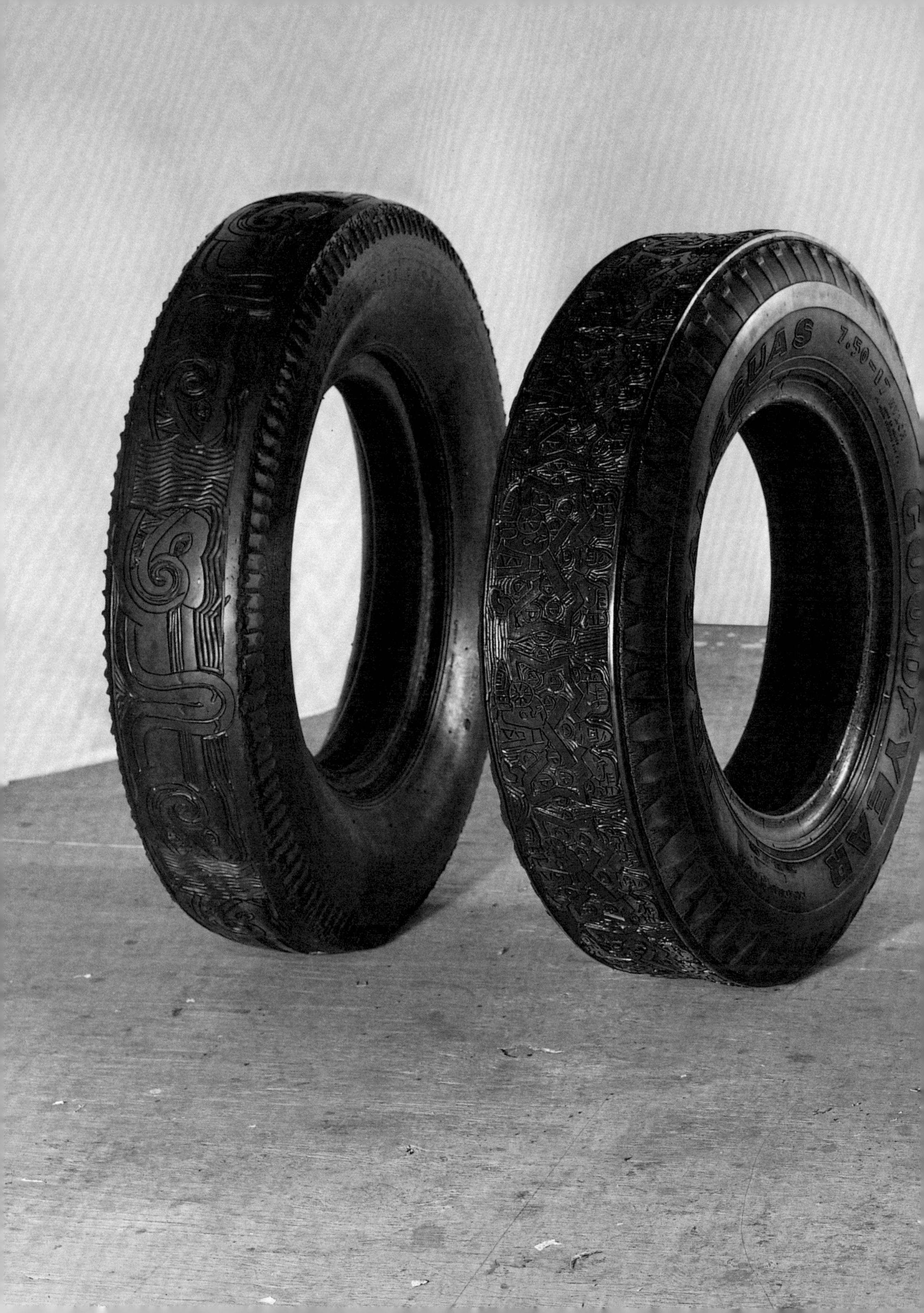

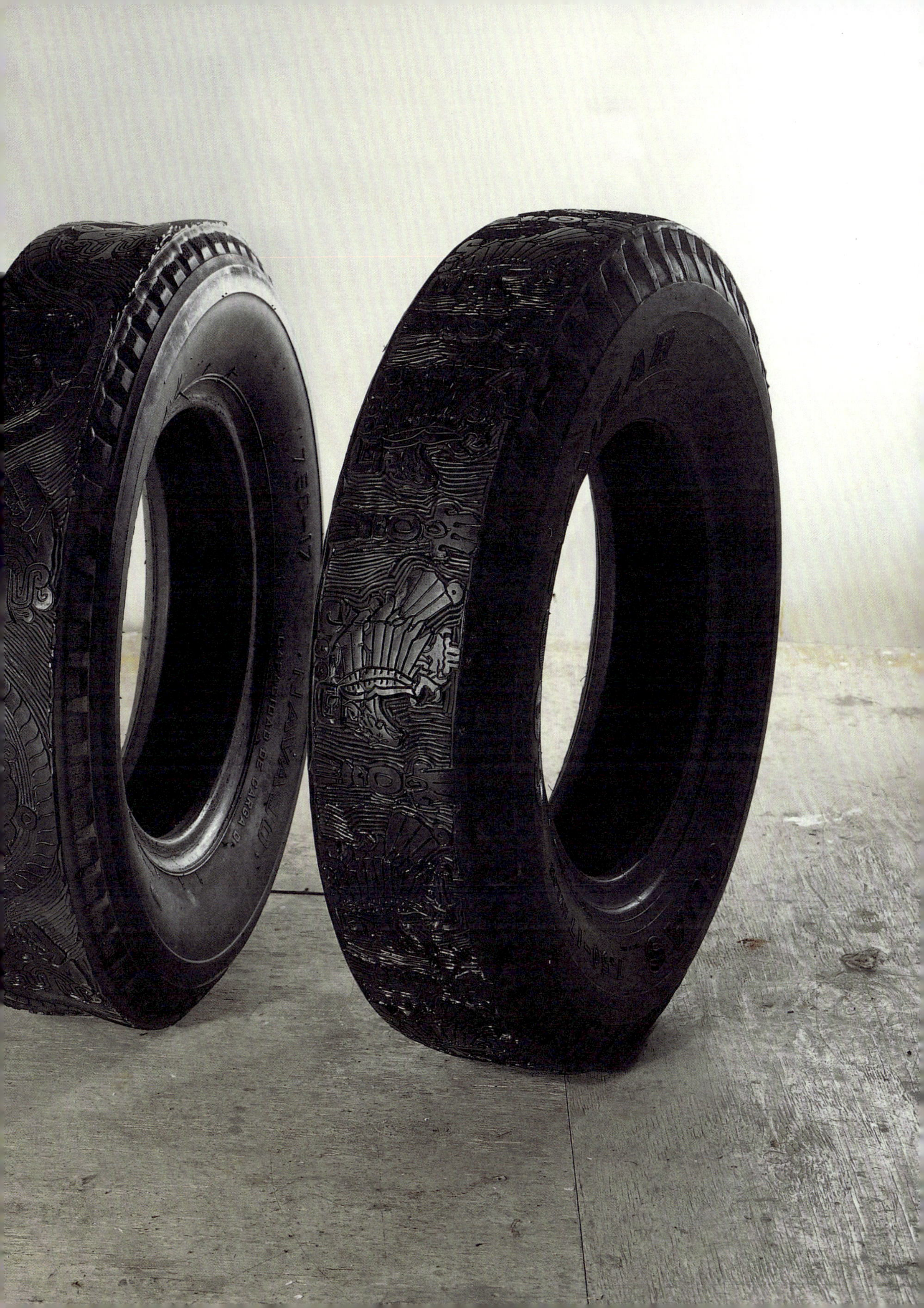

Mariana Botey

Invisible 6, 1997
PVC, lentejuelas, plumas y hueso, medidas variables
Colección de la artista, México

Invisible 2, 1997
Piel y hueso, medidas variables
Colección de la artista, México

Estas máscaras eran animales salvajes, depredadores, que habitaban las calles de Londres, de la ciudad de México, de Los Ángeles, que sabían subsistir en diferentes ecosistemas, que transitaron y sobrevivieron en la *haute-couture* de Europa, la *street fashion* de Londres, experimentos postsituacionistas gurrolescos en la ciudad de México, el cine experimental y *underground* de California, etc. Fueron una inserción fantástica, teatral, situacionista en el cuerpo social, parte de un proyecto de intervención combativa en espacios indiosincráticos del espectáculo: moda, cine, pop. Estas máscaras son solo documentos de una práctica visionaria.

Construidas en colaboración con el maestro Víctor Martínez —institución en la lucha libre mexicana, famoso sastre y diseñador que ha realizado las máscaras para muchos de los luchadores más reconocidos— estas máscaras se realizaron para la colección de alta costura *The Invisible College* de Mariana Botey, y se presentaron en pasarela en Inglaterra cuando Mariana estudiaba en Saint Martins College of Art en Londres, ciudad donde vivió, trabajó, hizo proyectos y participó en el hacer y deshacer de una generación que ha transformado el concepto de la moda globalmente. [...] El interés de Mariana Botey por la moda era político, estaba enfocado principalmente en las posibilidades criticas y revolucionarias que existían de corroer e irrumpir en un espacio vernacular y masivo como es la moda.

Vicente Razo, 2004

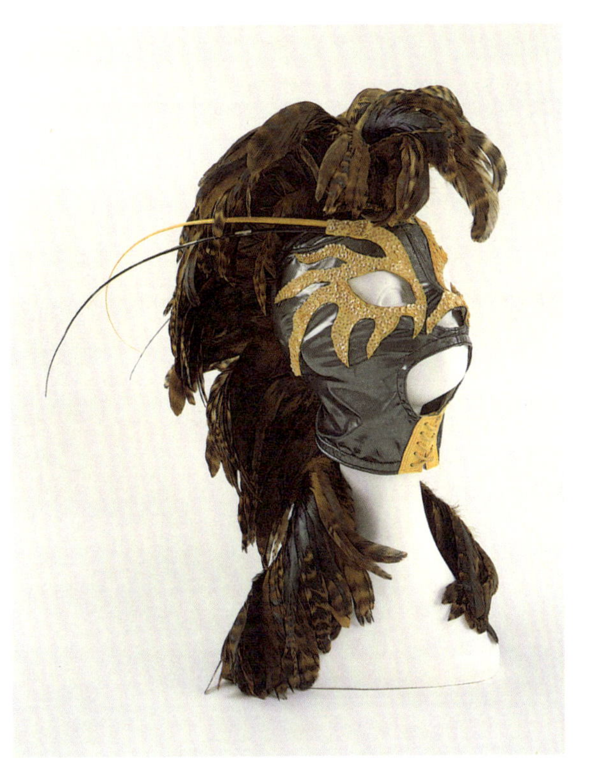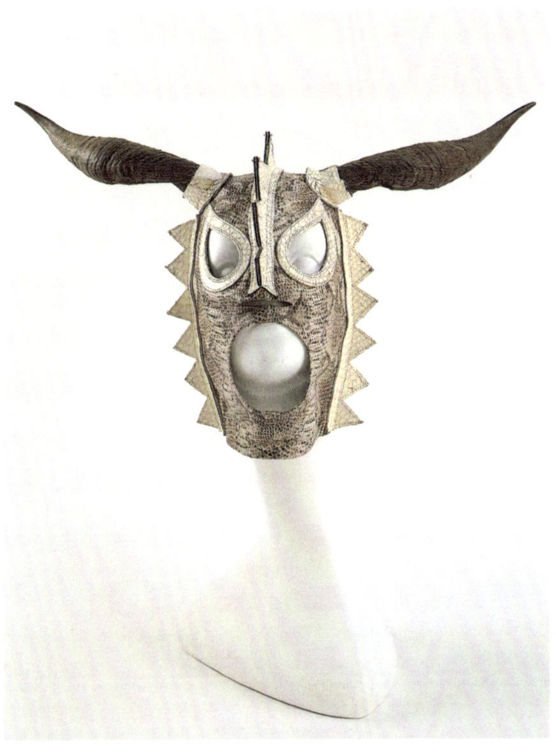

Miguel Ángel Ríos

A morir ('Till Death), 2003
Vídeo DVD, proyección en tres canales RT, 4'54''
Colección de Arte Contemporáneo Fundación "La Caixa", Barcelona

El trompo es un juego con reglas propias, un juego muy popular entre los mexicanos. Este proyecto tuvo lugar en Tepoztlán, México. El proceso arranca con un único trompo girando y termina con la intervención directa de treinta de los más hábiles jugadores de trompos de ese pueblo, con edades entre los catorce y los cincuenta años. La pieza empezó por azar, y como un juego real. Después de darme cuenta de las dinámicas de agresión, de la inevitable competitividad entre los jugadores, de la sensualidad de movimiento y formas, y también de los patrones aleatorios de movimiento; este registro se desarrolló como un proyecto en múltiples formatos que incluye el vídeo, el *performance*, la escultura y el dibujo.

Miguel Ángel Ríos, 2004

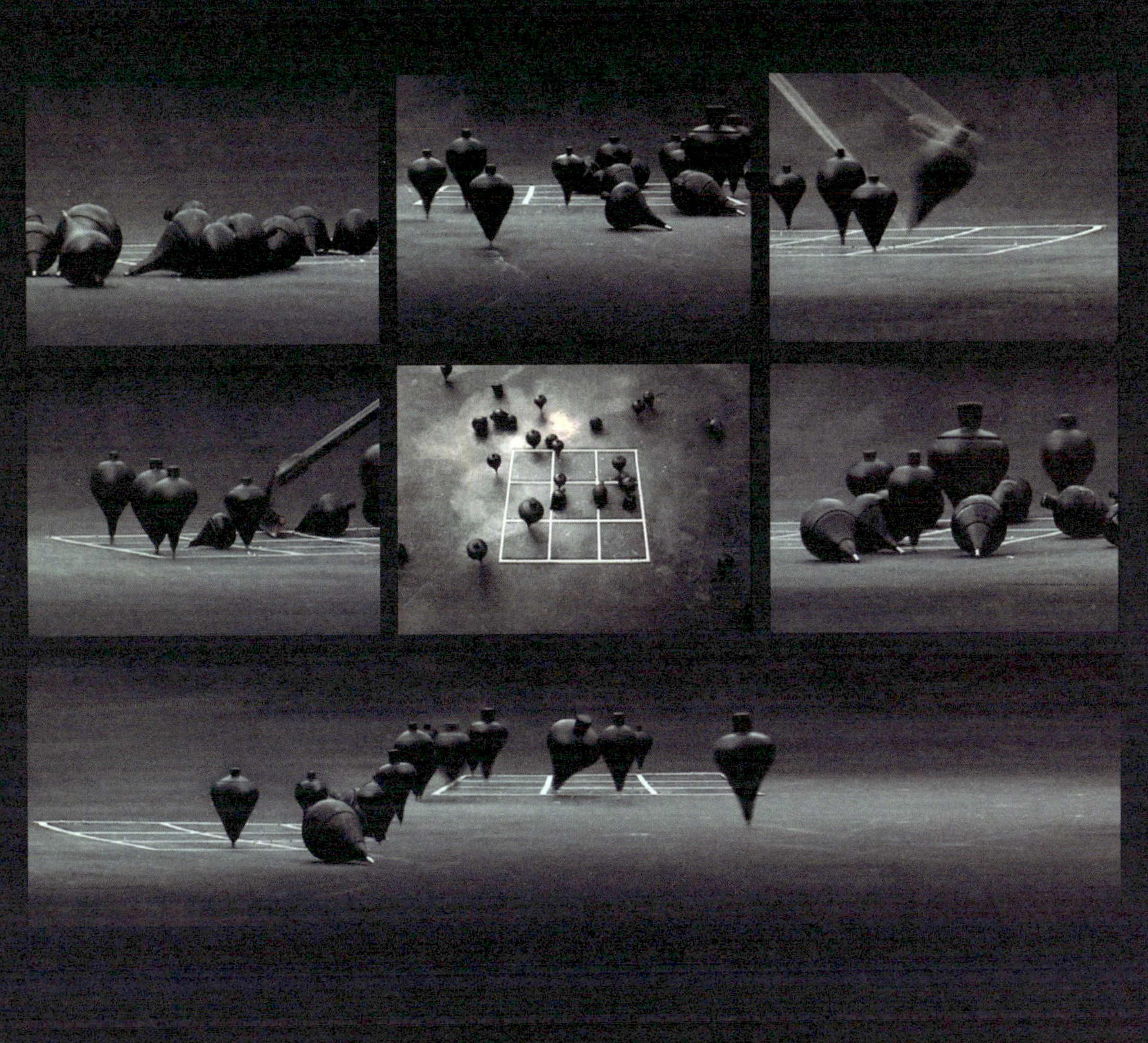

Diego Teo

Sin título (Acumulación de cerillos), 2003
Instalación de fósforos "Flama", medidas variables
Colección particular, cortesía Galería ART&IDEA, México

A pesar de un currículo modesto y su relativa juventud, a Diego Teo le bastó una sola exhibición sorprendente (Galería Garash, 2002) para colocarse de lleno en la escena del arte mexicano contemporáneo. Sus objetos son construcciones que a primera vista resultan más o menos convencionales, pero que surgen de un trabajo obsesivo: literalmente miles de horas dedicadas a convertir secciones amarillas enteras, así como miles de chicles, palomitas o sobres postales, en esculturas y objetos poseedores de una poesía a la vez sofisticada y conmovedora. Pareciera que el vacío y la indiferencia generacional, fielmente reflejados en la elección del medio artístico de la instalación, fueran redimidos con gracia casi sobrenatural por virtud de un esfuerzo compulsivo y monstruoso.

Daniel Lezama, 2004

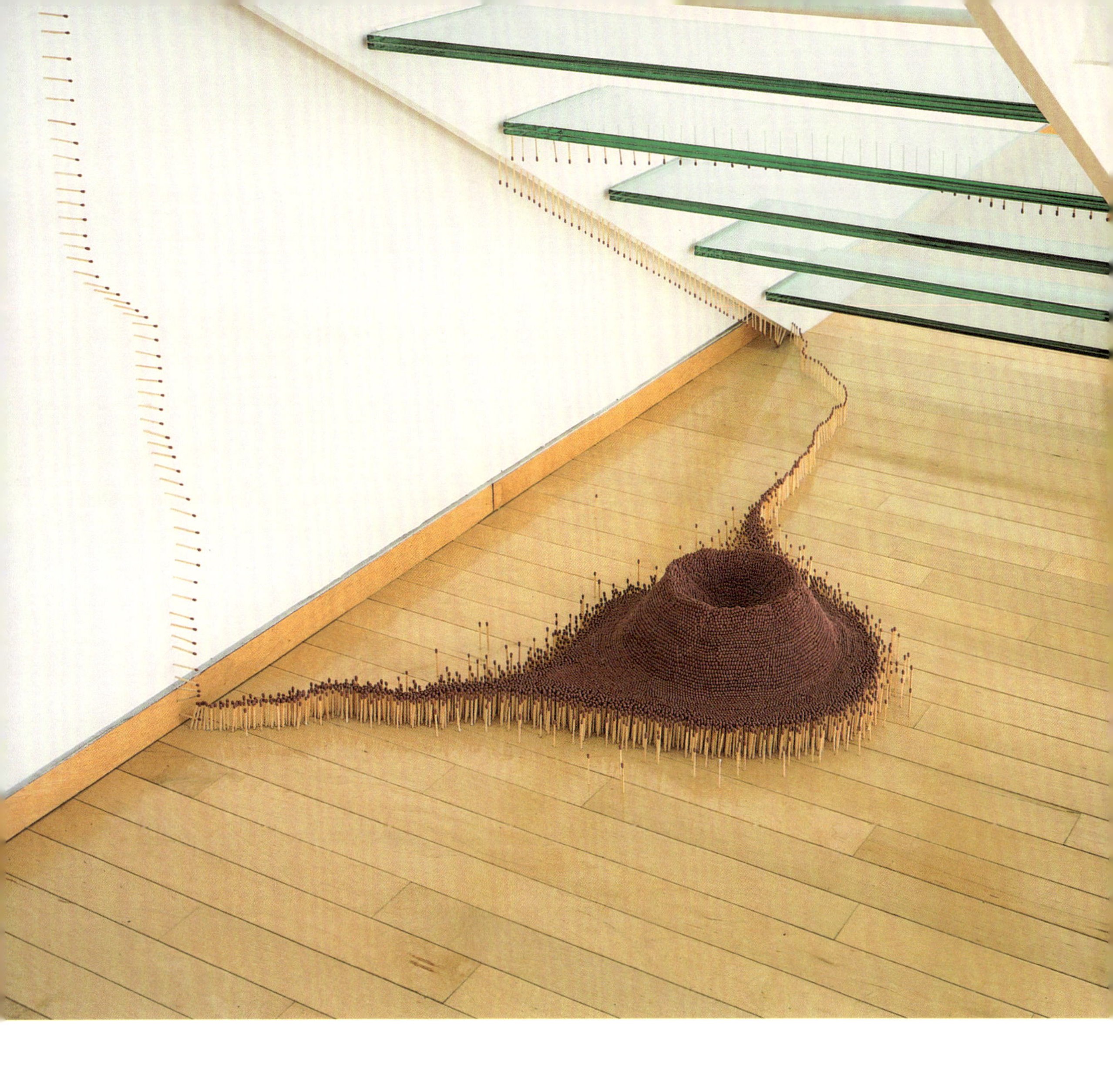

Mauricio Rocha Iturbide

Documentación de la Intervención de la *Torre de los Vientos* (maqueta), 1998
Madera, piolines, tablones, cajones, 50 x 36 x 36 cm
Colección del artista, México

Documentación de la Intervención de la *Torre de los Vientos*, 1998
Impresión plata/gelatina, 70 x 70 cm
Colección del artista, México

Sus trabajos recurren al artificio moderno —en la tradición cubista y futurista— de colocar al espectador en el centro estructural de la obra, haciendo del espacio representado un modelo de kinesia. Tanto sus perforaciones de muros como las sustracciones de basamentos o de rellenos metaforizan con los (im)posibles visuales y físicos de una lógica constructiva preestablecida. La intervención opera sobre las obviedades arquitectónicas de un espacio consumido mansamente como hábitat. La sorpresa de la visión, su pretensión estética, emanan del desplazamiento o alteración de los atributos físicos básicos (el peso, la solidez, la escala, la distribución de cargas, etc.). Muchas de estas obras, en principio, tenían como inspiración la obra de Matta-Clark... La voluntad de vindicar el tránsito ha permanecido en la obra de Mauricio Rocha, el trayecto visual o físico del espectador en el espacio, parece ser el modelo de todas sus trangresiones a la arquitectura. Curiosamente, son sustracciones físicas que se comportan como adiciones visuales. Esta intervención al interior de *La Torre de los Vientos* —una escultura dentro de otra escultura—, podría tener su justificación no sólo en la obsesión de Mauricio por las cimbras. También obedece a esta seducción por los imposibles —los sucesivos croquis— que se conforman en el hecho arquitectónico. La fuerza incontrolable de la cimbra —su efímera evocación de croquis— frente a la determinación del monumento final. Es curioso que, si bien en principio vivamos esta obra como una visión piranésica, una vez experimentando el espacio, más que la visión de su ensamblaje es la relación física con la escala lo que nos atrapa. Y esta experiencia de la escala es posible porque penetramos esta estructura no como un hábitat sino como un objeto escultórico.

Osvaldo Sánchez, 1998

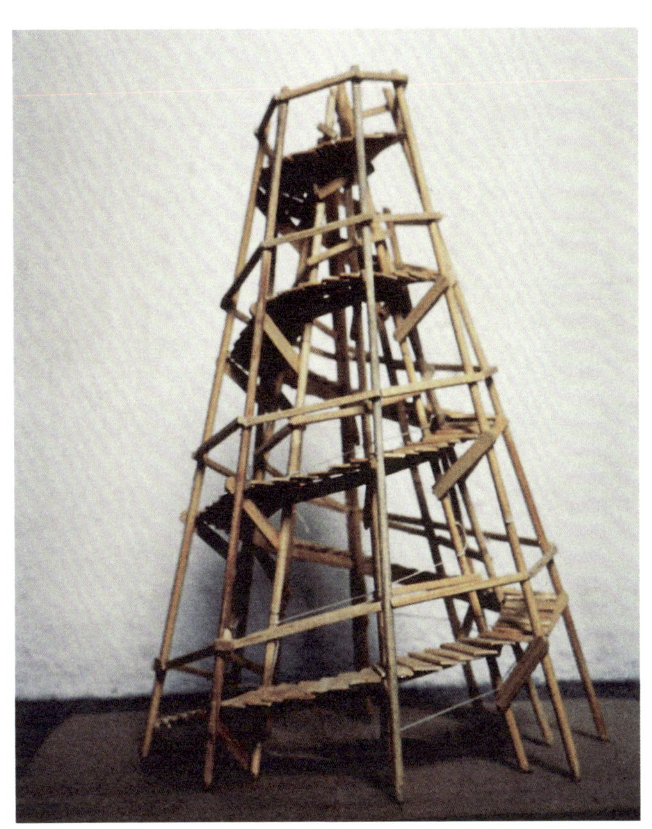

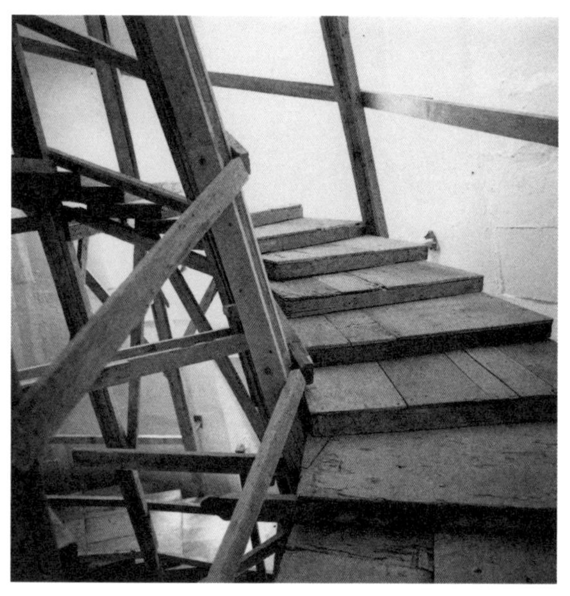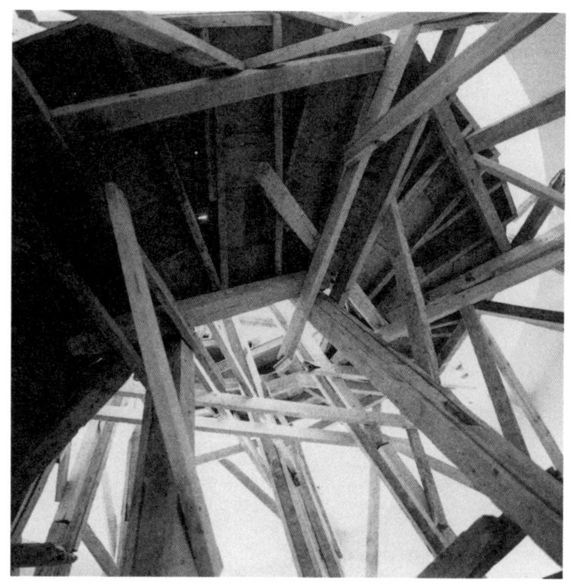

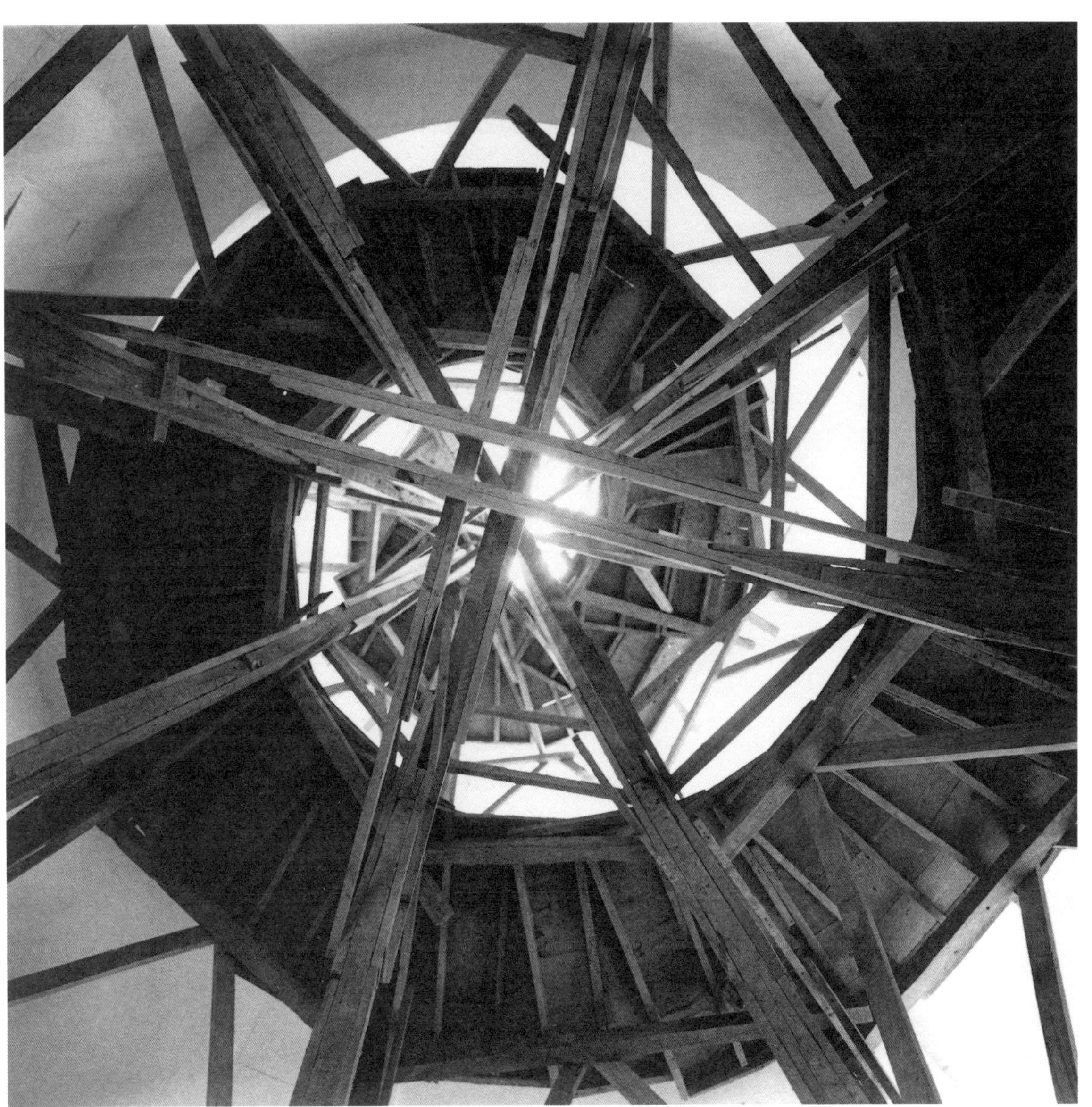

Marcos Ramírez "ERRE"

Documentación de la instalación *Toy-an-Horse* (maqueta), 1998-1999
Madera, metal, ferretería, pedestal: 93 x 79 x 39 cm,
caballo: 82,5 x 68,5 x 33 cm
Colección Iturralde Gallery, Los Ángeles (California)

Algunas obras de InSite ensayan respuestas más imaginativas al desconcierto que produce la interculturalidad. Elijo el caballo de Troya que Marcos Ramírez ERRE colocó desde septiembre pasado, a pocos metros de las casetas de la frontera, con dos cabezas, una hacia Estados Unidos (San Diego) y otra hacia México (Tijuana). Ante todo me interesa su modo de evitar el estereotipo de la penetración unidireccional del norte al sur. También se aleja de las ilusiones opuestas de quienes afirman que las migraciones del sur estarían contrabandeando lo que en Estados Unidos no aceptan, sin que se den cuenta. Me decía el artista que este "anti monumento" frágil y efímero es "traslúcido porque ya sabemos todas las intenciones de ellos hacia nosotros, y ellos las de nosotros hacia ellos". En medio de los vendedores mexicanos circulando entre autos aglomerados frente a las casetas, que antes ofrecían calendarios aztecas o artesanías mexicanas y ahora "el hombre araña y los motivos de Walt Disney", Ramírez ERRE no presenta una obra de afirmación nacionalista sino un símbolo universal modificado.

Néstor García Canclini, 1998

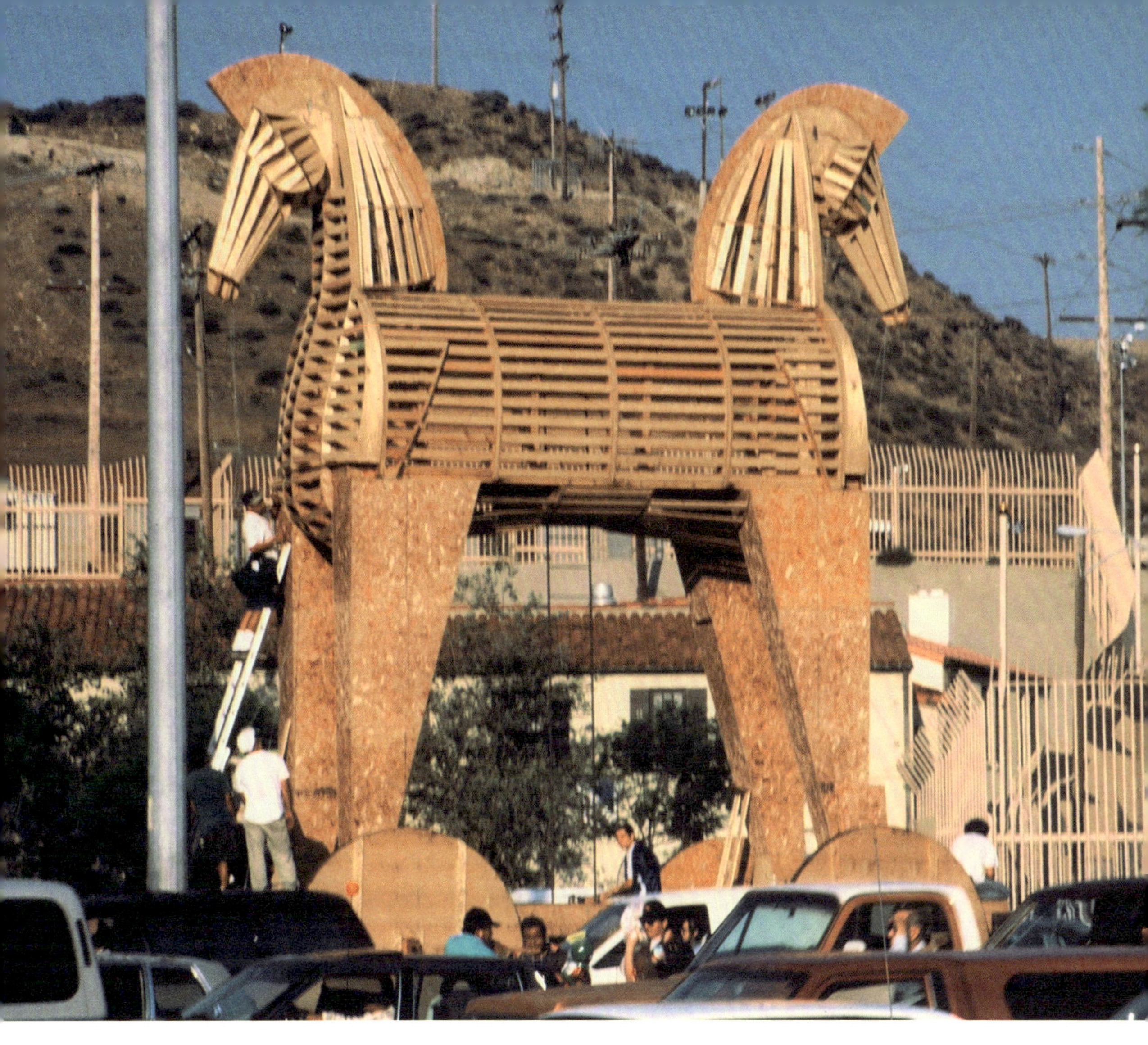

Héctor Zamora

Documentación de la intervención arquitectónica en el Museo Carrillo Gil
Paracaidista. Av. Revolución # 1608 bis, 2004
Cortesía del artista

La visión metafórica de un parásito que se adhiere a la fachada del museo resulta muy eficaz en un momento en el que este tipo de institución continúa siendo un espacio legitimador de lenguajes artísticos. "Las características del museo Carrillo Gil son idóneas —señala Zamora—, ya que es parte del aparato de cultura gubernamental. Su edificio se ubica en un nudo vial extremadamente caótico, y además atraviesa un momento difícil por su situación financiera e intelectual, ocasionada por la actual política cultural. Es por lo tanto un huésped ideal para el experimento ya que, como todo ser débil en la naturaleza, es propenso a desarrollar una infección".

Una alegoría parasitaria como ésta también propicia gran irritación en un área de la ciudad cuya planeación urbana y nivel socioeconómico distan diametralmente de las condiciones preponderantes en los márgenes del área citadina. *Paracaidista. Av. Revolución # 1608 bis* es una paráfrasis de algunos asentamientos de extrema pobreza que crecen descuidadamente en diversas urbes, entre ellas la ciudad de México.

La compleja estructura que Zamora debió desarrollar emula con gran fidelidad la sensación de estar frente a un área suburbana con condiciones de vida paupérrimas. […] Para la ocupación de un "lote" perpendicular a la línea del piso, es decir, la fachada del museo, Héctor Zamora recurre a un impresionante andamiaje de soporte sostenido por grúas y cables. La pieza está pensada para cumplir con varias etapas de montaje y desmontaje, cubriendo un período de varios meses durante los cuales él mismo la habitará.

Gonzalo Ortega, 2003

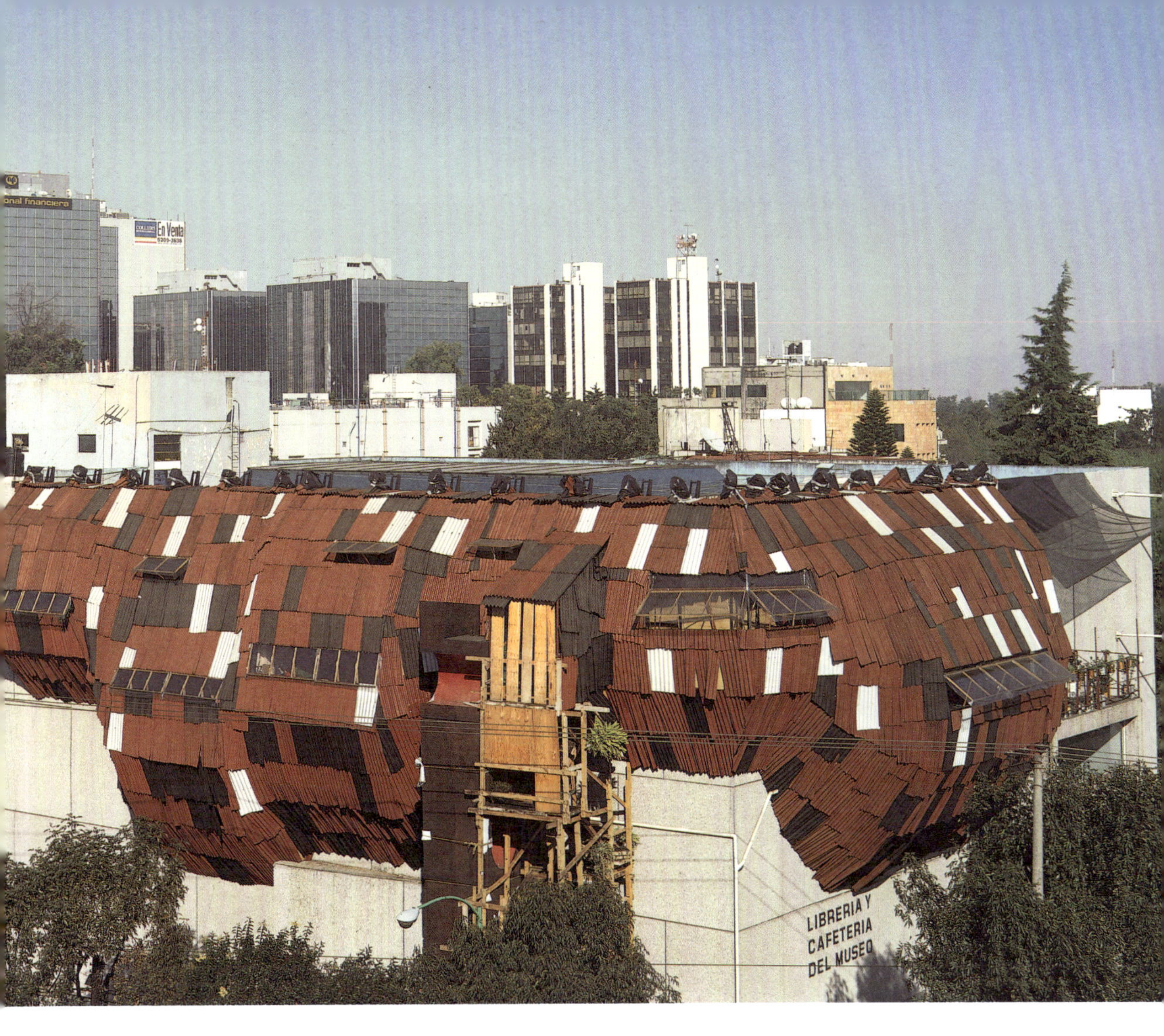
LIBRERIA Y
CAFETERIA
DEL MUSEO

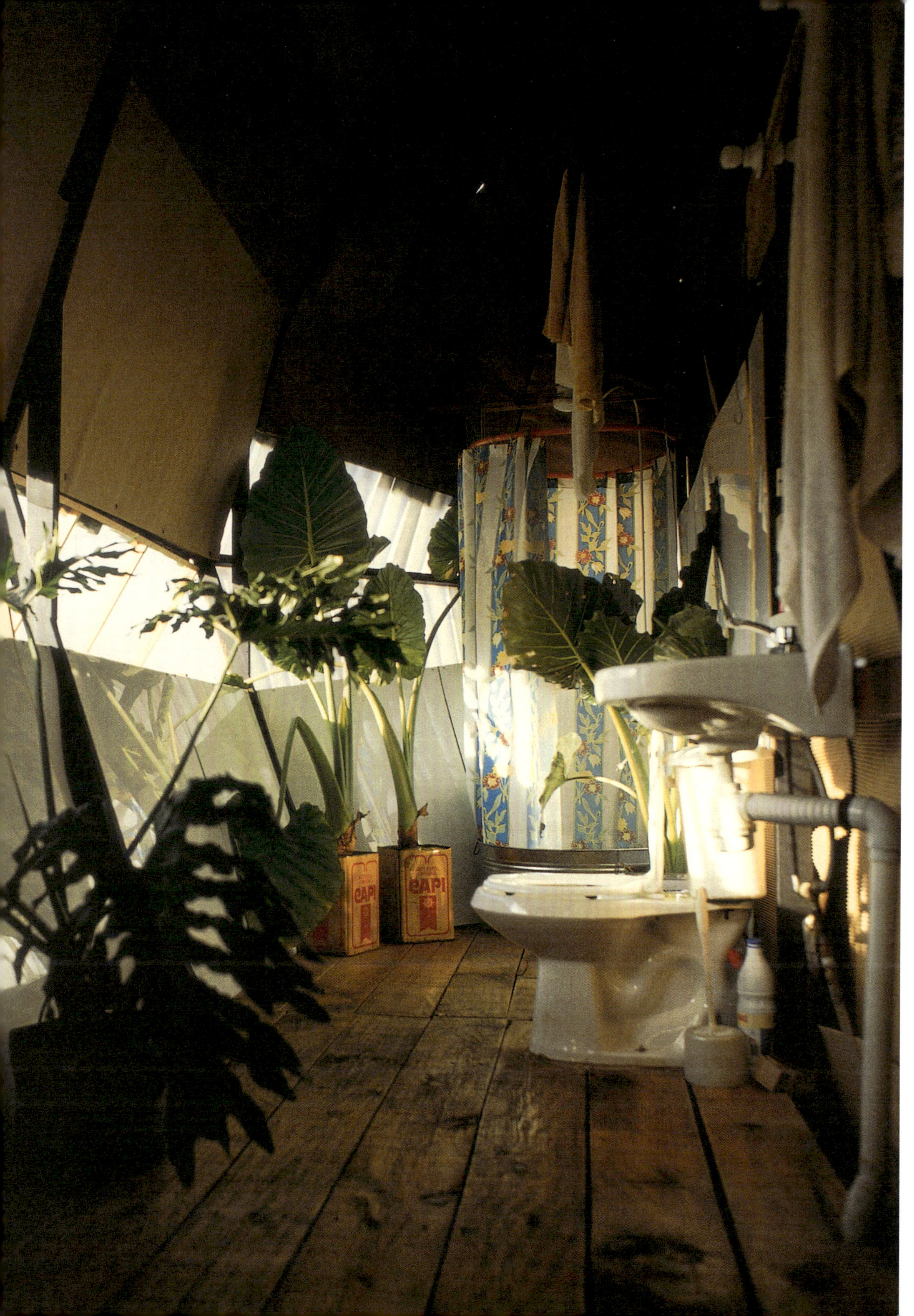

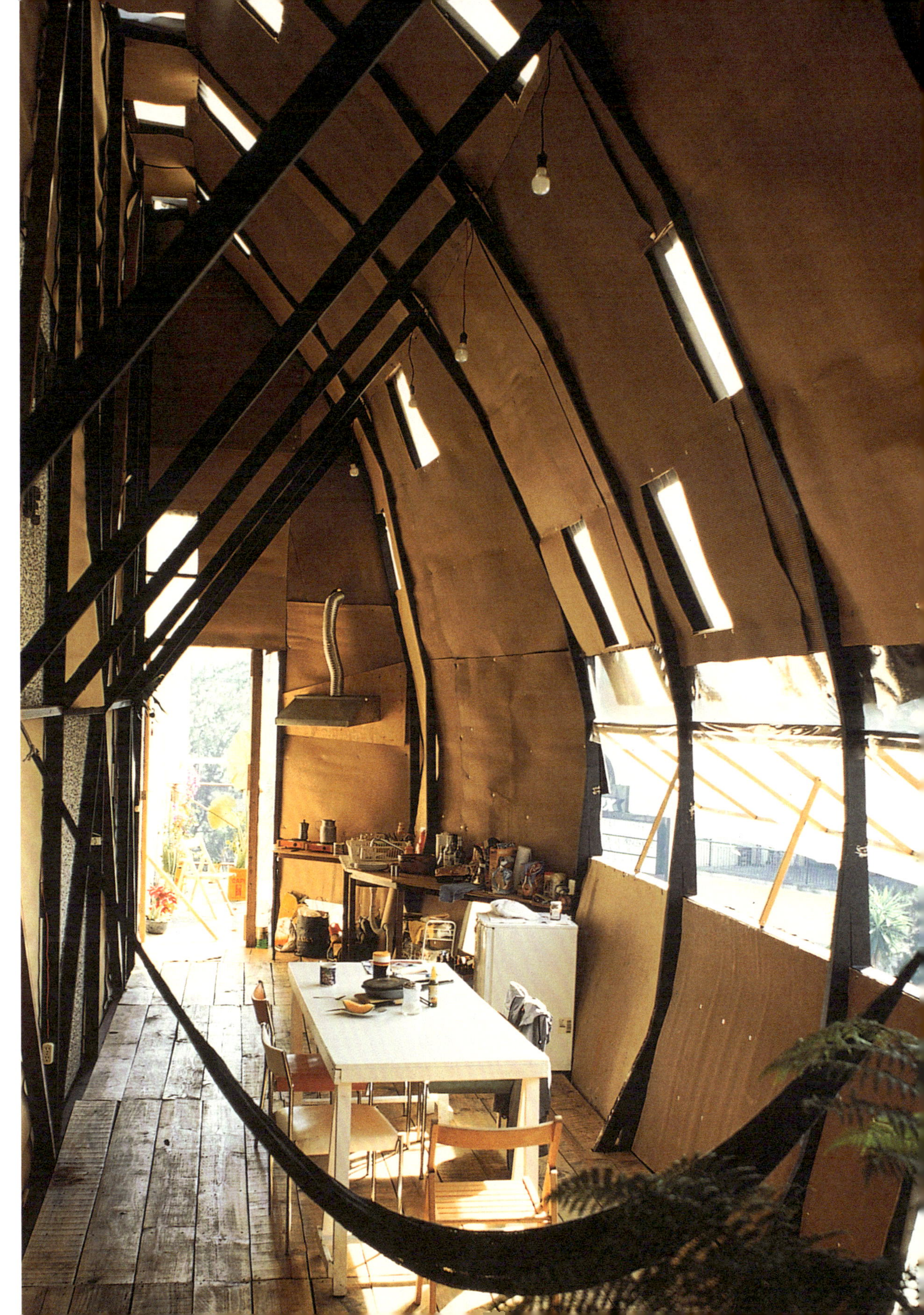

Javier de la Garza

Mexica sobre fondo rojo I, 1992
Pastel sobre cartulina, 100 x 70 cm
Colección Fundación Televisa A.C., México

Mexica sobre fondo rojo II, 1992
Pastel sobre cartulina, 100 x 70 cm
Colección Fundación Televisa A.C., México

Durante los últimos nueve años Javier de la Garza ha venido pintando narraciones acerca de la imposibilidad de México, relatos en donde la poética y los temas de la mitología nacionalista encarnan para demostrar, precisamente, su inverosimilitud. Epifanías, vale decir, de la falsedad idolátrica. A nadie escapará, supongo, que sus estrategias están en directa relación con aquellas que prevalecieron en la pintura occidental durante los años ochenta: la apropiación más o menos parafrasística de estilos e íconos de las primeras vanguardias o las etapas de la "historia del arte"; la utilización de ideogramas y textos en el cuadro como para conjurar el escepticismo ante la capacidad de la pintura para transmitir por sí misma su discurso; la tendencia a presentar figuras más o menos centrales y dominantes sobresaliendo en un fondo que no es una escena, sino un montaje decorativo de superficies saturadas, ante el que las figuras chocan con su apariencia de estatismo y de volumen. Pero, por sobre todo, la pintura de De la Garza delata su afiliación a la pintura de los ochenta en la forma en que se ofrece como una especie de "mitología" personal, mediante la cual la pintura aparece marcada por un exceso de oratoria acompañada de la imposibilidad de su lectura, ya porque produce en el espectador la suposición de que el artista guarda para sí un significado que se ostenta en la misma medida en que se ocluye, o porque combina la estridencia de los "mensajes" con la falta de articulación de las partes.

Cuauhtémoc Medina, febrero-abril 1997

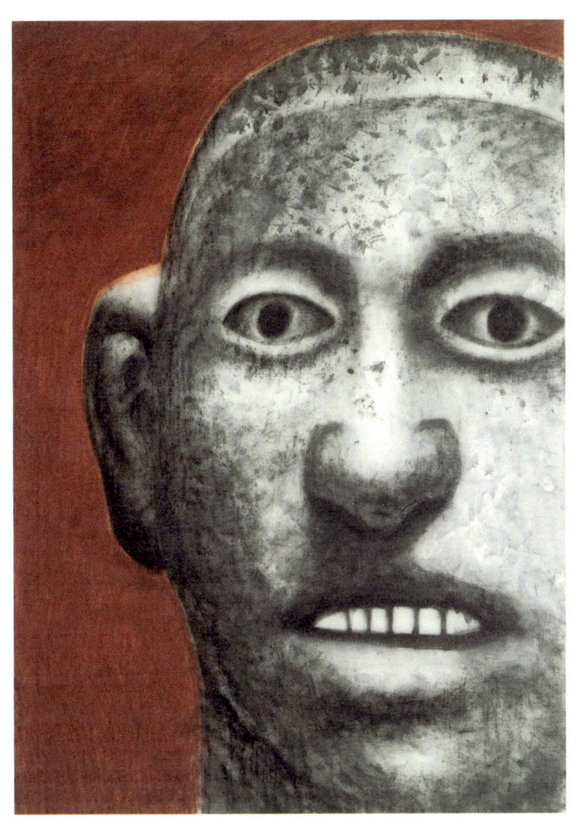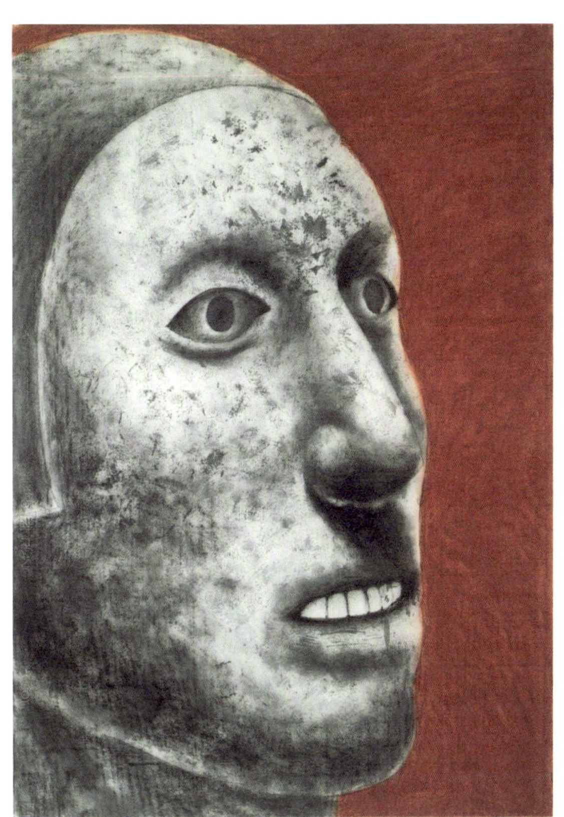

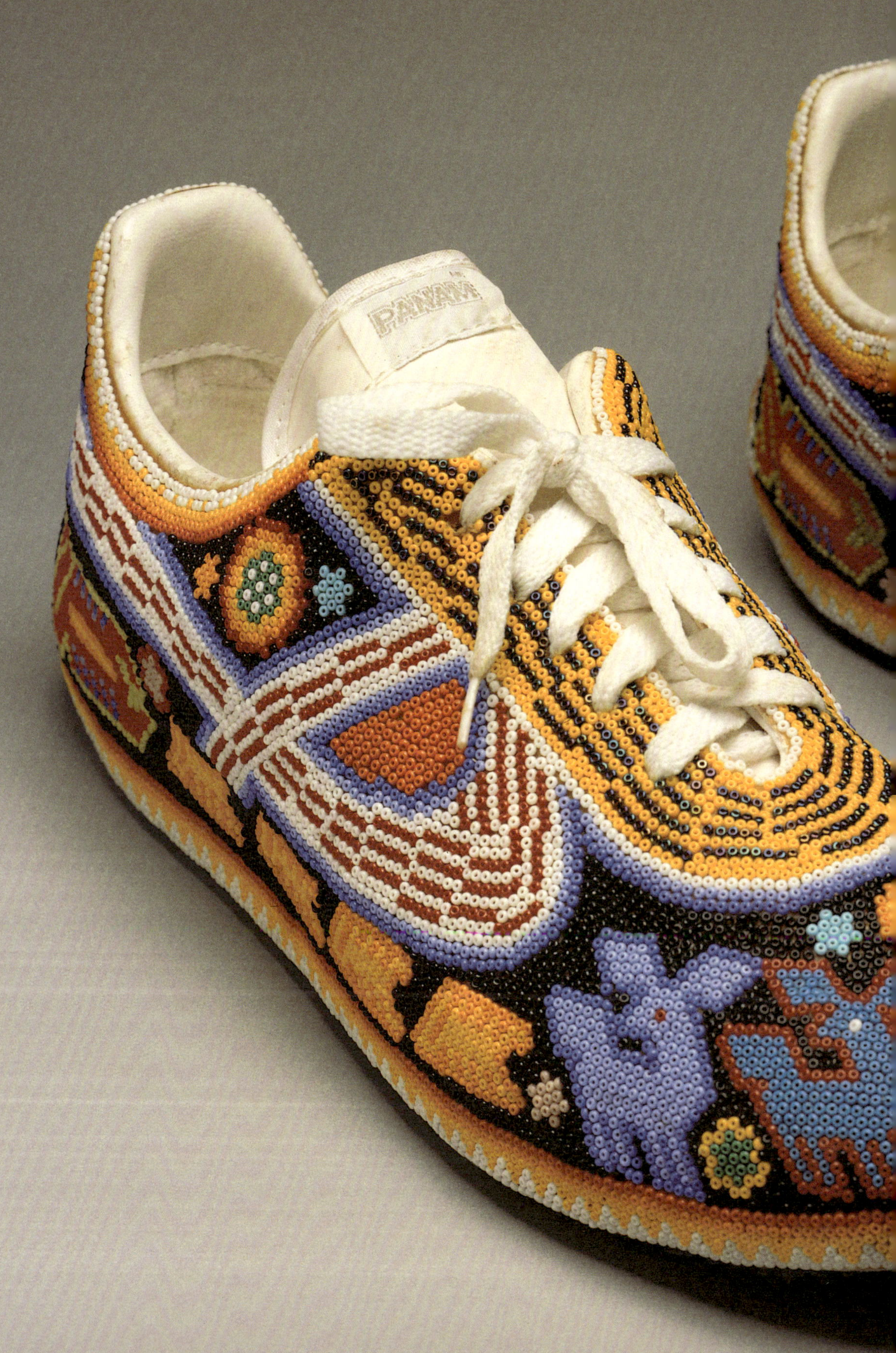

PANAM

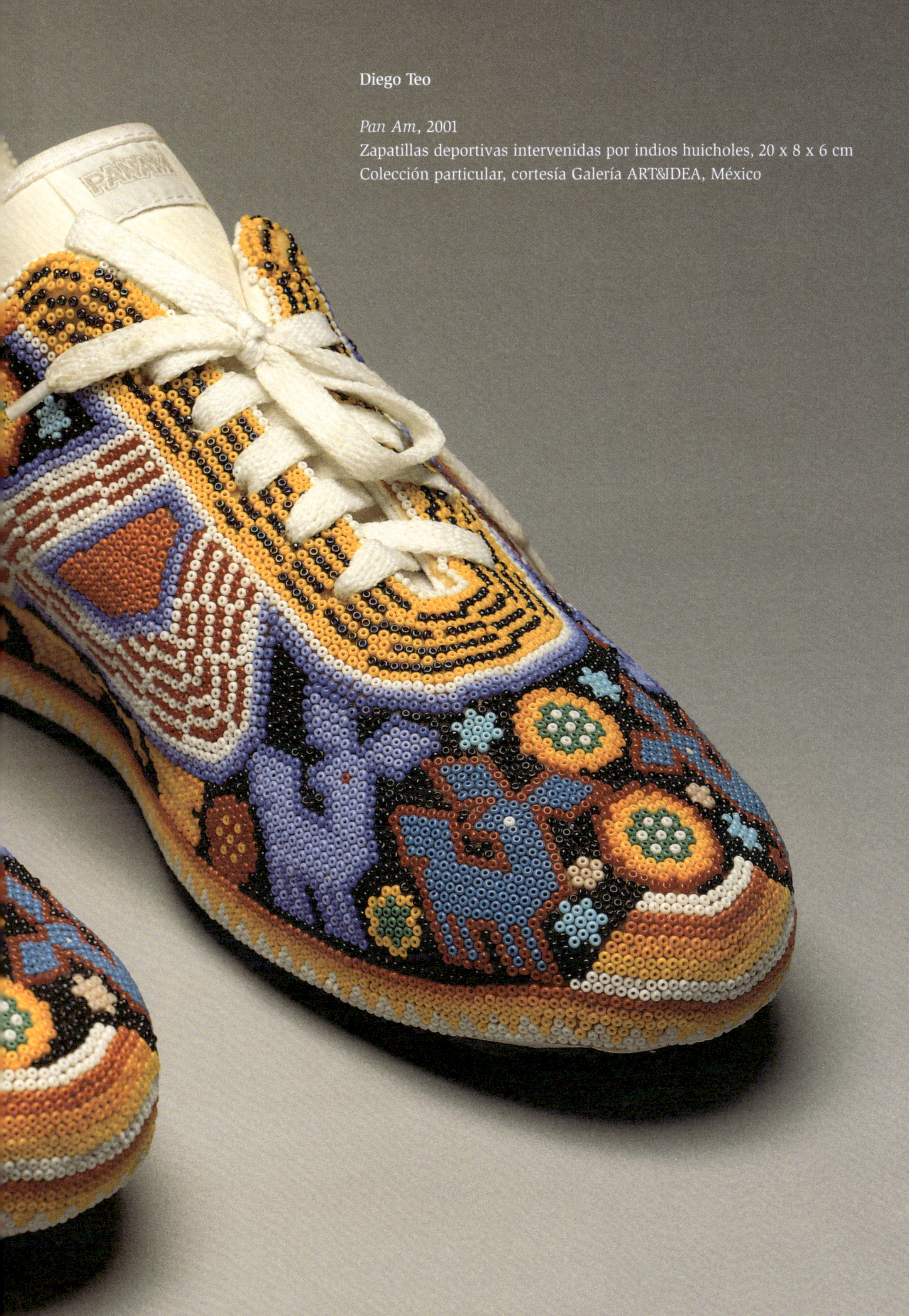

Diego Teo

Pan Am, 2001
Zapatillas deportivas intervenidas por indios huicholes, 20 x 8 x 6 cm
Colección particular, cortesía Galería ART&IDEA, México

Silvia Gruner

Don´t fuck with the past, you might get pregnant, 1995
Fotografía color (serie 16 copias), 64,5 x 50 cm c/u
Colección de la artista, México

En Gruner predominan dos maneras de registro. Están aquellas imágenes captadas en una escena frontal ascética, bien focalizada, en primer plano, sin más intermediación que el carácter críptico de lo elegido (cuyo paradigma podría ser la obra en fotografía *Natura/Cultura,* 1994). En ellas, el objeto está ahí como un sustituto eficaz, como una reliquia ríspida, y es colocado frente a la lente no para abandonarse a su quietud de pieza arqueológica sino para ser catalogado aun en su exterioridad, en la ausencia plena de una articulación convincente. Y están, por otro lado, aquellas imágenes cuya calidad de registro procede de un reciclaje desde el vídeo. [...] Las calidades de la imagen se borran en brillos inesperados, en tramas difusas, y en pérdida de contornos. Coquetean desde eso que Andy Grundberg llama "la salivación de la imagen". En ellas todo es húmedo, todo está apresado en esa glándula virtual que, a manera de vagina óptica, recubre al objeto y lo lubrica. [...] Si contraponemos estos dos tipos de imágenes podríamos construir una polaridad muy precisa: blando/duro, femenino/masculino, úteros/falos... Más allá de la evidencia seductora de una obra como *No jodas con el pasado porque te puedes embarazar* (1995), todas las imágenes de Gruner participan de esta ficción ambivalente de penetración. [...] Un mecanicismo de repetición que pauta todos sus filmes y sus fotos: subir y bajar escaleras, morder y lavar manzanas, echarse agua en la espalda, girar la jaula, zapatear, desfilar con objetos ante la cámara, meter y sacar el dedo, abrir y cerrar la boca... Siempre esta reiteración del gesto, este intento imposible por fragmentar el tiempo y condenarlo a una breve secuencia, a una futuridad sin progreso. La reducción del acto a intento. La naturaleza improductiva de la acción performática.
En estas imágenes la acción siempre es inútil. Un tipo de trabajo forzado, carente de sentido: sea llenando un pomo de copos de nieve, o tañendo dos piedras, o rodando en la arena, o echándose agua, o mostrando objetos domésticos... Un Sísifo cumplido: un mecanicismo que no logra disfrazar la fatuidad asumida del castigo. Como si jugar fuese el castigo: un tipo de regresión cuyo objetivo es recuperar o re(inventar) cierta memoria.

Osvaldo Sánchez, 1997

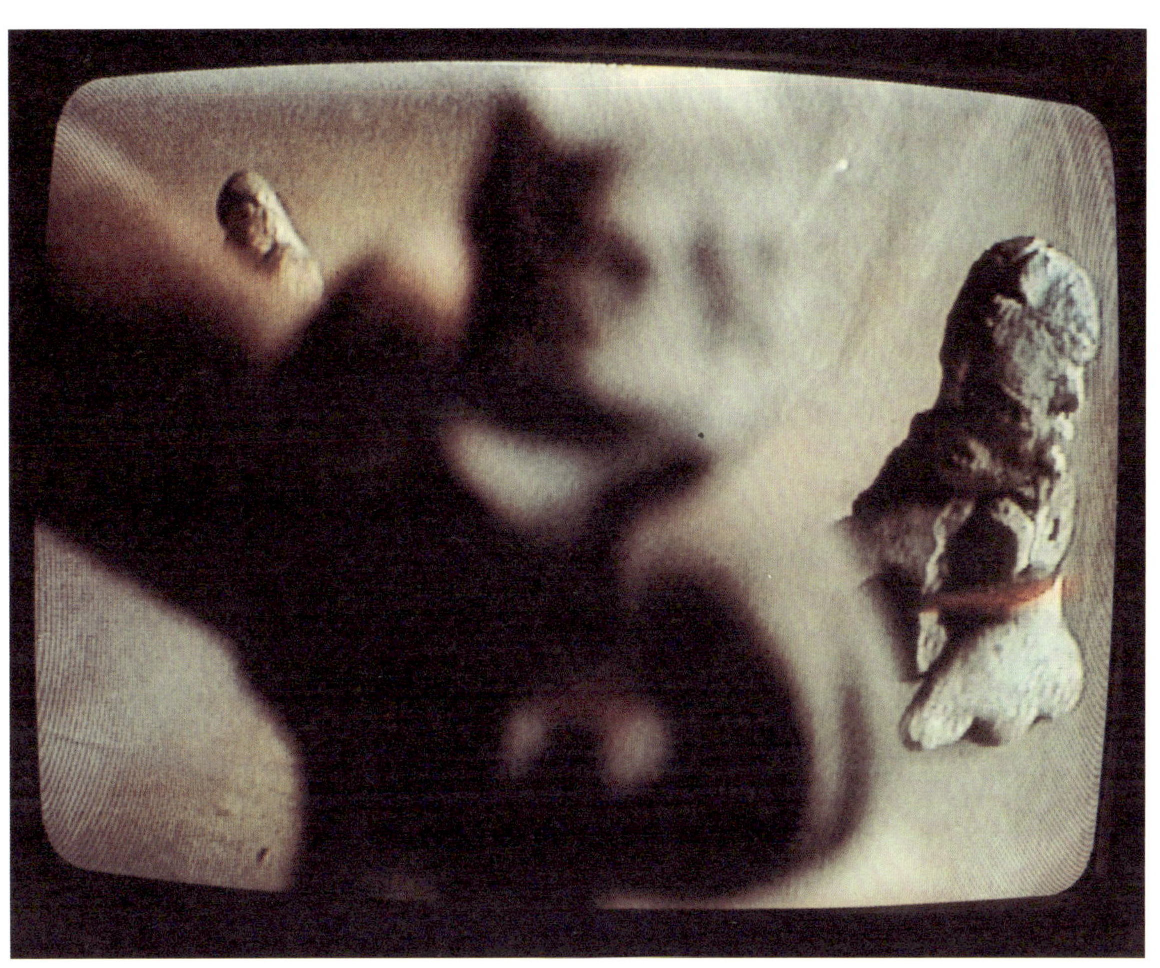

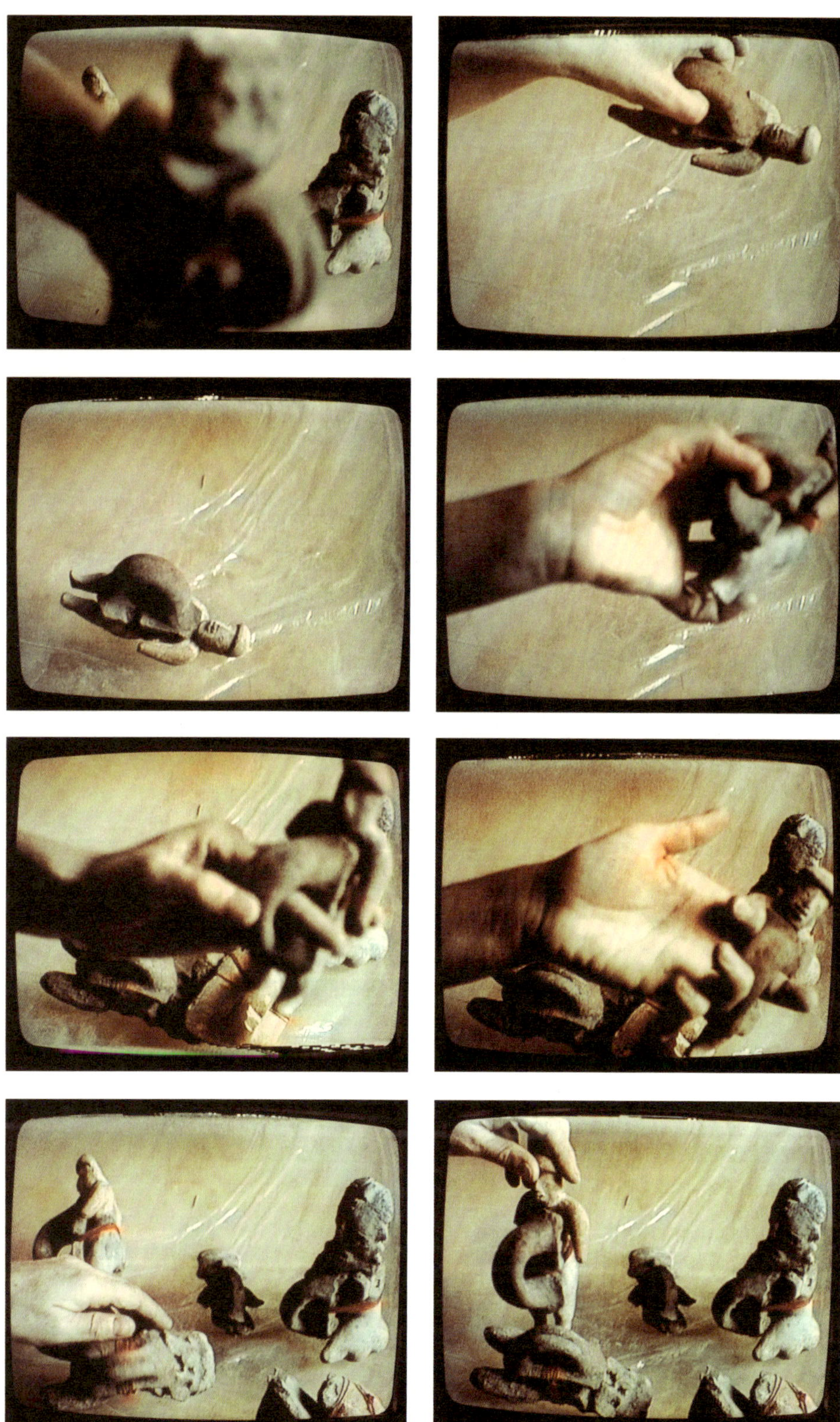

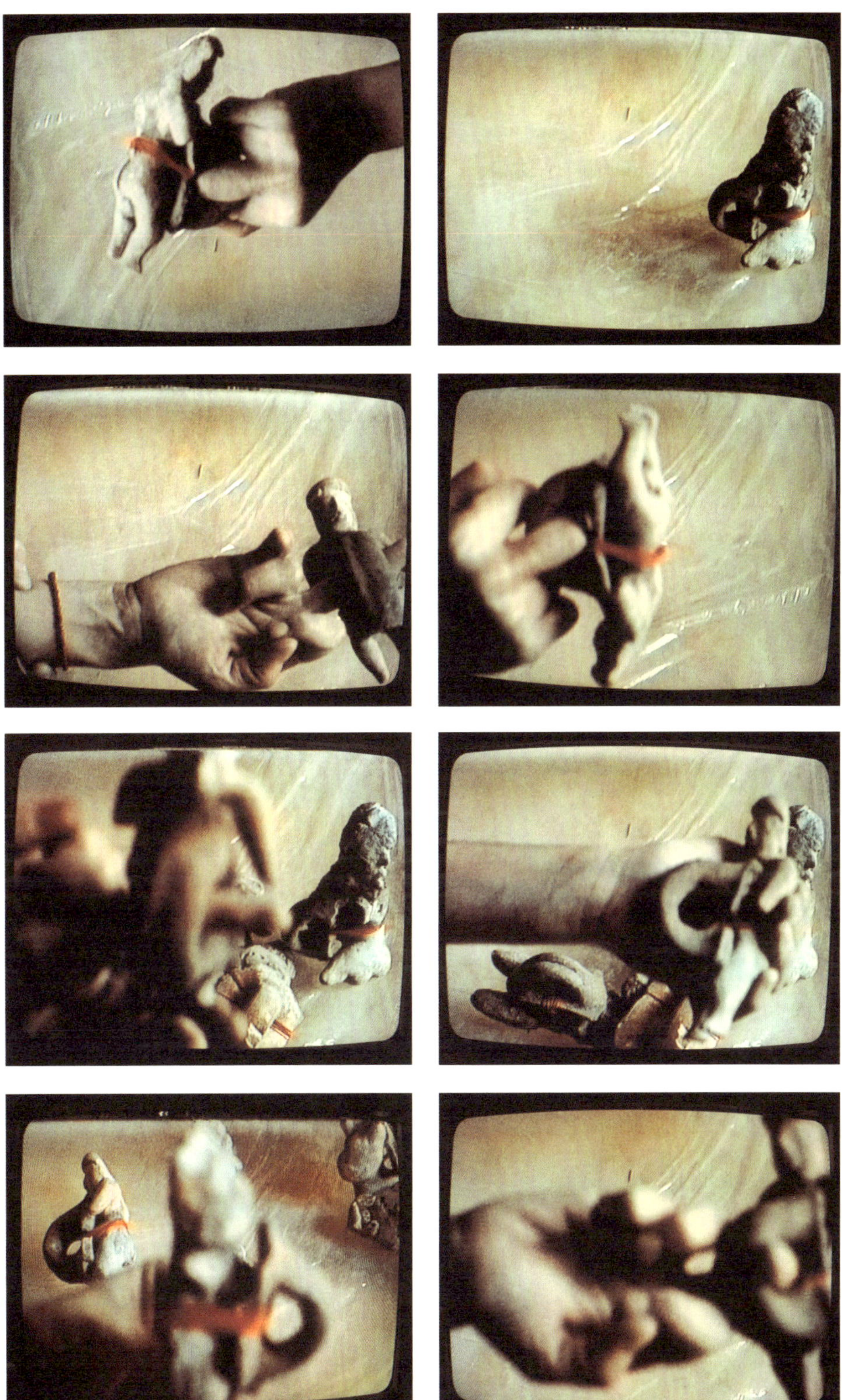

Adolfo Riestra

The Twins, 1986
Barro cocido, 54 x 42 x 9,5 cm
Colección particular, México

En retrospectiva, Adolfo y estos otros artistas fueron precursores que se anticiparon a mucha de la discusión popular que en el actual contexto se ha desarrollado en problemáticas relacionadas "a la globalización". [...] Su trabajo dio como resultado diálogos de creación que se dirigieron a formulaciones sobre su ubicación política y problemática social. [...] Por su expresionismo hibridizado estético, Riestra desarrolló un léxico visual; conectando las cuestiones a las que su comunidad y él estaban sujetos. Al inspeccionar su arte, esto se identifica en la presencia de una gran narrativa; estimulada, llena de drama, emoción y humor. [...] Dados en una forma "ingenua", sus trabajos muestran a menudo el aspecto de haber sido realizados por un niño o artista inexperto. Sin embargo, éste es el carácter y gusto "de lo popular", que dirigió su atención hacia aquellos individuos u objetos que decidió representar. En todo el trabajo gráfico y pictórico de Riestra hay una calidad táctil llena de un ansia visceral. Más aún, su particular forma de emplear el color, la línea y el volumen impera en la atención, tanto que uno no puede ignorar cierto sentido de urgencia.

En la apreciación de su acercamiento a lo cotidiano es importante que recordemos la admiración de Riestra por el arte infantil, la expresión popular y el arte foráneo. Habiendo adoptado deliberadamente una irónica, si no subversiva, aproximación a la creación ignoró los métodos académicos tradicionales empleados para evaluar "la calidad" de lo que podría calificarse como "arte". Al contrario, la escultura de Riestra trae a la mente varias culturas antiguas y modernas; cicládica, china, egipcia y el arte tribal africano. En la mayor parte de todos estos trabajos hay un fuerte sentido de continuidad cultural, sobre todo en lo que se encuentra arraigado más allá de la pre-conquista de México. [...] El arte de Riestra mantiene un tema sutil pero constante que sigue líricamente resonando en toda su obra. Encontramos expresamente referencias pre-hispanas asociadas con las características de Xipe-Totec; dios de la primavera, imagen de metamorfosis, renacimiento y transformación. Su escultura es siempre de apariencia monumental, proyectando tranquilidad y un eterno sentido de estabilidad que va más allá del tiempo.

Stephen Vollmer, 2003

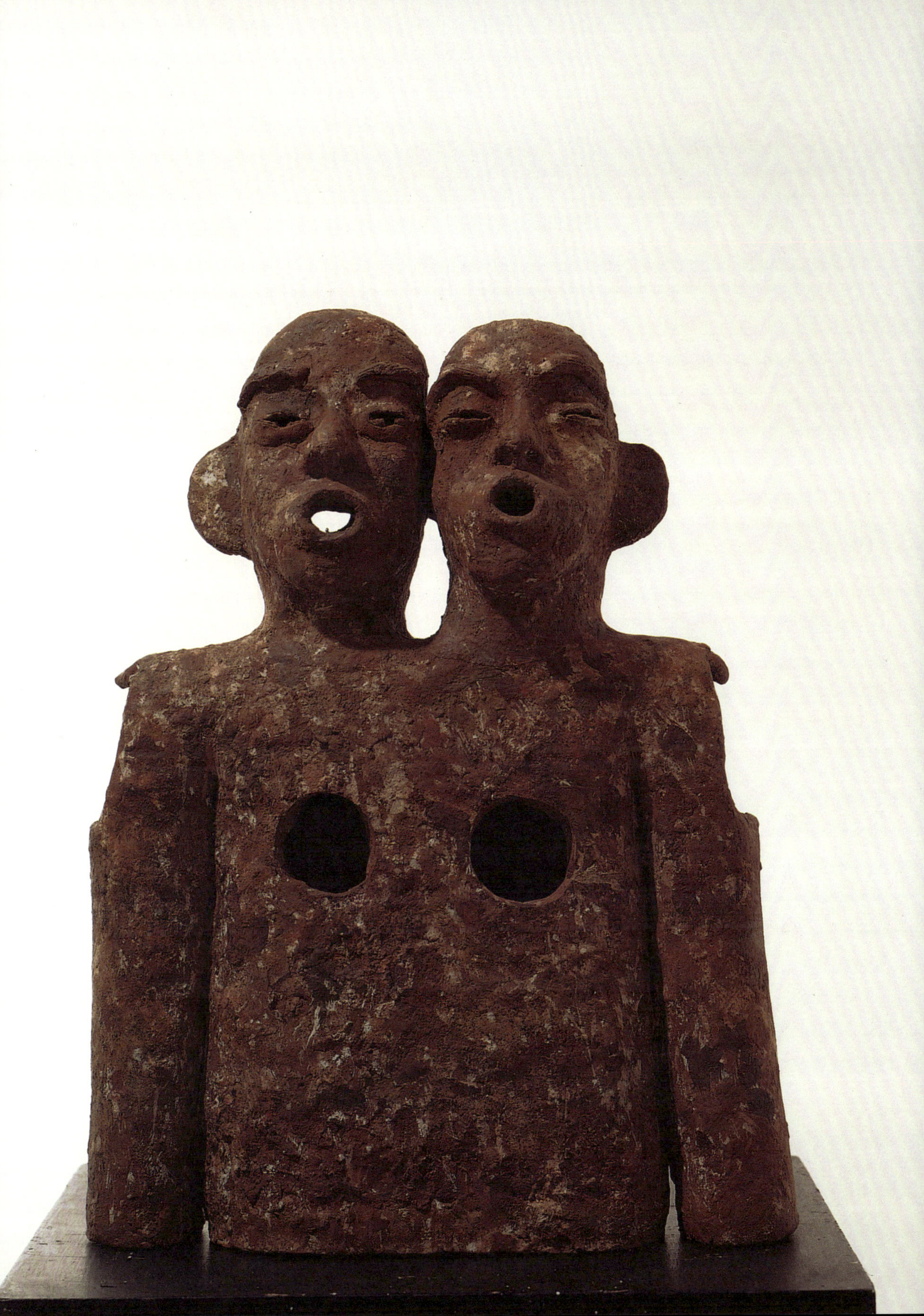

Rubén Ortiz Torres y Eduardo Abaroa

Maíz transgénico, 2002
Resina pintada al acrílico, dimensiones variables, 60 piezas
La Colección Jumex, México

A partir de la receta de una bebida que mezcla vino tinto y coca cola —el kalimotxo— Rubén Ortiz
Torres y Eduardo Abaroa proponen una sugestiva colaboración en la que la clave para descifrar significados es la palabra "mezcla". Así como se mezclan dos bebidas —la cola y el vino— para crear una
tercera –el kalimotxo– así se mezclan, sin fundirse, los intereses "técnicos, estéticos y culturales".
Las constantes migraciones e intercambios que han sucedido —y suceden— entre la ciudad de México
y Los Ángeles, Oriente y Los Ángeles, han dado origen a una cultura *sui generis* en la que la combinación de elementos cultos y populares han resultado no sólo en una nueva iconografía, sino en una
nueva manera de enfrentarse a la vida cotidiana a través de los filtros de la cultura mediática. Así, las
principales referencias cotidianas en los barrios populares y de inmigrantes de Los Ángeles, los nuevos
héroes y santos a venerar, son los personajes que aparecen en la televisión: artistas, cómicos, deportis-
tas, superhéroes en dibujos animados, etc. Abaroa y Ortiz Torres se han servido de esta realidad para
conformar un discurso estético y colocar una serie de reflexiones sobre la mesa: la influencia de los
medios en la vida cotidiana, la transgresión de las fronteras y la hibridación de las culturas y los espacios geográficos. Abaroa y Ortiz Torres formulan una arqueología del presente a partir de la cual expo-
nen las maneras en que conviven y se entrecruzan ciertos elementos característicos del espacio y la
imaginería urbana.

Ana Elena Mallet, 2003

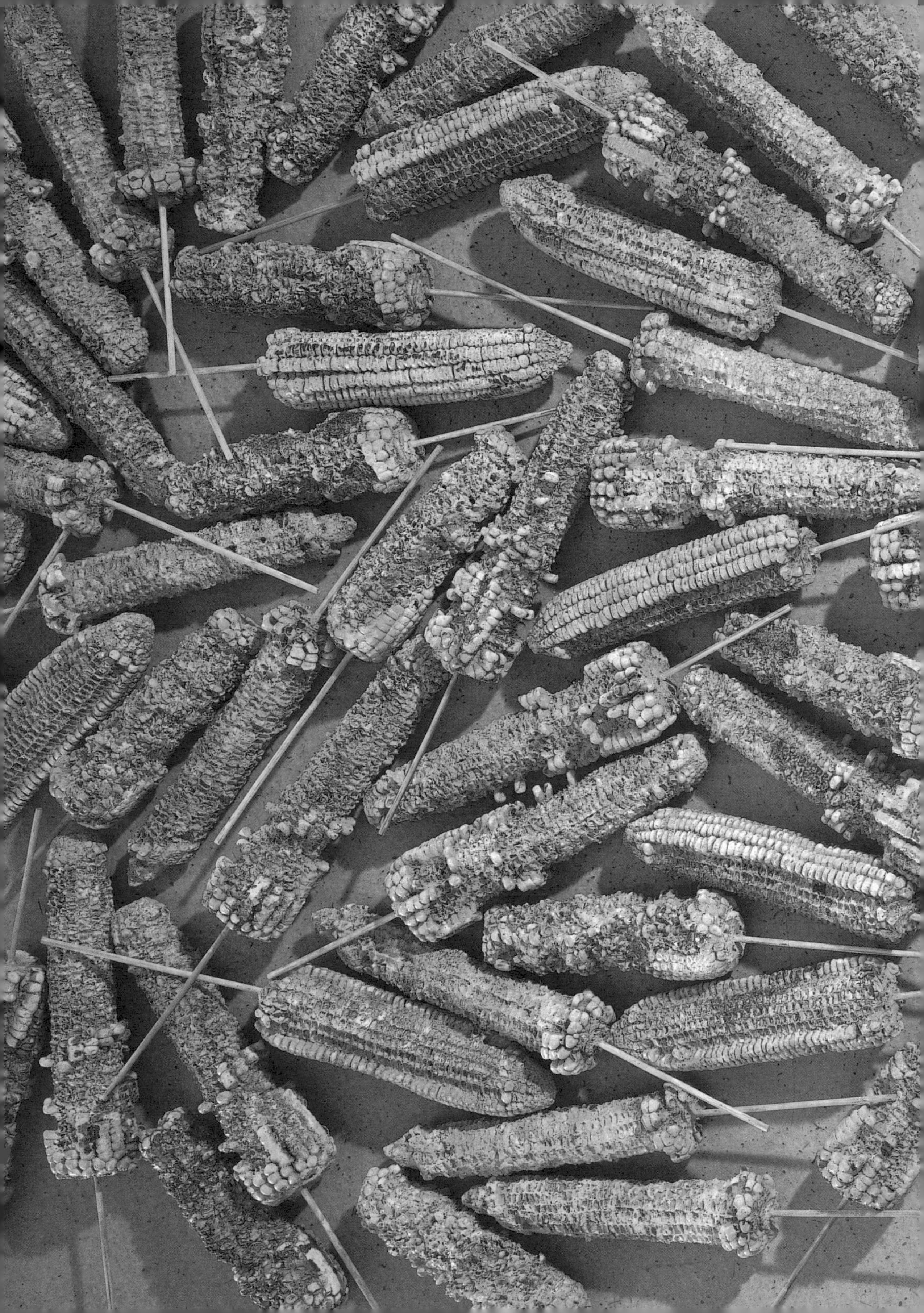

Francisco Toledo

Mues Immobiles I y II
Plata sobre gelatina, 23,5 x 15,5 cm
Colección Galería López Quiroga, México

Para Francisco Toledo, los animales están equiparados al hombre y tienen el mismo valor que él. Ambos son la misma criatura. Nacen de la misma naturaleza y son parte integrante, en igualdad de derechos, de la infinidad del pensamiento cósmico. He ahí la visión del mundo de Toledo. Pero en esto hay aún mucho más: su visión artística. El animal como emblema de todo lo viviente, símbolo tanto de fecundidad como de sensualidad, domina todo en su creación. Aparte de los numerosos autorretratos que ha realizado desde los tiempos de su juventud y que hoy en día, con el avance de los años, se hacen más y más frecuentes, la iconografía animal constituye el elemento predominante de su pensamiento plástico y un motivo determinante en el mundo de sus imágenes. Los animales siempre están presentes: fantásticos, absurdos, imaginarios, nunca —o en todo caso muy raras veces— totalmente reales. Establecen metamorfosis con seres humanos, se aparean con éstos o con otras especies diferentes. Porque todos provienen de una misma fuerza, única y que lo abarca todo: la vida.

Erika Billeter, 1993

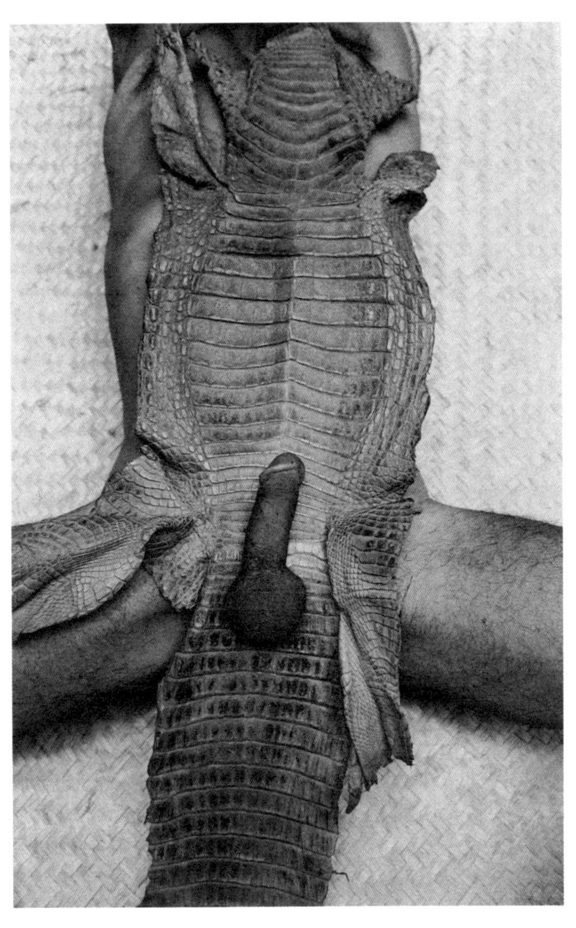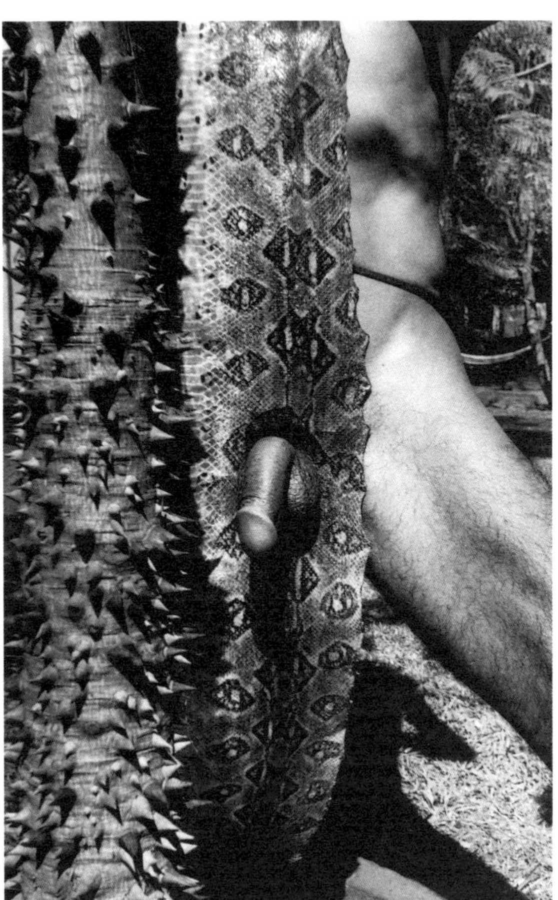

Grupo Semefo

Viento negro, 1990
Vídeo VHS, 7'54''
Colección particular, cortesía Galerie Peter Kilchmann, Zurich

Nos empezamos a juntar en los puestos de libros de segunda mano, afuera de la Escuela de Filosofía y de la Nacional de Artes Plásticas. Teresa Margolles vendía en Filosofía y Carlos López en Artes. Ya en aquel entonces el señor Angulo hacía sus *performances.* Nos fuimos vinculando a actores, pintores, pasantes de filosofía... La gente se juntaba alrededor de los libros. Todo empezó cuando una chava de Artes nos prestó una propiedad de su abuelo, que había muerto. Era un antiguo manicomio en ruinas y se llamaba La Foresta. Teresa se acababa de comprar su cámara de vídeo. El lugar estaba destruido. Quedaban los jardines y un pequeño foro, una concha donde antes los locos hacían sus representaciones de teatro. Por esa época hubo una convocatoria de *performance* en Artes. Y así arrancamos. Alejandro Montoya nos sugirió el nombre: SEMEFO: Servicio Médico Forense. Nos encantó, por lo que significaba y por su fuerza fonética, sonaba tan desnudo y tan seco. Además eso era lo que nos interesaba: el depósito de cadáveres de la ciudad más grande del mundo. La primera obra que montamos fue en La Quiñonera, que ya entonces era el lugar alterativo de la vanguardia mexicana de finales de los ochenta. Fuimos a invitación de Rubén Bautista. El primero de abril de 1990. El *performance* se llamó *Viento negro,* y era una puesta en escena del mismo vídeo que habíamos realizado antes en La Foresta. Así comenzamos en la acción pública. [...] Desde un inicio no hubo ningún propósito consciente de hacer vanguardia. Sino de sentirnos libres de expresar. Todo venía de adentro, de un proceso que ocurría al interior, en lo más sombrío de nosotros. Ya habíamos estado en la morgue. La idea de la muerte no era al modo florido, místico y heroico de la tradición mexicana, sino como transgresión, como vínculo límite con el animal, con la continuidad... Y todo provenía de vivencias, de recuerdos infantiles, de experiencias de vigilia y de alucine con drogas, con alcohol, de las paranoias personales de cada uno. Sí, a lo Bataille, la muerte como posibilidad del campo erótico. Era absolutamente placer y coraje. El guión era editado en grupo, nutriéndose de todos esos límites, pero con una libertad de acción cuyo dispositivo de arranque estaba en cada uno de nosotros. Algunos casi no salimos a la calle, más que a la morgue, y por eso era tan fuerte este tipo de encuentro con el público. Queríamos hacer estallar al público en una interacción de violencia mutua. Fue lo que sucedió en el LUCC (la última carcajada de la cumbacha), era un lugar de rock duro y el público era de borrachos jóvenes, muchos drogados. Nuestro *performance* era muy rebuscado, lleno de alusiones a Giovanni Papini, a Sade, al medioevo, a la Iglesia... había actores y *performistas*... y mucha violencia. El público era golpeado seriamente. Era tan agresivo. En el tercer *performance* el señor Angulo se cortó el vientre con un bisturí en escena y orinaba al público. Había violencia y chorros de sangre y gritos. Golpes por doquier, fuego y dinamita reventando moldes de cabezas. Era algo tremendo, muy grueso. Ya en la segunda función, llegaba público que iba específicamente para golpearnos.

Semefo-Teresa Margolles / Osvaldo Sánchez, 1997

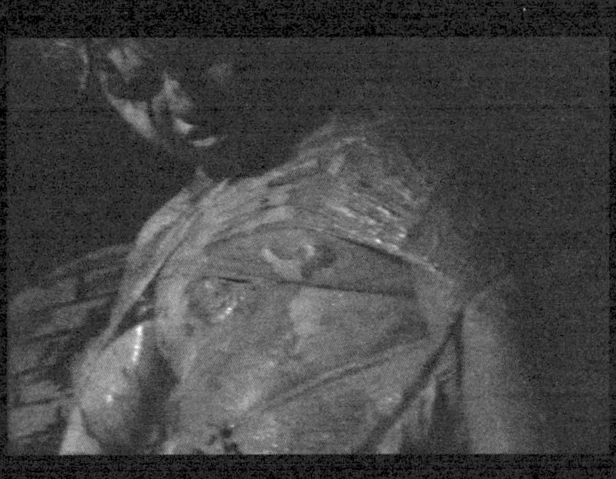

Milagros de la Torre

Bleus, 2003
Serie de 5 fotografías, 12 x 12 cm
Fotografía impresión digital, serie de 5 fotografías, 12 x 12 cm
Colección de la artista, cortesía Toluca Editions, París / Galería Luis Adelantado, Valencia

En *Bleus* buscaba realizar una inversión de significado de lo representado. Hay un paisaje abstracto, con tonos apastelados que nos pueden remitir a algo agradable; sólo cuando se miran más de cerca es cuando uno se da cuenta de lo que está viendo y cambia la percepción de lo agradable a la de lo violento. *Bleus* (en francés: moretones) —libro de artista realizado por Toluca Editions (París) y presentado en el marco del Mois de la Photo 2003 (París)— está conformado por cinco fotografías, acompañadas de un texto inédito del escritor cubano residente en México José Manuel Prieto y diseñado por el francés Pierre Charpin. Las imágenes abstractas, impresas digitalmente, permiten apenas reconocer una mancha azulada o púrpura sobre un fondo *beige*, con aparentes paisajes sensuales que en realidad ocultan un rastro doloroso.

Milagros de la Torre, 2004

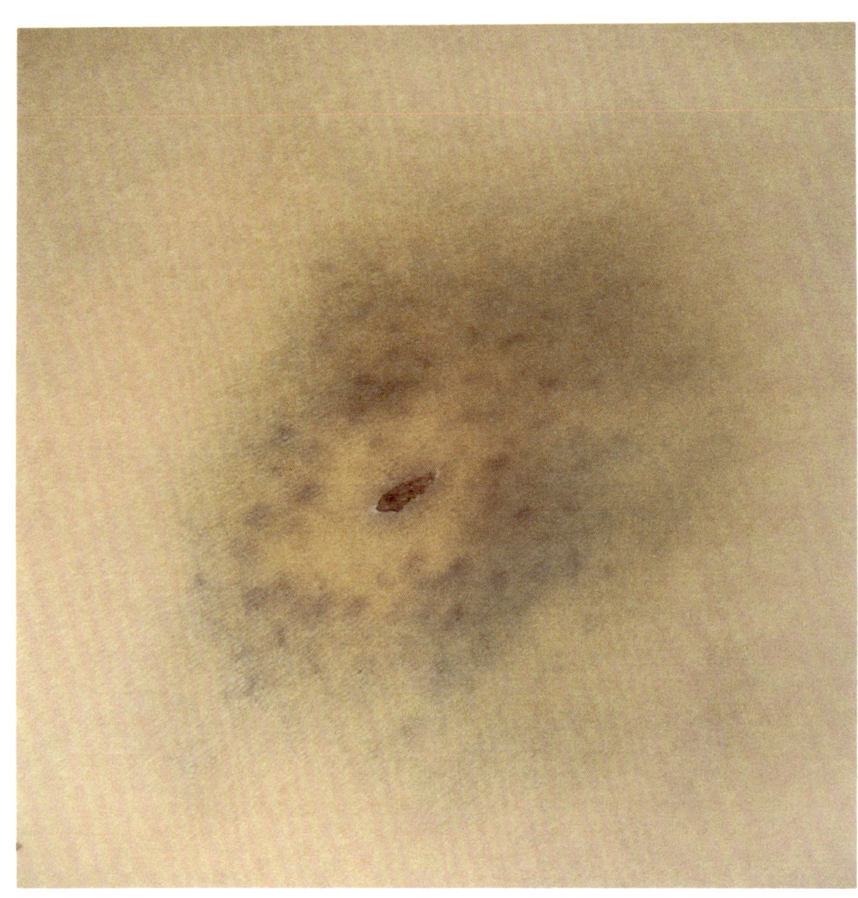

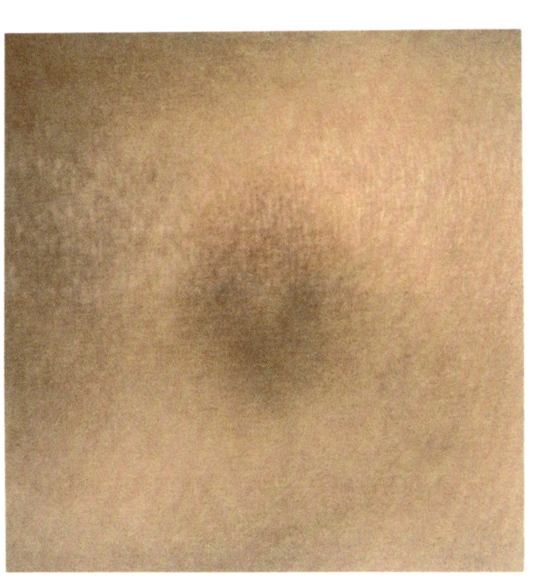

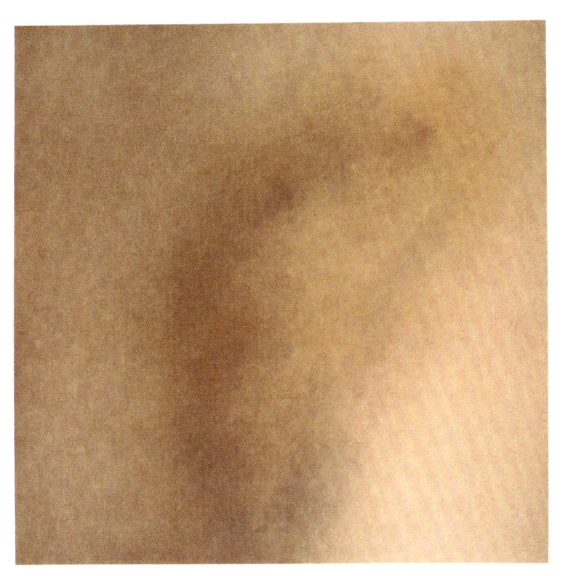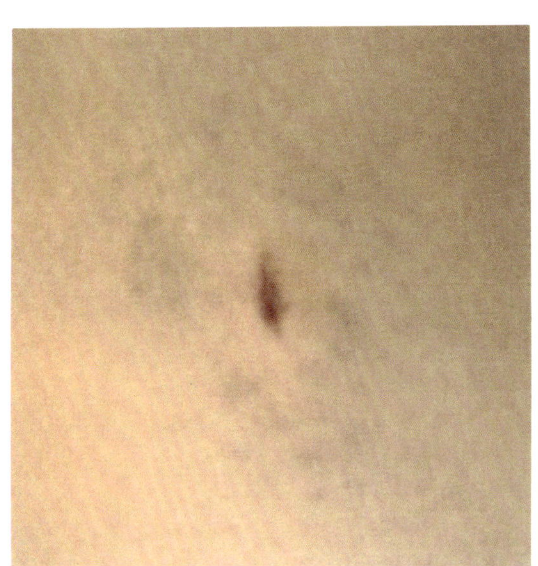

Enrique Guzmán

Amistad, 1974
Óleo sobre tela, 20 x 25 cm
Colección Guillermo Sepúlveda, México

El suicidio de Enrique Guzmán, en 1986, a sus treinta y tres años de edad, añadió a la lectura de su obra pictórica la implicación de un presagio cifrado. Esto no sólo estimuló su extrañamiento emocional, sino que tal calidad predictiva se extendió a la de visionario, al ir reconociendo su influjo sobre las tendencias figurativas surgidas en México en los años ochenta. Y más señaladamente, como precursor de las tendencias objetualistas, instalacionistas y performancistas de los noventa que resultaban enfocables como trasposiciones a espacio, objeto escala y tiempos reales, de lo que Guzmán consumó como imagen desde la absoluta ajenidad a las premisas teóricas que las sustentan.

Luis Carlos Emerich, 1999

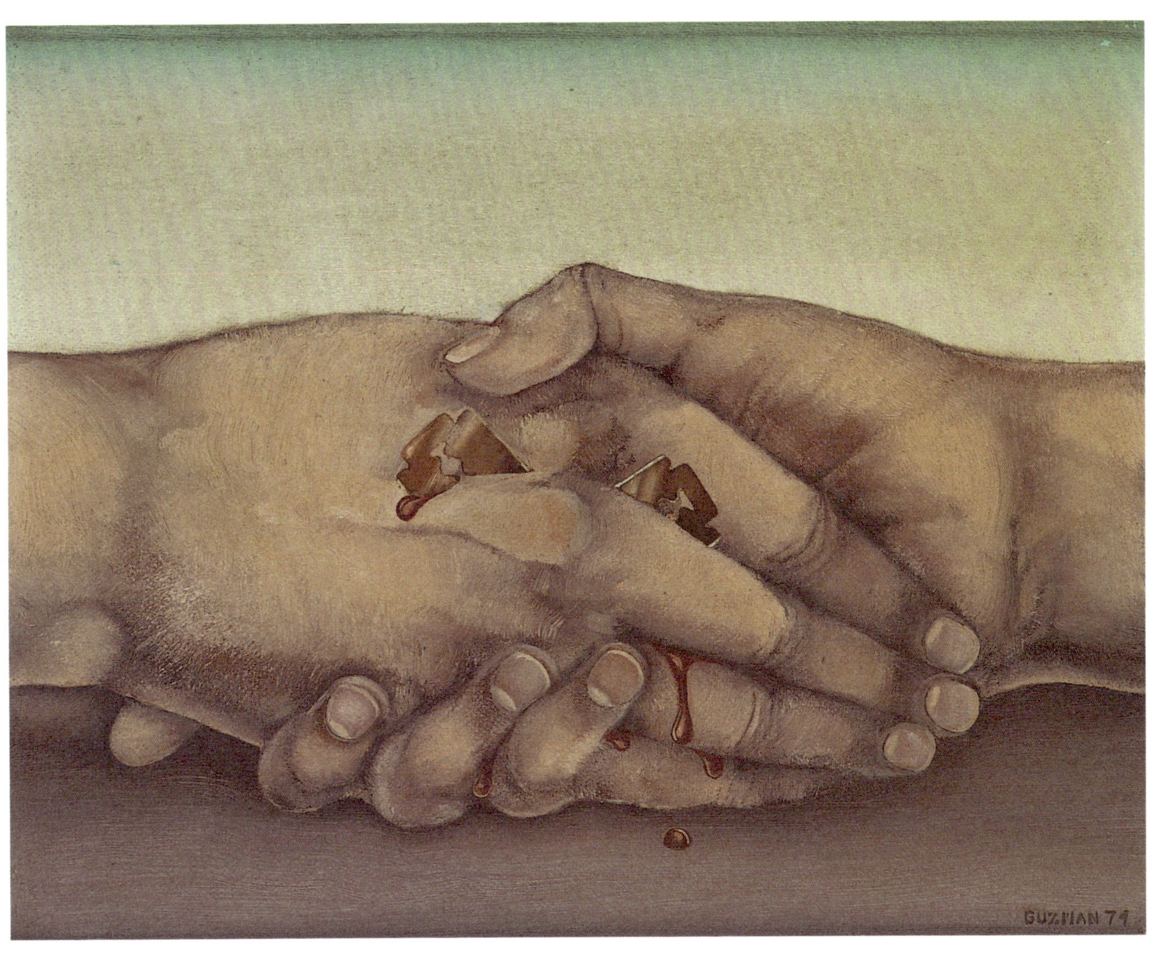

Julio Galán

Pensando en ti, 1992
Óleo sobre tela, 160 x 180 cm
Colección Guillermo Sepúlveda, México

Julio Galán ha luchado por salir del cerco fatal que nos rodea y tender, sólo a través de su obra, un puente al mundo. Ha tenido la suerte de encauzar su neurosis por la vía creativa, cargada de imaginación. Seguramente, sin las aportaciones del movimiento surrealista que desde su inicio planteó como don supremo la imaginación, la liberación del hombre a través del acto creativo, el arte que se produjo en este siglo [xx] no sería el mismo. Ningún movimiento moderno fue tan liberador de fuerzas en el campo del arte como el surrealismo. Mucho más lo fue en sus búsquedas teóricas —en su acercamiento a esa otra fuerza que descubrió el psicoanálisis, el aprovechamiento de las potencias ocultas del sueño y en subconsciente— que en lo que produjo como gran arte. [...] Galán ha encontrado en la pintura la forma de ir matando sus fantasmas al tiempo que asegura su vida y ésta no existe sin su complemento, la muerte. Esta totalidad vida-muerte nos enreda con sutiles hilos cuando contemplamos la obra de Galán. De las imágenes que con mayor recurrencia pinta este artista sobresale la suya propia; pero es más, Julio afirma que él es casi todas sus imágenes.

Ida Rodríguez Prampolini, 1993

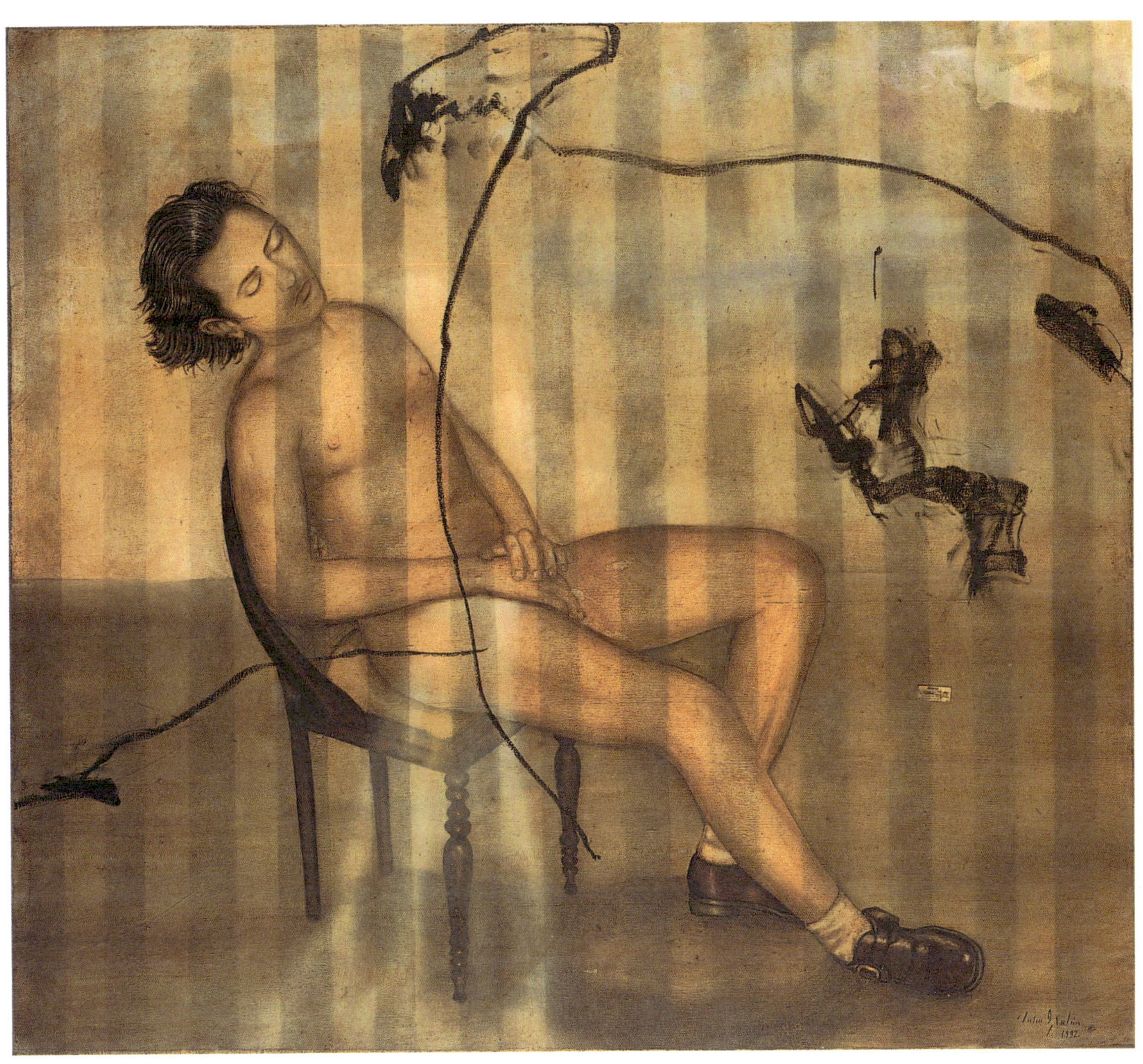

Gerardo Suter

Skin 051, 2002
Fotografía revelado cromógeno, 100 x 100 cm
Colección particular, México

Skin 052, 2002
Fotografía revelado cromógeno, 100 x 100 cm
Colección particular, México

Skin 053, 2002
Fotografía revelado cromógeno, 100 x 100 cm
Colección particular, México

Una característica del cuerpo contemporáneo es su fragmentación; de hecho, sería imposible entender la representación del cuerpo contemporáneo si no es a través de su deconstrucción. Simples acciones se ven fragmentadas para poderse integrar en procesos de comunicación, investigación, diversión, etc. La comunicación visual o sonora no existiría si nuestras palabras, habladas o escritas, o nuestros movimientos no se fragmentaran y codificaran para poder ser transmitidos. También nuestro cuerpo necesita ser descompuesto y recompuesto digitalmente para ser entendido. El cuerpo es estudiado a través de herramientas digitales que lo que hacen es convertir lo que ven, lo que tocan, lo que oyen, en datos [...]; piel que se convierte en información e información que a su vez se convierte en píxel para poder ser interpretada.

Gerardo Suter, 2002

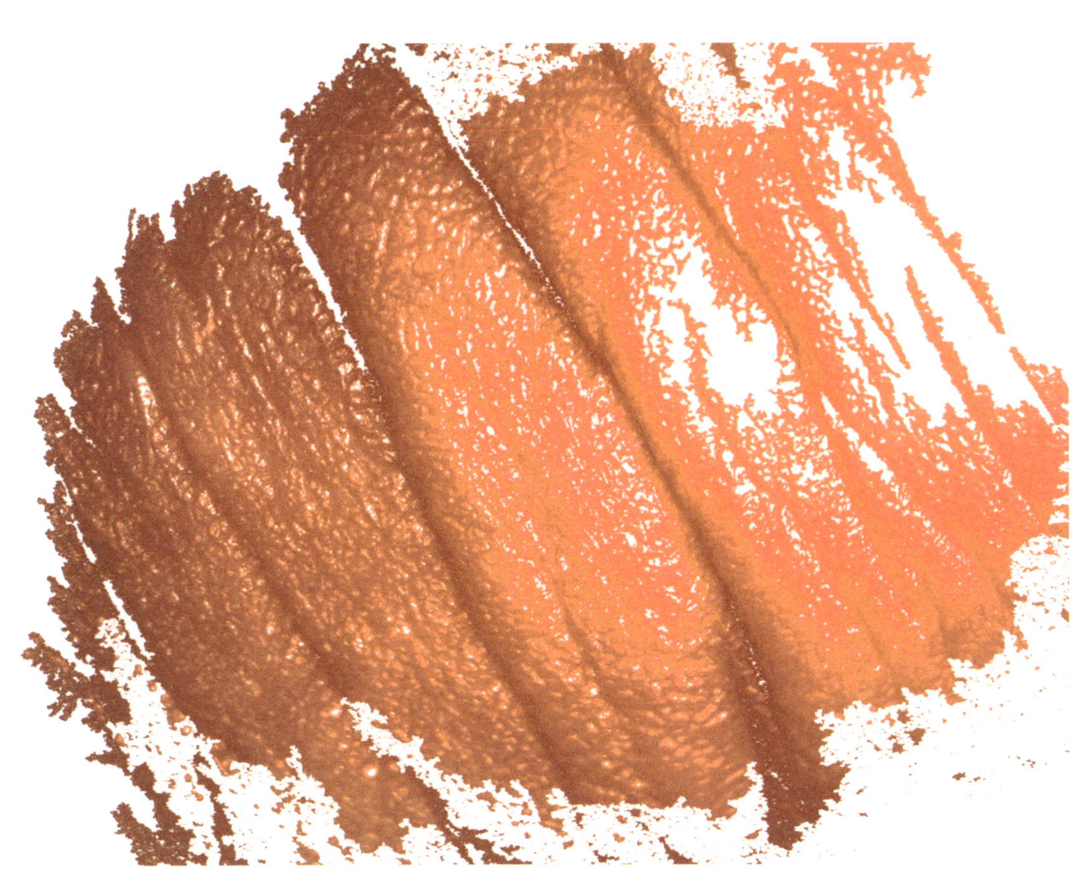

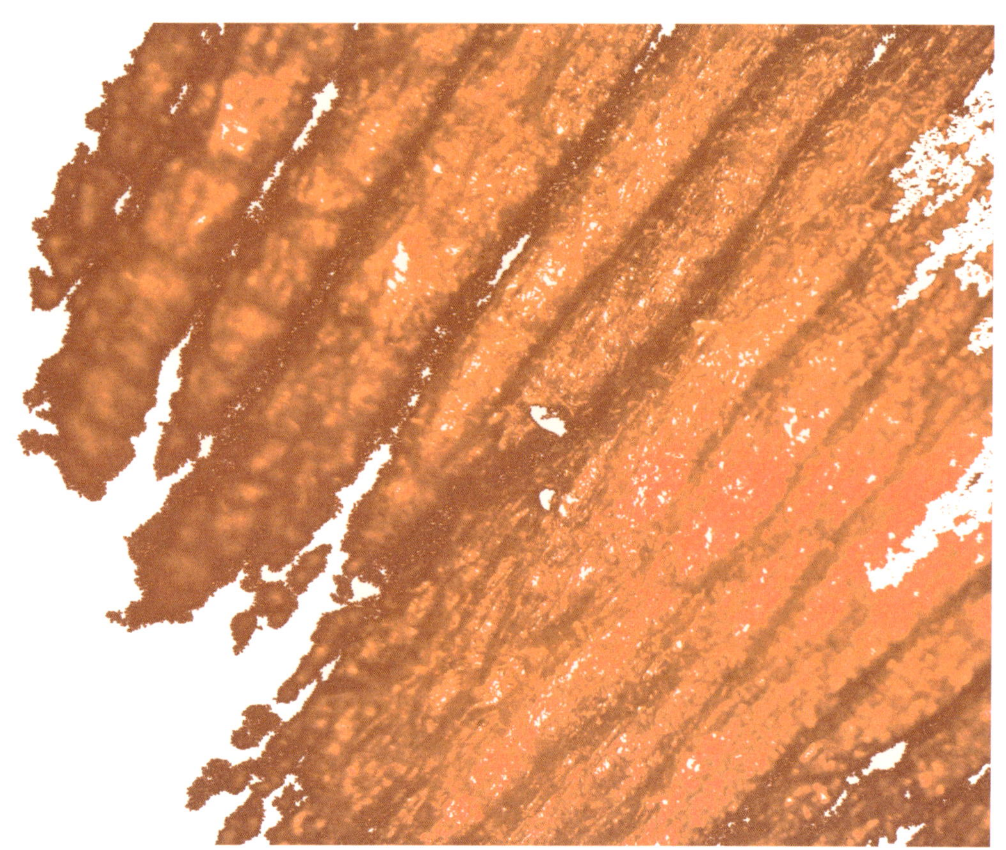

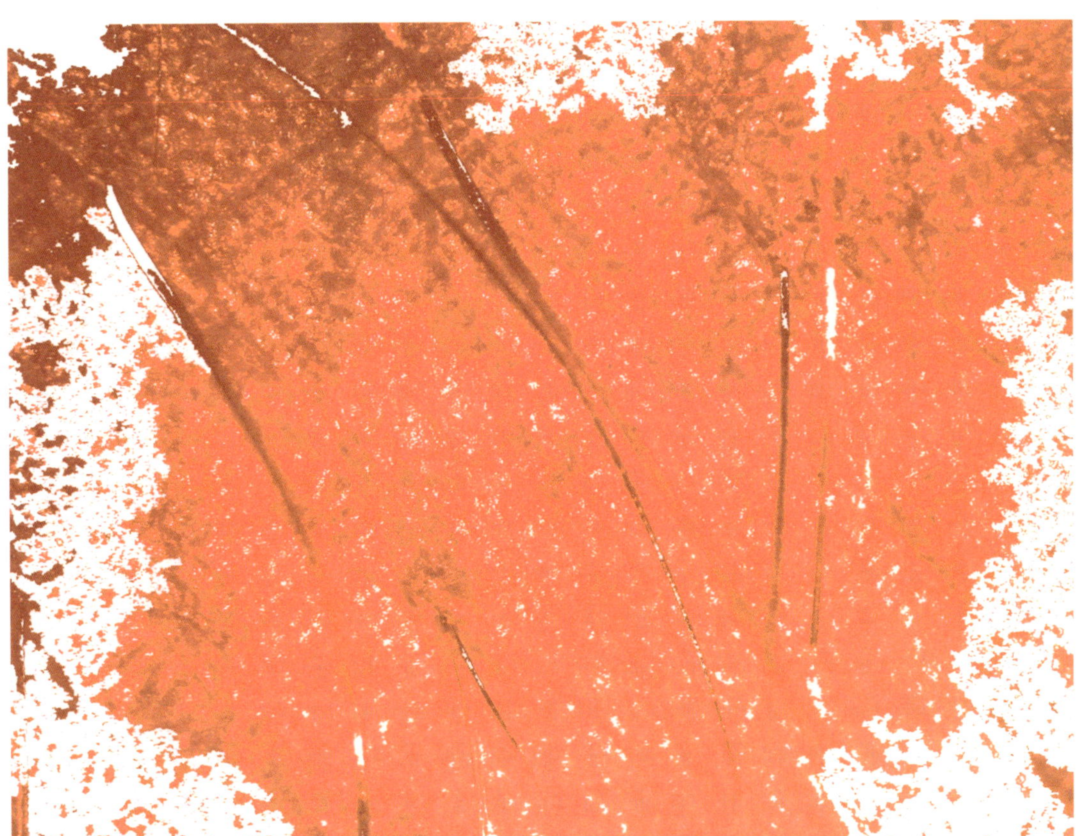

Marcos Kurtycz

La carga del muro
Documentación de la *performance*
Colección Anna y Alejandra Kurtycz

Sus *performances* tanto introspectivos como poéticos, a menudo exploraciones físicamente peligrosas, en ocasiones incluían acciones autodestructivas… Su cuerpo se convertía en su medio, transformado en experiencia conductora de energía. El resultado era una sinceridad visceral que iba mano a mano con el posible riesgo de lastimarse durante la acción. [...] Muchas veces medio desnuda, la atlética aparición física de Kurtycz siempre era imponente. Con agresión, compasión y sensibilidad hacía frente a una sociedad moderna anestesiada y alienada, utilizando simbolismos personales y una iconografía compleja y sistemática, relacionada a su memoria privada y colectiva. Pudo haber deseado que sus acciones provocaran un efecto catártico, liberador y quizá hasta purificador en los asistentes, al mitigar sus tensiones en una experiencia compartida comunitariamente, no del todo ajena a una ceremonia religiosa. [...] Ir a contracorriente, arriesgarse, desafiar el *status quo*, romper tabúes, perturbar estereotipos y confrontar a la cultura dominante fueron tácticas subversivas alentadas por Kurtycz. Utilizando una estrategia anárquica anti galería, se convirtió en un liberador en el campo del arte mexicano de su tiempo.

Michael Bock, 1999

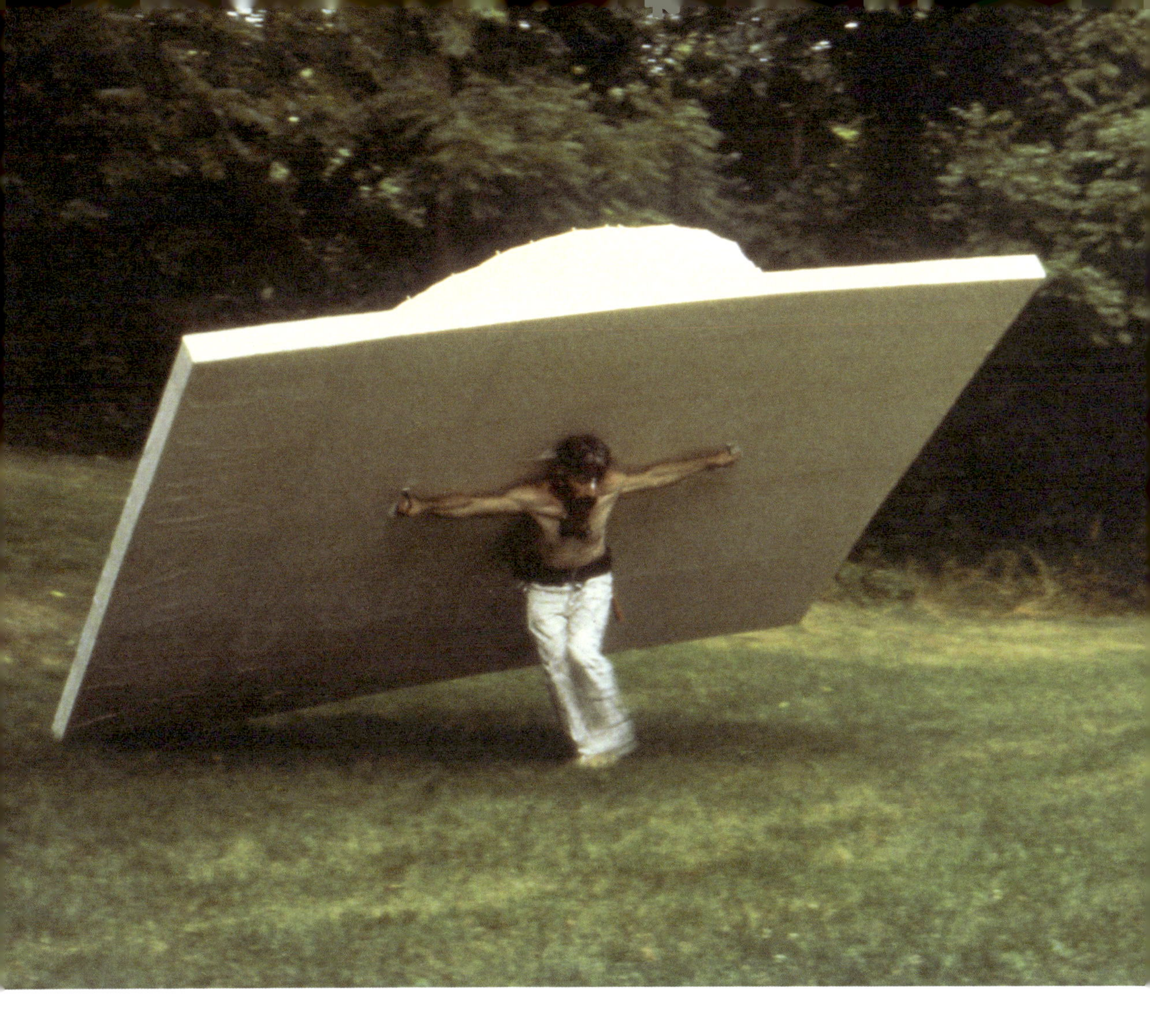

Claudia Fernández en colaboración con Verena Grimm

Sustituto, 2002
Vídeo digital, *loop*
Colección de la artista, México

Sustituto forma parte de una serie de vídeos que realicé desde 2002. Titulada *Animales vitales*, esta serie conforma imágenes simbólicas dentro de un terreno un tanto críptico y emocionalmente abstracto, donde la narrativa ya no es una historia, sino una visión circular onírica y repetitiva del objeto amado, sin personas, tiempo y espacio definidos.
Un animal, un sustituto del ser amado, que con su presencia pura y esencial acompaña el absurdo de los días, el absurdo de la vida sin amor.

Claudia Fernández, 2005

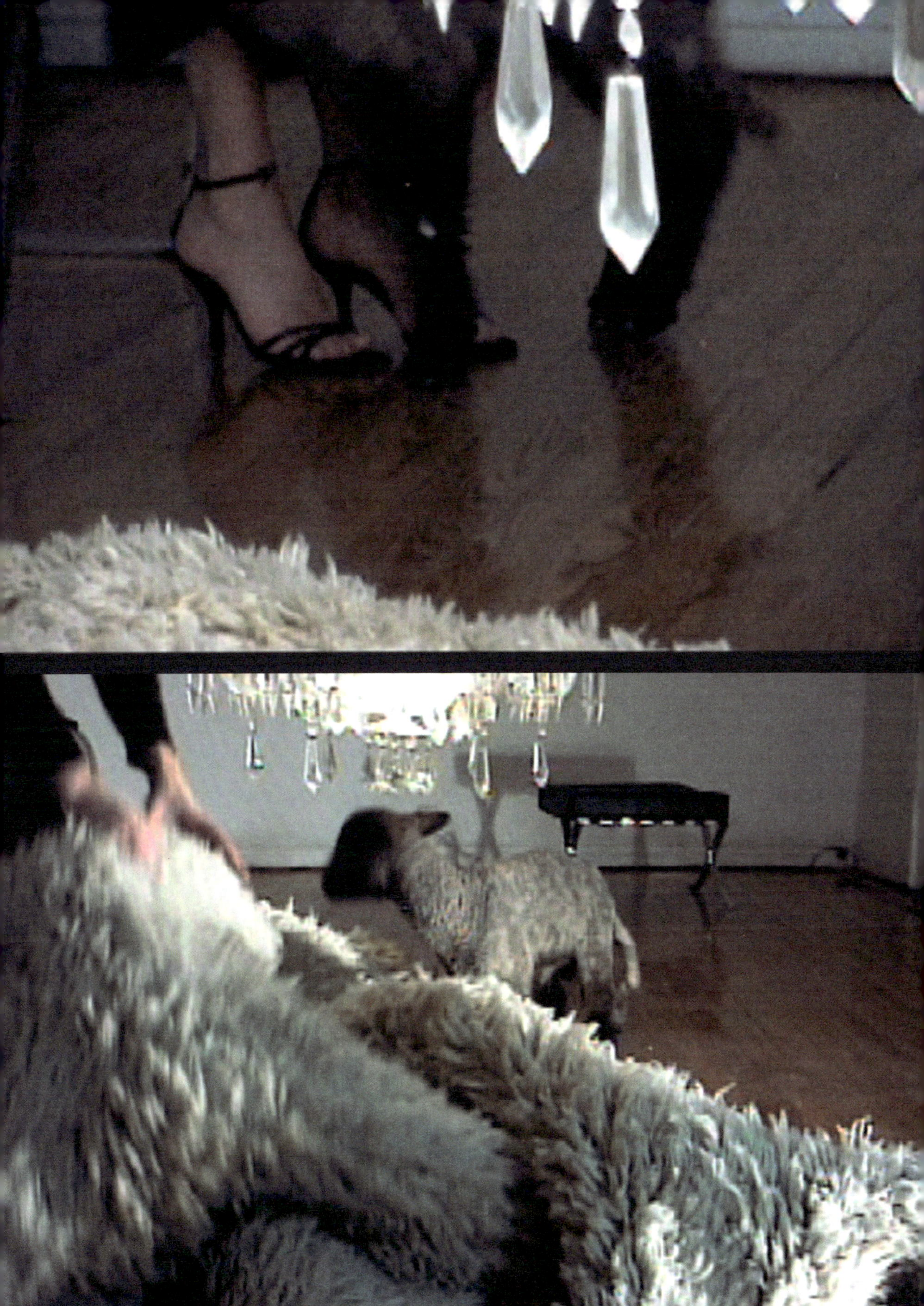

Verena Grimm

Retirada, 2003
Vídeo DVD, 6'
Colección de la artista, México

La obra de Verena Grimm de la serie *Killing Time* es una profundización en el ajetreado trabajo ritual y en las prioridades sociales. Muchos mexicanos piensan que deben temer en cierto modo a su ejército, no sólo por su actividad militar, sino por su historial de corrupción: sin embargo, la marina mexicana se ve como algo meramente ceremonial: desfilan, se encargan del mantenimiento del material y de los muelles, y se embarcan en misiones carentes de sentido. El título de la obra es un juego de palabras —*killing*, en el contexto militar, suele referirse a la muerte— y aquí las únicas víctimas son el tiempo y el dinero. Aunque de forma más inocua en el contexto de Grimm, la palabra implica que no se cumple ninguna misión y se malgastan recursos humanos y económicos. En el tríptico expuesto en la galería, filas de marineros uniformados están de pie en posición de descanso. Estas imágenes flanquean un retrato dorado, pero también sugieren que puede que sólo sea un adorno, cuestionando el arte estatuario gubernamental que, a la vez que es considerado como una forma de arte flexible compuesta por obras que rememoran tiempos y glorias pasadas, carece de contenido serio y de integridad. Otras obras fotográficas establecen comparaciones entre los adornos de mayor rango (mapas, maquetas de barcos, etc.), provocando una lectura de los marineros como estatuas vivientes, y planteando la cuestión de las prioridades gubernamentales. Los vídeos a cámara lenta de Grimm se centran en acciones específicas: hablar, andar, pulir un pasillo de terrazo y mover sillas. Las imágenes en bucle muestran el gasto de energía que requieren tales acciones, y dejan que sea el espectador quien reflexione sobre la importancia real de estos gestos en un contexto en el que se hace hincapié en las necesidades sociales.

Dan Talley, 2004

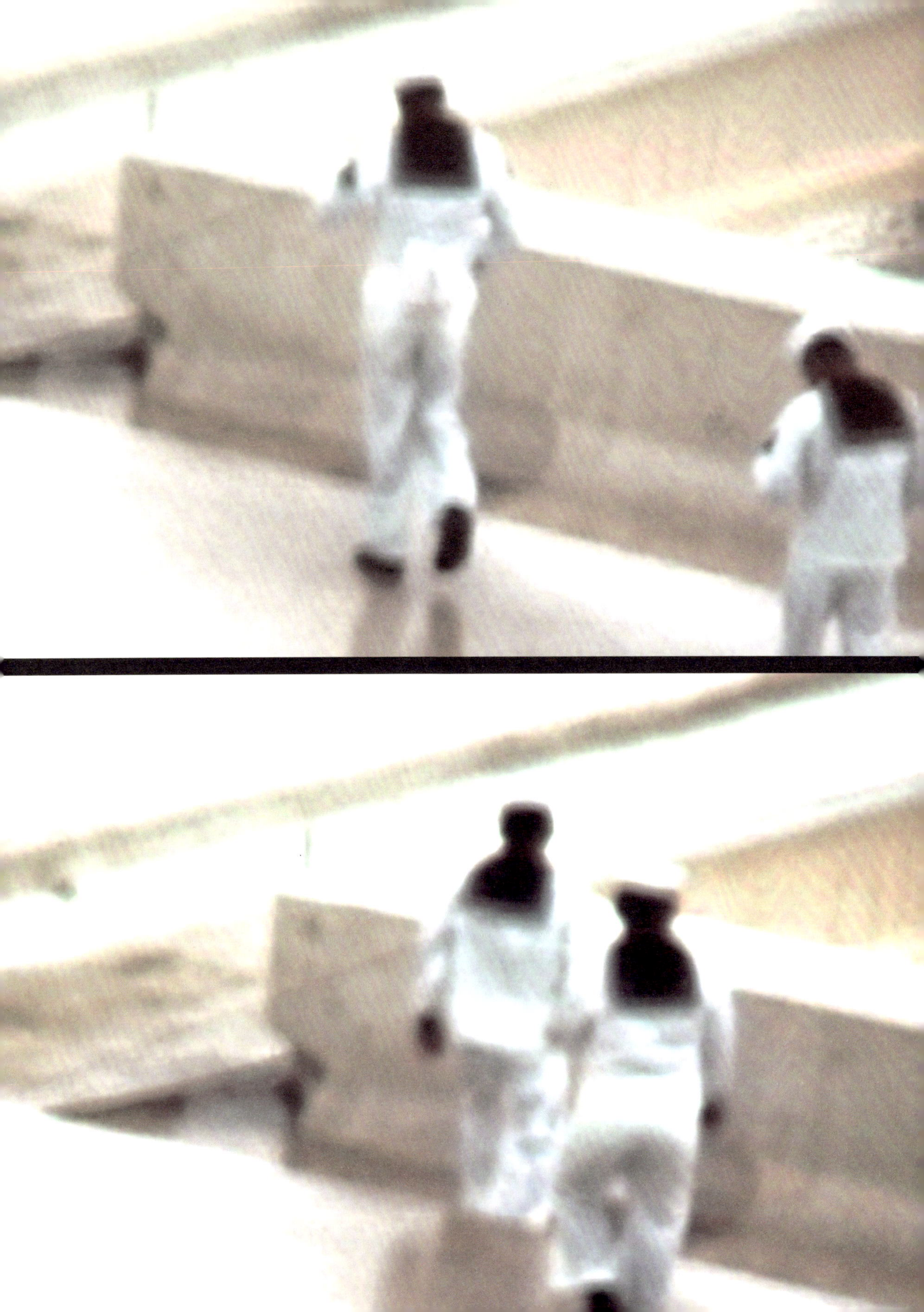

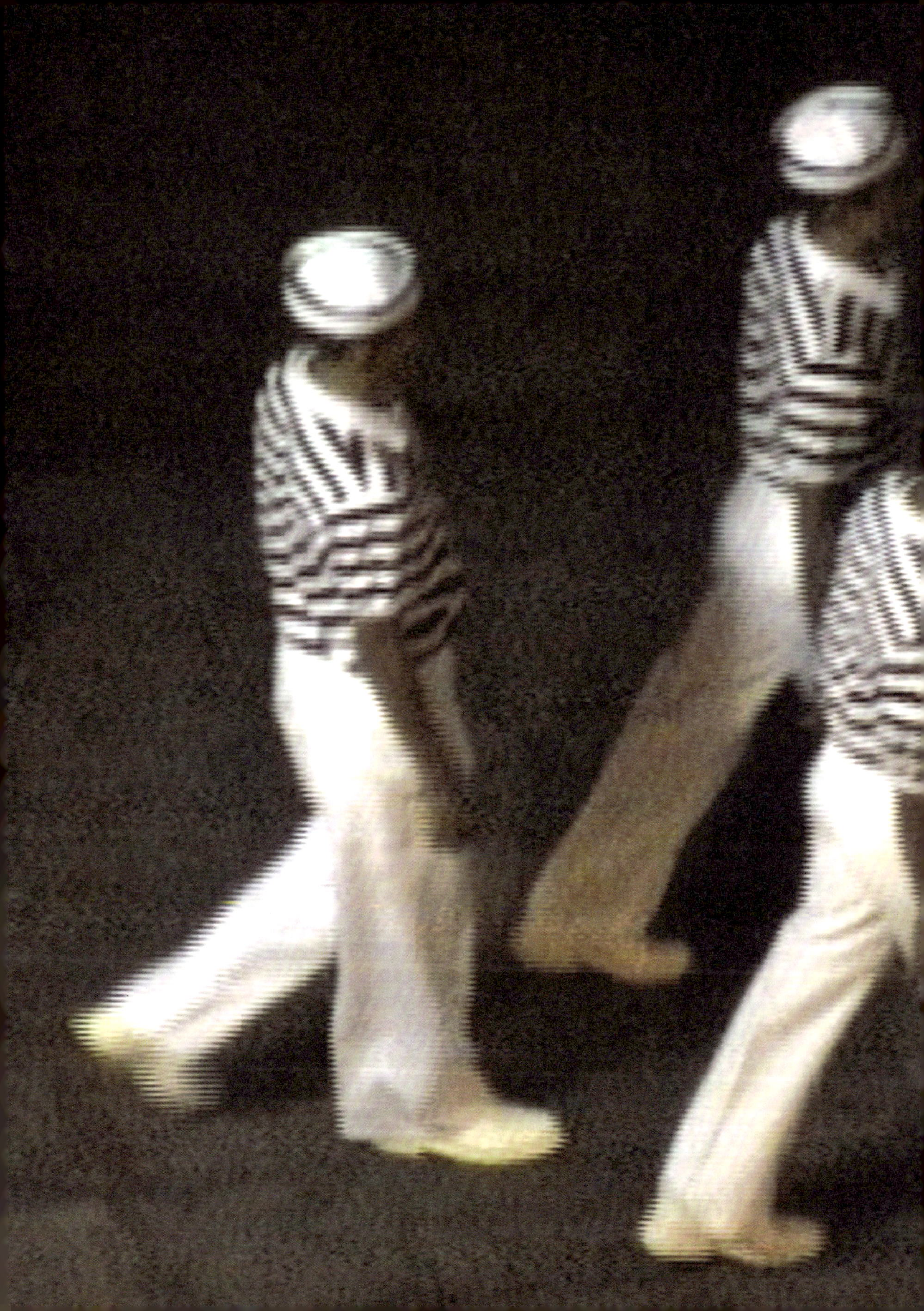

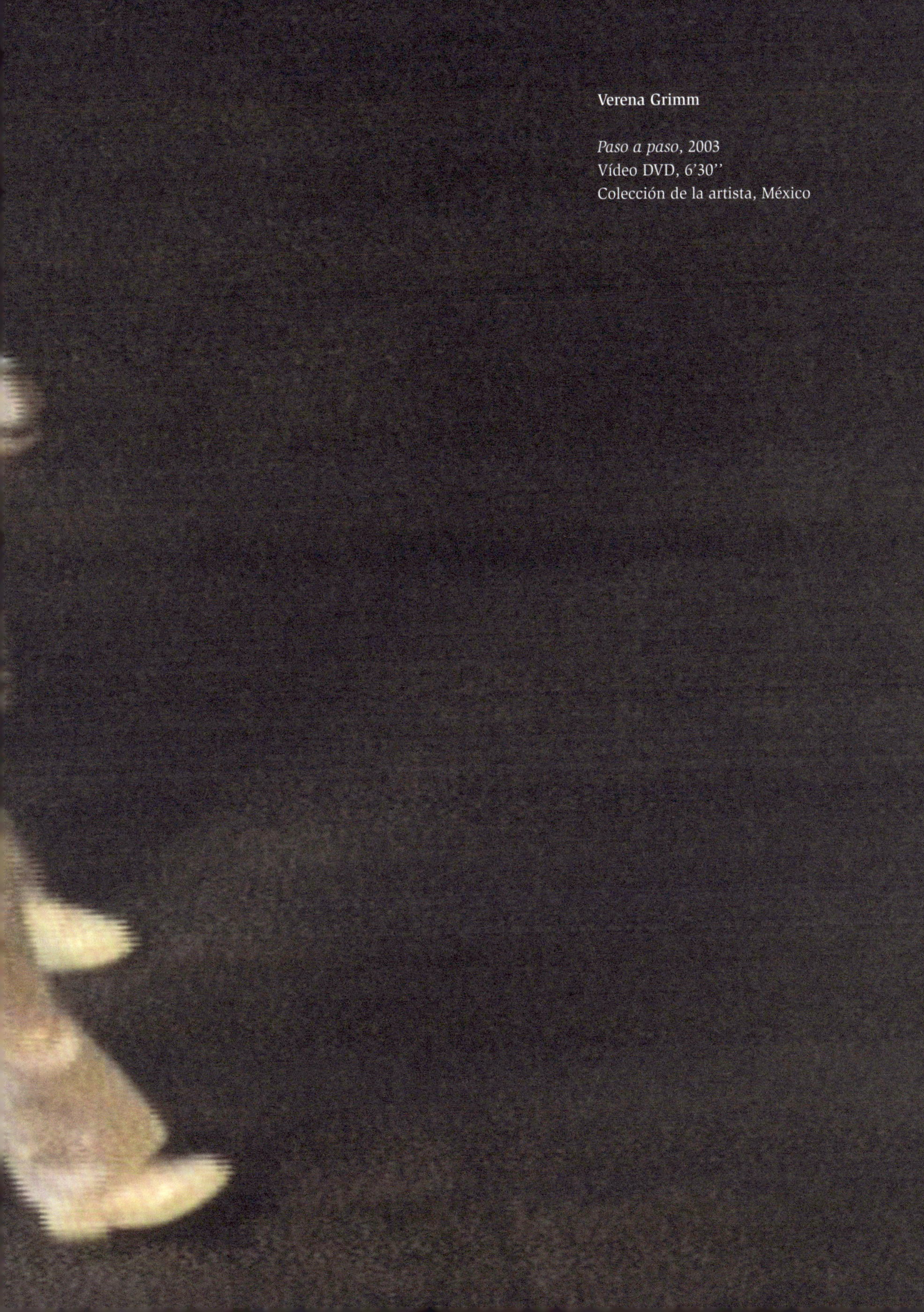

Verena Grimm

Paso a paso, 2003
Vídeo DVD, 6'30''
Colección de la artista, México

Miguel Calderón

Ridiculum Vitae, 1998
Alfombra y aspiradora, 7,50 x 4,50 cm
Colección particular, cortesía del artista y de Andrea Rosen Gallery, Nueva York

Los trabajos de Miguel Calderón pueden ser interpretados equívocamente como críticas a determinados aspectos —políticos y socioeconómicos— de la actualidad mexicana, pero éstos se originan desde
una perspectiva burlona e irreverente de ciertos modelos de presencia. Al haber crecido viendo la televisión —como él mismo ha expresado— y al haberse interesado apenas someramente en la lectura, su
trabajo tiene esa aparente actitud de ligereza, la misma que le confiere relajamiento y lo hace accesible
a la sensibilidad de un espectador medio. Sutil en el uso del repertorio *kitsch* y siempre mordaz, sus
puestas en escena van de la deliberada actitud del niño que hace travesuras al vandalismo desenfrenado.

Gonzalo Ortega, 2000

Influenciado por la cultura de MTV y por las falsas museografías de consumo tipo Epcot, Calderón se
burla de sí mismo y de sus contemporáneos al satirizar los consensos de comportamiento y el gusto de
la sociedad que lo rodea. [...] Calderón recicla los lugares comunes de la clase media como una práctica generadora de nuevos significados.

Mario García Torres, 2000

Ridiculum Vitae, 1998

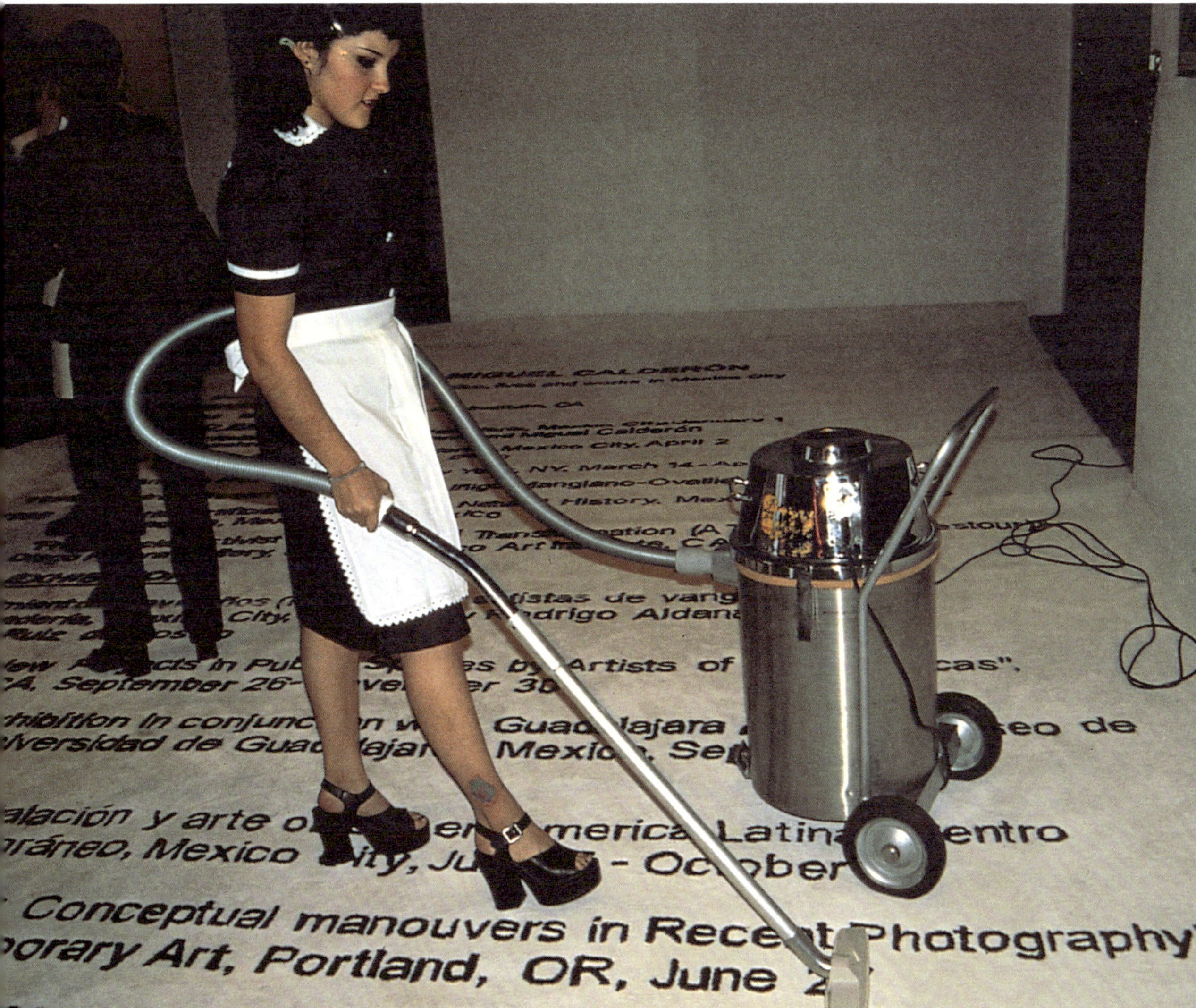

MIGUEL CALDERÓN
lives and works in Mexico City
Conceptual manouvers in Recent Photography"
porary Art, Portland, OR, June 2
New Collective Practice)", Galería Arte

Silvia Gruner

Away from you, 2001
Vídeo DVD, b/n
Colección de la artista, México

Las obras en vídeo, fotografía y escultura de Silvia Gruner frecuentemente se centran en el deseo frus-
trado o en el fracaso de las posibilidades románticas, creando un espacio para el disfrute del "yo".
En *Away from you* (2002) una *performance* no narrativa en vídeo continuo a dos canales, la artista es
la nadadora, que en el vídeo aparece nadando en ocho calles de una piscina. [...] En un ritual repeti-
do, el cuerpo activo se aleja del objeto de deseo perdido una y otra vez, en cada calle de la piscina, repitiendo el mismo gesto indefinidamente gracias al vídeo continuo. Las calles de la piscina crean una
estructura de columnas espaciales que disciplinan el cuerpo.

Pamela Fong, Betti-Sue Hertz, 2002

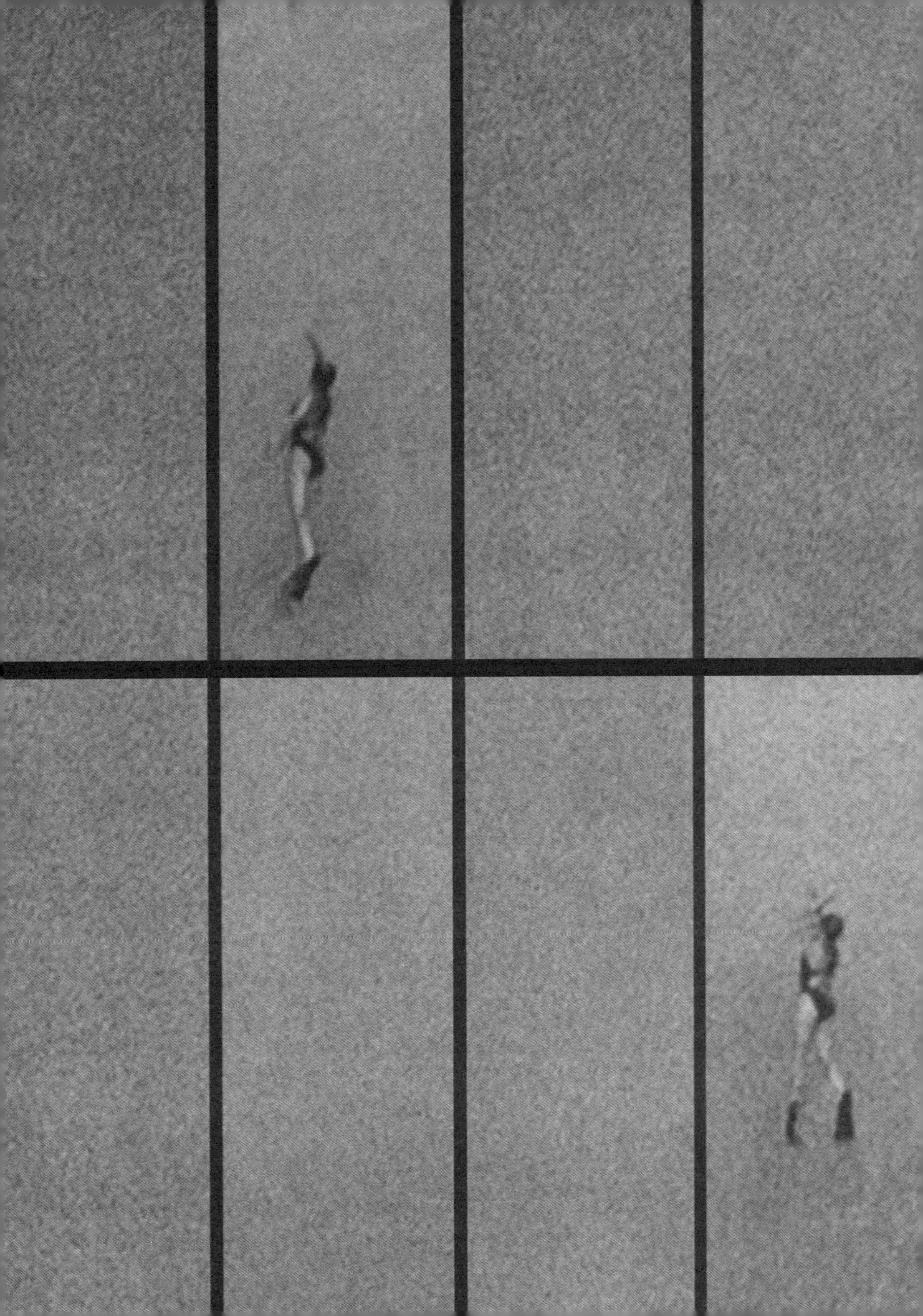

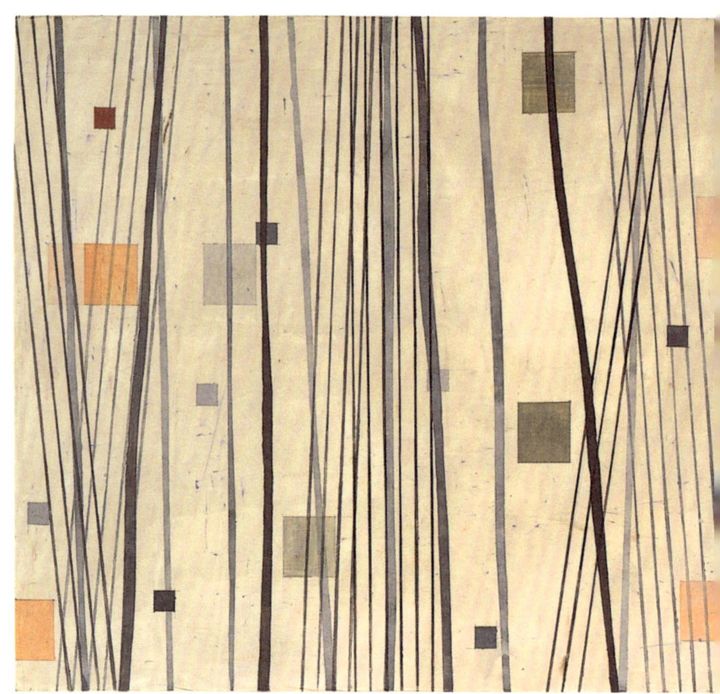

Francisco Castro Leñero

Canción pigmea, 1994
Acrílico sobre tela, 95 x 300 cm
Colección particular, México

Como la escalera de Wittgenstein, la metáfora propuesta por el nombre dado a una representación abstracta tiene la particularidad de realizarse desvaneciéndose. Porque invitar a que la mirada "entre" en el cuadro es lo mismo que invitarla a abandonar el recinto donde ella habita naturalmente y donde todo lo que mide está ya nombrado, sacarla hasta el umbral donde comienza lo innominado y echarla fuera, a la intemperie de la interpretación. De lo anterior hay que inferir lo siguiente: el esquema binario que prevalece en los cuadros mencionados no es una representación del significado de la palabra "relación" como un objeto mental, sino del significado de la misma, pero en una experiencia vivida. La objetividad representada en ellos es diferente a la objetividad puramente conceptual, retratable en un esquema técnico; no está ahí sólo para contemplación, está involucrada de lleno en la concreción de la vida —¿de senderos?—, que la cruzan en todas direcciones. Y, sobre todo, porque aparte de este vago tejido de los linderos, reafirmándolo o transgrediéndolo, sobresalen otras marcas: una serie inconexa de barras —barreras— negras bien definidas que se sobreimpone violentamente en el mapa de manchas y líneas. Un dramatismo intenso se instala así sobre la tela; un dramatismo que surge del comportamiento ambivalente que mantienen los linderos naturales —cuya cuadrícula se dibuja con imprecisión espontánea sobre el terreno— respecto de las barreras que caen y dominan sobre ellos.

Bolívar Echevarría, 1999

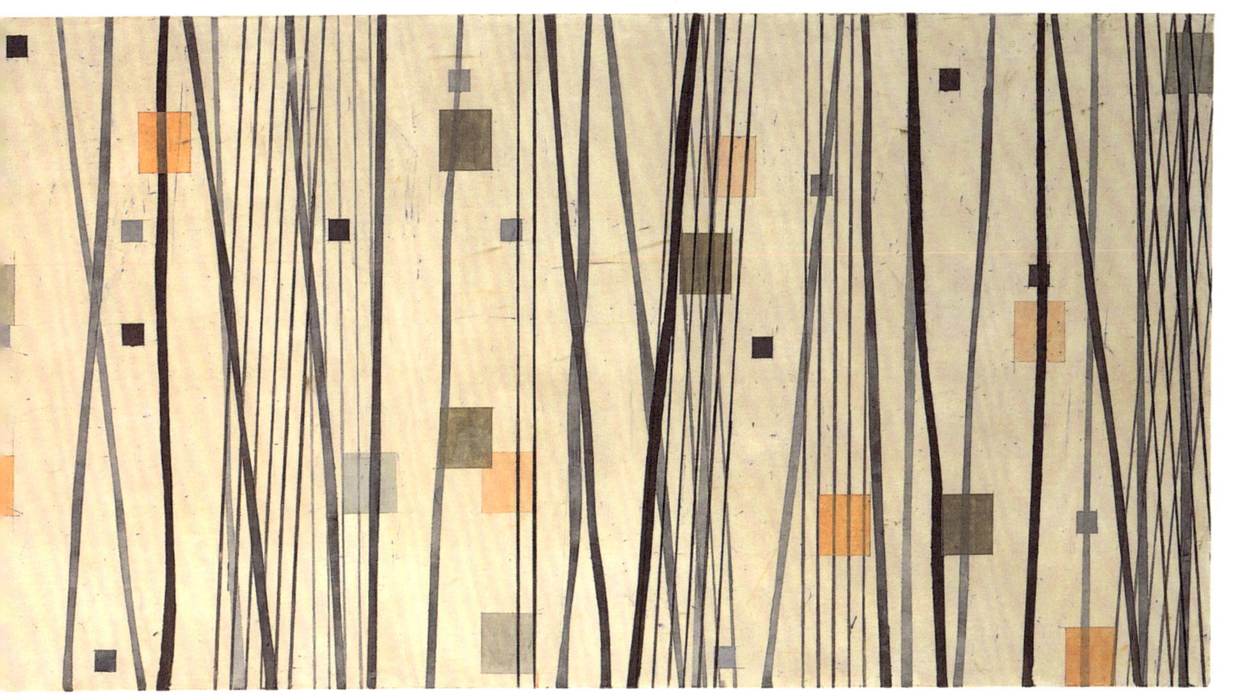

Gunther Gerszo

Paisaje nocturno, 1999
Óleo sobre masonite, 60 x 81 cm
Colección particular, Cortesía Galería López Quiroga, México

Gerzso ha dicho que él busca en su pintura una "calidad interior" que, como sucede con todo buen
pintor, rehúsa terminantemente a definir en palabras. Esta "calidad interior" sólo puede ser alcanzada
—según Gerzso— a través de un largo proceso que es casi un ritual. El artista en su estudio más parece un alquimista de Goethe que un pintor contemporáneo. Sería imposible señalar en qué momento
específico de este largo proceso el pintor alcanza una visión global o cuando, en el proceso requeri-
do, desemboca en una consonancia. [...] Cada pintura es construida siguiendo una elaborada secuencia de pasos: comienza con un bosquejo sumamente tenue hecho con finísimas líneas de lápiz; le
sigue un dibujo a lápiz sobre un fondo blanco, que es acompañado con frecuencia por un eco fantasmal en naranjas pálidos. Es apenas en este punto que Gerzso prepara sus fondos utilizando varios
métodos de aplicación, que van desde el pastel y las aguadas de acrílico hasta un salpicado libre de
muchos colores. Los dibujos, elaborados frecuentemente con indicaciones escritas, y trabajados en
retículas muy finas que parecen haber sido calculadas geométricamente, aguardan su transporte al
fondo o base que, por otra parte, se ha llevado un tiempo considerable en su preparación. Gerzso ha
de encontrar siempre la tonalidad adecuada que le permita establecer el *mood* —lo que Baudelaire
llamaba "la atmósfera colorida"— que permee toda la composición [...]. " Todos lo sentimientos y
sensaciones que Gerzso transmite por medio de su pintura —sensación de vértigo, extensiones, con-
tracciones— han de concretarse tras un largo viaje: intrincados procedimientos en el laboratorio cra-
neano de Gerzso que buscan su consumación con tanta certeza como una fuga de Bach.

Dore Ashton, 1995

Gerzso comprende las posibilidades del cubismo sólo a la luz de la arquitectura; por algo tenía admiración desde muy chico por Le Corbusier; pero la arquitectura precolombina es mucho más sugerente que
el nuevo funcionalismo, porque tiene una dimensión religiosa y una relación con el paisaje que el pintor transforma al incorporar no sólo la desaparición de lo visible, sino también el recuerdo de lo que está a los lados y alrededor; renuncia al gran angular descriptivo y opta por una síntesis que permite
conjugar memoria y realidad; por eso afirma, cuantas veces puede, que él no es un pintor abstracto.

Rita Eder, 1994

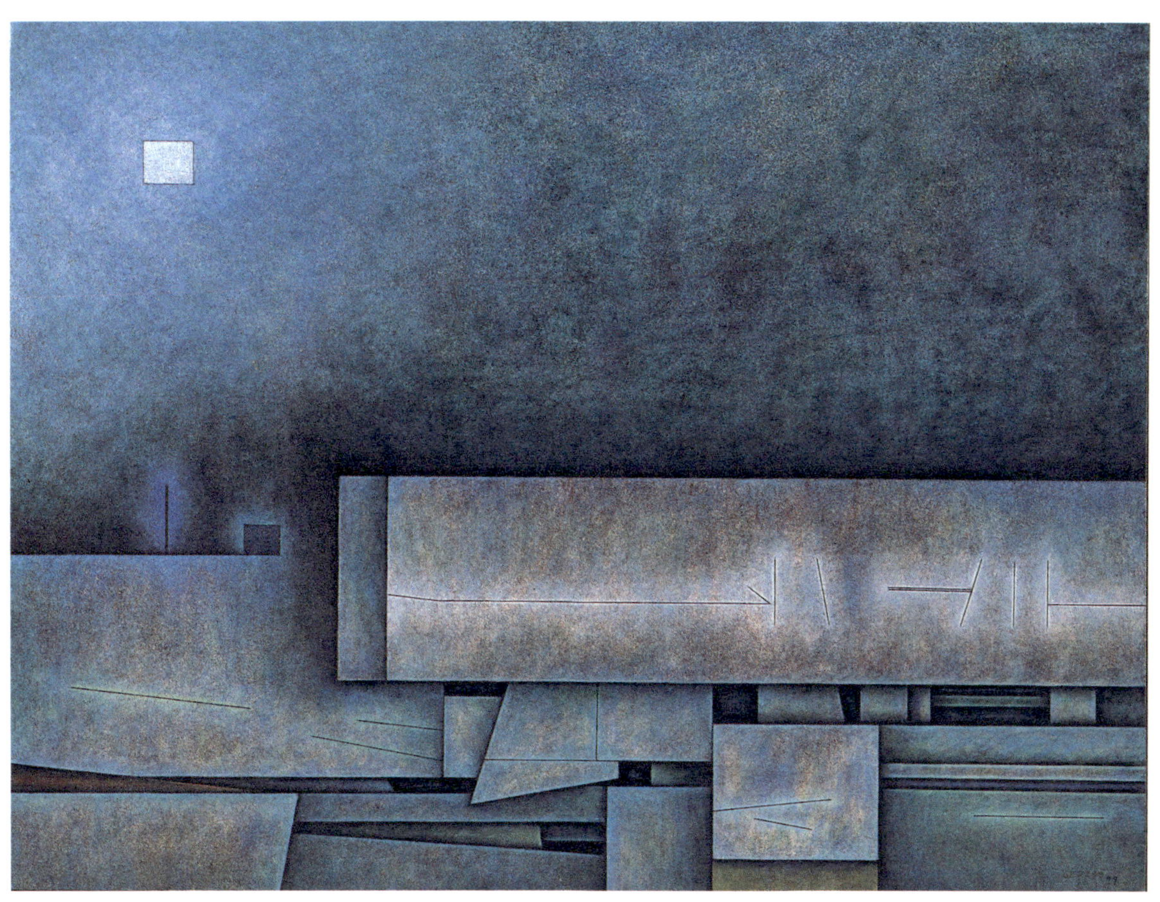

Jorge Yázpik

Sin título, 2000
Talla en piedra volcánica, 90 x 150 x 130 cm
Colección del artista, México

¿Cómo empieza tu trabajo?
De forma aleatoria. Puede ser la piedra escogida por el cantero. Y ante esa masa única, que no he visto antes, no puedo preconcebir una forma e integrarla. No es tan distinto con el acero. Me pongo a trabajar hasta que descubro una proporción que me gusta y, dentro de lo que me sugiere el material, esa proporción se ordena y empieza a existir. Contemplo este prisma (una caja de cartón con cortes geométricos dibujados) y la propia forma me empieza a sugerir hacia dónde ir. Un trazo me lleva al siguiente. Me imagino que es como escribir un poema: cada palabra tiene que estar en el lugar exacto, si no en vez de claridad generas confusión y no traduces lo que quieres decir.

En la piedra hay un objeto preexistente, pero en esta caja el diálogo parte de ti...
Imagino que el objeto es de concreto y me pregunto por las propiedades de ese material. Parto de una sugerencia visual, y es la forma la que requiere un determinado material: plata, acero, concreto... Aquí ves un dibujo de una serie de formas geométricas y luego ves cómo se trasladaron a esta masa de porcelana en relieve. No me imagino de antemano, simplemente empiezo el trazo y el propio trazo se va ordenando hasta que aparece algo, y cuando intuyo que tiene una coherencia, entonces lo voy siguiendo.

Javier Barreiro Cavestany entrevista a Jorge Yázpik, 2002

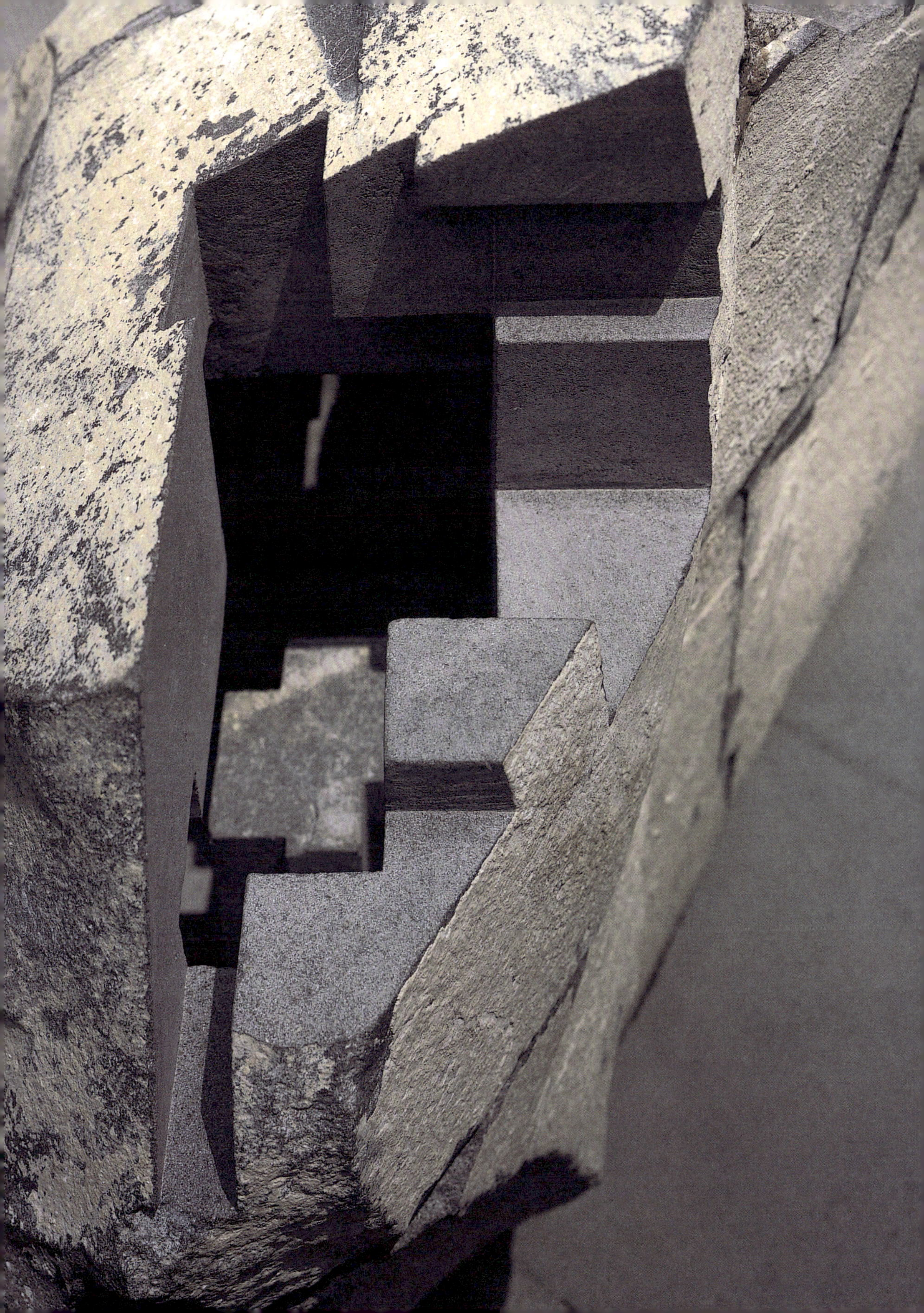

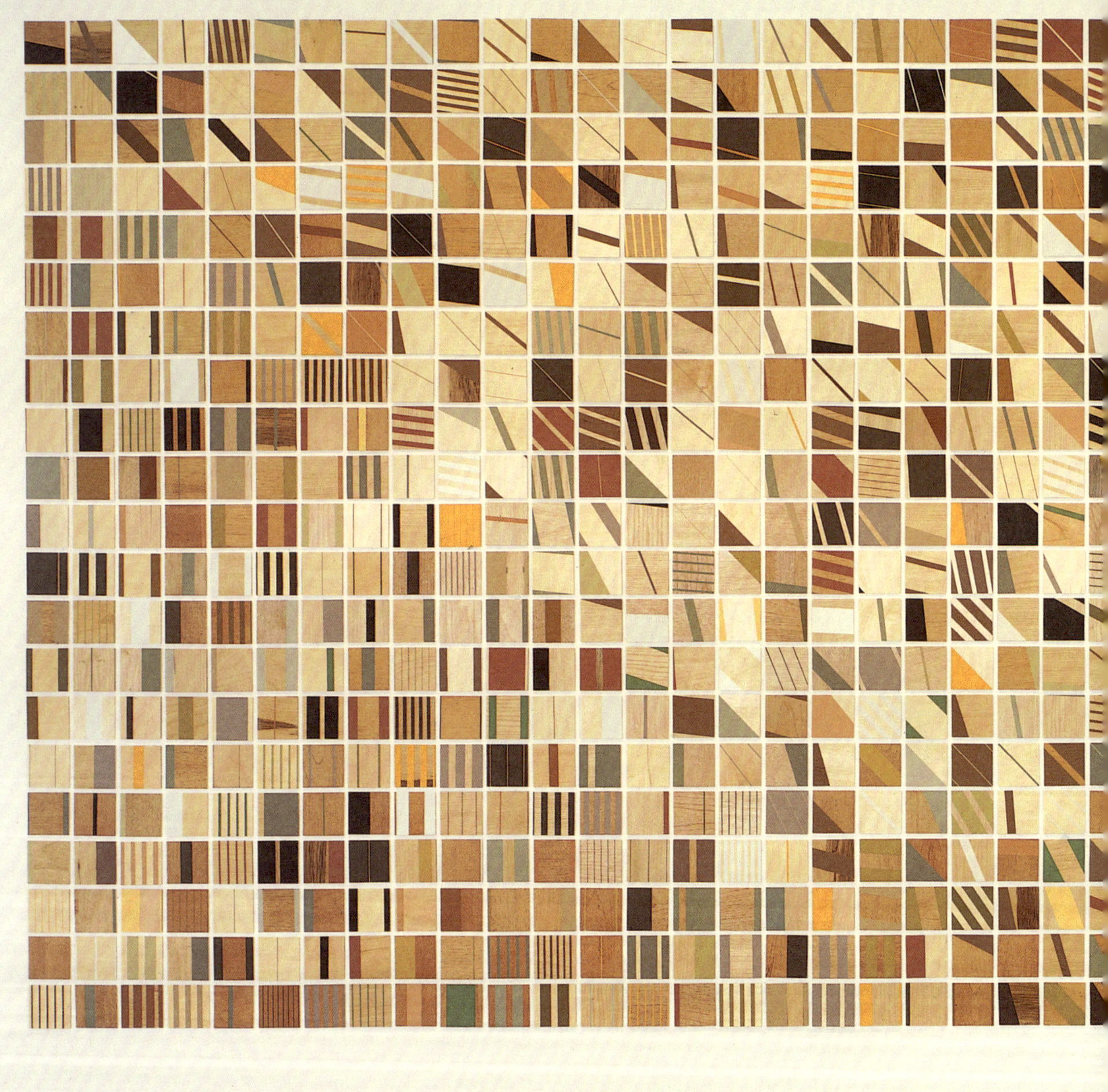

Fernando García Correa

11.711.7P1059, 2000
Acrílico sobre madera
1059 piezas.
2,75 x 6,58 m, 11,7 x 11,7 cm c/u
Colección del artista, México

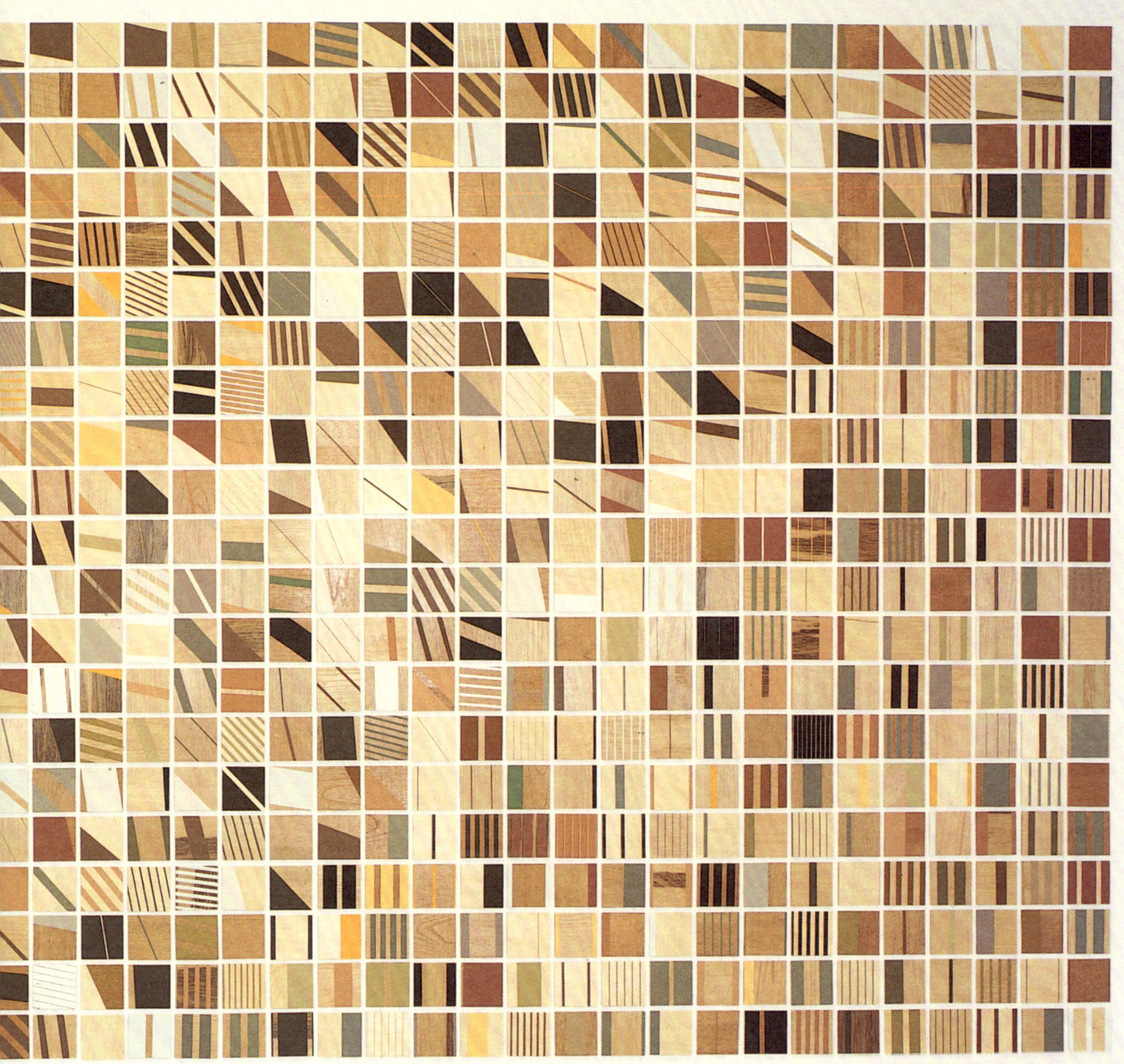

Mientras el lirismo de la abstracción practicada por la generación de La Ruptura se mantuvo al margen de las formulaciones analíticas del minimalismo sesentero, los discursos más interesantes de la pintura abstracta actual se han derivado de esta estética, ya sea como variantes o como reacciones hacia ella. ¿Cómo puede abordarse entonces la abstracción en México ante la carencia de un precedente minimalista local? La obra reciente de García Correa se adentra precisamente en aspectos pictóricos que los formalistas y minimalistas tomaban por excluyentes. Atrayendo nuestra atención tanto hacia las calidades internas (resonantes del formato), como externas (resonantes del objeto pictórico), García Correa pone en juego una abstracción cuyas variantes abren posibilidades que se destacan por su exuberancia dentro de los parámetros a los cuales se atiene.

Yishai Jusidman, 2000

Thomas Glassford

Columna 360 m, 2004
Acero, acrílico y palos de escoba recolectados de las calles de la ciudad de México,
360 x 60 x 60 cm
Colección familia Speyer, Nueva York

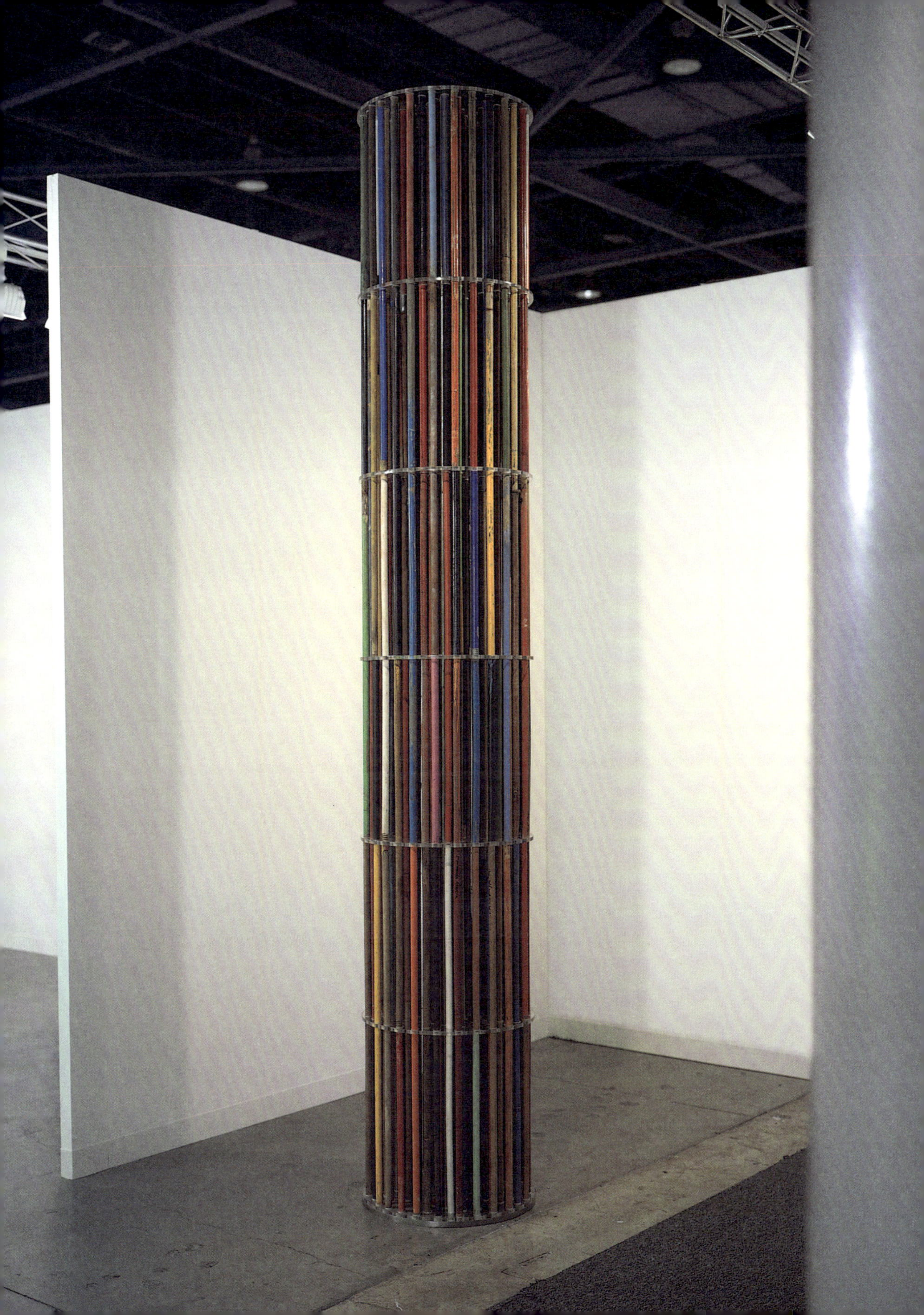

Eduardo Abaroa

Coreografía de una infección, 2004
Pajitas de plástico pegadas con silicona, medidas variables
La Colección Jumex, México

La obra de Eduardo Abaroa algunas veces ha respondido a la "incapacidad de la voluntad creativa para representarse de un modo que no sea un producto de consumo" (Fernando Castro Flórez). Parafraseando el título de una de sus exposiciones, los "engendros del odio y de la hipocresía" que el artista ha producido [...] se presentan como réplicas de la sociedad de consumo y se antojan como resistencia frente a los vicios y patologías que esta última trae consigo.

Magali Arriola, 2002

Coreografía de una infección, 2004

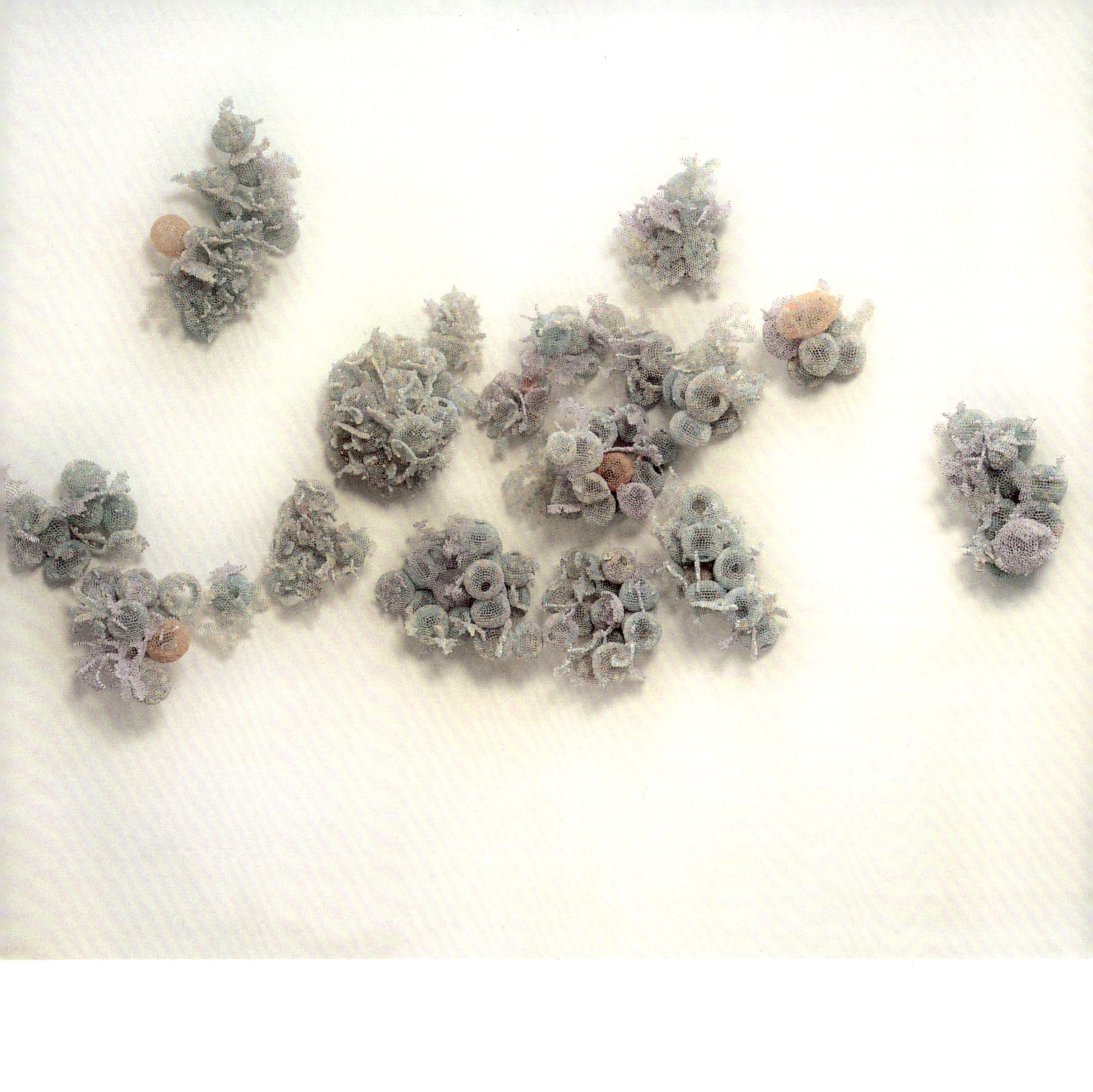

José Dávila

Sin título, 2004
Escalera de madera y globos, medidas variables
Colección del artista, México

En mi trabajo encuentro continuamente puntos de intersección con la arquitectura, las estructuras espaciales y el idealismo utópico que continuamente las genera. Mediante estrategias que desmantelan relaciones preconcebidas entre forma y contenido, busco de algún modo obscurecer el significado cultural intrínseco de ciertos materiales o de objetos ordinarios. Una gran parte de mis piezas formulan interferencias entre las funciones prácticas de ciertos objetos o materiales —inclusive privándolas de algunas funciones— y las situaciones espaciales que se generan por esa interferencia o substracción. Esculturas recientes como *Escalera con globos* o como *Elevación n°2* sugieren pensamientos frágiles donde el análisis y la lógica arquitectónica se enfrentan a capturar lo ilógico o emocional de acciones simples o inmediatas que manifiestan —o de-manifiestan— aspectos funcionales de la forma. De algún modo estas piezas focalizan encuentros de incompatibilidad o naturalezas desiguales que se contienen mutuamente. Me interesa la distancia entre lo que conocemos, lo que vemos y lo que sentimos.

José Dávila, 2004

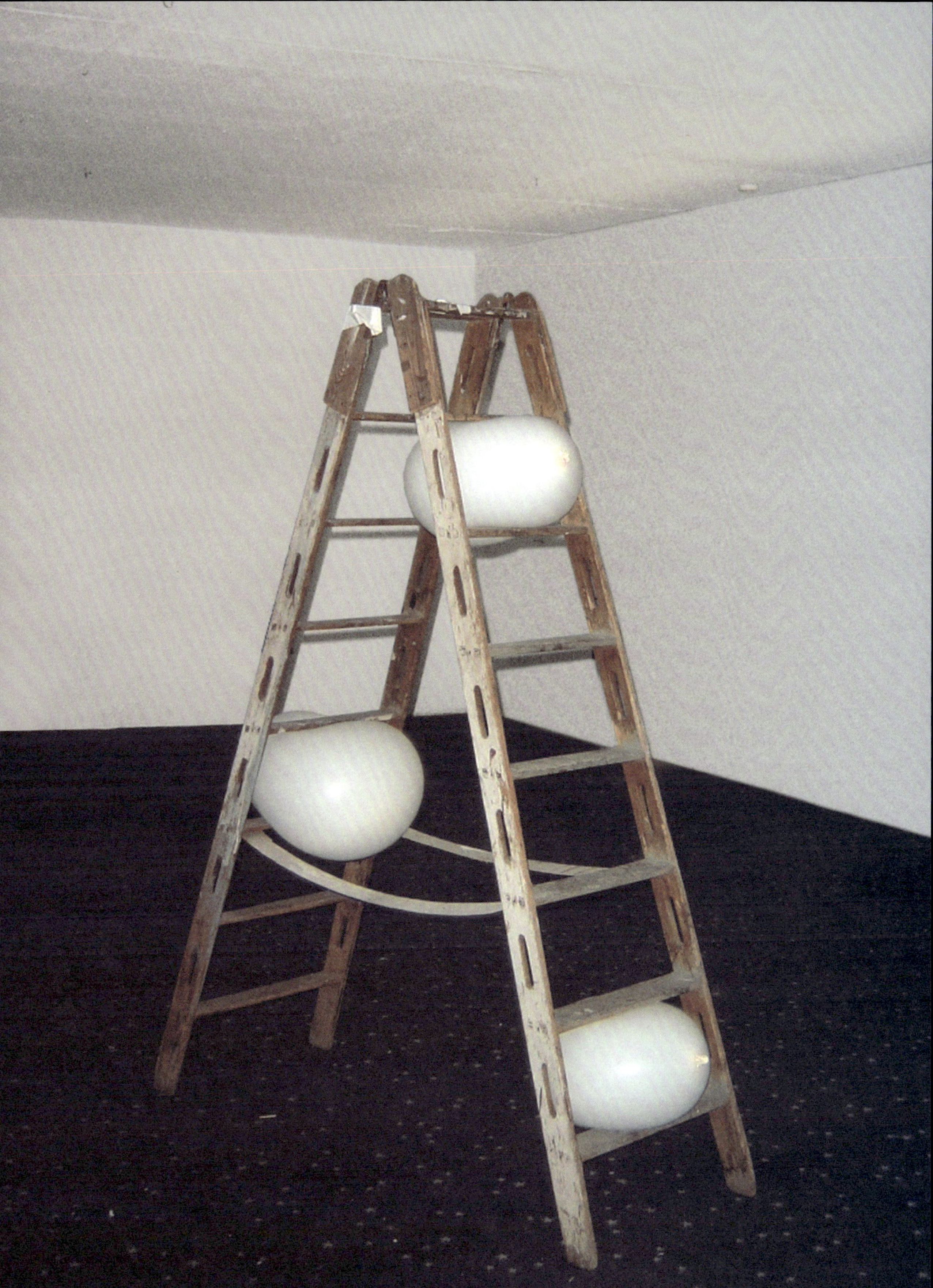

Thomas Glassford
Porno, 1994
Videoanimación, 14"
Colección del artista, México

Una proyección de una película pornográfica sobre las formas ondulantes de un guaje de plata que, al girar sobre sí mismo, provoca deformaciones en la imagen: los cuerpos que en principio percibimos en un primer plano se disuelven para volverse a concretar en la figura de una mujer que, en un gesto extático, parece devorarse para luego regodearse en su propio artificio. La imagen no sólo evoca el fantasma de la autopenetración que ya estaba presente en la obra de Glassford, en la figura lasciva y hermafrodita del guaje que, en un gesto solitario y perverso engendró su primer *Autogol*.

Magali Arriola, 1998

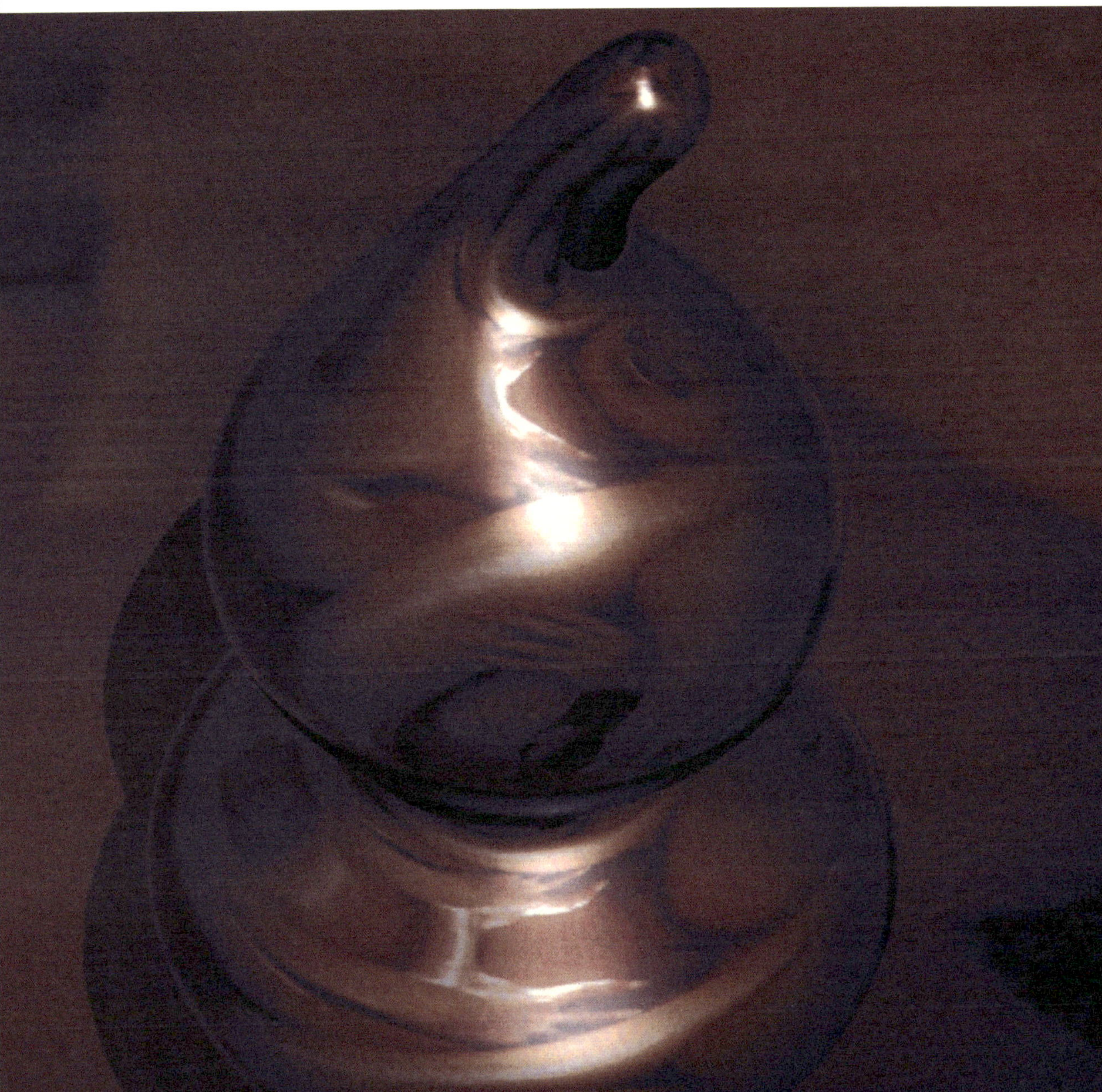

Pablo Vargas Lugo

Cristal con suerte, 1996
Acrílico y prisma, 180 x 30 cm
Colección Carlos Ashida, México

Cristal con suerte, 1996
Acrílico y prisma, 180 x 30 cm
Colección Carlos Ashida, México

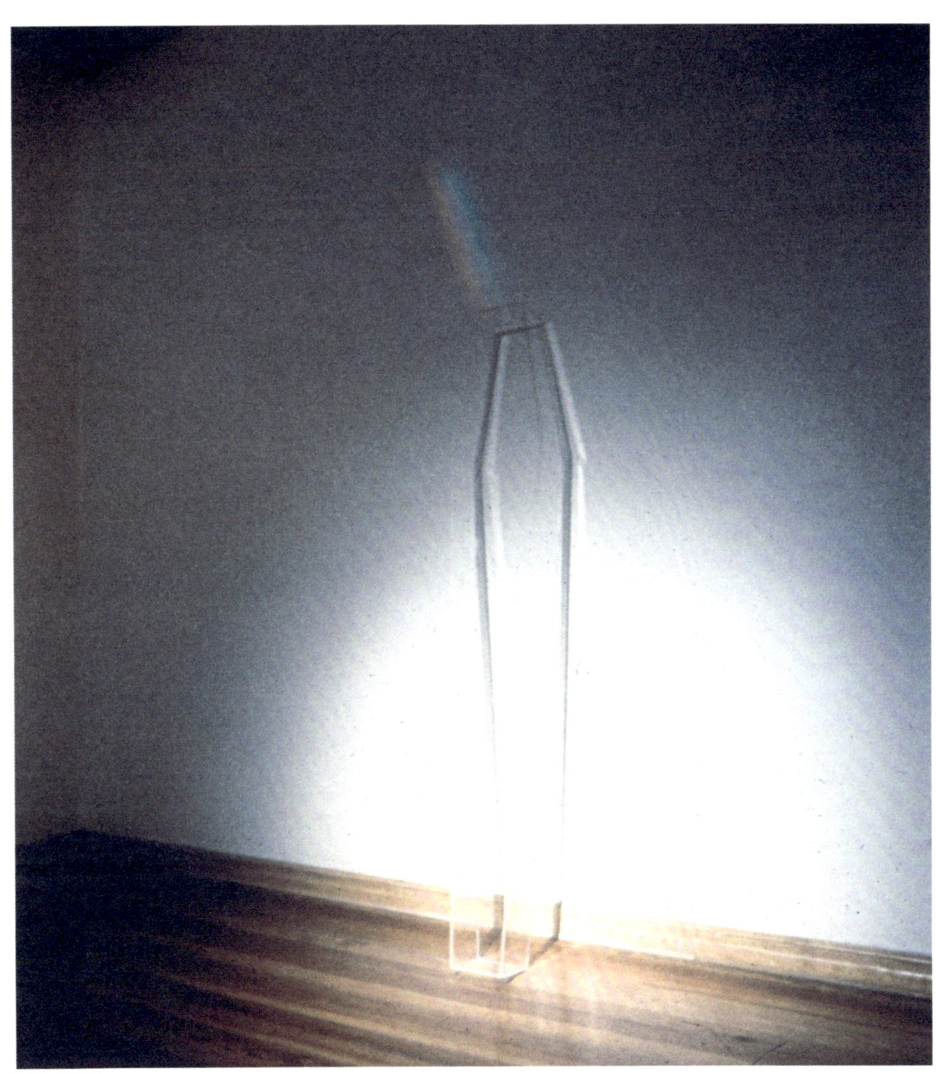

Ulises Carrión

Chewing gum, 1983
Vídeo, 9'
Colección Netherlands Media Art Institute, Montevideo / Time Based Arts, Ámsterdam

Estoy utilizando aquí "cultura" como un concepto más amplio que "arte", por lo mismo incluye elementos no estéticos [...] la utilización de medios diversos —visuales, correo, sonido— ya no considerados como el factor determinante de la actividad del arte; son más bien la coordinación de un complejo sistema de actividades que acontecen en una realidad social, la cual incluye también factores no artísticos: gente, lugares, objetos, tiempo, etc.

Ulises Carrión / Egmont Hojskolen, 1979

La obra de Carrión se define por un común denominador: comunicación y distribución. Utiliza técnicas y medios diversos para obtener un producto cultural en su totalidad. Sus herramientas de trabajo fueron los medios de que se apropió: timbres postales, impresoras, radio y varios más. A esos medios les dio una magistral aplicación dentro del mundo del arte. Su obra, a pesar de su muerte en Ámsterdam en 1989 y a diferencia de la de tantos otros artistas, se mantiene intensa y contemporánea.

Martha Hellion, 2002

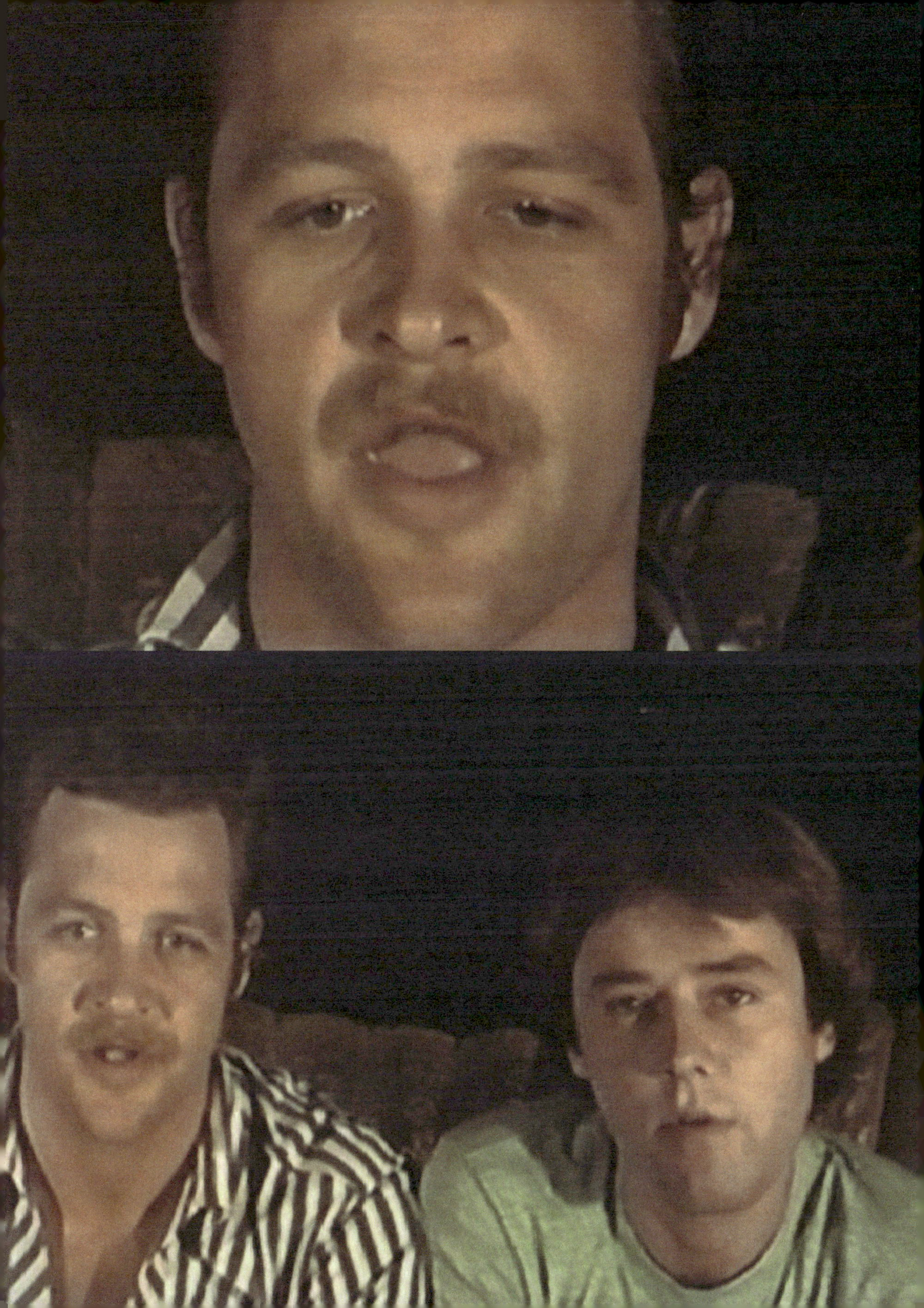

Iñaki Bonillas

Light Rooms, 2000
Madera MDF, pintura blanca y seis focos de diferentes colores, 240 x 240 x 360 cm
Colección particular, cortesía del artista y de la Galerie Prejecte SD, Barcelona

Al considerar la tautología y lo tautológico, llegamos al corazón y al alma de la práctica artística de
Iñaki Bonillas, que muy enfáticamente gira alrededor del concepto de auto-referencialidad según se en-
gendra en su proyecto de "fotografiar la fotografía" (fotografiando "malos fotógrafos" es otro trabajo
ejemplar) o, más ampliamente, fotografiar, grabar y dominar la luz. Por medio de su elección de una
pared blanca de apoyo —siendo el blanco el punto teórico de convergencia del espectro total de color,
es decir, luz pura, intensa, "acelerada"— el artista alcanza un absoluto plástico ya insinuado en su
Photographic Works de 1998. Sin nada que ver, si no la ausencia de toda y cualquier imagen, las nueve
vistas fotográficas desde una pared blanca deben por definición implicar radicalmente una reflexión
"meta-visual" sobre la naturaleza —talbotiana no daguerriana— de la fotografía *per se*, y no tanto sobre las imágenes que habitualmente expresa. Haciendo caso omiso de la consideración de que si hay
algo que ver aquí, después de todo, estamos realmente viendo nueve procesos de impresión hechos
"visibles", o por lo menos "materiales"; nueve diferentes tonos de blanco que son el resultado de la
tecnología fotográfica, no la creación de imágenes.

Dieter Roelstraete, 2003

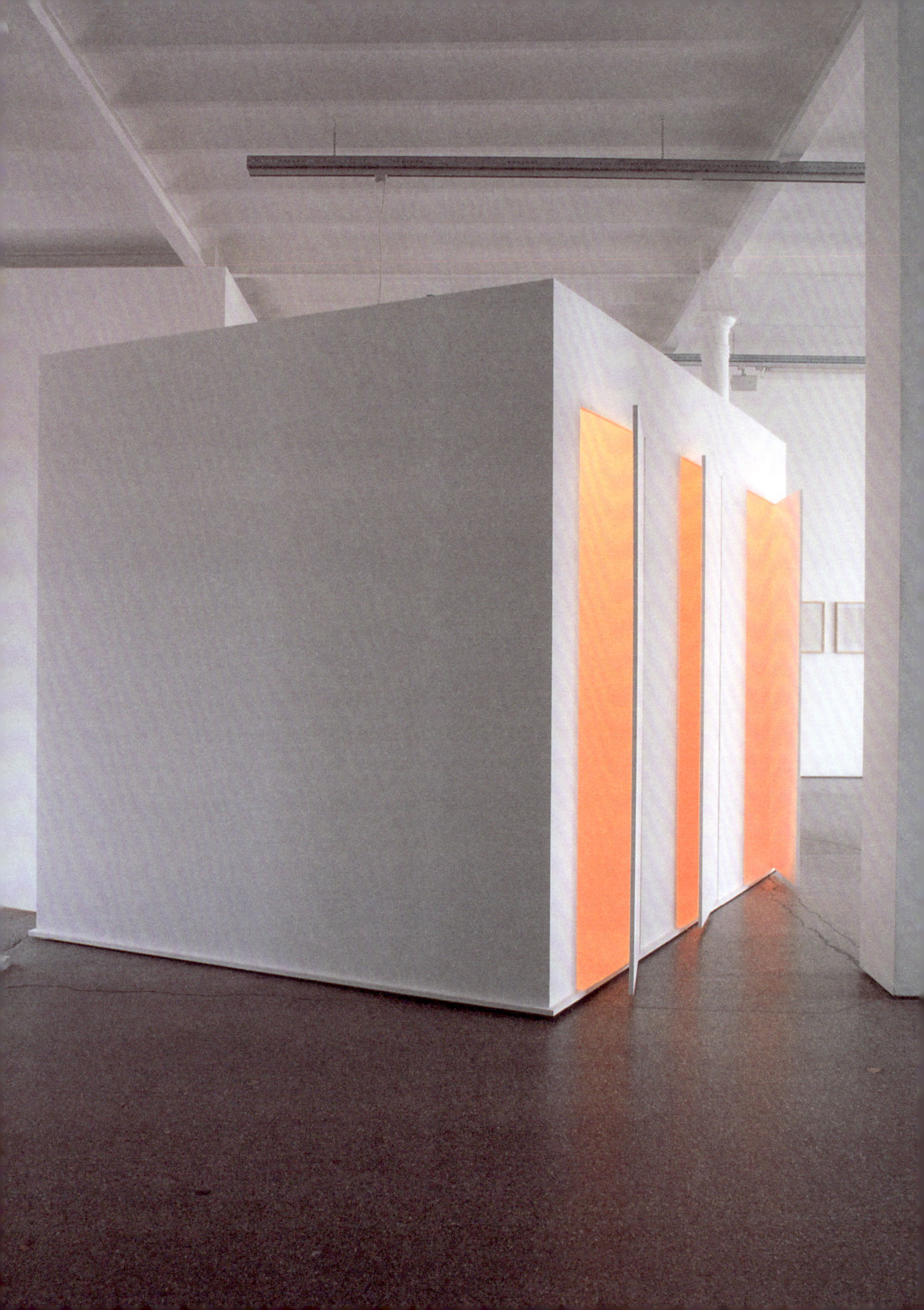

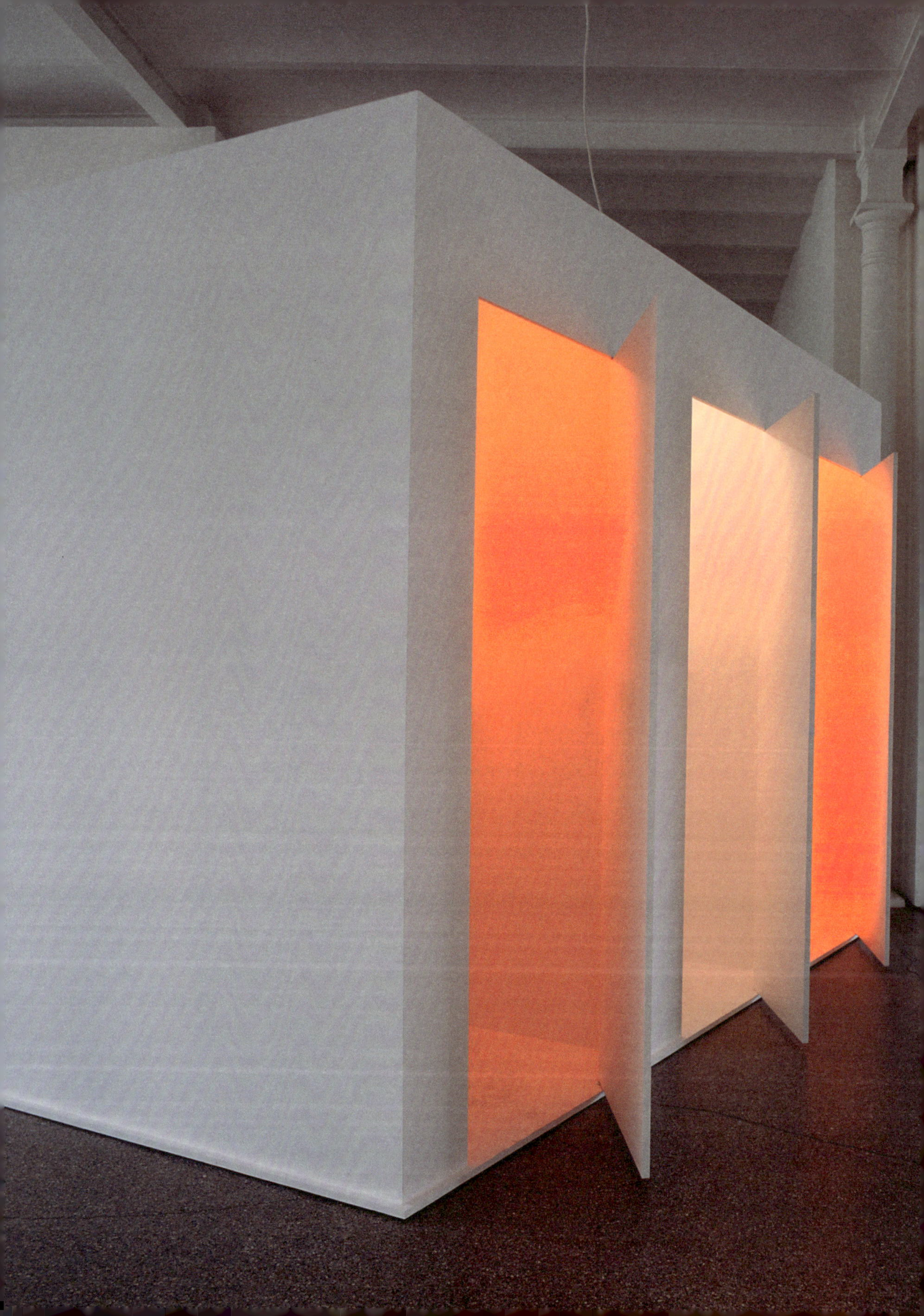

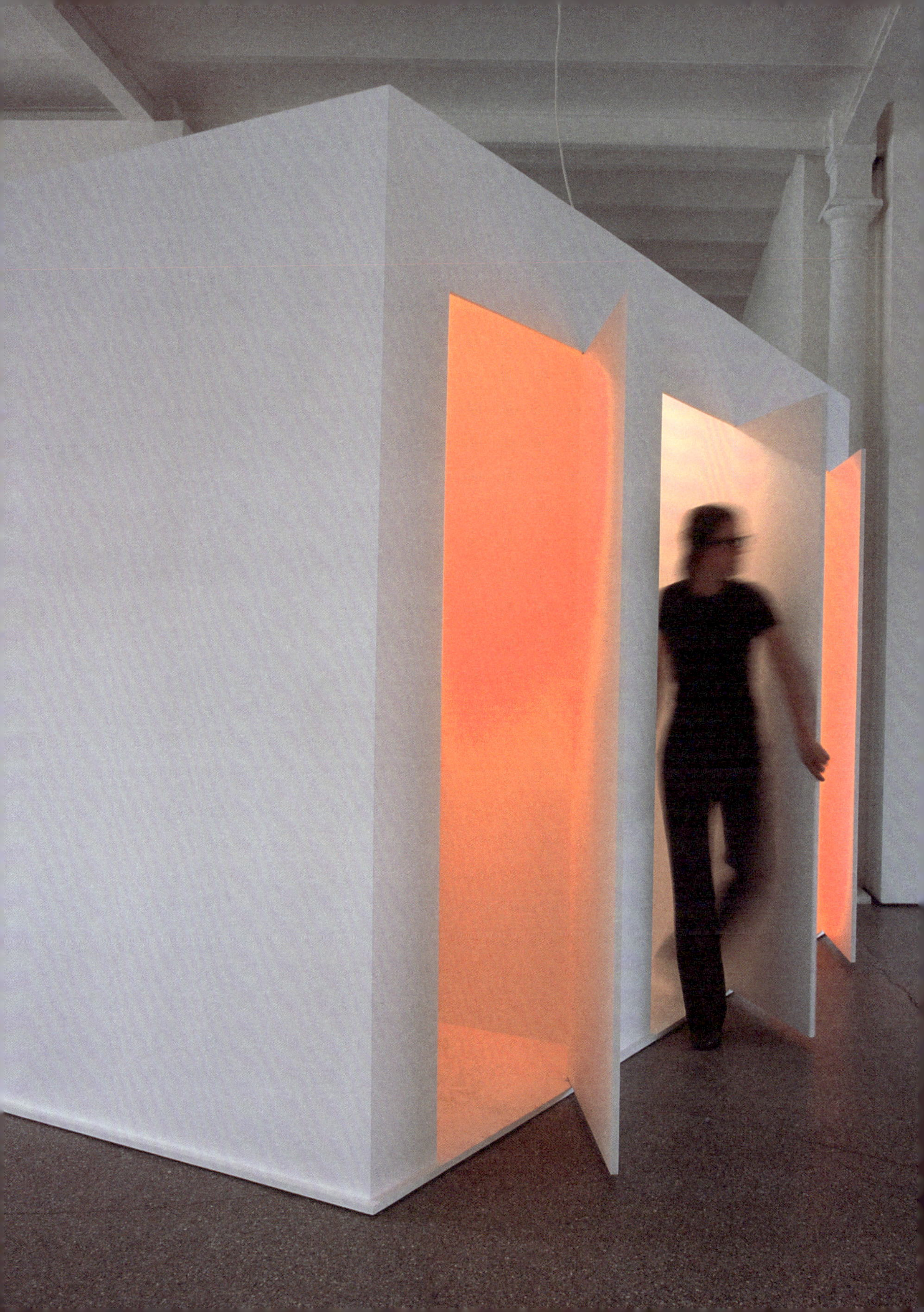

Yishai Jusidman

Bien se, 2003
Acrílico sobre alfombra de lana, 230 x 205 x 170 cm
Colección Femsa, Monterrey, México

El concepto de "literalización" me recordó la curiosa dicotomía que propusieron los críticos modernistas en lo que respecta a lo "literal" y a lo "literario": la glorificación de la literalidad modernista como portadora de la Verdad en las artes plásticas, apoyada por la idea de que la literatura en la pintura —pintura literaria— resta valor al supuesto camino hacia la literalidad. Para reexaminar la dicotomía, he optado por pintar, literalmente, un género literario que comparte ciertos aspectos semiológicos con la pintura, puesto que su contenido semántico transmite en proporción directa a sus restricciones formales. La forma epistolar se sirve de recursos y convencionalismos para que se establezcan relaciones específicas entre lectores específicos. Una carta puede ser de petición, de queja, conciliadora, de agradecimiento, de explicación, de amenaza, etc. Los pintores también utilizan técnicas particulares y estrategias de contextualización para involucrar al espectador de un modo específico: seducir (Vermeer), enfrentarse (Bacon), cuestionar (Manet), informar (Stella), proponer (Morandi). La analogía acaba cuando el mensaje de la carta se queda en su intención específica, limitado por unos convencionalismos bastante rígidos, mientras que el efecto de un buen cuadro hace del convencionalismo un recurso maleable, fluido, que crea un intercambio alegre y escurridizo con el espectador.

Yishai Jusidman, 2003

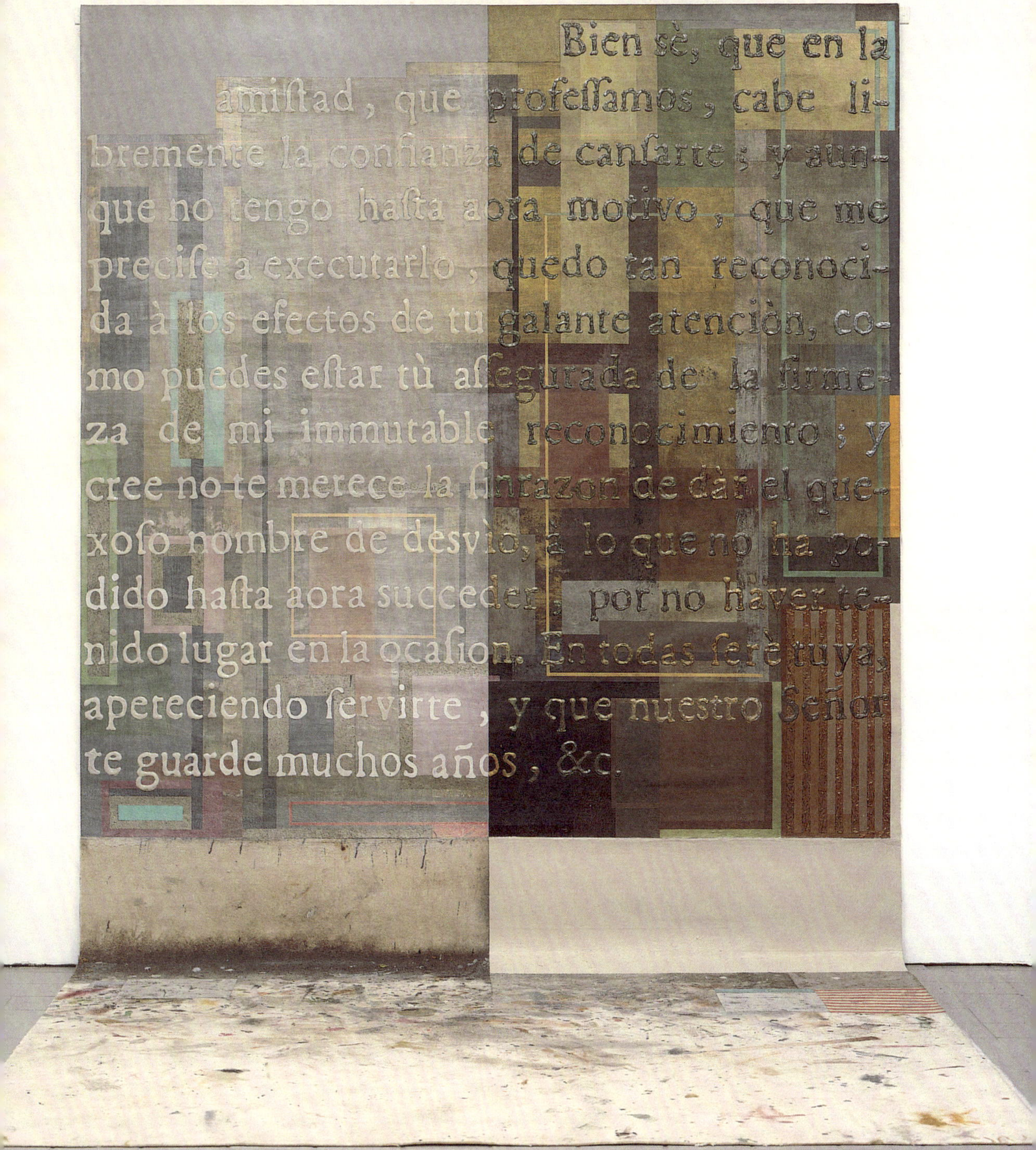

Bien sè, que en la
amistad, que professamos, cabe li-
bremente la confianza de cansarte; y aunque no tengo hasta aora motivo, que me
precise a executarlo, quedo tan reconoci-
da à los efectos de tu galante atención, como puedes estar tù assegurada de la firme-
za de mi immutable reconocimiento; y
cree no te merece la sinrazon de dàr el que-
xoso nombre de desvio, à lo que no ha po-
dido hasta aora succeder, por no hàver tenido lugar en la ocasion. En todas serè tuya,
apeteciendo servirte, y que nuestro Señor
te guarde muchos años, &c.

Yishai Jusidman

By these, 2003
Acrílico sobre alfombra de lana, 230 x 205 x 170 cm
Colección particular, cortesía Galería OMR, México

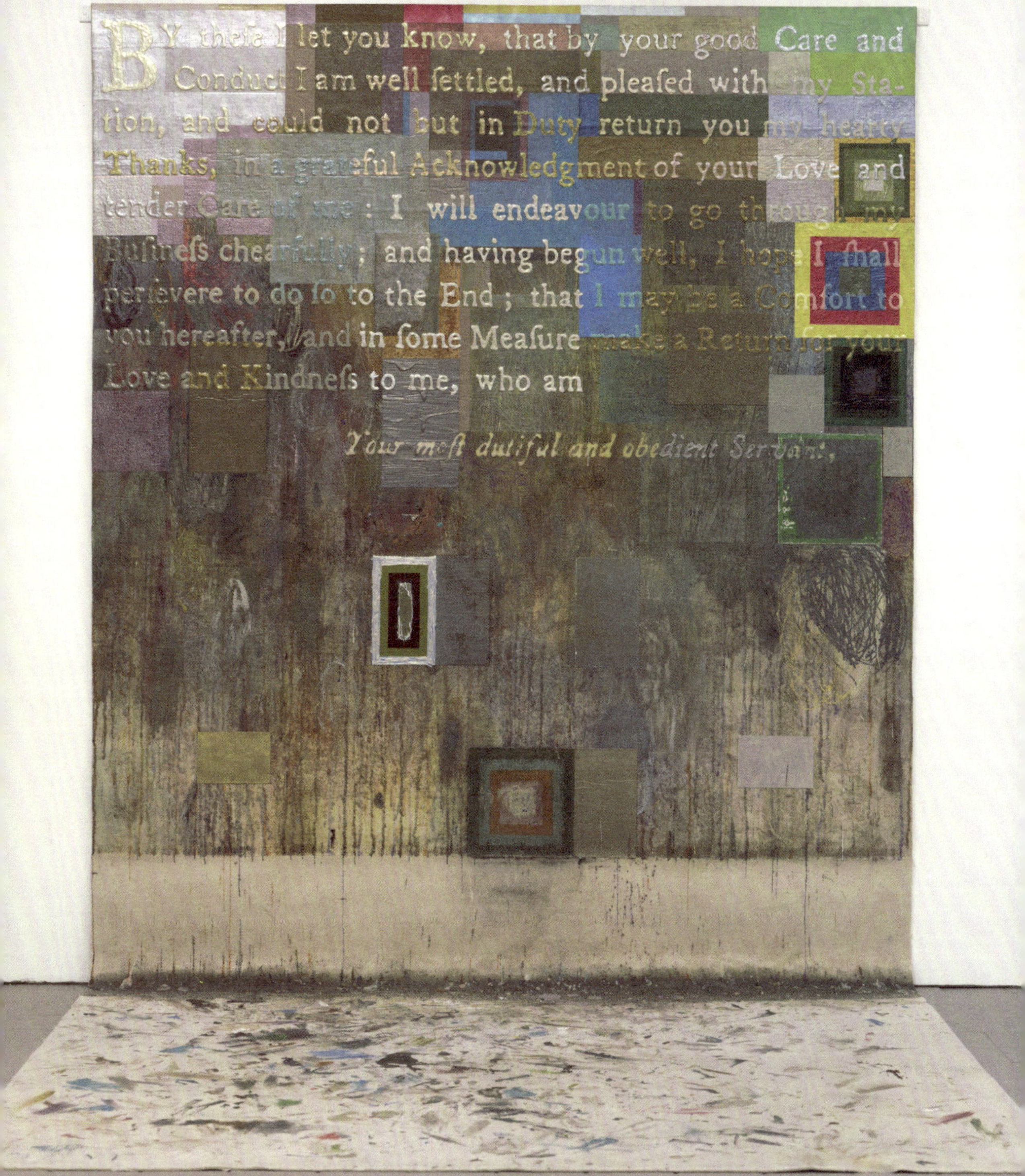

BY these I let you know, that by your good Care and
Conduct I am well settled, and pleased with my Station, and could not but in Duty return you my hearty
Thanks, in a grateful Acknowledgment of your Love and
tender Care of me: I will endeavour to go through my
Business chearfully; and having begun well, I hope I shall
persevere to do so to the End; that I may be a Comfort to
you hereafter, and in some Measure make a Return for your
Love and Kindness to me, who am

Your most dutiful and obedient Servant,

Carlos Arias

Cubo penetrado, 2001
Nylon, 50 x 35 x 28 cm
Colección Gabriel Esper Caram, México

Circulo a cuadrado, 2000
Bordado, 81 x 81 x 10 cm
Colección Rolando White, México

Círculos, 2001
Bordado relleno, 69 x 69 x 16 cm
Colección del artista, México

Carlos Arias da un giro a su obra acercándose cada vez más al terreno movedizo de las especulaciones que separan al arte de la artesanía, al oficio de la mera manualidad, al desenfado expresivo de la abstracción formalista.

Desde sus últimas series de bordados sobre lienzos, Arias incursiona ahora en el uso de pompones que une con silicón, componiendo volúmenes autónomos y relieves sobre telas, También ha realizado piezas con hilos que semejan acumulaciones de estopa y brocados metálicos reticulares y brillantes. Sin abandonar un ánimo pictórico, su proyecto se permea de nuevos aires que implican un reconocimiento de su propio discurso, confrontado con los lenguajes bidimensionales tradicionales y la marejada de manifestaciones "conceptuales" de los últimos años. Tampoco es ajeno —ni ingenuo— al devenir del arte contemporáneo ni a sus convenciones.

En tanto que sus obras anteriores implican la ardua faena de hilvanar componiendo figuras, casi toda su producción reciente está disociada de formas reconocibles. […] Por el contrario, las piezas abstractas acuden a vocabularios que refieren a la naturaleza de los materiales y sus valores táctiles, a la composición (a veces geométrica, a veces casual) o de plano a la experimentación durante el proceso de cada una, generando distintas aproximaciones a texturas, colores y sensaciones.

Abraham Cruzvillegas, 2001

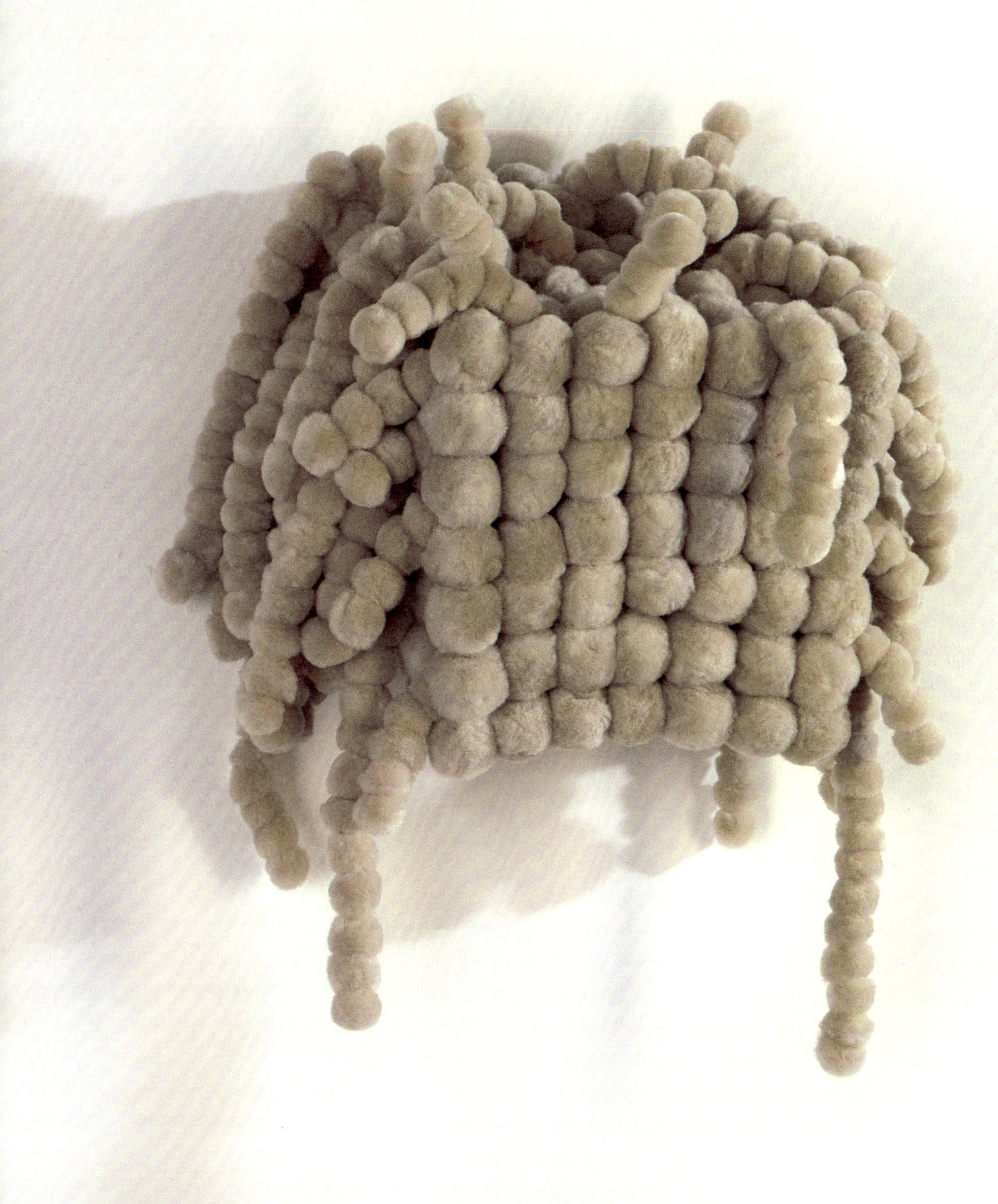

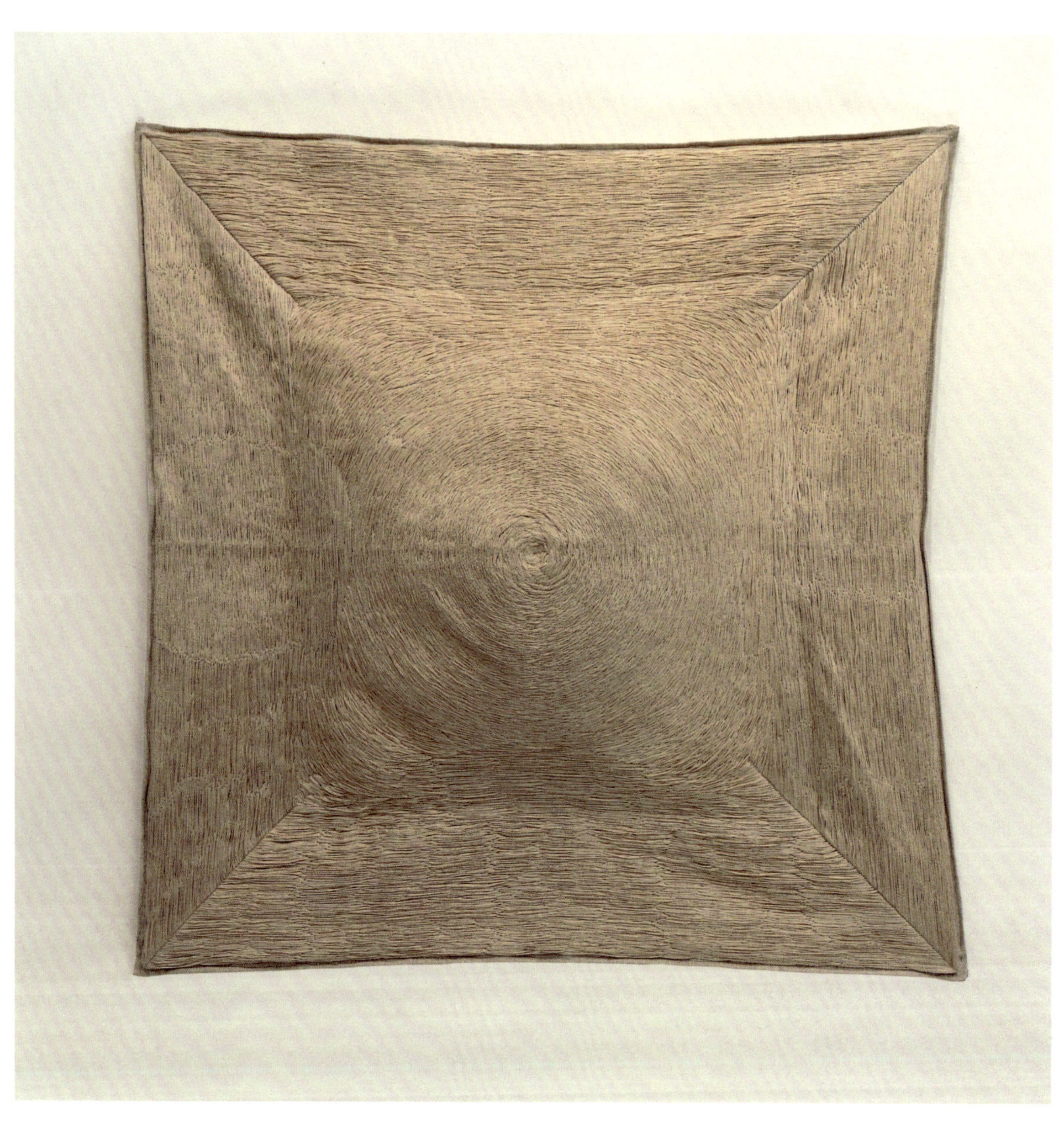

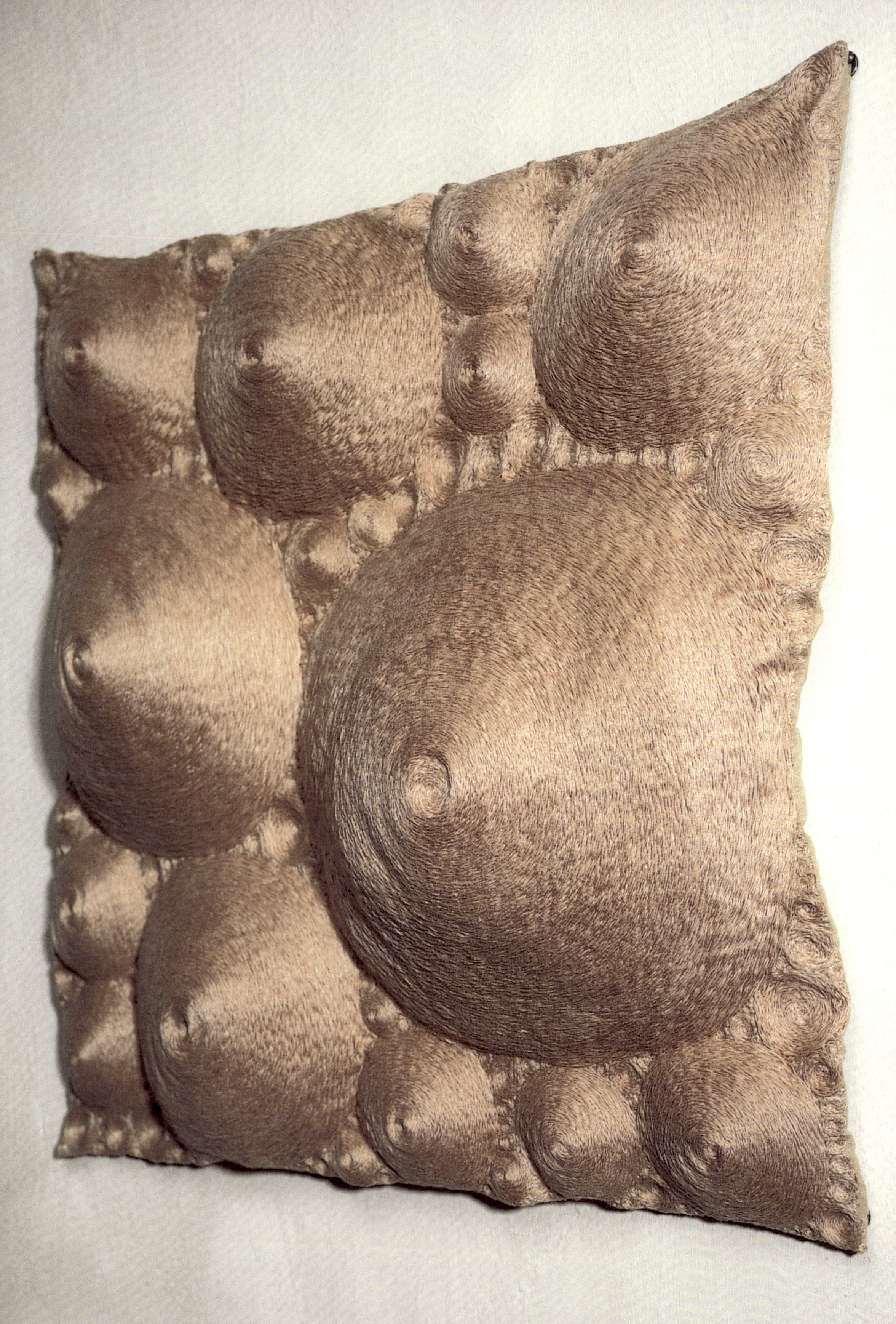

~~NILC~~ (Miguel Ventura)

The New Fuck Me Litlle Daddy House. Poema en seis nuevos lenguajes, 1998
DVD, 16'2''
Colección del artista, México

Pre-lenguaje, 2005
540 fotos digitales, 10,2 x 15,2 cm c/u
Colección del artista, México

En el trabajo de Miguel Ventura uno encuentra la mismo tiempo la escenificación de un síntoma y la invitación a adentrarnos en una pesadilla política, componentes que están imbricados mucho más allá de lo que cualquier binarismo de "lo público" y "lo privado" pudiera abarcar. Desde mediados de los noventa, Ventura ha formulado su trabajo como la construcción de una ficción crítico social. Como una buena parte de los artistas contemporáneos, en lugar de plantearse la obra como una producción subjetiva de cuadros u objetos o la expresión de un supuesto lenguaje privado, llevó a cabo un simulacro organizativo que ha bautizado El Nuevo Consejo Interterritorial de Lenguas (~~NILC~~).
Tal como Ventura lo ha formulado, el ~~NILC~~ es un movimiento post-político hipotético, decididamente globalista y postétnico, que se expresa como una mezcla de religión de autoayuda y de partido neoderechista. El cambio propuesto por el ~~NILC~~ ya no opera al nivel de transformación de los modos productivos o la búsqueda de hegemonía estatal, sino que, de acuerdo con el "giro lingüístico" de la postmodernidad, se propone la absoluta "recreación" de la cultura y la civilización mediante la sustitución de las antiguas lenguas históricas por un nuevo código basado en ideogramas derivados de gestos faciales y formas de peinados.

Cuauhtémoc Medina, 2002

ạb!

áẹ
ẹ́ḥ?

ḥẹ́
ẹm
ái̥!

il
lọ́   ọḥ
ḥo!

nẹ̀   ọ́u̥
ut
ṭḥ   ḥṣ!

uọ́   ọü
üè   eř
rá   ạẹ

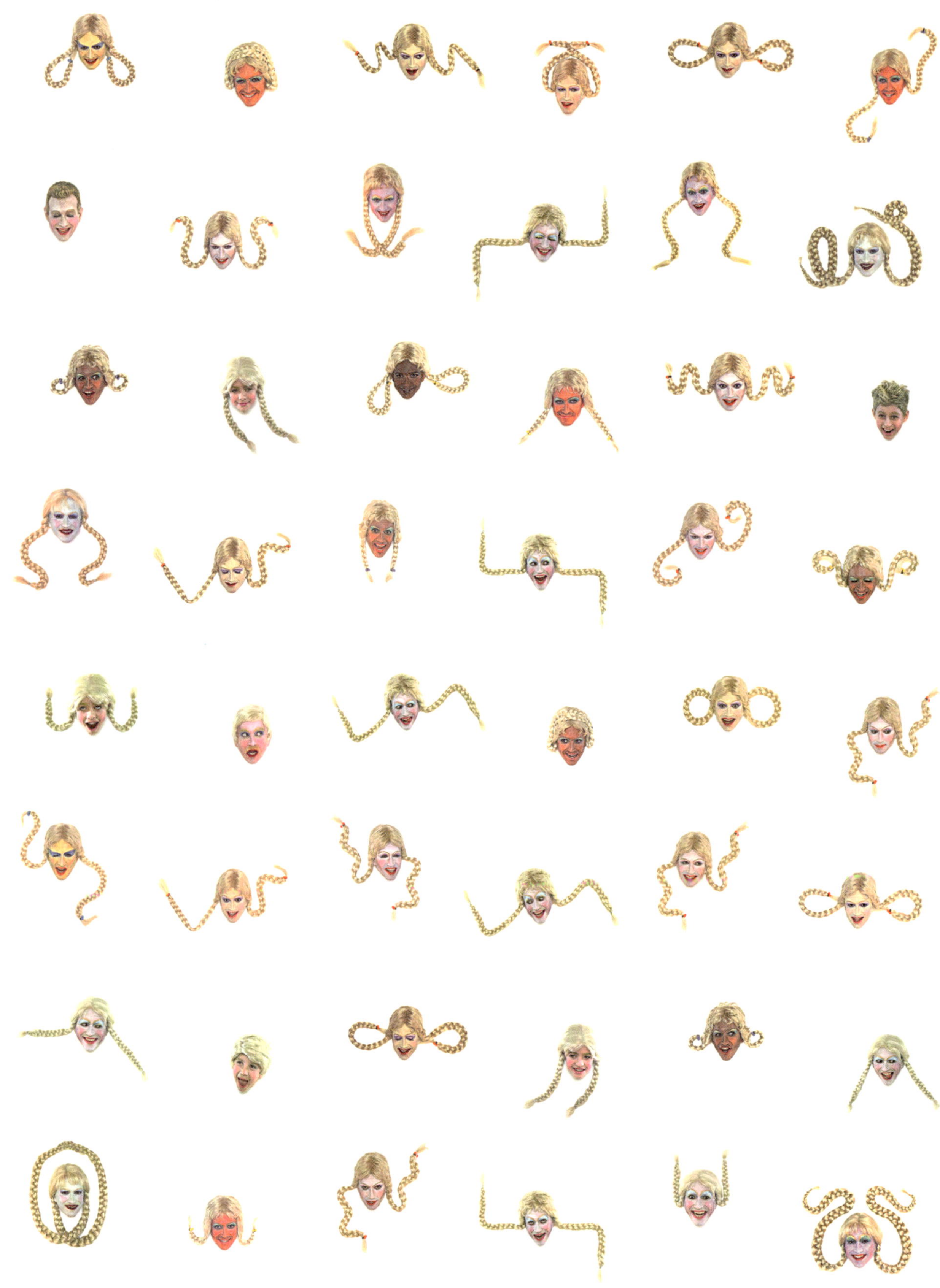

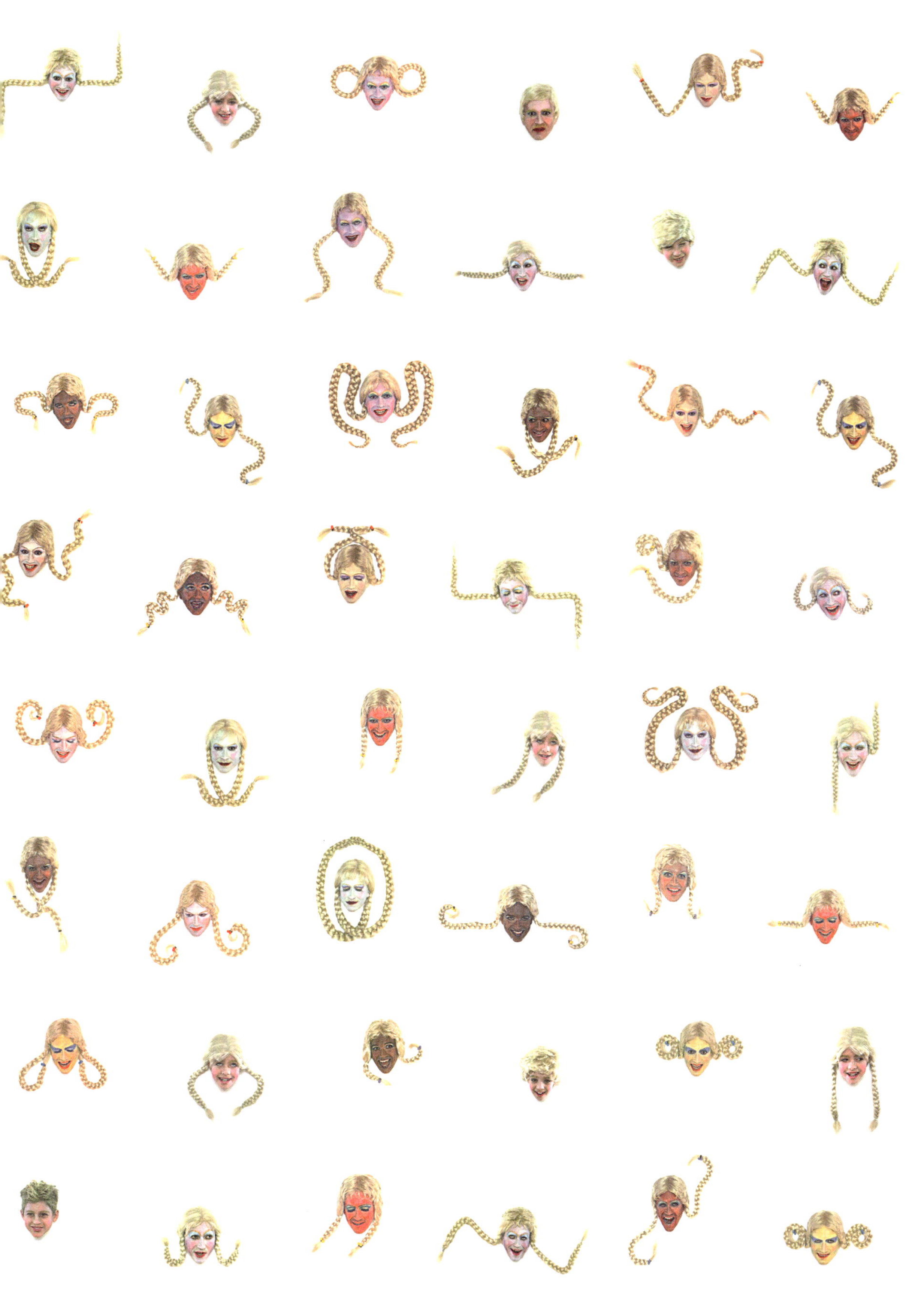

Rubén Ortiz Torres

Alien Toy / La Ranfla Cósmica, 1997
Vídeo
Colección Tom Patchett, cortesía Track 16 Gallery, Los Ángeles (California)

El *Alien Toy* (1997) de Rubén Ortiz Torres, un artista mexicano radicado en la ciudad de Los Ángeles, California, plantea otro tipo de descomposición o recomposición cultural. Su estrategia de disolvencia quiere abarcar no sólo las fronteras nacionales sino también las precarias y artificiales divisiones entre alta y baja cultura. La desestabilización de la figura del artista individual como hemos visto —un elemento presente en la obra de varios artistas de la escena mexicana— ha sido llevada a un extremo en la obra de Ortiz Torres, que en este caso se dedica a cambiar el contexto cultural de un *low rider.* Así es como el coche acrobático construido por "Chava Muñoz", originalmente destinado a concursos automovilísticos que tienen un sentido (¿estético?) particular en la cultura mexicano-norteamericana de Los Ángeles, se transforma en *Alien Toy.* La inclusión del personaje alienígena o extraterrestre, desarrollada ampliamente por este artista a lo largo de varios años, señala irremediablemente la discontinuidad entre los esquemas culturales a los que se aplica. Como en sus vídeos y sus pinturas de chácharas fronterizas, el interés de Ortiz Torres con su *Alien Toy* no es la exhibición chauvinista de una nacionalidad, ni la promoción turística de los rasgos culturales de una comunidad, sino un ensayo *in situ* de hibridación transcultural cuyo objetivo es precisamente la negación de una jerarquía mítica o política impuesta verticalmente y al mismo tiempo un estudio sobre la transformación contradictoria de las narrativas, las costumbres y los tropos visuales a través del tiempo.

Eduardo Abaroa, 1999

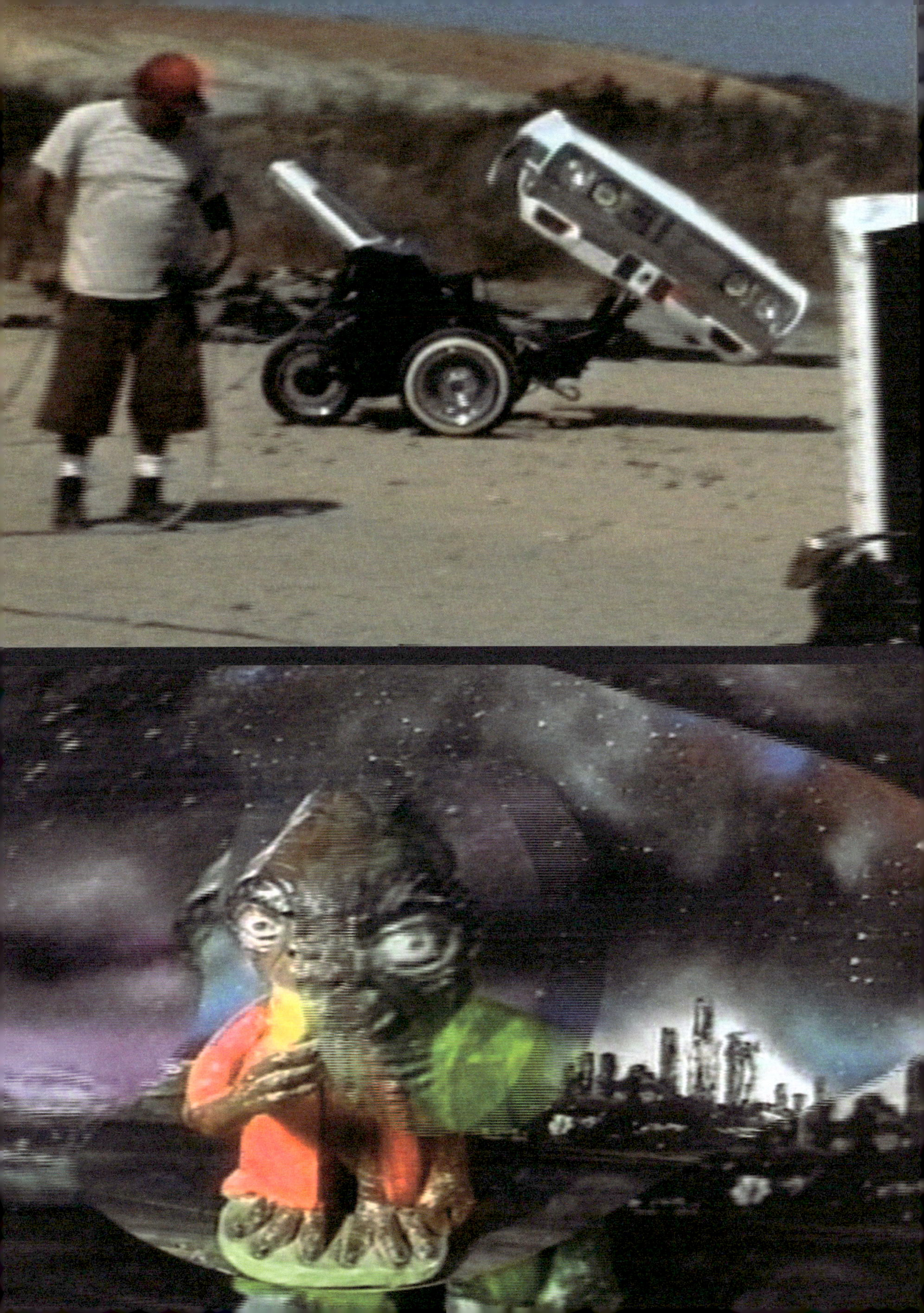

Gonzalo Lebrija

Concurso de aviones, 2001
Vídeo DVD, 12,5 x 19 cm
Colección particular, cortesía Galería Arena México, México

En sus fotografías, vídeos e intervenciones, Lebrija explora la actividad no productiva y su relación
con la creatividad individual. A partir de gestos poéticos que involucran objetos y experiencias cotidianas, el artista examina la dislocación entre la gran meta narrativa del progreso asociadas con el modernismo y la vida contemporánea. A través de fragmentos de anécdotas frágiles, Lebrija sugiere que las
actividades recreativas dan significando y sentido a nuestra accidental existencia.

Concurso de Aviones (2001) es una instalación documental que incluye fotografía y vídeo. La pieza fue
realizada en colaboración con abogados, arquitectos, corredores de bolsa y consultores financieros cuyos despachos están ubicados en la torre de oficinas Condominio Guadalajara, a quienes Lebrija invitó
a participar en un concurso de aviones de papel. Los participantes diseñaron aviones y los aventaron
desde la azotea del edificio, concursando entre ellos para ver cual llegaba más lejos.

Donna Conwell, 2004

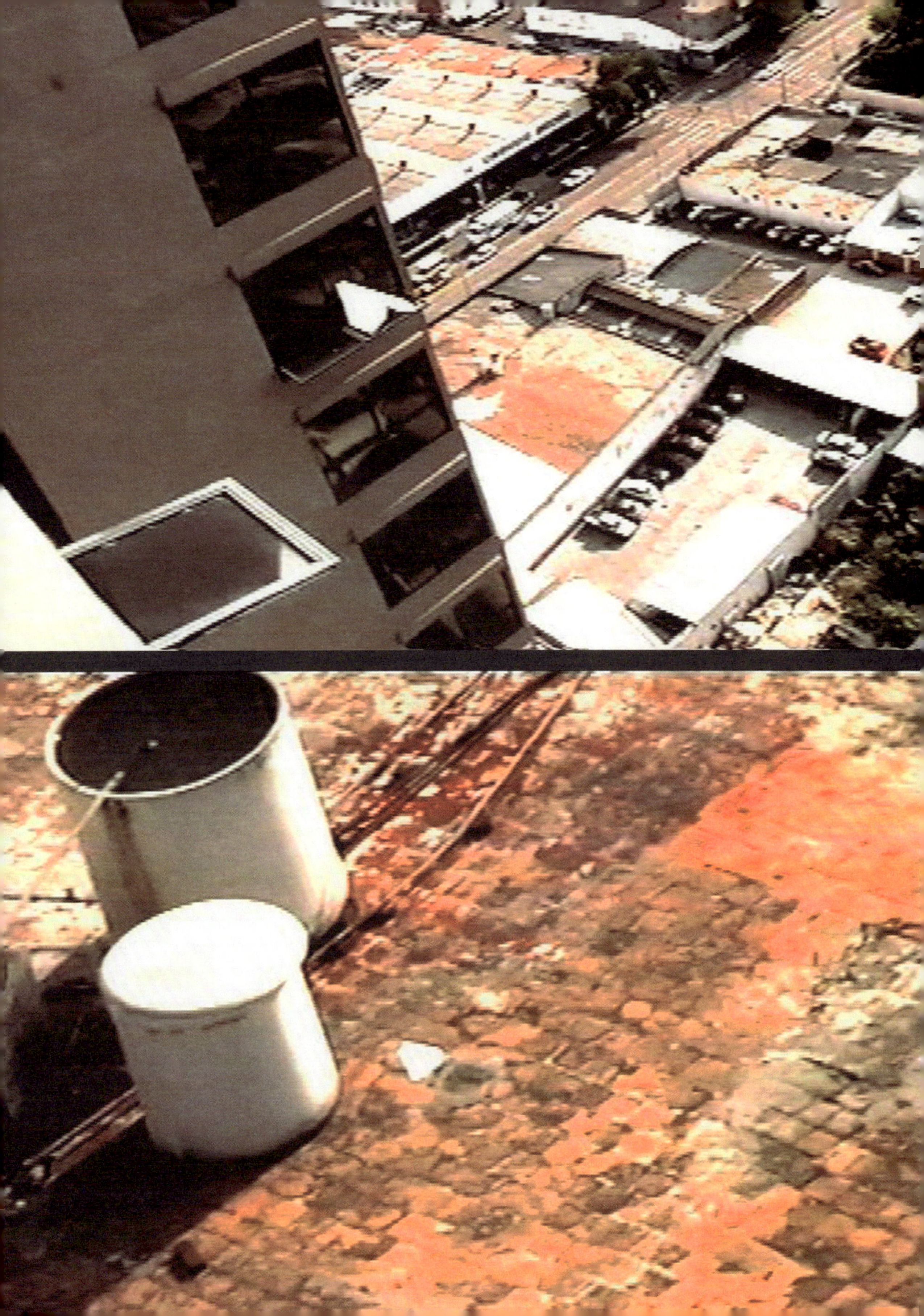

Fin de temporada: saldos Olivier Debroise

La primera versión de este texto se publicó en la revista Celeste, *No. 8, diciembre 2002. El texto aquí incluido es una revisión presentada en el Segundo Simposio de Arte Contemporáneo de la Universidad de la Américas en Puebla, "Del malestar de la curaduría", organizado por Osvaldo Sánchez en noviembre de 2002.*

El año 2002 presenció lo que algunos llaman un "boom" del arte contemporáneo mexicano a nivel internacional. De manera que, aunque hace un par de años parecía improbable la presencia continua de algunos artistas mexicanos como Gabriel Orozco, Rubén Ortiz Torres o Francis Alÿs en numerosas bienales a lo largo de los años noventa, la "demanda" se incrementó de manera exponencial en unos cuantos meses. No cabe aquí —y quizá sea aún demasiado temprano— analizar los motivos de este repentino éxito. Simplemente quiero dejar sentado, retomando algunas ideas vertidas en *This is not Supposed to Be Here*, que se trata muy probablemente de un fenómeno independiente de las solas prácticas locales, pero que se inserta en una serie de modificaciones radicales de los mecanismos de absorción, adaptación y difusión del arte en un época de globalización. Una reorganización de los mercados del arte (y cuando habló de mercados, no sólo pienso en galerías y casas de subastas, sino en instituciones que atienden las demandas potenciales de ciertos sectores y ciertos clientes) implica que, para poder sobrevivir, los centros aún ahora monopólicos se ven obligados a renovar y a ensanchar su capacidad de absorber "culturas periféricas". El arte contemporáneo ha sido llamado a jugar una nueva función en este sistema, quizá no mucho más plural que antes, pero sí más diversificada, y existe una lógica geopolítica en esta brusca aparición de México, que debemos tener presente.

Las críticas a este despliegue de arte contemporáneo no se hicieron esperar, traduciendo tanto el escepticismo de los especialistas como la sorpresa de aquellos que, como Guadalupe Loaeza, Carlos Monsiváis y numerosos funcionarios, no habían hasta entonces medido el impacto del arte contemporáneo ni en el discurso cultural globalizado, y menos aún como un factor clave de una transformación de las mentalidades. Como botón de muestra, el reportero de la sección turística del *Los Angeles Times* Christopher Reynolds escribió una condescendiente reseña de una breve visita a la colonia Condesa, elocuente y despectivamente titulada *Patas arriba*, y le agregó este subtítulo: "La nueva querida del mundo del arte es la ciudad de México, pero ¿cuánto tiempo durará?"[1]

¿Cuánto tiempo durará el fenómeno? De hecho, ésta es una pregunta que se plantean varios artistas, sus *dealers* y tal vez algunos de los funcionarios culturales, pero no afecta tanto —o, por lo menos, no debería afectar— al oficio curatorial, y se aparta de todos modos de una discusión más seria que debería abocarse a la comprensión del fenómeno en su amplitud, no tanto a sus consecuencias económicas o emocionales inmediatas. Quisiera, por lo tanto, situar este análisis comparativo de algunas de las exposiciones presentadas entre 2002 y 2003, si no fuera de la polémica, por lo menos en una perspectiva más amplia, menos coyuntural y partidaria, y tratar de introducir algunos elementos para una comprensión más precisa de algo que ya tiene carácter de episodio de la historia del arte en México.

A lo largo de 2002, pues, pero sobre todo en los últimos meses, los artistas mexicanos se desparramaron repentinamente por cuatro continentes, y su presencia irradió en una quincena de manifestaciones, incluyendo algunas muestras individuales aisladas de artistas como la de Santiago Sierra en la Lysson Gallery de Londres, otra de Melanie Smith en Zurich o la presentación del vídeo de Francis Alÿs basado en material fílmico de *Amores perros* en la Kunst-Werke de Berlín, así como la representación de Gabriel Orozco en la Documenta de Kassel. Para efectos de este ensayo, sin embargo, tengo que dejar de lado algunas de estas manifestaciones, como la muestra presentada en Québec a principios de septiembre, otra multitudinaria en varias ciudades de Japón que organizó Héctor Falco, y una excéntrica exposición de arte de Mesoamérica en las Islas Canarias, que incluyó una sólida sección mexicana[2]. Me limitaré a analizar aquí cuatro exposiciones, planeadas y organizadas de manera paralela y competitiva (aunque independientemente una de otra), y que han acumulado reseñas y polémicas y, por una casualidad que se debe en realidad a forcejeos curatoriales por ocupar la primera plaza, fueron todas inauguradas en el lapso de una semana entre el 13 y el 21 de septiembre. En orden cronológico: "Axis Mexico, Common Objects and Cosmopolitan Actions" en el Museo de Arte de San Diego, curada por Betti-Sue Hertz; "20 Million Mexicans Can't be Wrong…", bajo la batuta de Cuauhtémoc Medina, en la South London Gallery; "Zebra Crossing", el proyecto que Magali Arriola diseñó en el marco del festival "Mex-Artes-Berlín.de" para la Hauses der Kulturen der Welt de Berlín y, finalmente, la segunda versión de "Mexico City: An Exhibition about the Exchange Rate of Bodies and Values," que Klaus Biesenbach llevó de PS1 en Nueva York a su centro de arte, la Kunst-Werke, el muy influyente espacio independiente que creó a principios de los noventa en el restituido corazón de Berlín.

La estadística de este final maratónico, que llevó a cuarenta y ocho artistas en ejercicio a trasladarse de una residencia a otra acumulando kilómetros, no da cuenta, sin embargo, de la intensidad de las negociaciones, las movilizaciones, las tomas de posición curatoriales y las exigencias financieras (que fueron aprovechadas, en tres de estas cuatro exposiciones, por la administración cultural oficial, que parece haber encontrado en ese sostén del arte contemporáneo una excusa para replantear una "estética del cambio" político). Una primera constatación, banal quizá, aunque reveladora: entre los cuarenta y nueve artistas representados en las cuatro muestras consideradas aquí, sólo trece (un tercio); aparecen en más de una lista; entre éstos, apenas cinco (Eduardo Abaroa, Francis Alÿs, Teresa Margolles, Santiago Sierra y Melanie Smith) figuran tres veces (ninguno quedó finalmente representado en todas). La reiteración de estos artistas ya claramente posicionados en el arte contemporáneo se debe tanto a la calidad de las obras como a necesidades de *rating*, publicidad y financiamiento; ningún curador, sin embargo, condescendió a alterar de manera radical el argumento curatorial, y los treinta y seis artistas que sólo figuran en una de estas cuatro muestras crean una verdadera diferencia: el balance, por lo tanto, termina siendo más heterogéneo y dinámico de lo esperado y, sobre todo, de lo que la crítica especializada y las reseñas han querido ver[3].

Detrás de estas cifras, quizá sea más importante destacar el modo en que cada curador se situó con respecto a la idea de un arte "nacional", o de un arte que "representa" determinada situación geopolítica. Por motivos claros, los dos curadores mexicanos, Arriola y Medina, intentaron desmarcarse de toda "representación nacional", aunque para ello tuvieran que recurrir a malabarismos retóricos no siempre convincentes. Medina, de entrada, anuncia que: "20 Million Mexicans Can't be Wrong…" trata de sustituir las expectativas habituales ante este tipo de exposiciones colectivas basadas en una representación geocultural, por un proyecto que desarrolla, ensaya y expande los poderes de transferencia y activación de las exposiciones itinerantes. Cada una de las obras en esta exposición busca operar en un intervalo geográfico imaginario.

La exposición "Zebra Crossing", aunque paradójicamente supeditada a un marco de representación nacional, propone una visión sesgada de la escena artística de México. Sin referirse al país como a un espacio geográfico que obedece a la compartimentación y fragmentación implícita en el trazo de sus fronteras regionales, esta muestra busca significar aquellas zonas de hibridación que surgen como articulaciones espontáneas de las particularidades de un contexto. "Zebra Crossing" aparece entonces como la señalización de un área de expresión cuyas dimensiones temporales y espaciales ponen en perspectiva las pausas y desplazamientos que configuran las percepciones del entorno.

Betti-Sue Hertz, por su parte, cuestiona de manera mucho más precisa la pertinencia de este tipo de asociación: "¿Acaso importa el Estado-nación?" y precisa el alcance de su propuesta:

"Axis México" es una exposición que presenta a diecinueve artistas cuya obra interpela el contexto mexicano —en tanto que lugar e idea, y cultura multifacética—, y filtra y adapta a la vez las estrategias del arte conceptual que emergieron en la escena artística internacional en la segunda mitad del siglo veinte[4].

Al otro extremo del espectro, y desembarazado de todos estos pudores —en gran parte por su origen berlinés y por el estado de una ciudad de vocación cosmopolita que, desde su repartición cuadrinacional en la posguerra, asume sin tapujos su multiculturalismo— Klaus Biesenbach, no vacila en situar deliberadamente su curaduría en el corazón de una mexicanidad urbana, en una capital desestabilizada a partir de sus destrucciones: la de la antigua Tenochtitlán y, sobre todo, la del sismo de septiembre de 1985. El catálogo de la muestra está salpicado de referencias visuales al sismo y a los agujeros que dejó en la traza urbana del D.F., quizá porque evocan de alguna manera —como me hizo notar Teresa Margolles— la destrucción del centro de Berlín en 1945. No es casual, pues, si esta visión de un cosmopolita alemán curándose en salud de cara a un catastrofismo que raya en el amarillismo (y que a muchos nos puede parecer una posición neocolonial y neoexoticista) se lleva la palma de la crítica, cumpliendo (aunque sea en negativo) las expectativas de un público masivo, cuya primera pregunta al encontrarse con algún mexicano es: "¿Pero cómo puedes vivir en una ciudad como ésta?" y nos miran como si fuéramos mutantes (un papel que ya muchos de nosotros, hemos elegido adoptar). Las reacciones de la prensa alemana a la confrontación entre la propuesta de Biesenbach y la de Arriola no dejo lugar a dudas al respecto.

Descrita como una muestra "cosmopolita" sin suficiente presencia del elemento "mexicano", y arraigada en una estética calificada de "contemporaneidad internacional", "Zebra Crossing" fue tibiamente recibida por la crítica en Berlín, y según informes, tuvo tan poca aceptación del público que la Hauses der Kulturen der Welt redujo a la mitad el precio de entrada. Sin poder asirse a una reconocible "mexicanidad", la crítica subrayó las características formales de las piezas presentadas, pero nadie se tomó la molestia de descifrar ahí una opción curatorial. La muestra de Arriola también levantó oleadas de cólera entre intelectuales y artistas mexicanos. Mientras Carlos Monsiváis le reprocha ser una exposición derivativa, Rubén Ortiz Torres me escribió:

> La expo de Magali fracasa en su intento de redefinir el contexto dónde se da. En la "Casa de las Culturas del Mundo" Magali decide demostrar una vez más (cual María Guerra o Rubén Gallo) que la clase media mexicana es tan civilizada y homogénea como cualquier otra. Las edecanes del festival me reclamaban que Magali les insistía que ella no es tercermundista. El entorno donde se presenta la exposición es para ella problemático, en tanto que no es un espacio "puramente" artístico. Me pregunto por qué aceptó hacer algo allí. Es un centro que originalmente (los años sesenta) fue concebido para abrir el espacio a expresiones de diferentes culturas. [...] Se puede negociar y cuestionar la idea de cultura o culturas en estos espacios sin tener que negarlos o negar ciertas culturas[5].

Artemio es quizá uno de los pocos que esbozó una defensa de la exposición de Arriola. En una carta publicada por Juan José Gurrola en su columna en *Milenio*, asevera: "'Zebra Crossing' era, a mi juicio, una exposición bastante limpia y con una absoluta necesidad de presentar a México como un país que puede jugar al Primer Mundo. Además permite ver que los artistas de hoy conocemos el inglés y, leemos las revistas de arte y moda con la misma avidez que los neoyorquinos. Sin embargo, me parece una exposición más informada de lo que sucede en México y con una visión curatorial totalmente desde dentro, por esto mismo una exposición más *light* y formal de lo que los seguidores de películas mamonas como *Amores perros* y *Y tu mamá también*, que aparentemente definen muy bien lo que pasa en México, se sintieron desilusionados por la ausencia de violencia y crítica social que no sé de dónde o por qué nos ¿caracteriza?"[6]

De cara a la competencia, Arriola no quiso, en efecto, repetir aquí su exploración de tránsitos urbanos y modernidades trastornadas de la exposición "Coartadas/Alibi", presentada en el Instituto de México de París y en la galería Witte de With de Rótterdam a principios de año. A diferencia de Betti-Sue Hertz, quien tejió sutilmente paralelismos conceptuales y formales entre los artistas que seleccionó y una historia del arte contemporáneo (Santiago Sierra y Robert Morris, Francis Alÿs y Michelangelo Pistoletto, Mónica Castillo e Ivonne Rainer, Iñaki Bonillas y Jan Dibbets, entre otras asociaciones), Arriola trató de esquivar el formalismo historiográfico tratando de establecer combinaciones asincrónicas entre las obras presentadas (los enigmáticos "ojos" de Pablo Vargas Lugo y los lenguajes crípticos de Miguel Ventura, por ejemplo, o los platos de plástico de hospital de la *Fuente* de Thomas Glassford con las sutiles "peripecias" de una abeja desmedida de Eduardo Abaroa). Si bien el fotomural de Carlos Ranc, replicando el célebre cuadro de José María Velasco *El valle de México desde el cerro de Santa Isabel*, de 1891, pieza clave de todas las exposiciones de arte mexicano presentadas en el extranjero en el siglo XIX, intervenida ahora por un código de barras de Aldo Chaparro que lee "México está a la venta", pudo haber sido una clave, estas tenues ironías no fueron percibidas como necesaria respuesta a la exigencia de "representación nacional" del festival en el que fue inscrita (mezcla típica de papeles picados, calaveras de muertos y bailes folclóricos) que Arriola trató de evadir a través de un desmonte de tipificaciones e identidades. Desde la elección para la portada del folleto de presentación de una fotografía de Gonzalo Lebrija de unos caballos galopando en una pradera irlandesa, hasta las absurdas gradas de estadio del grupo regiomontano Tercerounquinto, o la palabra *Burocracia* inscrita en el centro del salón con pacas de trigo de Luis Miguel Suro, Arriola trató de escribir una crítica "por omisión" a las expectativas generadas por este tipo de exposiciones. La misma pulcritud de una museografía determinada en gran parte por la estructura moderna del edificio de la Haus der Kulturen der Welt asienta las piezas en el campo de una contemporaneidad que se enfrenta deliberadamente a la modernidad (una actitud que Iñaki Bonillas enfatizó al presentar un álbum de fotografías de la galería en el estado original de su inauguración en 1962).

Si bien comparto en buena medida la opinión y la reclamación de Artemio en cuanto a la necesidad de una "visión curatorial totalmente desde adentro", creo, como Rubén Ortiz, que una de las tareas del curador al enfrentarse a la escena internacional debe pasar por una evaluación previa (incluso por un estudio de mercadotecnia) del público y sus expectativas, para definir el posible impacto de una exposición de esta clase. Rubén Ortiz resume muy bien el dilema cuando afirma que "Mientras sigamos evitando redefinirnos estaremos condenados a ser definidos" y lanza acertadamente sobre la mesa el caso del arte povera: ¿una "escuela italiana" o una corriente "internacional" en los márgenes del minimalismo? Para el historiador, la respuesta es obvia: el arte povera sí fue una reacción a la monumentalidad y las pretensiones de la pintura metafísica italiana y de la arquitectura y las artes decorativas del fascismo, pero al desmarcarse de cierta "italianidad" afincada en las referencias a la Antigüedad clásica (lo neorromano) alcanzó un estatus internacional y capturó el imaginario de artistas en otras latitudes. El argumento me parece convincente, aunque es evidente que aún no existen en México, por motivos que no exploraré aquí, las condiciones para una definición de esta clase, que trascienda y desmienta lo estrictamente nacional. La negación de una especificidad territorializada, de hecho resulta contraproducente.

Betti-Sue Hertz, como curadora de arte contemporáneo de un museo con vocación "popular", implantado en aquella especie de parque de atracciones que es Balboa Park en San Diego, se vio forzada a diseñar una muestra didáctica. La selección se instaura a partir de la filiación socioeconómica, política y genérica de cada artista, de su origen y/o desarraigo. El muy extraño vídeo de Mónica Castillo, *Autorretrato de una bailarina* hasta las irónicas cédulas de identidad falsas del tándem regiomontano Marcela y Gina, los "monstruos culturales" *morfeados* unos en el otro de Rubén Ortiz Torres y Eduardo Abaroa, el trabajo documental sobre la situación de los indígenas de Mariana Botey o las piezas más politizadas de Francis Alÿs dan el tono de una exposición que logra eludir el inmarcesible tema de cualquier "representación", aislando las piezas para darles un espacio de lectura autónomo necesario, circunscribiéndolas además en un preciso aparato educacional (largas cédulas bilingües, frases explicativas a lo largo de los muros, audiotour, etcétera). El esfuerzo educacional, sin embargo, tiende a repelar al público especializado. Christopher Knight, en su reseña del *Los Angeles Times*, por ejemplo, reaccionó así: "Cada artista es introducido por un gran texto bilingüe impreso en lo alto de las paredes, a manera de banalidades cívicas cinceladas en las cornisas de un edificio público o subtítulos en una opera que traducirían las letras en lengua extranjera de un tiempo y un espacio a otro. Aquí, con el pretexto de educar el infeliz visitante del museo, la voz de la autoridad institucional prescribe lo que el público debe de pensar de las obras de arte; de un arte que busca, sin embargo, lecturas abiertas y sin respuestas predeterminadas"[7]. Además de estos lapidarios textos en vinilo de diferentes colores, cada obra está analizada en cédulas de más de una página de extensión. Es evidente que esta reiteración del aparato didáctico acaba siendo contraproducente: al fin y al cabo, el público acaba "leyendo" la exposición en vez de "verla". Se debe sin duda a la timidez de un museo poco acostumbrado a abordar los formatos del arte contemporáneo, y menos aún, a recibir artistas que no pertenecen al *mainstream* europeo-neoyorquino. El otro extremo, adoptado tanto por Cuauhtémoc Medina como por Magali Arriola, consistente en dejar que "las obras hablen por sí mismas" no siempre resulta adecuado cuando se enfrentan a "otras culturas". En ambos casos, como lo recalcó James Oles, las únicas piezas merecedoras de un cédula individual fueron las de Teresa Margolles (como si esta artista necesitará el sostén de un texto escrito, cuando las obras de Pablo Vargas Lugo, por sólo citar un caso, son eminentemente más crípticas que las suyas).

No obstante el peso del "departamento de educación" que impuso ahí, no sólo una lectura sino un estilo, la curaduría de Hertz es menos "autoral": ella descartó la idea de una "confrontación" supeditada a una idea previa, para "liberar" el itinerario de cada uno de los artistas. Aunque convencional en su formato, el efecto legitimador de esta propuesta es indudable, particularmente en el contexto de un museo como el de San Diego.

Cuauhtémoc Medina abordó el problema de una manera muy similar a la de Arriola, aunque con resultados totalmente opuestos, y una formula que puede considerarse la antítesis de la de Hertz. En su caso también se trataba de eludir las ideas y los clichés de una representación "nacional", y se sirvió asimismo del humor para organizar una conflagración entre las obras en un solo espacio. Con la libertad que le otorgó el espacio excéntrico y alternativo de la South London Gallery, y sin apoyo de las administraciones culturales mexicanas, Medina pudo acentuar las disparidades en vez de resaltar conexiones, y para lograrlo se sirvió del metadiscurso de una anti museografía: los monitores sobre sus cajas marca LG, los hilos de colores de Melanie Smith expuestos sobre una viga (cuando en el vídeo *Seis pasos hacia la abstracción* sirven para organizar una fina y precisa cuadrícula), cuadros reclinados en la pared como si aún estuvieran en el estudio de la artista, documentos pegados con engrudo a los muros, cédulas disfrazadas de carteles, etcétera. El tono está marcado desde la entrada con la replica chafa de una maquiladora inverosímil, con cajas de piezas precortadas, pieles color sangre de buey y máquinas de coser Singer, con las que Carlos Amorales pretende poner a los londinenses a trabajar a su servicio, invirtiendo un proceso de trabajo neocolonial. El impredecible *Museo Salinas* de Vicente Razo se convierte en incitación lúgubre a crear un museo del terror propio, mientras tras una puerta sellada se escuchan los cantos nacionalistas que recitan los niños en las escuelas mexicanas heredadas del priísmo (una pieza sonora de Francis Alÿs de su serie de *Ensayos*). La "presencia" de Santiago Sierra se limita a una lacónica cédula anunciando un evento radiofónico y audiofónico que ocurrió días antes, fuera del ámbito de la galería, cuando estaciones radiales periféricas, ONGs e individuos difundieron una cacerolada argentina desde Ginebra hasta El Cairo[8]. Medina logró crear así una especie de interactividad anárquica y terrorista que implica al espectador en un recorrido tan caótico (aunque sutilmente controlado) como un paseo por las calles de Moneda y Academia en época navideña. Incluso la "capilla" en la que yace el bloque de concreto del *Entierro* de Teresa Margolles se vuelve "descanso" en el recorrido, aunque pone chinito a más de un británico.

En comparación, el montaje de Klaus Biesenbach en la Kunst-Werke podría asimilarse a un ejercicio de voyeurismo cultural. La museografía del amplio salón de la planta baja del espacio (otrora) alternativo de Berlín da cuenta de ello: jugando la carta del minimalismo, y aunque el espectador puede patear las mazorcas de plástico de Eduardo Abaroa, el muro cubierto de sebo humano de Margolles queda impecablemente distante, recuperando una plasticidad y una dimensión iconográfica que no deja de recordar a un Anselm Kiefer suavizado— eliminando el aura agresiva de la pieza. Biesenbach parece utilizar a las obras por su simple contenido iconográfico, y como ilustración de una idea preconcebida (y probablemente tomada del número de la revista *Parachute* dedicado a México en 2001 que coordinó Medina, aunque también creo que se deriva del tono de la exposición previa de Arriola, "Coartadas"[9]). Si la exposición de Medina es un ejercicio de *agit-prop* que pretende estimular al público, ésta es un ensayo de camuflaje que sólo apela a un solo sentido: la vista. La misma manera en que los (numerosos) vídeos fueron presentados, aislados y sin contexto a manera de pequeñas películas, es ejemplar de una taxidermia curatorial que, en varias ocasiones, desvirtúa las intenciones de los artistas.

El caso más evidente, quizá, de esta manera de abordar desde lo puramente icónico la "problemática de lo mexicano contemporáneo" ahora a la venta, es el tratamiento del vídeo de Iván Edeza, *...de trabajos y placeres*. Trabajando a partir de material fílmico encontrado (en este caso, en una serie de seudodocumentales al estilo *Mondo Cane* y de origen muy oscuro que alimentan el mercado voyeurístico, y no sólo en la ciudad de México), Edeza realizó una serie de ediciones en la que inserta deliberadamente "ruidos" entre cuadros y cuadros de la película, siguiendo secuencias lógicas a la manera de partituras aleatorias. No existen, además, pruebas de que se trata aquí de un fragmento de material original acerca de una grotesca y sanguinaria cacería de indígenas en el Amazonas, como afirma Biesenbach en su presentación, y el aspecto mismo del material permite suponer que se trata más bien una secuencia de una película mexicana de serie B de los años setenta. Si Edeza pretende introducir "ruido en la comunicación" (uno de los ejercicios favoritos del arte conceptual) en este caso logró su cometido, ya que la obra fue leída por el curador (e interpretada por la crítica) de manera literal, como banal hallazgo de un "documento" que pruebe la "corrupción" y los "desbordamientos de decadencia" de la sociedad mexicana, de la misma manera que las "ricas y famosas" chicas de Daniela Rossell.

Algo parecido sucede con el muy complejo ensayo de Melanie Smith *Spiral City*, que consiste en un largo vídeo de un rincón de Iztapalapa rodado desde un helicóptero y una serie de fotografías aéreas de la ciudad. Aunque cita aquí el ejercicio fundamental del *land art* de Robert Smithson, *Spiral Jetty* de 1970, el tratamiento de las imágenes en blanco y negro muy contrastado nos remite más bien a las fotografías de detección militar de la Segunda Guerra Mundial y a las de bombardeos aéreos a que nos acostumbraron desde la primera guerra contra Irak. En el conjunto de la obra de Smith, esta serie representa un paso más en su precisa disección de instrumentos de control y usos de tramas, cuadriculas y sistemas de localización, que marca tanto la extirpación del "elemento naranja" de la ciudad de México en su serie *Orange Lush*, hasta las pinturas ajedrezadas más recientes, derivadas de sistemas viales y trazas urbanas fotográficamente documentados. En esa búsqueda de una especie de cuadratura del círculo, la "espiral sobre cuadricula" de Smith acaba revirtiendo la trayectoria balística implícita en su labor de reconocimiento (en el sentido militar de la palabra). Sin embargo, en el montaje de la KunstWerke, esto quedó reducido a una (aplanada) visualización del territorio de una "ciudad caótica" que cubre la exposición de Biesenbach, algo que Medina supo evitar al restablecer el desorden en su presentación de algunas de estas mismas piezas. Que el vídeo de Smith "se vea *súperbien*" en Berlín no hace que tengan más sentido.

Aun cuando me resisto a compartir el criterio de Cuauhtémoc Medina cuando afirma, entrevistado en *La Jornada*, de que se trata de una muestra "canónica", la exposición de la Kunst-Werke es, efectivamente, la más concisa. Aun cuando, personalmente, me siento más cercano a la propuesta de Medina en Londres, por supuesto, como bien lo recalca Patricia Martín en su texto del catálogo, el poder legitimador de PS1 y de la Kunst-Werke tiene implicaciones que rebasan las lecturas críticas que se les pueda hacer, porque interfieren con "lo social" y desbordan el simple "mundo del arte". Al remarcar lo espectacular y trabajar sobre lo puramente icónico, paradójicamente, la muestra de Biesenbach nos devuelve a la nación odiada y querida, y a las reacciones encontradas que nos provoca vernos retratados con ojos ajenos.

"Mientras sigamos evitando redefinirnos estaremos condenados a ser definidos".
Y quiero agregar: a repetirnos.

1. Christopher Reynolds, "Head over heels; The art world's new darling is Mexico City. But how long will the affair last?", *Los Angeles Times*, 20 de octubre de 2002.
2. Vivianne Loria (curadora), *Mesoamérica, Oscilaciones y artificios*, Centro Atlántico de Arte Moderno, Las Palmas de Gran Canaria, agosto de 2002.
3. Hay que notar, en todas estas exposiciones, la ausencia de Gabriel Orozco que se debe, notoriamente en el caso de "Mexico City: An Exhibition…," a su propia decisión de distanciarse para operar en un "sistema paralelo" que de la impresión de escapar de la "representación nacional" y de la validación oficial. El malabarismo le permitió aparecer como "curador independiente" en la Bienal de Venecia 2003.
4. Debo reconocer aquí que esta última argumentación coincide del todo con los planteamientos de Guillermo Santamarina y María Guerra para la exposición "Otro arte mexicano: la ilusión perenne de un principio vulnerable" en el Pasadena Art Center en 1991, así como de la manera en que abordé la centralidad de México como lugar de tránsito para artistas cubanos, estadounidenses, méxico-americanos y mexicanos en "El corazón sangrante", una exposición que se presentó, también en 1991, en Boston.
5. Mensaje electrónico al autor, noviembre de 2002.
6. Juan José Gurrola, "Double Take: Lo nuevo del arte mexica en Berlín", *Milenio*, 30 de octubre de 2002.
7. Christopher Knight, "The Border Realigned", *Los Angeles Times*, 20 de septiembre de 2002
8. Véase *Santiago Sierra. Pabellón de España. 50ª Bienal de Venecia*, Ministerio de Asuntos Exteriores de España, 2003.
9. Cuauhtémoc Medina, "Conozca México", *Parachute*, núm. 104, noviembre 2001 (con textos de Carlos Monsiváis, Cuauhtémoc Medina, Mario García Torres, Magali Arriola, Rubén Ortiz Torres, Patricia Martín, Olivier Debroise y Michelle Faguet).

El tema de la movilidad como aglutinante abstracto de un grupo de artistas en esta exposición tiene la intención de incluir bajo un elemento asmático particular el trabajo de artistas que, aun si tienen como uno de sus puntos de acción el ambiente artístico de la ciudad de México, no se han propuesto una serie de parámetros comunes mas allá de la adopción casi compulsiva de medios diferentes a la pintura y escultura tradicionales. Se ha querido ver el elemento de movilidad en la obra de todos ellos. No queda otro remedio que aplicarlo de manera diferente en cada caso.

Transporte post-urbano

La obra más antigua de la exposición *Piedra que cede* (1992) de Gabriel Orozco consiste en una bola de plastilina de peso igual al del artista. La obra surgió, como él mismo explica, de la necesidad. De esta manera pudo cumplir con un compromiso en la ciudad de Nueva York, evadiendo el uso de materiales y transporte demasiado costosos para él en ese momento. La maleabilidad del material hace a la pieza susceptible de interminables transformaciones mientras se la transporta de un lugar a otro. Los restos de piedras y basura en el camino pasan a formar parte de la misma como también las huellas de los dedos de un espectador curioso. Con esta "piedra" viene a la mente el concepto duchampiano de lo *infraleve*, llevado a una claridad y certeza que son difíciles de igualar. Si los tubos de pintura sin usar son para Duchamp *infraleves*, su posibilidad de transformación se ve disminuida cuando se pinta con ellos un cuadro o un letrero. En cambio, la *Piedra que cede* mantiene este carácter durante toda su existencia. En la época en que la produjo, Orozco jugaba con la idea de hacer una obra de arte infinita, muy a la manera de algunas metáforas memorables del escritor argentino Jorge Luis Borges.

A pesar del gigantesco número de registros posibles, es el olvido, y no la memoria la interpretación aplicable de la redondez adquirida impersonalmente por ese material designado como objeto de arte. La obra, interminablemente abierta, es análoga al silencio nihilista de Cage. El exceso de mutabilidad deviene en un efecto sublime: cuando se refiere esta pieza a la infinidad de posibilidades, la mayoría de éstas quedan necesariamente fuera de la presentación. Después de haber rodado por varias galerías y museos, la bola de plastilina queda a la vista y su parquedad formal decepciona y deja que la imaginación sea presa de la perplejidad.
En otras piezas, como *Sandals' Tale* (1996) Orozco, además de interesarse por la figura del nómada, revela su interés por las formas que son consecuencia del uso, el rodamiento y el desgaste. La fotografía en este caso se usa para documentar los restos de un proceso real: el transporte de la gente de un lugar a otro en una región donde hay relativamente pocos transportes. La mistificación no se encuentra dentro de los intereses de este artista y es más bien una cierta nostalgia por lo real la que nutre la mayoría de su trabajo fotográfico.

Una actitud totalmente diferente constituye el trabajo de Francis Alÿs, que si bien ha apuntado a procesos similares en obras como *El colector* (1991-1992) y *Zapatos magnéticos* (1994), muestra un interés mayor por que las obras se transformen y degeneren no sólo físicamente sino también en su proceso de mediatización. Así pues, las caminatas que Alÿs ha ejecutado en su quehacer artístico son fotografiadas, pintadas por rotulistas comerciales, transformadas en fábulas o moralejas, etc. No hay compromiso con lo real, que se toma como una fábula más entre todas las posibles. En otras ocasiones la obra es la ejecución de una acción sencilla que a través de sus implicaciones deja fuera tanto la expresión personal como una consigna política. Muchas de las obras se construyen a partir de preguntas acerca de la situación cultural de un individuo, aparentemente exiliado.

Así, por ejemplo, podemos ver a este artista posando junto a las líneas de desempleados alrededor de la catedral metropolitana. Mientras que cada trabajador vende su trabajo por medio de un letrero que indica su oficio (plomero, yesero, herrero, etc.), Alÿs exhibe las contradicciones de su ser (artístico) en el mundo con un letrero en el que se lee "turista". En otras obras de Alÿs, la condición nomádica es el único contenido de la pieza, como en el evento fronterizo inSITE 97 en el que Alÿs se propuso ignorar la principal razón de ser del evento, la frontera, al rehusar cruzar de un lado a otro de la misma. Darle la vuelta al mundo para llegar de un lado a otro sin tocar la línea fronteriza, dotaba a la misma de un sentido incierto pero intenso por proceso de eliminación. Alÿs se encargó —y esto tiene que tomarse en cuenta— de erradicar toda implicación crítica de su acto en los volantes descriptivos de esta obra. En *Paradoja de la Praxis* (1995) vemos las frases "A veces hacer algo no lleva a nada" y "A veces no hacer nada lleva a algo". En los vídeos presentes en la exposición el antiquísimo dilema de la acción contra la contemplación queda vuelto de cabeza a través de dos acciones sencillas, el empujar un cubo de hielo por las calles del centro de la ciudad de México y el registrar los movimientos impredecibles que el viento impone a una botella de plástico tirada en el suelo.

Enrique Ježik aborda el movimiento en la obra *Terreno* (1998), en la que cambia el punto de vista de un caminante simplemente con el acto de amarrar una cámara de vídeo a cada uno de sus pies. Tratar de identificar el terreno evocado en el título es una tarea de desenlace incierto: por un lado puede tratarse de la demarcación de la ruta transitada por el camarógrafo, pero por otra puede ser el terreno de la pantalla electrónica del vídeo, que durante el movimiento ha sido desacelerada a ocho cuadros por segundo (en vez de los treinta habituales). Pero el acto de Ježik no consiste en un intento de representar el terreno, sino que la principal función de crear una manera diferente de vivir el acto de caminar es la generación de un nuevo terreno; es la manera de crear un espacio no codificado, un terreno no investigado y por el momento incapaz de ser convertido en propiedad. Se trata de un ejercicio de des-territorialización, cuya única posibilidad de plusvalía es la imaginación estética.

La obra de Alÿs, Ježik u Orozco adopta el nomadismo como expresión política. La interpretación es casi siempre imposible, lo importante es la actualización del devenir, el rechazo a toda noción de territorialidad, sea ésta psicológica (en la imposición de una presencia hablante) o nacionalista (en la conformación de los límites de un sujeto histórico).

La condición nomádica es importante también para Melanie Smith, que en su trabajo tiene una actitud de fascinación ante la banalidad y la denunciación. En obras como *Orange Lush*, Smith recolectó objetos cuya coloración fuera el color naranja, ampliamente utilizado por ser tan llamativo. La función práctica de los objetos no tiene importancia en estos trabajos, sino más bien su calidad de residuos de un mundo de intercambio comercial que a veces destruye en lugar de construir una cultura local. Al incluir en el lote cualquier objeto que tuviera este color, Smith eliminaba una interpretación narrativa, simbólica o inclusive decorativa de los objetos, y más bien dejaba a la colección colgando del vacío.

Gran parte de las instalaciones de Smith son conscientemente construidas para carecer de toda alusión nacional o regional específica, se trata de generar situaciones que uno podría ver en cualquier lado; además de una galería de arte, tal vez una discoteca, o una tienda de vídeos, o una oficina de turismo. Esta renuncia de la artista a la identidad cultural (e inclusive genérica) es uno de sus rasgos más sobresalientes. El lugar del arte es convertirse en doble mudo, pero a la vez altamente codificado, de los lugares de intercambio sexual, comercial, etc. Una actitud de júbilo, más que de crítica o lamentación, es la más intrigante en las situaciones creadas por ella. La reproducción de las escenas citadinas que se repiten una y otra vez al trasladarse de una cultura a otra son bastante específicas pero exiliadas, aun en su contexto citadino original. Su traslado a un espacio artístico tal vez permite ver al mismo tan sólo como un espacio para el intercambio carente de diferenciación trascendente.

Las características particulares del entorno citadino fueron el campo de juego para Diego Gutiérrez en su pieza acerca de la Torre latinoamericana de la ciudad de México. El ejercicio consistió en activar la vida cotidiana de este rascacielos con eventos diferentes. El espacio público del elevador fue registrado en vídeo desde diferentes puntos de vista, la entrada y el interior. En la parte climática de este ejercicio, el elevador fue el medio de transporte para una serenata con cantantes vernáculos. La acción pretende incidir en el juego de relaciones sociales cotidianas del edificio, agregando el humor y un efecto de lo absurdo que no se aleja demasiado de las prácticas del recientemente fallecido Allan Funt, pionero de los programas televisivos de cámara escondida. Gutiérrez se interesa por el valor simbólico de este edificio, que en la época de su construcción significaba una especie de emblema del progreso. Ahora la diversidad de negocios como las oficinas de seguros, las empresas de videntes charlantes o el acuario decadente ponen un agradable contrapunto a la sobriedad y racionalidad de la arquitectura modernista que los rodea. Gutiérrez además trató de incluir todos los recursos que pudiera brindarle este edificio, al utilizar el helicóptero de la estación Radio Red para hacer un vídeo de la torre o inclusive la entrega de papelitos con mensajes anónimos de mano en mano. Gutiérrez logró dar vida a varios ideales del arte público (salvo, tal vez, la articulación de un mensaje demasiado específico) y parece deshacerse casi por completo del interés por la escultura cinética que caracterizaba su trabajo anterior. Sin embargo, tal vez ahora se trata simplemente de un tipo más sofisticado de máquina, cuyas partes se ponen a funcionar para apuntar más claramente a sus puntos conflictivos.

Otro artista que ha trabajado con el movimiento, pero ahora como metáfora principal de un gran cuerpo de obra (al menos desde principios de los noventa) es Thomas Glassford. En su larga serie en torno al bule, el objeto cotidiano y milenario para transportar líquidos, Glassford investigó a profundidad la relación de los objetos con el cuerpo, en cierto modo también, como estos objetos construyen una noción de corporeidad, a veces a través del fetichismo y la simulación electrónica. En otros casos la movilidad era interrumpida por medio de superficies de cuero, plástico y otros materiales que el crítico de arte Olivier Debroise ha interpretado como versiones del paisaje inconmensurable e intoxicante del desierto texano.

Glassford ahora trabaja con la manera en que la razón de ser de los objetos es precisamente el facilitar la circulación de los cuerpos. En varias instalaciones se utilizan materiales que generalmente ayudan al traslado humano, como barandales o espejos retrovisores y que son parte de todo un sistema creado para ser ignorado en el cumplimiento de su función. El momento en que un objeto de uso revela su ineficiencia puede ser también el que nos hace verlo por primera vez. Glassford alude sin duda a la manera en que los objetos, incluyendo por supuesto los objetos de arte, crean una ruta específica a la que es preciso adaptar un comportamiento. No se trata aquí de denuncias particulares sino de la vuelta del signo sobre sí mismo como estrategia de investigación.

Gabriel Kuri también está interesado en la recodificación del devenir cotidiano que desemboca en objetos extraordinarios por sus características particulares, pero a la vez completamente acordes con una lógica cotidiana. La finalidad es la creación de un espacio imaginario que difiera muy sutilmente de los caminos habituales de codificación. Es así en las fundas para llanta de refacción creadas entre 1995 y 1998 que llevan leyendas como *Maqueta para monumento*, *Mapa de la ciudad* o, simplemente *Burbujas de pensamiento*, de las empleadas en las historietas. El objeto resultante no es tanto un espectacular objeto de lujo sino una intersección de varias líneas de asociaciones. Como en el *Terreno* de Ježik, estas obras, al aludir al tránsito, marcan un territorio de semejanzas cuya interpretación es difícil de enmarcar en un esquema mítico o lingüístico específico. Su aparente neutralidad, sin ser totalmente neutra, como la *Piedra que cede* de Orozco, es también una manera de transitar por los caminos del lenguaje. Un monumento cuya función es marcar definitivamente un lugar puede recorrer infinidad de lugares. Se designa como mapa a un tiempo el sujeto que transita, el vehículo mismo, una de sus partes o inclusive un artefacto necesario sólo en caso de accidente. Kuri está también interesado en el devenir temporal, tema íntimamente relacionado con el movimiento, pero diferente. Así es como en sus cajas de cereal *Extra* la recurrencia cíclica de la necesidad alimenticia se cruza con la necesidad (¿cíclica?) de pertenencia a un cuerpo social. El periódico y la caja del cereal del desayuno... incluso la obra de arte misma revelan sus afinidades dentro de la lógica del consumo que las unifica.

Philippe Hernández ha desarrollado un cuerpo de obra en la ciudad de México que es difícil encajar en relación con esta muestra. El nihilismo desidioso y en cierto modo paralizante de esta obra, una de las más pesimistas en el ambiente local, a veces parece caer en la contradicción al ser transformada en letrero público, simula ser un mensaje hacia la colectividad. Sin embargo, como en uno de sus más acertados letreros (*I'm not selfish, I'm destroying you too*), las coordenadas de este virus del lenguaje llamado arte quedan, como en muchos otros casos en el ambiente artístico de esa ciudad, por los suelos, y vienen acompañados de una risa seca a la que es tremendamente difícil responder en ningún sentido. Si la muestra que nos ocupa es acerca de la movilidad, la imaginación de Hernández es un ejemplo de falta paranoica de la misma. Al menos un buen descanso en las cariñosas costumbres comunicativas actuales. Por supuesto que no vamos a transformar a este artista en *flâneur*, aunque si... tal vez sea un engendro amodorrado y gélido del mismo tipo psicológico.

Otro artista más queda aparentemente aislado del resto de la selección curatorial. Marco Arce es el único artista incluido cuyo trabajo ha sido primordialmente pictórico. La principal aportación de Arce es su cuidadosa utilización de imágenes provenientes de todo tipo de fuentes, desde las utilizadas en revistas y periódicos hasta las dedicadas al estudio de la historia del arte. En sus retratos del artista protoconceptual italiano Piero Manzoni, Arce parece buscar un lugar para la pintura en el confuso espectro del arte contemporáneo. Más que quizá cualquier otro pintor mexicano, está al tanto del desarrollo del arte conceptual, y frente a la pintura neo-expresionista cuyo auge abarca casi dos décadas, propone una circulación de imágenes en las que la personalidad del pintor como sujeto productor de un significado trascendente se disuelve. La labor de reciclaje es más importante en este ejercicio que la expresión. El personaje de Manzoni aparece en pleno éxtasis aurático y pasa luego a formar parte de una delirante gama de transformaciones obsesivas. Arce aprovecha las ventajas de un oficio extraordinario en su entorno y en cierto modo revierte las ambiciones de fusionar el arte en la vida, al considerar la pintura como parte de la misma. Esta reversión, hoy en día tradicional (pensemos en un ejemplo reciente, Mike Bidlo) tiene en Arce un interés claro por la figura publicitaria del artista, como si la posibilidad de la creación artística post aurática fuera una cándida utopía. En Manzoni, el aura de la obra es transferida al artista, y luego, en estas pinturas se reestablecen las piezas de esta construcción como obra de arte con los medios tradicionales que el italiano ridiculizó en varias ocasiones. Después de una serie de transformaciones que minan al aura en su base misma, el estatuto del objeto artístico se compromete. Las obras tienen un efecto aurático, pero no son reliquias, su originalidad es dudosa. Se trata de la creación de un retruécano de contradicciones y reversiones cuya finalidad se pierde en la implosión del intercambio.

Rumba (al ritmo del espasmo tecnológico)
La violenta proliferación de medios tecnológicos que ha sufrido México, sobre todo después del ingreso al TLC, no puede pasarse por alto al tratar de entender los más recientes sucesos artísticos del país. No queda muy claro si la adopción de estrategias novedosas desde el punto de vista tecnológico es vista como una herramienta o como un fin en sí misma.

En *El Rastro. Presencia remota insinuada* (1995), de Rafael Lozano-Hemmer, la intención de registrar el movimiento humano en tiempo real es una de las más visibles. Esta instalación radica en la interconexión de dos habitaciones por medio de aparatos que registran el movimiento de tal manera que un participante en una habitación puede saber la posición) de un segundo participante que se encuentra en otra. Ambos pueden jugar con la presencia fantasmal de su contraparte, que se indica por medio de haces de luz y un monitor de vídeo. A pesar del énfasis lúdico y casi sentimental que el artista imprime a su obra interactiva, el hecho de que exista un medio para reducir la posición de una persona individual a una serie de datos trae a la mente un futuro en el que los sistemas de supervisión son "conscientes" de todos y cada uno de los movimientos humanos.

¿Es la intención de esta obra el transformar el mundo real en virtual o es un medio para crear consciencia del propio cuerpo en relación con los demás cuerpos? Como muchas de las nuevas tecnologías, se trata de una actualización reiterativa del espacio cartesiano, de su perfeccionamiento digitalizado para la expansión de una sociedad informática. En proyectos como éste se hace evidente que el concepto de individuo se vuelve cada vez más dependiente de su carácter normativo.

Una pieza como ésta requiere de una capacidad de producción altamente sofisticada que implica la organización del trabajo de varias personas. Ahora, a la figura del artista solitario y genial debe sumarse la del artista empresario, productor y administrador de una amplia gama de recursos. Otros artistas en México han ido un paso más allá, y, haciendo eco de sucesos en todo el mundo, han establecido empresas dedicadas a diferentes tareas. *Mejor Vida Corp.* es una empresa originalmente concebida por Minerva Cuevas que hace uso de tecnologías mucho más modestas que Lozano Hemmer, pero aun así su proyecto tiene como fin el aprovechar la multitud de opciones en materia de tecnología, especialmente las de distribución masiva de los mensajes y productos. Según Cuevas, su proyecto "recorre las fronteras del activismo, asume una postura política, hace uso de la tecnología y se sirve de estrategias publicitarias". La corporación de una sola persona tiene varios elementos, entre ellos una estación de radio, la creación de una red de información sobre eventos culturales y mediáticos, la utilización satírica del espacio editorial y, por último, la producción de artículos y su distribución a través de un sitio web. Dichos artículos tienen connotaciones de la llamada "contracultura", siendo algunos de ellos *las galletas de cannabis*, o bien tienen un fin casi altruista, como *los precios ficticios y eficaces de artículos de primera necesidad*. Las diferentes técnicas de los *hackers* son utilizadas con resultados a veces sorprendentes. A medio camino entre la práctica subversiva y la broma adolescente, la mayoría de sus creaciones revelan una actitud crítica ante la indiferencia que parece permear a varios sectores de la sociedad en torno al problema de la pobreza extrema que se ha intensificado en los últimos años a pesar de los avances "macroeconómicos" en México. *Mejor Vida Corp.* tiene aún mucho por hacer en lo que se refiere a una crítica, una propuesta o "postura" definida, aunque tal vez sea esta especie de indefinición teórica la postura que se asume. No es tanto el desarrollo de una crítica como la aplicación de algunas nociones contestatarias. Pero no cabe duda que proyectos como éste son el embrión de una lucha cada vez mas encarnizada por el control de los medios de comunicación.

Miguel Ventura se ha dedicado a investigar la relación de construcción-destrucción existente entre la sociedad y el cuerpo. Desde sus primeras pinturas puede verse este interés por la desintegración del cuerpo, en esos primeros trabajos relacionados con la epidemia del SIDA. En un excelente producto editorial, *Los Cuadernos de Mademoiselle Heidi Schreber*, Ventura trata de definir el concepto de enfermedad desde el punto de vista del lenguaje y su papel en la constitución del cuerpo social e individual. Ventura también creó una pequeña empresa, el *New Interterritorial Language Committee*, pero como él indica "[...] las propuestas del NILC son de una retórica política y social perversa, tomada de *Mein Kampf* o el vocabulario de la Revolución Cultural china y que, combinadas con un ingenuo sentido de la alegría de vivir, inevitablemente sabotean cualquier forma de participación con esta organización". Ventura ha recurrido a otros medios como el vídeo y la confección de múltiples. El curador Robert Boyd ha escrito que en los vídeos de instrucciones presentes en esta exposición: "encontrando puntos de contacto entre los métodos didácticos autoritarios y el deseo de pureza racial encontrado en la eugenesia, Ventura parodia los estándares pedagógicos y al mismo tiempo sugiere sus implicaciones más oscuras". El arte no sólo se encarga de analizar las tecnologías de comunicación sino también las de mejoramiento corporal (tal vez, un mismo problema). El concepto y la conformación del sujeto como estrategia normativa de las sociedades occidentales contemporáneas son el punto más claro de la crítica-fascinación de Ventura. Su estrategia es una de desbordamiento; un explosivo contrapunto de la claridad apolínea que abunda hoy en el arte neo-conceptual mexicano.

Historia de la definición (o viceversa)

La obsesión por la circulación en esta muestra es en muchas ocasiones sintomática del shock tecnológico que sufre la clase media de un país con un pie en la milpa y otro en el cyberespacio. Por un lado, hay un amplio sector de la sociedad agrícola que vive casi suspendido en el tiempo, pero en las grandes ciudades la transformación de las instituciones y de las costumbres es tan veloz que apenas puede identificarse alguna continuidad con las certidumbres más queridas de otros tiempos. Ciertamente podría decepcionar a algunos la ausencia de rasgos "nacionales" en mucho del trabajo aquí presentado. Ahora (como en otros momentos de la historia mexicana) los artistas están tomando el riesgo de diluirse por completo en una cultura cosmopolita que a veces se mal entiende como global. Hay sin embargo artistas que se interesan por trabajar a partir de los parámetros que implican una historia y una identidad culturales.

Silvia Gruner y Rubén Ortiz Torres han decidido enfrentar los problemas de la transformación de la cultura mexicana por diferentes caminos. En el caso de Gruner, las reliquias del pasado prehispánico, tan importante en otros momentos para la construcción de una identidad nacional y por eso mismo también para la legitimidad de las instituciones estatales, es abordado con una actitud más bien escéptica. Gruner efectúa con los restos arqueológicos preguntas acerca de la viabilidad del "espíritu nacional", sin que la información quede totalmente libre de sus referencias míticas. Así, en el vídeo *No jodas con el pasado, puedes quedar embarazada*, se pone de cabeza el arquetipo de las pequeñas diosas de la fertilidad al relacionarlo con una actitud femenina contemporánea (occidental). El mismo uso ambivalente del arquetipo se encuentra en el vídeo sobre la pieza de *A la mitad del camino*, realizada para el evento de inSITE 94, en el que Gruner hace uso de la figura de Tlazoltéotl, una diosa mexica asociada al amor carnal, pero también a la basura, la putrefacción y la inmundicia. Varias figuras de la diosa se colocaron en una parte de la barda que las autoridades gubernamentales de Estados Unidos erigieron a lo largo de la frontera con México. La circulación queda asociada a la interacción y descomposición fértil, a la putrefacción vista en sentido positivo como intercambio social, económico y cultural. La figura de la diosa es seriada, ya no una pieza con valor arqueológico, y tal vez el hecho de que la figura que Gruner escogió es espuria, sirva para enfatizar que las bases mítico-históricas de una nacionalidad han perdido definición y vigencia, sin que esto sea un obstáculo para entender y aprovechar las aportaciones de las culturas prehispánicas. El carácter documental del vídeo sobre la instalación es casi una denuncia que no deja de tener un tono antropológico y, en cierto modo, espectacular. La presentación de una realidad local alrededor de la obra hace posible una interpretación de en *A la mitad del camino* como una obra que se pregunta sobre lo general y lo particular en torno a los problemas que implican los movimientos migratorios.

El *Alien Toy* (1997) de Rubén Ortiz Torres, un artista mexicano radicado en la ciudad de Los Ángeles, California, plantea otro tipo de descomposición o recomposición cultural. Su estrategia de disolvencia quiere abarcar no sólo las fronteras nacionales sino también las precarias y artificiales divisiones entre alta y baja cultura. La desestabilización de la figura del artista individual —como hemos visto, un elemento presente en la obra de varios artistas de la escena mexicana— ha sido llevado a un extremo en la obra de Ortiz Torres, que en este caso se dedica a cambiar el contexto cultural de un *low rider*. Así es como el coche acrobático construido por "Chava Muñoz", originariamente destinado a concursos automovilísticos que tienen un sentido (¿estético?) particular en la cultura mexico-norteamericana de Los Ángeles, se transforma en el *Alien Toy*. La inclusión del personaje alienígena o extraterrestre, desarrollada ampliamente por este artista a lo largo de varios años, señala irremediablemente la discontinuidad entre los esquemas culturales a los que se aplica. Como en sus vídeos y sus pinturas de chácharas fronterizas, el interés de Ortiz Torres con su *Alien Toy* no es la exhibición chauvinista de una nacionalidad, ni la promoción turística de los rasgos culturales de una comunidad, sino un ensayo *in situ* de hibridación transcultural cuyo objetivo es precisamente la negación de una jerarquía mítica o política impuesta verticalmente y, al mismo tiempo, un estudio sobre la transformación contradictoria de las narrativas, las costumbres y los tropos visuales a través del tiempo. En casi toda la obra de Ortiz Torres queda en suspenso la pregunta de sí el sistema artístico puede en efecto abordar los problemas sincrónicos de una sociedad sin transformarlos completamente al proponer una interpretación.

La obra documental y fotográfica que Ortiz Torres ha desarrollado desde principios de los noventa es un tipo más dinámico de estudio iconográfico, cuyos rasgos distintivos son el uso del color y su interés por las comunidades que no se ajustan fácilmente dentro de las corrientes de la fotografía antropológica o del canon del arte moderno o vanguardista. Los contrastes irónicos son un elemento constante, y es la hibridación precisamente la respuesta incomoda ante las nuevas sociedades que pronto quieren reducir la vida de sus habitantes a fórmulas esclerotizadas y simplistas del intercambio cultural.

Por ultimo, Damián Ortega incluye en la muestra una escultura cinética que, a diferencia del resto de su trabajo, se centra más bien en la confección de un signo para un aspecto de la situación socioeconómica del país. En *Movimiento en falso. Estabilidad y crecimiento económico* (1999) tres tambos de los que se usan habitualmente para transportar petróleo giran desafiando a la gravedad y la percepción, aludiendo a la precaria historia de la industria petrolera nacional. Siendo este recurso administrado y explotado exclusivamente por el gobierno federal, el eslogan "estabilidad y crecimiento económico" pasa a formar parte de una sofisticada caricatura política. La dependencia de las finanzas públicas del petróleo y la fascinación que este recurso ejerce en la imaginación del país han provocado más de una crisis económica con nefastas consecuencias para la mayoría de la población. No queda clara la posición del artista al respecto, pero es demasiado evidente para un espectador local que la paraestatal petrolera ha sido el eje de encarnizados debates en los últimos años de apertura económica. La pieza no nos ayuda a entender el problema, ni aporta material para llegar a una conclusión, pero no deja de ser una imagen elocuente y humorística de la confusa situación.

Aceleración e inmovilidad

La variedad y la cantidad de arte contemporáneo en México pueden tener muchas interpretaciones, pero es sin duda muy claro que tanto los discursos que atraviesan las obras como las actitudes específicamente artísticas no pueden ser explicadas basándose únicamente en la historia artística nacional. Alguien que quisiera saber en qué circunstancias se encuentra el país a través de su arte tendría que conformarse con un signo de interrogación en una tipografía rústica. La independencia del arte mexicano fue mas bien un evento extraordinario a la que algunas personas todavía dedican una contemplación nostálgica, pero nada sería más dañino para la cultura nacional que una política cerrada o programática. Vemos ahora la absorción de una práctica cosmopolita multiforme a la que los artistas mexicanos se están adaptando y a la que ocasionalmente logran aportar intuiciones extraordinarias. Pero el sabor de la nueva ola de arte contemporáneo en México está mucho más cargado de dudas que de ciego optimismo. Si la aceleración es la manera de conservar la inmovilidad en las sociedades desarrolladas, a lo mejor no es tan coherente simplemente dejarse llevar. La ruta tiene que inventarse, como siempre, incesantemente y para ello la labor tiene que evitar el conformismo mercantil, ideológico o de otro tipo. Tiene que aprovechar un momento incierto, sin apresurarse a abrazar consignas provenientes del fundamentalismo de mercado (aunque sean placenteras, aunque sean nacionales, aunque sean "lo que todos queremos oír"). La transición a la democracia no ha sido aun consolidada. Es posible que al final de cuentas se caiga en un régimen aun más inquebrantable y sofocante. El ingreso al "primer mundo" queda aun muy lejos, tal vez por suerte. México (y en esto tampoco es excepción) enfrenta problemas que no pueden solucionarse con recetas. Es dudoso, por otra parte, que los artistas sean algo más que un elefante blanco con una banderita. No importa la nacionalidad del artista. De hecho los artistas podrían encontrarse en todos lados en una situación de exilio. ¿Son sus ruinas circulares y sus abismos nihilistas los signos de una ruptura mas profunda, de una desintegración de la identidad en sí, cuyo desenlace no nos atrevemos a imaginar? Si yo supiera la respuesta no lo estaría preguntando.

Apuntes para una (des)contextualización del arte contemporáneo mexicano Magali Arriola

Ésta es una síntesis de un texto presentado en Madrid, en el marco de las conferencias Nuevos selectores del arte contemporáneo *organizada por Agustín Pérez Rubio y Rafael Doctor para ARCO, en febrero de 2002.*

La práctica curatorial se presenta como un ejercicio de observación, reconocimiento y análisis que permite llevar a cabo, desde las propias obras, una evaluación de los distintos sistemas y estructuras que rigen nuestro entorno cotidiano. De ahí que el ponderar y sopesar los contextos desde y para los cuales se está trabajando sean factores determinantes para la elaboración de todo proceso curatorial.

¿Qué sucede cuando, dentro de este proceso de comunicación que representa una curaduría, difieren las plataformas de emisión y recepción del mensaje? En otras palabras, es necesario preguntarse cómo ha de insertarse un discurso determinado dentro de lo que llamamos cultura globalizada, sabiendo que los parámetros de percepción y de articulación de las obras suelen obedecer a un sinnúmero de variables que se modifican de una localidad a otra. Quizás esta disyuntiva solo pueda resolverse si asumimos que, al llevar a cabo una tarea curatorial y sentar una serie de parámetros desde los cuales se puede acceder a la lectura de una pieza, se genera un contexto artificial que pretende ubicarse en un espacio de tránsito en el que lo local y lo global puedan dialogar y complementarse mutuamente.

El ejercicio crítico de la curaduría habría de concebirse como una estrategia discursiva que, si bien se respalda en las condiciones de gestación y de realización de las obras, aún debe localizar sus posibles puntos de fuga, para entonces proponerse como una plataforma de intercambio entre los distintos agentes que contribuyen a formar el engranaje cultural: no sólo artistas, crítica y curadores, sino público y contexto. En este sentido, el interés de seleccionar y reunir distintas obras para conformar una exposición reside en los posibles significados que detonan, no sólo una a una, sino en conjunto, y el interés de la curaduría como tal reside en la maniobra que representa al tratar de crear nuevos espacios perceptivos que logren esbozar distintas lecturas o relecturas, a favor o en contra de, nuestras construcciones culturales.

Aquí quisiera referirme a la exposición *Coartadas*, que recientemente presenté en el Centro Cultural de México en París; un caso particular que planteaba distintas problemáticas en relación con la elaboración de un discurso curatorial desde una plataforma y un contexto específico —México—, así como en lo que respecta a su posterior inserción y confrontación dentro de dos entornos singulares: por una parte, el propio espacio de exhibición, siendo el CCM una galería perteneciente al gobierno mexicano, cuya carga institucional presupone una serie de expectativas dentro de un marco politizado; y por otra parte, un contexto de recepción más amplio, como lo es la comunidad de arte parisina que ha generado sus propias inquietudes en cuanto a lo "mexicano", y a lo que se espera de sus manifestaciones artísticas.

Mi interés en realizar esta muestra y presentarla en el extranjero residía, por un lado, en abordar dentro de un espacio de representación gubernamental, y a través de la obra de un cierto numero de artistas, una problemática específica: las distintas estrategias que la población ha generado de manera espontánea para infiltrarse y remediar a las fallas y facturas de un sistema político, económico y cultural; y, por el otro, confrontar dicha problemática a lo que se perfila como a una nueva forma de exotismo, mediante algunas propuestas que abordan el problema desde México, refiriéndose a una puesta en escena de la estética de la marginación para poner en evidencia su instrumentalización.

Dicha situación abría de nueva cuenta el cuestionamiento acerca de cómo hemos de percibir a un país —dentro y fuera de él— que, en aras de la globalización, oscila entre su integración a una red internacional de intercambios y una recuperación, a escala de lo particular, de sus características locales más inmediatas; cómo hemos de reaccionar frente a la especificidad de un lugar cuando la noción de identidad se construye menos en función de una historia heredada y compartida, que a partir de la interacción entre los individuos que conforman una colectividad, y que intentan posar una mirada objetiva sobre su entorno. La disyuntiva que *Coartadas* planteaba radica en tratar de responder, cuestionar o, en su defecto, defraudar tan diversas expectativas sabiendo que cada una de ellas respondía a una serie de factores que atienden a distintas construcciones de índole mediático, político y cultural, sin por tanto traicionar el sentido de las obras.

Al operar a escala de lo particular, las obras incluidas en este proyecto se presentan como documentaciones, respuestas y especulaciones acerca de las distintas formas en que el individuo puede negociar su cotidianeidad. Entre ellas existen referencias al desarrollo de economías subterráneas e informales a través de las cuales la población genera su propia red de intercambios y complicidades dentro del tejido urbano (*El trueque*, Francis Alÿs); a la creación de empleos esporádicos que revelan las imperfecciones y resquicios de una economía productivista (*Línea de 30 cm tatuada en una persona remunerada*, Santiago Sierra); a la traición de instituciones como la Iglesia a cambio de una módica suma de dinero (los exorcismos *performados* ante la cámara de Miguel Calderón); a la institucionalización cuasi-antropológica de fenómenos como el narcotráfico (*Museo del narco*, Carlos Ranc); a la corrupción de las autoridades, y a los distintos conflictos sociales y raciales que subyacen detrás de ellas (*Poli I*, Yoshua Okón).

Ante este tipo de desbordamientos, se han desarrollado iniciativas como la *Campaña de Destitución* lanzada por el H. Comité de Reivindicación Humana en contra de diversas personalidades públicas del país; *Mejor Vida Corp.*, asociación creada por Minerva Cuevas para defender la interfase humana sin distinción de raza, sexo o religión; o una propuesta como la de Pedro Reyes y Jorge Covarrubias para reactivar un sector específico de la ciudad de México, la zona de Tlatelolco, rehabilitando el edificio conocido como la Torre Banobras a manera de jardín colgante que involucraría en forma activa a los residentes de la zona (*Catedral vegetal*).

En un país que se ha caracterizado por la impermeabilidad de sus estratos sociales y culturales, algunas de estas obras abren nuevas complicidades y perspectivas dentro de grupos o comunidades que instauran sus propios modelos de identificación e interacción. En este sentido, hay que hacer referencia a la recuperación del espacio público como lugar de acción, y a la revaloración de sus distintas modalidades como puntos estratégicos de confluencia y de encuentro, espacios de articulación urbana y espacios mediáticos de comunicación. Así, una iniciativa como la de Acamonchi, suerte de guerrilla cultural iniciada en la región de Tijuana/San Diego, a través de su colaboración con el reciente movimiento Nortec, ha buscado reivindicar la producción cultural de una zona que ha vivido bajo el estigma de la estética fronteriza, de la violencia, el narcotráfico y la prostitución, generando una amalgama cultural que pretende trascender las distintas caracterizaciones de una identidad regional.

El reconocimiento, la apropiación y tergiversación de las fuentes y los códigos culturales que se han dirigido a distintos estratos sociales también se manifiesta como una manera de borrar, así sea en forma momentánea, las fronteras que han separado la alta cultura de la cultura popular, estableciendo otro tipo de vínculos entre los distintos sectores de la población. La infiltración de las fotografías de Daniela Rossell en la revista *Quién*, la recuperación del formato de la telenovela (*Rinoplastia* de Yoshua Okón) y de la fotonovela (*Mía* de Teresa Serrano) por una parte reivindican a aquellas víctimas —sin distinción— de los argumentos y maniqueísmos de una cultura de masas, y, por otra, nos obligan a asumirnos como consumidores y colaboradores pasivos de sus distintas formas de manipulación. Esta contaminación de formatos entre las manifestaciones sociales, políticas y culturales también aparece en una reciente producción cinematográfica de difusión comercial, *Guerrero*, a través de la cual el diputado Felix Salgado Macedonio, tras haber sido amonestado por su mal comportamiento en la vía pública, buscó reivindicar su posición produciendo su propio largometraje. Dicha cinta contiene escenas reales y de ficción en las que Salgado Macedonio se representa a sí mismo como justiciero y vengador, instaurando una nueva forma de legalidad social.

Sabiendo que la construcción de una imagen de la realidad filtrada por los medios masivos de comunicación depende de sus perspectivas de registro y difusión, algunas de estas propuestas se erigen como una suerte de contracultura que corresponde, a su vez, a una puesta en escena de la de estética de la marginación, y de la instrumentalización del drama y de la ficción, y demuestran cómo la exaltación de la aventura fuera de la ley y la mediatización de lo prohibido y de la corrupción recientemente han formulado un nuevo modelo de exotismo que permite recoger todo tipo de desbordamientos. La pieza de Francis Alÿs *Re-enactments* resulta significativa en este sentido. La obra consiste en una doble proyección en la que la confrontación de un hecho real a su posterior puesta en escena —en este caso el caminar armado por la ciudad hasta ser detenido por la policía— revela los desfases que surgen entre el desarrollo concreto de una situación y sus posteriores formas de mediación a través de una imagen construida.

A este respecto, es interesante referirse al éxito internacional que recientemente han tenido películas como *Traffic* de Steven Soderbergh o *Amores perros* de Alejandro González Iñárritu, y que han servido como referencia para evaluar algunas de nuestras manifestaciones artísticas y su relación con el contexto nacional. La producción mexicana *Amores perros* se asume como una ficción que se refiere con una crudeza —por momentos casi irónica— a las distintas realidades que compiten en el tejido urbano de la ciudad de México, para transmitir la "idea —según su director— de que cualquier cosa puede suceder en México, en cualquier momento la violencia, la traición, la mentira, sin importar la edad o la clase social. [...] No utilicé ni una sola toma en la que se pudiera reconocer expresamente a la ciudad, pero necesitaba que México D.F. fuera el campo de batalla"[1]. Por su parte, *Traffic* reivindica un carácter documental que, al tomar como hilo conductor la guerra contra el narcotráfico como una cruzada épica del bien contra el mal, establece dos tipos de registros visuales que sirven para demarcar las fronteras político-culturales que separan a México de los Estados Unidos: mientras que la imagen nítida y compacta representa el lado americano, la crudeza de los colores sepia y de una cámara inestable simbolizan el territorio mexicano. Para respaldar la supuesta objetividad de su relato, algunas de las escenas grabadas entre el zar antidrogas —Michael Douglas— y los senadores, periodistas y agentes fronterizos norteamericanos son discusiones improvisadas entre el actor y estos personajes de la vida real: "En la frontera y en las oficinas del EPIC [El Paso Inteligence Center] —relata Soderbergh— teníamos a verdaderos oficiales explicando al personaje de Michael Douglas lo que hacen, cuáles son sus problemas, cómo sentían que su trabajo podría mejorar a través de la recaudación de dinero y gracias a la publicidad".

Puesto que ambas películas abordan realidades sociales muy concretas, aún queda preguntarse a los intereses de quién obedece su mediatización. Una cinta como *Amores perros* aparece —cuando es vista desde México— como una forma de entendimiento o de reconocimiento de cierto tipo de dinámicas de la vida cotidiana que, una vez tipificadas e identificadas, pueden sin duda ser neutralizadas. *Traffic*, por su parte, si bien concede que, aún cuando la droga provenga de México, el consumo (y el dinero) radica en los Estados Unidos, no titubea al recalcar a través de su estratégica interlocución con elementos de la DEA y demás instancias del gobierno americano, que el problema se origina, y por lo tanto se localiza, en un mundo turbio del otro lado de su frontera.

La paradójica situación por la que atraviesa el arte contemporáneo, al resguardarse, por un lado, bajo el manto redentor que conlleva el activismo o la denuncia social, y, por el otro, al formar parte del complejo engranaje de circulación de la industria cultural, por momentos no dista demasiado de aquella que define los códigos de distribución y los parámetros recepción del cine comercial en función de intereses más complejos. En otras palabras, mientras que una parte de las manifestaciones artísticas generadas desde México se han esmerado en establecer una negociación endémica entre el contenido político y estético de las obras y sus condiciones de gestación, su recepción fuera del país aún parece sujeta a una serie de modelos culturales que sirven como herramienta para la interpretación del contexto en el que dichas manifestaciones se insertan. En este sentido, la infiltración, recuperación e inversión de determinados códigos mediáticos por parte de algunos de los artistas presentados en esta muestra quizá sirvan para interceder entre el registro de una experiencia individual, y la construcción y difusión de una historia colectiva.

1. Entrevista con Alejandro González Iñárritu, http://www.pagina12.com.ar/2000/00-10/00-10-18/pag29.ht

Eduardo Abaroa (México D.F., 1968)

Estudia en la Escuela Nacional de Artes Plásticas-UNAM, México D.F. Entre sus exposiciones colectivas destacan "Mexico City: An Exhibition about the Exchange Rates of Bodies and Values", PS1 (Nueva York, EE UU, 2002); "Axis Mexico: Common Objects and Cosmopolitan Actions", San Diego Museum of Art (San Diego, EE UU, 2002); "La Persistencia de la Imagen", Museo de Arte Carrillo Gil (México D.F., 2001); "InSite'97", (Tijuana-San Diego, México-EE UU, 1997). De manera individual ha expuesto en "Calimocho Styles", en colaboración con Rubén Ortiz Torres, Galería OMR (México D.F., 2002); "Recent Models & Freaks", Jack Tilton Gallery (Nueva York, EE UU, 1999); "Paseos del éter (línea muerta) control remoto", Galería OMR (México D.F. 1997); "Artículos epilépticos", Art Deposit (México D.F., 1996); "Don't Give me no Ideas", Iturralde Gallery (Los Ángeles, EE UU, 1995). Vive y trabaja en México D.F.

Carlos Arias Vicuña (Santiago de Chile, 1964)

Licenciado en Artes Plásticas en la Universidad de Chile y Maestro en Artes Visuales por la UNAM de México. En su trayectoria de exposiciones colectivas destacan "Erógena", Museo de Arte Contemporáneo Carrillo Gil-Stedelijk Museum voor Actuele Kunst. (México D.F.-Gante, Bélgica, 2000); "Soleils mexicains", Petit Palais (París, Francia, 2000); "TRACE: First Liverpool Biennial of Contemporary Art, Exchange Flags" (Liverpool, Inglaterra, 1999); "El arte narrativo", Museo de Arte Internacional Rufino Tamayo (México D.F., 1984). Sus muestras individuales incluyen Galerie Albrecht (Munich, Alemania, 2003); "Bordado: 1994-1998", Museo Nacional de Bellas Artes (Santiago de Chile, Chile, 1999); Bordado, Galería OMR (México D.F., 1996); "Porque llora el niño", Galería Arte Actual Mexicano (Monterrey, México, 1996). Vive y trabaja en Puebla, México.

Iñaki Bonillas (México D.F., 1981)

Se formó como artista en el Programa Centro de Arte. De manera colectiva ha expuesto en "Los usos de la imagen: fotografía, film y video en la colección Jumex", MALBA (Buenos Aires, Argentina, 2004); "Utopia Station", Biennale di Venezia (Venecia, Italia, 2003); "Zebra Crossing", Haus der Kulturen der Welt (Berlín, Alemania, 2002); "Pictures of You", The Americas Society (Nueva York, EE UU, 2002); "Do It", Museo de Arte Carrillo Gil (México D.F., 2001). De sus exposiciones individuales destacan "Five Minutes to Die", Galería OMR (México D.F., 2004); "Iñaki Bonillas", Galerie Meert Rihoux (Bruselas, Bélgica, 2003); "Photographic Views from a Wall", Galería de Arte Mexicano (México D.F., 2002); "Audiovisivi", Galería Boedone (Milán, Italia, 2001); "Sala de Proyectos", Museo de Arte Carrillo Gil (México D.F., 2000). Vive y trabaja en México D.F.

Mariana Botey (México D.F., 1969)

Obtiene un Master en Bellas Artes en la Universidad de California, Irvine. Licenciada en Arte por la Central Saint Martin's School of Art and Design, Londres. Ha participado en proyectos y exposiciones tales como "Independent Los Angeles", Disney Hall (Los Ángeles, EE UU, 2003); "Axis Mexico: Common Objects and Cosmopolitan Actions", San Diego Museum of Art (San Diego, EE UU, 2002); "The Axiomatic Arcade", Track 16 Gallery (Santa Mónica, EE UU, 2001); "Vídeo Latinoamericano", Museo Nacional Centro de Arte Reina Sofía (Madrid, España, 2001); "Mexperimental Cinema Program", Museo Guggenheim, Guggenheim Museum (Bilbao, España 2000 - Nueva York, EE UU, 1999); "At the Curve of the World", Track 16 Gallery (Santa Mónica, EE UU, 1999). Vive y trabaja en Los Ángeles.

Miguel Calderón (México D.F., 1971)

Licenciado en Bellas Artes por el San Francisco Art Institute, California, EE UU. Entre las exposiciones colectivas en las que ha participado se encuentran la representación de México en la Bienal de Sao Paulo (Brasil, 2004);

"Fantastic!", Mass MOCA (Massachussets, EE UU, 2003); "An Exhibition about the Exchange Rates of Bodies and Values", PS1 Contemporary Art Center (Nueva York, EE UU, 2002); "Ultra Baroque: Aspects of Post Latin American Art", Museum of Contemporary Art (San Diego, EE UU, 2000). Individualmente ha expuesto en "Forcing the Forces of Nature", Andrea Rosen Gallery (Nueva York, EE UU, 2003); "Joven Entusiasta", Museo Rufino Tamayo (México D.F., 1999); "Ridiculum Vitae", La Panadería (México D.F., 1998); "Historia Artificial", Museo de Historia Natural (México D.F., 1995). Vive y trabaja en México D.F.

Ulises Carrión (San Andrés Tuxla, Veracruz, México, 1941-Ámsterdam, Holanda, 1989)
Poeta, artista y editor. Fundó Other Books and So (1975) y Other Books and So Archive (1979). Entre sus exposiciones individuales y *performances* destacan "Boekie Woekie" (Ámsterdam, 1987); "Lilia Prado Superstar Film Festival", proyecto multimedia junto a De Appel (Ámsterdam, Rótterdam y Groningen, Países Bajos, 1984); "Feedback Pieces" (proyecto de arte correo), Print Gallery (Ámsterdam, 1981); "Names and Addresses", Art Institute of Boston (Boston, EE UU, 1979) y Agora Studio (Maastricht, Países Bajos); "Un espace parlé", Galería Gaëtan (Ginebra, Suiza, 1978); *To Be or Not to Be (performance)*, Galerías Kontakt y Cosmos (Amberes y Ámsterdam, Países Bajos, 1976); *Homage to Van Gogh (performance)*, Van Gogh Museum (Ámsterdam, Holanda, 1975), "Grammatica's", Agora Studio (Maastricht, 1974). Vivió en México y Ámsterdam.

Francisco Castro Leñero (México D.F., 1974)
Estudió pintura en la Escuela Nacional de Pintura, Escultura y Grabado "La Esmeralda". De manera colectiva ha expuesto su trabajo en muestras como "Territorios abstractos", Museo Universitario del Chopo (México D.F., 2000); "In the 90's.: Mexican Contemporary Art", Instituto Mexicano de Cultura (Washington DC y Nueva York, EE UU, 1998); "Códigos abstractos", Museo de Arte Moderno (México D.F., 1994); "Actualidad plástica en México", Museum Voord Moderne Kunst (Ostende, Bélgica, 1993); III Bienal Iberoamericana de Arte, Museo de Arte Carrillo Gil (México D.F., 1982). En diversas ocasiones ha expuesto junto con Alberto, José y Miguel Castro Leñero. Individualmente ha presentado su obra en varias ocasiones en la Galería de Arte Contemporáneo (México D.F.); "Desplazamientos", Instituto Tecnológico de Monterrey (Campus Estado de México, México, 1999); "Estructura esencial", Museo de Arte Moderno (México D.F., 1994). Vive y trabaja en México D.F.

José Dávila (Guadalajara, Jalisco, México, 1974)
Licenciado en Arquitectura por el Instituto Tecnológico y de Estudios Superiores de Occidente TESO, Guadalajara, Jalisco, México. Entre sus muestras colectivas se encuentran "Light and Atmosphere", Miami Art Museum (Miami, EE UU, 2004); "Piel Fría/Peau Froide", Museo de Arte Carrillo Gil (México D.F., 2004); "Jetset", Museum of Installation, (Londres, Inglaterra, 2003); "Mexico City: An Exhibition about the Exchange Rates of Bodies and Values", PS1 (Nueva York, EE UU, 2002); "Yo y mi circunstancia", Musée de Beaux Arts (Montreal, Canadá, 1999). De forma individual ha expuesto en la Galería Enrique Guerrero (México D.F., 2004); "Untitled Elevation No 2", Les halles (Valais, Suiza, 2004); "Temporality is a Question of Survival", Camden Arts Center (Londres, Reino Unido, 2001); "Watch your Step", Galería 3.90 x 2.40 NAP, (Guadalajara, Jalisco, México, 1998). Vive y trabaja entre Guadalajara, México y Berlín, Alemania.

Claudia Fernández (México D.F., 1965)
Cursó estudios en Escuela Nacional de Artes Plásticas de San Carlos, México. Ha expuesto junto a otros artistas en "The Armory Photography Show", Jacob Javits Center (Nueva York, EE UU, 2002); "Zebra Crossing", Haus der Kulturen der Welt, (Berlín, Alemania, 2002); Colección Jumex (México D.F., 2001); "Políticas de la diferencia", Generalitat Valenciana (Valencia, España, 2001); "Cinco continentes y una ciudad", Museo de la Ciudad de México (México D.F., 2001); "Outer Limits, International Film and Video Center", Artist Space, (Nueva York, 2000). Su obra ha sido expuesta en exposiciones individuales tales como "Mi vida es otra", Iturralde Gallery (Los Ángeles, 2003); "Project 1", Elsa Wimmer Gallery (Nueva York, EE UU, 2001). Vive y trabaja en México D.F.

Julio Galán (Múzquiz, Coahuila, México, 1958)

Estudió Arquitectura en la Universidad de Monterrey. Ha expuesto, entre otras, en las siguientes exposiciones: "Carne de gallina", Museo de Arte Contemporáneo de Oaxaca (Oaxaca, México, 2002); "Spleen", Galería de Arte Actual Mexicano (Monterrey, México, 1999); "For Lissi", Timothy Taylor Gallery (Londres, Reino Unido, 1998); Galería Enrique Guerrero (México D.F., 1998); "Oro poderoso", Ramis Barquet Gallery (Nueva York, EE UU, 1997); Universidad de Monterrey (Monterrey, 1997); Barbara Farber Gallery (Ámsterdam, Holanda, 1996 y 1992); Gallery Thaddaeus "Ropac" (París, Francia, 1995); Center for the Fine Arts (Miami, EE UU, 1994); Contemporary Art Museum (Houston, EE UU, 1994); Pittsburgh Center for the Arts (Pittsburgh, EE UU, 1993); Stedelijk Museum (Ámsterdam, Holanda, 1992); Museo de Monterrey (México, 1987). Vive y trabaja en Monterrey.

Fernando García Correa (México D.F., 1958)

Estudió en la Escuela Nacional de Pintura y Escultura La Esmeralda, en la Academia de San Carlos en México D.F. y en la Escuela de Bellas Artes de París. Durante su carrera ha participado en exposiciones colectivas como "Mexican Report, Blue Star", Instituto de México (San Antonio, Texas, EE UU, 2004); "Por mi raza hablará el espíritu", Biblioteca Luis Arango, (Bogotá, Colombia, 1996); Quimeras, Museo Diego Rivera (Guanajuato, México, 1995); "The Return of the Cadavre Esquis", The Drawing Center (Nueva York, EE UU, 1993); "Ateliers 81-82" ARC, Museo de Arte Moderno, (París, Francia, 1982). Individualmente ha expuesto en "Obra reciente", Galería de Arte Mexicano (México D.F., 2004); "Fernando García Correa. New Monoprints", Aurobora Press (San Francisco, EE UU, 2004); 4A2G, Museo de Arte Moderno (México D.F., 2001); "Emplazamientos", Museo de Arte Carrillo Gil (México D.F., 1996). Vive y trabaja en la México D.F.

Javier de la Garza (Tampico, Tamaulipas, México, 1954)

Estudió Arquitectura en la Universidad Autónoma de Monterrey, y grabado en la Escuela Nacional de Artes Plásticas. Pintor autodidacta, entre sus exposiciones colectivas se encuentran "Munal 2000", Museo Nacional (México D.F., 2000); "OUTART" (Dublín, Irlanda, 1999); "In the 90's: Mexican Contemporary Art", (Institutos Culturales de México en Washington DC. y Nueva York, EE UU, 1998); De sus exposiciones individuales destacan Triskel Art Center (Dublín, 2000); Galería de Arte Mexicano (México D.F., 1998); Calvin Morris Gallery (Nueva York, EE UU, 1992). Vive y trabaja en Yautepec, México.

Gunther Gerzso (México D.F., 1915-2000)

Se forma como escenógrafo en el Cleveland Playhouse, Estados Unidos. En 1941 comienza su trayectoria como pintor autodidacta. Entre las exposiciones colectivas en que ha participado destacan: "Tradition and Innovation: Painting, Architecture and Music in Brazil, Venezuela and Mexico between 1950 and 1980", Museum of the Americas (Washington DC, 1991); "Ten Mexican Artists", Galería Mary Anne Martin / Fine Art (Nueva York, EE UU, 1983); "Mexique: peintres contemporains", Musée Picasso (Antibes, Francia, 1980); "Contemporary Mexican Artists", Phoenix Museum of Art, (Phoenix, EE UU, 1964). De manera individual, la Mary-Anne Martin / Fine Art de Nueva York realiza en 1995 una exposición-homenaje titulada "Gunther Gerzso 80th Birthday Show". Igualmente destacan "Pintura gráfica y dibujo 1949-1993", Museo de Arte contemporáneo de Oaxaca, Museo de Arte Carrillo Gil, México, 1993-1994); "An Evening with Gunther Gerzso", Mexican Museum of San Francisco (San Francisco, EE UU, 1988); "Twenty Years of Gunther Gerzso", Phoenix Art Museum (Phoenix, EE UU, 1970).

Thomas Glassford (Laredo, Texas, EE UU, 1963)

Estudió arte en la University of Texas, Austin. Su obra ha sido exhibida en diversas exposiciones colectivas entre las que se encuentran "Zebra Crossing", Haus der Kulturen der Welt (Berlín, Alemania, 2002); "Escultura Mexicana. De la academia a la instalación", Museo del Palacio de Bellas Artes (México D.F., 2001); "Mutations. La video mexicaine actuelle", Palais des Arts de Toulouse (Toulouse, Francia, 2001); Erógena, Museo de Arte Carrillo Gil (México

D.F., 2000). Individualmente ha expuesto, entre otras, en "Aster", Laboratorio Arte Alameda (México D.F., 2003); "Fuente, Ex-Templo de San Agustín (México D.F., 2002); "Fuente Parabólica", Museo de la Alhóndiga (Guanajuato, México, 2000); "Autogol: Monterrey", Museo de Monterrey (Monterrey, México, 1995). Vive y trabaja en México D.F.

Verena Grimm (México D.F., 1971)

Estudió Arte en la Escuela EINA de Barcelona, España. Ha participado en exposiciones colectivas como "Sólo los personajes cambian", Museo MARCO (Monterrey, México, 2004); "Mexico illuminated", Kutztown Gallery (Pennsylvania, EE UU, 2003); "Develando la urgencia", Canariasmediafest (Canarias, España, 2002); Dentro de las exposiciones individuales están "Midiendo mis pasos", Laboratorio Alameda (México D.F., 2003); Venir, Espacio 3 (México D.F., 2003); "Boca-abajo", Salas de video del Cine Morelos (Cuernavaca, México, 1999); "Ad Libitum", Arte in situ, Torre de los vientos (México D.F., 1997); "Intervalo", Galería de Arte Contemporáneo (México D.F., 1997); "Aislamiento y abandono en el fuerte de San Juan de Ulúa" (Veracruz, México, 1996). Vive y trabaja en México D.F.

Silvia Gruner (México D.F., 1959)

Estudia Artes Plásticas en el Massachusetts College of Art, Boston, EE UU y en la Betzalel Academy of Art and Design de Jerusalem, Israel. Entre las colectivas más importantes están "Cinco continentes y una ciudad", Museo de la Ciudad de México (México D.F., 2000); InSite 2000 (Tijuana-San Diego, México-EE UU, 2000); "Yo y mi circunstancia", Musée de Beaux Arts (Montreal, Canadá, 1999); "The Conceptual Trend; Six Artists from México", El Museo del Barrio (Nueva York, EE UU, 1997); "Life's Little Necessities", 2nd Johannesburg Biennale (Cape Town, Sudáfrica, 1997). De sus exposiciones individuales destacan "Circuito interior", Museo de Arte Carrillo Gil (México D.F., 2000); "Silvia Gruner: Proyecto para el Museo de Arte Moderno de San Diego" (San Diego, EE UU, 1998); "Collares", Centro de la Imagen (México D.F., 1997); "Cubiertos", XXIV Festival Internacional Cervantino, Alhóndiga de Granaditas (Guanajuato, México, 1996). Vive y trabaja en México D.F.

Enrique Guzmán (Guadalajara, México, 1952-Aguascalientes, México, 1986)

Estudió pintura con Alfredo Zalce y Alfredo Zermeño. En 1971 ingresa en la carrera de pintor en la Escuela Nacional de Pintura y Escultura La Esmeralda, en México D.F. Entre las muestras colectivas en las que participó destacan "De su álbum", Museo de Arte Moderno (México D.F., 1985); "Plástica de San Luis Potosí", Galería Tierra Adentro (México D.F., 1980); 4ª Trienal de Arte Mundial de Nueva Delhi (Nueva Delhi, India, 1978); Galería Arvil (México D.F., 1976); "Un año de labor", Palacio Nacional de Bellas Artes (México D.F., 1971). Entre sus muestras individuales están "Los enigmas", Galería Arvil (México D.F., 1984); "Guzmán. Óleos recientes", Galería Pintura Joven (México D.F., 1974); "Preguntas y sorpresas", Galería Pintura Joven (México D.F., 1973).

Enrique Ježik (Córdoba, Argentina, 1961)

Estudió arte en Buenos Aires, Argentina. Entre las muestras colectivas en las que ha estado presente destacan "Asamblea", Centre Culturel du Mexique (París, Francia, 2001); "Persistencia de la Imagen", Museo de Arte Carrillo Gil- ArtSonje Center (México D.F., 2001-Seúl, Corea del Sur, 2001); "Arte contemporáneo de México", Museo Ludwig-Mexikanische Botschaft (Budapest, Hungría, 2000–Berlín, Alemania, 2000); "Las transgresiones al cuerpo", Museo de Arte Carrillo Gil (México D.F., 1997). Entre sus muestras individuales se encuentran las realizadas en la Galería Nina Menocal (México D.F., 1998, 1995, 1993); "Seguridad", Centro de la Imagen (México D.F., 2002); "La historia interminable", MUCA CU (México D.F., 2001); "Esgrima", Ex Teresa Arte Actual (México D.F., 2001); "Trois barques, deux tours", Camac Centre d´Art (Marnay sur Seine, Francia, 2000); "12, 16, 7, 62", Galería Acceso A (México D.F., 2000). Vive y trabaja en México D.F.

Yishai Jusidman (México D.F., 1963)

Estudió pintura con Carlos Orozco Romero. Cursó Artes Visuales en el Art Centre College of Design y en el California Institute of the Arts, así como un postgrado en la New York University. En cuanto a muestras colectivas se refiere, destacamos "Me and More", Museo de Arte Moderno de Lucerna (Suiza, 2003); "La plataforma de la humanidad", 49 Bienal de Venecia (Italia, 2001); ARS 01, KIASMA (Helsinki, Finlandia, 2001); "Ultrabaroque, Aspects of Post-Latin American Art", San Diego Museum of Contemporary Art y expuesta en museos de Estados Unidos del 2000 al 2003. Entre sus muestras individuales destacan "Mutatis mutandis / Pintores trabajando", montada entre 2002 y 2004 en SMAK (Gante, Bélgica), MEIAC (Badajoz, España) y MARCO (Monterrey, México); "Bajo tratamiento/en-treat-ment", Museo de Arte Carrillo Gil (México D.F., México, 1999); e "INveSTIGACIONES PICTÓRICAS", organizada por el Otis College of Art and Design en 1996-1998 para itinerar por galerías universitarias de Estados Unidos. Vive y trabaja en Los Ángeles, EE UU.

Marcos Kurtycz (Pielgrzymowice, Polonia, 1934 - México D.F., 1996)
Formado como ingeniero en Polonia, se traslada a México en 1969 iniciándose como artista visual, utilizando años mas tarde los *performance* como vehículos expresivos, denominados "acciones rituales" por el artista. Entre éstos destacan "Memo Fax" (1990), "Pasión y muerte de un impresor" y "Laberinto" (1979). Entre sus diversos proyectos artísticos se encuentran "Serpiente-Víbora" (1992-1995); "Xyzompantli" y "Cambio de cara" (1990-1991); "Soft-wars" y "NY Pr89ject" (1988); "Un libro diario" (1984). Participante de la exposición colectiva "Alternative Books / Libros Alternativos", Southwestern College (San Diego, EE UU, 1986). En 1999, el Museo de Arte Carrillo Gil (México D.F.) le dedica la exposición "Marcos Kurtycz, Memoria".

Gonzalo Lebrija (Guadalajara, México, 1972)
Formado en Ciencias de la Comunicación en el Instituto Tecnológico de Estudios Superiores de Occidente (Guadalajara, México). Ha participado en exposiciones colectivas como: "Jet Set", Museum of Installation (Londres, Reino Unido, 2003); "Piel fría", Museo de Arte Carrillo Gil (México D.F., México, 2003); "Zebra Crossing", Haus der Kulturen der Welt (Berlín, Alemania, 2002); "Axis Mexico (Common Objects and Cosmopolitan Actions)", San Diego Museum of Art (San Diego, EE UU, 2002); "7 Dilemas", Museo de Arte Moderno (México D.F., México, 2002); "Propulsión a chorro", Museo de las Artes (Guadalajara, México, 2000). Entre sus exposiciones individuales destacan: "Lights On", i-20 Gallery (Nueva York, EE UU, 2003); "15753 Kms", Galería Arena México Arte Contemporáneo (Guadalajara, México, 2002). Vive y trabaja en Guadalajara, México.

Teresa Margolles (Culiacán, México, 1963)
Licenciada en Ciencias de la Comunicación en la Universidad Nacional Autónoma de México. Diplomada en Técnica Forense. Co-fundadora del Grupo Semefo. Su obra ha sido expuesta en varias muestras colectivas, como "Dark Places: Mapping Enigma", Santa Mónica Museum of Art (Santa Mónica, EE UU, 2004); "Made in México / Hecho en México", ICA (Boston, EE UU, 2004); "Outlook" (Atenas, Grecia, 2003); "20 Million Mexicans Can't Be Wrong", South London Gallery (Londres, Reino Unido, 2002). Entre sus exposiciones individuales destacan "Muerte sin fin", MMK (Frankfurt, Alemania, 2004); "En el aire", Vorarlberger Kunstverein (Breguen, Austria, 2003); Teresa Margolles, Galerie Peter Kilchmann (Zurich, Suiza, 2003); "Das Leichentuch", Kunsthalle Wien (Viena, Austria, 2003); "Fin", La Panadería (México D.F., 2002). Vive y trabaja en México D.F.

Rubén Ortiz Torres (México D.F., 1964)
Licenciado en Artes Visuales por la Escuela Nacional de Artes Plásticas-UNAM, México. MFA en el California Institute of the Arts, Valencia, California, EE UU. Dentro de las exposiciones colectivas en las que ha participado están "Axis Mexico: Common Objects and Cosmopolitan Actions", San Diego Museum of Art, (San Diego, EE UU, 2002); "Departures", The J. Paul Getty Museum (Los Ángeles, EEUU, 2000); "¡Mexcelente!", Yerba Buena Center for the Arts (San Francisco, EE UU, 1998); 10th Biennale of Sydney (Australia, 1996); "Impressions of Nature", Museum of Modern Art (Nueva York, EE UU, 1995). Entre las individuales están "Borderlandia", Haus der Kulturen Der Welt (Berlín, Alemania, 2002); "Photographs", Zeitgeist (Seattle, EE UU, 1999); "Alien Toy", Track 16 Gallery (Los

Ángeles, EE UU, 1998); "La casa de los espejos y pintura para turistas", Fotoseptiembre, Galería OMR (México D.F., 1996); "Si tuviera parque", California Institute of the Arts (Valencia, California, EE UU, 1992). Vive y trabaja entre Los Ángeles y México D.F.

Kiyoto Ota (Sasebo, Nagasaki, Japón, 1948)

Cursó Artes Plásticas en Japón y México. Estudió una maestría en Escultura dentro de Artes Visuales, en la Escuela Nacional de Artes Plásticas de la UNAM. De las exposiciones colectivas en las que ha participado destacan "Mexican Report", (Austin, Texas-Washington DC, EE UU, 2004); "1er Simposio Internacional Arte Entorno" (Valencia, España, 2001); "Soleils Mexicains", Petit Palais (París, Francia, 2001); "Arte Contemporáneo de México en el Museo Carrillo Gil" (México D.F., 2001); representante de México en el 5° Festival de Piedra (Aji, Japón, 2000); "México Eterno, Arte y Permanencia", Palacio de Bellas Artes (México D.F., 1999). De manera individual ha expuesto en Casa Mayor (México D.F., 2003), Museo de la Ciudad de México (México D.F., 2002); Tecnológico de Monterrey, Campus Edo de México (México, 2002); Museo de Arte Carrillo Gil, (México D.F., 1997); Galería Arte Contemporáneo (México D.F., 1987 y 1992); Museo de Arte Moderno, (México D.F., 1986); Galería Mimi, (Tokio, Japón, 1971). Vive y trabaja en México D.F.

Marcos Ramírez, "ERRE" (Tijuana, México, 1961)

Formado en Derecho en la UABC de Tijuana. Entre sus exposiciones colectivas destacan "From Baja to Vancouver: The West Coast and Contemporary Art", Seattle Art Museum / MCA, San Diego / CCA Wattis, San Francisco / Vancouver Art Gallery (EE UU / Canadá, 2004); "Mexico Illuminated", Albright College (Reading, PA, EE UU, 2003); Política de la Diferencia, MALBA (Buenos Aires, Argentina, 2001); "Whitney Bienal", Whitney Museum (Nueva York, EE UU, 2000); "inSITE '97" (Tijuana-San Diego, México-EE UU, 1997); VI Bienal de La Habana, Museo de La Habana (La Habana, Cuba, 1997). Sus muestras individuales incluyen "The Multiplication of Bread", Mesa College (San Diego, EE UU, 2004) e Iturralde Gallery (Los Ángeles, EE UU, 2003); "Oro por espejos", Iturralde Gallery (Los Ángeles, 2000); "Play Station", INOVA, University of Wisconsin (Milwaukee, EE UU, 1999); "Amor como primer idioma", MCA (San Diego, EE UU, 1999); "187 Pares de Manos", CECUT (Tijuana, México, 1996). Vive y trabaja en Tijuana.

Adolfo Riestra (Tepic, México, 1944 - México D.F., 1989)

Estudió leyes en la Universidad de Guanajuato. Se formó en pintura con los maestros Dwite Albisson y Jesús Gallardo. Participa en exposiciones colectivas como "Siglo XX: Grandes Maestros Mexicanos, Grandes Prodigios de Fin de Siglo", Museo de Arte Contemporáneo de Monterrey (Monterrey, México, 2003); "Soleils mexicains", Petit Palais, (París, Francia, 2000); "México Eterno: Arte y Permanencia, Museo del Palacio de Bellas Artes, (México D.F., 1999); "Imágenes y visiones: Mexican Art Between Avantgarde and the Present", Würth Museum, (Künzelsau, Alemania, 1995); "Mexico: Figures of the Eighties", Mexican Cultural Institute, (San Antonio, Texas - Washington DC, EE UU, 1991). De manera individual destacan "Adolfo Riestra: Dibujante, pintor y escultor", Museo de Arte Contemporáneo de Monterrey (Monterrey, México, 1998); "Obra inédita", Galería OMR (México D.F., 1991); "Homenaje a Adolfo Riestra", Wenger Gallery, (Los Ángeles, EE UU, 1991); "Barro nuevo", Galería OMR (México D.F., 1986).

Miguel Ángel Ríos (Catamarca, Argentina, 1953)

Estudió en la Academia Nacional de Bellas Artes de Buenos Aires, Argentina. El vídeo *A morir ('Til Death)* ha sido expuesto en las muestras colectivas de LACE (Los Ángeles, EE UU, 2004), Art Basel (Basilea, Suiza, 2004); Ecuaciones de Lotka-Volterra, CANAIA (México D.F., 2004); Artist's Space (Nueva York, EE UU, 2003). Otras de las exposiciones colectivas en las que ha participado son el VIII Salón de Arte Bancomer (México D.F., 2002); Art Basel (Basilea, Suiza, 2002); Bienal de Sydney (Sydney, Australia, 2002); Special Projects, PS1 (Nueva York, EE

UU, 2001). De manera individual ha expuesto en "A morir ('Til Death)", Media Gallery, Apeejay Techno Park (Nueva Delhi, India); "El viaje del botanista", Sala Mendoza (Caracas, Venezuela, 2001). Vive y trabaja entre Nueva York y México D.F.

Mauricio Rocha Iturbide (México D.F., 1965)

Estudió en la Facultad de Arquitectura, Taller Max Cetto, UNAM, de México. Obtuvo la medalla de oro y el gran premio en la VIII Bienal de Arquitectura Mexicana por el edificio Mercado de San Pablo Oztotepec (México D.F., 2004). Aparte de sus obras de arquitectura, tanto pública como privada, ha participado en las siguientes exposiciones: Arquitectura Mexicana, Center for Architecture (Nueva York, EE UU, 2004); Primera Bienal Internacional de Arquitectura (Beijing, China, 2004); intervención en MAM (México D.F., 2003); intervención en Ex Teresa Arte Actual (México D.F., 1999); "Lines of Loss", Artists Space (Nueva York, EE UU, 1998); intervención en Depósito de Agua, Canal de Isabel II, ARCO 97 (Madrid, España, 1997); Galería de Arte Contemporáneo (México D.F., 1996). Vive y trabaja en México D.F.

Betsabeé Romero (México D.F., 1963)

Estudia Comunicación, Bellas Artes e Historia en Francia y México. Entre las numerosas colectivas en las que ha participado se encuentran la Bienal de la Habana (Cuba, 2004), Bienal de Portoalegre (Brasil, 2003); "Cinco Continentes, una ciudad", Museo de la Ciudad de México (México D.F., 2000); "Art Grandeur Nature", La Courneuve (París, Francia, 1999); InSite 97 (Tijuana-San Diego, México-EE UU, 1997). Entre las más de 30 exposiciones individuales realizadas destacan "On the Freeway, The Drill Hall Gallery (Canberra, Australia, 2002); "Road Show", Ramis Barquet Gallery (Nueva York, EE UU, 2000); Trama Transurbana, Museo de Arte Carrillo Gil (México D.F., 1999); "Ni cardo ni ortiga", Museo de Monterrey (Monterrey, México, 1996). Además ha realizado proyectos de intervenciones urbanas en diferentes comunidades como en East L.A. (EE UU), la Colonia Buenos Aires en México D.F., Idaho (EE UU), Toulouse (Francia) y Chicago (EE UU) entre otras. Vive y trabaja en México D.F.

Grupo Semefo

Fundado en 1990 y formado por Teresa Margolles, Carlos López, Arturo Angulo, Mónica Salcido, Juan Luis García Zavaleta y Juan Manuel Pernás. Entre las exposiciones colectivas en las que se han mostrado sus piezas se encuentran la V Bienal de Lyon, Tony Garnier Hall (Lión, Francia, 2000); la IV Bienal de Monterrey, Museo de Monterrey (Monterrey, México, 1999); "Así está la cosa", Centro Cultural de Arte Contemporáneo (México D.F., 1997). Entre las muestras individuales del grupo se encuentran la instalación "Mineralización estéril", presentada en el Salón Nacional de Artes Visuales, Centro Nacional de las Artes (México D.F., 1997); "Semefo en el Ojo Atómico", Espacio El Ojo Atómico (Madrid-Asturias-Galicia, España, 1997); "Lavatio Corporis", Museo de Arte Carrillo Gil (México D.F., 1994). El grupo se disolvió en 1998.

Santiago Sierra (Madrid, España, 1966)

Licenciado en Bellas Artes por la Universidad Complutense de Madrid. Entre las exposiciones colectivas en las que ha participado se encuentran la I Bienal Internacional de Arte Contemporáneo de Sevilla (Sevilla, España, 2004); "Los usos de la imagen", MALBA-Fundación Telefónica (Buenos Aires, Argentina, 2004); "El real viaje real", PS1 (Nueva York, EE UU, 2003); 50 Biennale di Venezia (Venecia, Italia, 2003); "20 Million Mexicans Can't Be Wrong", South London Gallery (Londres, Reino Unido, 2002); "Pervirtiendo el minimalismo", Museo Nacional Centro de Arte Reina Sofía (Madrid, España, 2000). De las muestras individuales destacan Museum Dhondt-Dhaenens (Bélgica, 2004); "Edificio iluminado", Arcos de Belén, (México D.F., 2003); "Contratación y ordenación de 30 trabajadores conforme a su color de piel", Kunshalle Wien (Viena, Austria, 2002); "Lona sostenida frente a la entrada de una feria de arte", Galerie Peter Kilchmann, Art Basel (Basilea, Suiza, 2001). Vive y trabaja en México D.F. desde 1995.

Melanie Smith (Poole, Reino Unido, 1965)

Estudió Artes Visuales en la Reading University, Inglaterra. Ha participado en las siguientes exposiciones colectivas, entre otras: VIII Bienal de La Habana, Centro de Arte Contemporáneo Wilfredo Lam (La Habana, Cuba, 2003); "Mexico City: An Exhibition about the Exchange Rates of Bodies and Values", PS1 (Nueva York, EE UU, 2002); "Yo y mi circunstancia", Musée de Beaux Arts (Montreal, Canadá, 1999); "Cinco Continentes y una Ciudad", Museo de la Ciudad de México (México D.F., 1999). De manera individual ha expuesto en San Diego Museum of Contemporary Art (San Diego, EE UU, 2004); "Seis pasos hacia la abstracción", Galerie Peter Kilchmann (Zurich, Suiza, 2002); "Orange Lush", Instituto Anglo Mexicano de Cultura (México D.F., 1997); L'Escaut Gallery (Bruselas, Bélgica, 1992). Vive y trabaja en México D.F.

Gerardo Suter (Buenos Aires, Argentina, 1957)

Se inició en la fotografía, involucrándose más tarde en otros medios expresivos como el vídeo. Entre sus exposiciones colectivas más importantes se encuentran "Así está la cosa. Instalación y arte objeto en América Latina", Centro Cultural Arte Contemporáneo (México D.F.,1997); "Las transgresiones al cuerpo", Museo de Arte Carrillo Gil (México D.F., 1997); "What´s New: Mexico City", The Art Institute of Chicago (Chicago, EE UU, 1990). De manera individual ha expuesto en el Austin Museum of Art (Texas, EE UU., 2000); Kulturhuset Stockholm (Estocolmo, Suecia, 2000); "Bitácora (disecciones de un fotógrafo)", Centro Nacional de las Artes (México D.F., 1997); Center for the Fine Arts (Miami, EE UU, 1996); Museo de Arte Carrillo Gil (México D.F., 1982). Vive y trabaja en Cuernavaca, México.

Diego Teo (México D.F., 1978)

Cursó la licenciatura en Artes Visuales en la Escuela Nacional de Artes Plásticas, UNAM, México. Ha expuesto colectivamente en muestras como "Tiempo Presente", Galería ART&IDEA (México D.F., 2003); "Aparentemente Sublime", Museo de Arte Moderno, (México D.F., 2003); "Still Life", Museo de Arte Carrillo Gil (México D.F., 2003); "Jarcornerdasion", Grupo Atlético, vídeo, (Museo Carrillo Gil, México D.F., 2000); "Esmorgasvord", Grupo Atlético, Casa del poeta Exiliado Citlaltépetl, (México D.F., 2000); "Cero-México", Grupo Xix im, Casa de Lago, (México D.F., 1999); "Cero-Japón", Grupo Xix im, (Uwa-Cho, Japón, 1999); 8th Internacional Biennale of Small Graphic Form and Ex. Libris, (Ostrow Wielkopolski, Polonia, 1999). Entre sus proyectos individuales se encuentran "Alterado", Galería ART&IDEA (México D.F., 2004); exposición en Arena México, (Guadalajara, México, 2004); "Obra Gráfica", Galería Capellini (Ciudad del Carmen, México, 1998). Vive y trabaja en México D.F.

Francisco Toledo (Juchitán, Oaxaca, México, 1940)

Estudió en el Taller de Grabado de la Escuela de Diseño Artesanías, dependiente del INBA, en la México D.F.. Entre las numerosas exposiciones colectivas en las que ha participado destacan, entre otras, "Erógena", Museo de Arte Carrillo Gil-Stedelijk Museum voor Actuele Kunst (México D.F.-Gante, Bélgica, 2000); "México: Una visión de su paisaje", exposición itinerante por varios museos norteamericanos (1995); "Latin American Drawing, The Art Institute of Chicago" (Chicago, EE UU, 1987). De manera individual destacan "Francisco Toledo", Whitechapel Art Gallery-Museo Nacional Centro de Arte Reina Sofía (Londres, Inglaterra-Madrid, España, 2000); "Francisco Toledo, Retrospective of Graphic Works", Associated American Artists Nueva York, EE UU, 1995); "Zoología Fantástica, Homenaje a Jorge Luis Borges", Museo de Monterrey (Monterrey, México, 1989). Vive y trabaja en Oaxaca, México.

Milagros de la Torre (Lima, Perú, 1965)

Estudió Ciencias de la Comunicación en la Universidad de Lima, y fotografía en el London College of Printing, Londres, Inglaterra. Ha participado en numerosas colectivas, entre ellas las Bienales de La Habana y de Johannesburgo en 1997, "The Garden of Forking Paths", Kunstforeningen, (Dinamarca, 1999), "Cartografos y aventureros", Fundación La Caixa, (Barcelona, España, 1999), "Resistencias'" Koldo Mitxelena, (San Sebastián, España, 2000),

"Versiones del Sur". Museo Nacional Centro de Arte Reina Sofía (Madrid, España, 2000); "The Eye of the Millennium: Art of the Americas", Art Museum of the Americas (Washington DC, 1999). Entre sus muestras individuales destacan "Bajo el sol negro", Palais de Tokyo, Centre National de la Photographie, (París, Francia, 1993), Museo de Arte Carrillo Gil, (México D.F., 1999), Galería Luis Adelantado (Valencia, España, 2000), Galería Ramis Barquet, (México D.F., 2000), Censurados, Mois de la Photo-Galería Cesar / Filomena Soares (París, Francia-Lisboa, Portugal, 2002); Centro de la Imagen, (México D.F. 2004). Vive y trabaja en México y Nueva York, EE UU.

Pablo Vargas Lugo (México D.F., 1968)
Realizó estudios en Artes Visuales en la Escuela Nacional de Artes Plásticas-UNAM. Entre las exposiciones colectivas en las que ha participado se encuentran "Los usos de la imagen", MALBA - Fundación Telefónica (Buenos Aires, Argentina, 2004); "International Paper", UCLA Hammer Museum (Los Ángeles, EE UU, 2003); "La Persistencia de la Imagen", Museo de Arte Carrillo Gil (México D.F., 2001); "The Conceptual Trend", Museo del Barrio (Nueva York, EE UU, 1997). Dentro de las individuales destacan "Falla", Museo Tamayo Arte Contemporáneo (México D.F., 2004); Piramid Panoram, Galería OMR (México D.F., 2001); "Aeropuerto '99: ¡¡Seguridad a Bordo!!", Estaciones Copilco, Pino Suárez y Candelaria del Metro México D.F., 1999); "Congo Bravo", Museo de Arte Carrillo Gil (México D.F., 1998); "Obra reciente", Sala Díaz (San Antonio, Texas, EE UU, 1997). Vive y trabaja en México D.F.

Miguel Ventura (San Antonio, Texas, 1954)
Se graduó en Princeton University, Nueva Jersey, EE UU. Estudió en la School of the Museum of Fine Arts, Boston, Massachusetts, EE UU. De sus muestras colectivas seleccionamos "Video X: 10 Years of Video with Momenta Art", Momenta Art (Nueva York, EE UU, 2004); o.d.d. (orden del día), Museo de Arte Moderno (México D.F., 2002); Mimic, Gail Gates (Nueva York, EE UU, 2001); "Yo y mi circunstancia", Musée de Beaux Arts (Montreal, Canadá, 1999); Cambio, Museo Universitario del Chopo (México D.F., 1997). De forma individual ha expuesto en "The P.M.S. Dilema", Museo de Arte Carrillo Gil (México D.F., 2002); "The New Fuck Me Little Daddy House", Flatland Gallery (Utrecht, Países Bajos, 1999); "Trabajos recientes", Galería de Arte Contemporáneo (México D.F., 1991). Vive y trabaja en México D.F.

Jorge Yazpik (México D.F., 1955)
Estudió en la Escuela Nacional de Artes Plásticas de la UNAM. Ha participado en exposiciones colectivas como "Grafos y señales", Museo Nacional de la Estampa (México D.F., 2003); "Homenaje a Gunther Gerzso", Instituto Luis Mora (México D.F., 2001); "Escultura Mexicana, de la Academia a la Instalación", Museo del Palacio de Bellas Artes (México D.F., 2000); "Cinco Escultores", Museo del Palacio de Bellas Artes (México D.F., 1994); "Arte mexicano contemporáneo", Universidad de las Américas (México D.F., 1990). Entre sus exposiciones individuales se encuentran "Art in Context" (Nápoles, Florida, EE UU, 2004); Instituto Tecnológico de Monterrey, Campus Edo de México (México D.F., 2001); Museo Rufino Tamayo (México D.F., 1997); Museo de Monterrey (Monterrey, México, 1994); Galería del ITAM (México D.F., 1993). Vive y trabaja en México D.F..

Héctor Zamora (México D.F., 1974)
Licenciado en Diseño de la Comunicación Gráfica por la UAM-Xochimilco. En 2001 funda LSD, taller independiente dedicado al diseño de estructuras ligeras. Ha participado en diversas exposiciones colectivas de las que cabe mencionar "Sin título [amarillo]", Parque los Lagos (Xalapa, Veracruz, México, 2003); "Intersecciones", Mexican Cultural Institute, (Washington DC, EE UU, 2003); "Descripción", Centro Cultural de España en México (México D.F., 2002). Entre sus exposiciones individuales destacan "Paracaidista, Av. Revolución 1608Bis", intervención al edificio del Museo de Arte Carrillo Gil (México D.F., 2004); "Pneu", intervención al edificio de la Galería Garash (México D.F., 2003); "a = 360°r/R" intervención en la Torre de los Vientos, Escultura de Gonzalo Fonseca (Uruguay, 2000). Vive y trabaja en México D.F.

Notes for an Aesthetic of the Modernized
Cuauhtémoc Medina

1. Metastasis and Style

Like some kind of tumour, between August and December 2004 a huge dull-red annexe was attached to the façade of the Carillo Gil Museum in the South of Mexico City. Clamped to the wall of the museum's flat roof by an ingenious structure made up of parabolas of ordinary everyday iron, Héctor Zamora's *Paracaidista, Av. Revolución 1608 bis* (2004) was an inhabitable installation: a temporary living-space through which the artist invaded a physical symbolic space between the museum and the street. The intervention was parasitic in various different ways: structurally, because it was tectonically dependent on the museum's Modernist architecture; financially and administratively because this private living space's services and support came from public cultural insititutions. From a more aesthetic point of view, the living-space was like a kind of contagion, or more exactly, a proletarian metastasis. In all the hustle and bustle of an increasingly monstrous city, this intervention seemed to contaminate the centre's urban fabric with the survival aesthetic of the megalopolis's outlying *barrios*, that sprawling shanty-town area which the Mexicans call —somewhat ironically— the "lost cities."

Zamora's house was built form the typical range of materials used for those illegal shanty towns that spread out around Mexico City (poor-quality wood, plastic, chicken-wire, scrap-metal, cardboard, and a red and black corrugated iron exterior) and as such is a reapplication of practical solutions which grew out of poverty, resources whose simplicity came from a logic of improvisation, do-it-yourself, technical transfer and recycling. For example, the steps that led up from the street were made using techniques for stonework scaffolding, the oilskin windows closed by means of a simple screw, held in place by a piece of wood, and the spotlights were brilliantly protected from the rain by pieces of plastic bottles. Simply put, this house was the essence of social building know-how: an aestheticized and enlarged version of the 'style' of housing built by poverty. In fact, it was a propaganda object: it held up the kind of building (and the illegality of the shanty towns) as an example to follow. You felt as if you were being addressed by an ideal type of construction floating above the road like a *slum-ified* architectural hallucination.

As the complex fruits of the stylisation of the marginalized, Zamora's house staged a subversion of our categories of aesthetics: the visitor/user, who was invited into the space, rather like someone looking round a flat to rent, was shown the fantasy of a "suburb on high" spreading out into urbanizations, hanging between the buildings in an approximation of the dream/nightmare megalopolis of *Blade Runner*. The crucial thing was that the work was in no way accusatory. It was politically intense, but still did not contain one iota of

pity or attempt at redemption. It focused far more on putting forward a social-aesthetic transfer of values.

2. The Stylisation of the Marginalized

As you explored the inside of this intergalactic spaceship, connected by trapdoors and steep staircases, the installation came across as another attempt in recent Mexico City art to make use of an aesthetic of the underdeveloped. Apart from its experience as anti-architecture, *Av. Revolución 1608 bis* presents a moment of reflection (and refraction) in a recent tradition. Without being in any way (because nothing would be) the summary or stereotype of Mexican art since the 1990s, it did re-establish the field on which negotiation was played out between the extremes of seduction and criticism, brutality and delicacy, criticism and aestheticization. It was impossible to avoid feeling straight away that the house was already part of the operative canon through which artists over the last few decades have been using Mexico City as the laboratory for an ill-timed, tense and showy debate: the (re)invention of a contemporary aesthetic built from the ruins of a modernization which has been postponed, deformed, betrayed and derailed into infinity. This is a principle which, despite its many variations and interpretations has always been at the centre of various different projects of the time: the pursuit of poetic-political miracles which Francis Alÿs has woven into the urban fabric, the turning of horror into the political sublime in Teresa Margolles work with human remains, or the highly sophisticated style of the artificial/commercial in Melanie Smith's work, and so on. In fact, Zamora's house could perfectly be seen as an allegory for the way in which certain artistic practices sit atop the social structure.

All you would have to do would be to change its specific characteristics into a set of critical acts:
– Instead of correcting the social and material structure that he finds, he adds a complication to it.
– Instead of asking for pity, he uses everyday imperfections as means of poetic production.
– Instead of highlighting the utopian space of a certain type of modernity, or celebrating a particular elite development project, this and other works magnify the effects of the violence of actual modernisation. In sum, they are the enterprising manifestation of an aesthetic of the *modernized*.

Let me particularly emphasise the last point of this extrapolation. What we have here is a series of practices which present themselves as dissidence keeping watch on the process of modernization. Instead of forming themselves around some mechanism of identification with modernity, the way that an elite producing an advanced *Modernist* aesthetic does, the perspective of the *modernized* sees art as a place which talks about the subjective, sensitive effects of a kind of passivity — a passivity which we are necessarily placed in front of by the power of historical —and even *impersonal*— forces: changes in the social structure, the process of global cultural and economic integration, the dilapidation of political bodies, social and urban decay, colonialism, the reprocessing that capitalism subjects our senses to. These, then, are works which collectively translate the global historical process. These are not expressions of one subjectivity, but the suffering of a social body which really has been turned into a medium of subjective sophistication.

3. Contempt as Autonomy

Today, when there are so many diverse interests hovering around Mexican contemporary art, it might be appropriate to look at the productivity that came out of the relative contempt that certain people used to hold it in. For much of the 1990s, artists, critics and curators enjoyed a strange kind of autonomy: the possibility of putting together a parallel narrative, which took its energy from the scant interaction (and contamination) between bourgeois tastes, the cultural administration's inclinations and, in general terms, what the public was (supposedly) looking for in arts and entertainment.

What was propitious about this contempt was the heightening of expectations of what was understood in social circles to be "good art", and at the same time the emergence of practices that came into being despite the slight meaning they held for culture. An almost complete lack of public collections[1] (and the near non-existence of private collectors) had the dual effect of reducing the influence that the market had on the artistic process, and of blurring any real historical perspective. It is worth noting that the absence of any clear local genealogies owes a great deal to the lack of any museographical referents. On top of that, the plastic arts were invisible to the local academia, and almost universally scorned by the literati, which in fact meant that they were unaffected by the symbolic power which —in Latin countries— literature holds over the widest cultural landscape.[2] To all this we have to add their lack of political parentage: while the work of many artists of the 1990s in Mexico is appreciated worldwide for its radical political commitment, there is almost no local articulation heard in any influential position. This of course might look to many like a lack of interest, when it might also represent a refusal to adhere to the central demagogic terminology of current politics.

Apart from a few exceptions (the impact of Vicente Razo's *Museo Salinas*[3] or the media scandal that followed the 2002 publication of Daniela Rossell's book *Ricas y Famosas*[4]) contemporary art rarely made the front pages. While many of the time's works took the risk of focusing on politics right on the edge of the political world, insofar as they highlighted subjects which the state in its obsession with control ignored in everyday political debate, the fact is that their willingness to function on a global level as opposed to within the symbolic requirements of the 'national' alienated them from a left-wing mired in nostalgia for sovereign acts of the nation-state. These ingredients go a long way towards explaining why contemporary art in Mexico at the end of the 20th Century looks like a fairly tightly-enclosed interactive space, which its own channels of communication, criticism and experience. Despite its best efforts to use a common space and references, it actually inhabited an area apart, radically separated from culture's common space.

4. The Crisis, our Identity

Given these circumstances, can we really define what type of production grew from the cultural coming-apart represented by the emergence —in places like Mexico— of the modernized and globalized aesthetic production of the 1990s? First of all we would have to take on board its particular heterogeneity, although contemporary art circles are so often accused of being monolithic and dogmatic. But when you really look at them, these are places where hugely discordant aesthetic projects are brought together. How can we accept that one particular sensibility vindicates both Miguel Calderón's self-indulgent exploration of his own hairy testicles as hills, and Santiago Sierra's ethically detailed and intelligently merciless exposure of the fake freedom of liberalism, and the fake production of the market economy? What could be assembled from both Rubén Ortiz Torres' rush of post-national imagery, his haste to show us the clash between the subject's fantasy and its phantasmagorical surroundings, and Pablo Vargas Lugo's catalogue of optical oxymorons?

Faced with the atrophying idea of a historical/geographical unity of style, it is likely that an artistic period such as we describe might have to be considered as a range of dissonances, to a greater or lesser extent charged with an urgency by the uncertain period which they represent. In this way, it would be more appropriate to substitute any labels of their geographical, ethnic or national origins —often based around some stereotype or myth— for an involuntary, provisional community: one built on their having lived through a series of collective tragedies together.

The contemporary cultural sensitivity which I refer to would thereby be marked by two decades of Mexican disasters: the Mexico City earthquake in 1985, the general crisis of the mid-90s —characterised by the Zapatista uprising, the assassination of the official presidential candidate and the social and economic slump of 1995— and finally since the year 2000 the long-running sitcom of the Fox government's "democratic transition". And floating above all these events is the visible and implacable integration of the country into global capitalism which so far has only managed to widen the poverty gap. The simple fact is that since 1976, if not since 1968, Mexicans have become used to a life sponsored by the word "crisis". "Crisis" might in fact be the most often-repeated word in Mexican public speaking —ahead of globalization, democracy, demographics or desire. Linguistic paradoxes: Mexico is a country that went from institutional revolution to permanent crisis.

An identity which is formed in this way is obviously not visually identifiable. In an artistic phase in which artists do not have affiliations to 'trends' but rather produce new practices, it is completely natural that the viewer should be unable to find any theme connecting, say, Thomas Glassford's meditations on the overlap between hypermodernism and abjection, Miguel Ventura's post-political nightmares or Silvia Gruner's investigation surrounding desire and the (historical or non-historical) object. It is, however, feasible to describe the way in which these and other individuals have helped to confront an admittedly small audience with questions about a place defined by its intensity and brutality.

So finally, despite its sociological tinge and intellectualism, *modernized taste* is a form of pleasure. It is, if you like, a complicated pleasure, consisting of a refined exploration —partial and paradoxical perhaps, but still an exploration— of a social territory which has been put through a giddying and frequently unsuccessful transformation. Although it may only be at the metonymic level of its materials and its component pieces, contemporary art from the periphery tends to create aesthetic sophistication in places where the arrival of global capitalism simply meant the normalization of a generalized anxiety. But before this becomes some kind of inverted nationalism, exporting a kind of cruel delight in local tragedy, it should be said that this situation is in no way unique. In fact it is far more probable that globalisation as failed modernity is the most cosmopolitan of all experiences.

5. Indifferent Beauty

One central point is the way Mexican artists of the 90s insist so strongly on the obsolescence of the humanist system of the traditional arts which, in Latin America, had survived the brunt of the experiments from the 60s until the 80s. In Spanish America it has been especially difficult to get past the traditional division of the arts and accept that field of production which is non-determined —in terms of pre-established disciplines... It was in the 90s that the "humanist" bases that had sustained the dominant discourse on Latin-American art throughout the 60s and 70s in the face of any reconsideration of the artistic object, finally collapsed.[5] This was something that had not been achieved by either the conceptual and political experimentation of the 60s and 70s nor the growing pedagogical and media influence of the mainstream narrative that came after pop and minimal art. In places like Mexico, more than a strict neo-conceptualism, the 90s made possible the appearance of a *polymorphic amateurism*, wherein contemporary artists primarily needed to reinvent their practices, creating their own area of activity, which to some extent produces *ad hoc* artistic disciplines.[6] As in a large part of the Western world, the central point of the artist's function is to be found in this production of practices which, once they have been established, the artist uses for as long as they are significant. But there is something that is perhaps even more important here — the ease of communication and complicities within global art, made up of artists and networks which have taken, explicitly or implicitly, the open standpoint of a polyform and unclassified art.[7]

One element which is common throughout these multiple practices is their casting of doubt on a number of supposedly "quality" discourses: the neatness of the profession, emotional references to the "profound" or to "high culture", the demand for technical composition, the universality of meaning, national pride, enthusiasm for modernity and so on. Each one a discourse which, as so often happens, went from being a high culture buzzword to one of many expressions of a happy medium.

Historically, art in modernity has been an area in which we understand and symbolically participate in the forces, the symbols, and materials of brutal change in our lives. Perhaps one of the main attractions is to make ourselves act —even if only metaphorically— within situations where we only see the effects. It is not at all surprising that art has become the arena for a kind of experimentation with the economy, since it turns the object of capitalist restructuring (the viewer) into the subject of a refined, even rarefied, sensibility. The *modernized*, when looked at like that, is not a victim, but the symbolic agent who turns historic changes into sensitivity. For everyone else, this is a subjective gain, which goes some way towards compensating for the abuses and anxiety produced by being stuck inside the irreparable accident of nationality.

1. In the middle of the deliberate apathy of Mexican cultural institutions which have avoided the job of creating collections practically since the mid-60's, there were only some tepid and very limited attempts made to collect in the Centro Cultural Arte Contemporáneo in Televisa at the beginning of the 90's and at the National University when it was briefly under Silvia Pandolfi. In the same way, apart from the isolated efforts of some collectors (the López Rocha family and Patrick Charpenel in Guadalajara, and the late Ricardo Ovalle in Mexico City) one had to wait until the creation of the Jumex de Eugenio López collection at the end of the century to have access to any real representation of the decade's Mexican art. The lack of effort by bodies such as CONACULTA to bring together public collections should be enough reason to demolish any authority for its interest in local art.

2. Something which should not be that surprising in a medium where it is not unusual for writers to make no secret of the fact that their aesthetic expectations stretch only to the 19th century (see for example Guillermo Sheridan, "Nuevo Siglo: Mantequilla Prisionera", in *Letras Libres*, n°. 38, February 2002)

3. See: Vicente Razo, *The Official Museo Salinas Guide*, texts by Carlos Monsiváis, Federico Navarrete and Cuauhtémoc Medina, Los Angeles, Smart Art Press, 2002.

4. Daniela Rossell, *Ricas y famosas*, Madrid, Turner, 2002

5. The classic exposure of the Latin-American resistance to the Neo-Avant Garde is in: Marta Traba, *Dos décadas vulnerables en las artes plásticas latinoamericanas 1950/1970*, Mexico, Siglo XXI, 1973.

6. This idea is discussed in more detail in: "Action/Fiction", *Francis Alÿs*, Antibes, France, Musée Picasso, 2001, pp. 5-25. (Texts by Thierry Dávila, Cuauhtémoc Medina and Carlos Basualdo).

7. This is why the conservative complaint goes even further, trying to undermine contemporary practice as an expression of subjection to the dictates of the international mainstream, since what defines global ease of communication is not so much a line of 'style' but rather the hope of taking part in a network made up of practices which are becoming more and more diverse.

Minefields on the Mexican Way
Kevin Power

We make history; but we are also made by our history.
Individuals and societies constantly move in history and use it
as a reservoir of experience, allegiance and ideals that craft iden-
tities and outlooks. The patina of history ages the present. But
more important, when today is steeped in a vision of the past.
It becomes a means to envision and shapes a trajectory into the
future. History is never a dead letter, even if we fail to learn its
lessons, or refuse anything except reliving its mistakes.
Ziauddin Sardar

If the psychologist teaches us, "these are people who see," we
then ask him "And what do you call 'people who see'?" The
answer to that would have to be "people who behave so and
so under such-and-such circumstances."
Ludwig Wittgenstein: *Remarks on Colour.*

Any show that attempts to look back at work produced
across a decade is threatened by not only promoting but also
producing massive misreadings. Yet in one sense critical mis-
reading is the only way to advance: a certain modesty of
intention yet with a manifest will to propose new confluences
and juxtapositions, a texture of interrelationships rather than
specific influences. The concept behind this show was to propose a partial reading of a highly volatile period moving both
forward and backwards, focusing on specific pieces that
seemed significant at the moment of their appearance and
that have acquired a heightened presence across the years.
We have sought to avoid the topical readings of Mexican culture that have motivated some of the recent large shows,
valid but dangerously tendentious statements concerning
identity (the Mexicanness of Mexican art): D.F. as an apoca-
lyptic megapolis full of *Blade Runner* darkness, garish post-
punk glitter, entrenched poverty, and sub-culture shadows;
the hybrid paradigm of frontier crossings and frontier poetics;
the hanging of a distorting mirror before the colonial *lieu de
memoire*; the lite-postmodern and the generalized international patina that characterize so much work in the globalized
nineties. All of these things have been done to the satisfac-
tion or dis-satisfaction of those concerned or related. We have
returned to the works themselves as the protagonists and fab-
ricators of narratives.

I am speaking from outside as an individual who has been
both attracted and impressed by their production. I was not
an actor nor an interested party. Yet I have felt, as we all
have, the accumulative impact of a whole series of pieces
that come to mind across these years —highly suggestive
works, subjective and poetic, intensely present, yet at the
same time often functioning as vehicles for critical social content. I am thinking, for example, of Gabriel Orozco´s evocative *Piedra que cede* (Yielding Stone) (1992) made out of

greasy grey plasticine and representing the artist's own
weight, ready to be rolled in the street aimlessly collecting
the dust and grime, tracing life in a haphazard and useless
fashion but reaffirming its palpable presence; of Francis
Alys's *El Colector* (1991-1992) a socially interactive toy dog
that wanders the city street picking up metal rubbish —tins
or cans that stick to the magnet that forms the dog's body; of
Yishai Jusidman's emotionally charged series *Bajo tratamiento* (1997-1999), —intensely human psychological studies of
mental patients that gather into their realm of meanings not
only the relationship between artist and patient but also the
history of a genre that had fallen into certain disrepute— that
of portrait painting and in a wider sense the whole power of
illusion that is inherent to the act of painting; or Francisco
Castro Leñero's subtle urban chromatism that comes through
as a disturbing "not quite" abstraction; or Melanie Smith's
immense urban sprawl, acreages of repetitive, periphereal
hell, of compacted and shattered dreams, of exploded life
styles and concentrated frustration, the "could be anywhere"
failures and energies of the megapolis; or Thomas Glassford's
punchy sado-masochistic metaphors that tell the history of
the gourd in the language of a gay bar. All of these images
leave more than one telling and that is what we should now
be attentive to. I would say —and it is not my intention to
align these works in any way as being interrelated— that
they all share a recognition of the need to make more the referential field for a contemporary work of art more complex,
to hold the spectator's attention by proposing a multiplicity of
readings that can on occasion work with and against each
other at the same time. These works are subtly self-aware
and imaginatively quirky, and that many of them espouse an
element of street poetry.

History unquestionably is narration and in Mexico everybody
seems to wish to tell the story their way. Indeed, in some
instances there is a quite unnecessary insistence on rewriting
it! Lyotard told us way back that the *grands recits* had failed
but the loss of this large-scale narrative of emancipation,
progress and reason was not the beginning of a season of
anomie but rather the fertile soil on which other stories could
be told. I suspect it might well be argued that one of the
major achievements of these Mexican artists from the late
eighties and nineties has been the realization of an immense
patchwork of small, personal, highly focused perceptions and
ironies, sometimes humorous and sometimes acerbic. What I
am trying to say is that there is no commanding narrative but
that there is an energetic commitment to *what is*. Things
have been worked out on the terrain and it is precisely here,
that we begin to find the connotations, correspondences,
echoes of works that are not only part of an ongoing history
but active agents in dialogue with the immediate past both as
art history and as social context. The works in this exhibition
are communicating vessels engaged not so much in a frontal
conversation as in a *sub voce* dialogue. They are dialogic
rather than dialectical.

I want to take those magnificent lines from Charles Olson's *Maximus Poems* as an organizing frame for the work of many of the artists in this exhibition. It is a work that deals with the modulation of the interests of a man, things that come from outside and that to some extent penetrate the body of man;

> *There are no hierarchies, no infinite no such*
> > *[many as mass, there are only*
> *Eyes in all heads*
> *To be looked out of* [1]

In other words, the work focuses on man in place and "polis", as Olson again states "is eyes". These artists look then at a context, at a city, as artists do anywhere else. They are not "setting it up" for foreign eyes but exploring it themselves with a whole range of stances to reality that go from *flâneur* poetics to acid commentary, from perverse cynicism to existential flashes, from parodic intent to the vagaries of subjective presence.

Across the last three decades Latin America has lived massive dramas that have affected almost all fields of our daily living —the ideological, the social, the economic, and the cultural. Mexico has, of course, been no exception and has experienced a number of upheavals and dramas. They have constituted the fibres of the social tapestry and the consequences, depending upon the perspective from which they have been read, have been felt in different ways and on occasion at different times. There have been a whole series of economic spirals, of inflation and deflation, that have mined and maimed the middle classes, often resulting in a demoralizing collapse of salaries and social services. There was the earthquake that rocked Mexico City in 1985, a natural disaster of immense proportions that once again highlighted the inefficiency of the social infrastructure; there was the Zapatista Rebellion, a late-day romantic mediatic "revolution" that dramatically called attention to the incapacity of the political programs, whatever the ideological camp, to deal with the indigenous populations and their problems; there was the major economic crisis of 1994 that revealed a certain moral bankruptcy; and finally there was the souring of the whole NAFTA dream and a radical re-questioning of the neo-liberal politics of globalization.

Artists have, of course, felt these things but this does not mean that they have to become ideologues! Their involvement can take many forms and contemporary sensibility is at once sophisticated and constantly nuanced. Yet it might perhaps be argued that in the limited world of art production the generalized postmodern rhetoric of parody, irony, pastiche and cynicism seems almost a natural retreat in the sense that it provides a critical distancing. Mexican artists, like the majority of Latin American artists, find themselves at home within a wider ideological disenchantment and paradoxically

they find themselves incorporated (sometimes as part of a quota system and sometimes because it their natural context) within the roving global gaze of the international art world that like any other large multinational (it is worth recalling the fact that the Cultural industry is now the fourth or fifth largest money earner in the world, just before or just after the Tourist industry) exploits all that is quickly profitable before moving on. The Art World has a capricious gaze that tends to become satiated and global representation is often a dangerous staging of the 'other' for the benefit of the staging party

That which exists through itself is what we might call meaning. In other words, meaning is the complex, multi-layered existence of the work. The works in this show all have an intensity of presence and are, consequently, impregnated with "meaning". They are not illustrative of social or cultural theory but stand in their own right as disturbingly interrogative, subtly intellectual, strangely poetic, or critically aggressive objects tinged with self-reflexivity. I am thinking, say, of Mariana Botey's subversive masks that seem to refuse any kind of cultural straight-jacking, choosing not only to assimilate Modernism but to resist it at the same time. There are kitsch images from the urban margins that have been upgraded to an almost mythological status. Botey seems to ask not simply *how* but *if* an act of subversion is possible, or has any meaning, within an image saturated society.

Recontextualizing has always been one of the strategies through which art understands both its society and its own history. It is a process that is somewhat akin to the way daily street life constantly recycles all it finds. Urban poverty never abandons things, it tends rather to exhaust all their possibilities! Objects change status constantly, up and down, but usually, of course, down. It is the nature of consumer society to produce constant exchange, mobility, and multiple levels of activity. Betsabeé Romero exploits one of the major social icons of the Mexican dream of liberty and mobility: the Volkswagen or *El Vocho*. New structures and new meanings are created that are alive with the echoes of the strange relationships we create with these vehicles, religious, sexual or simply class mobility and status. The use of roses, bread, honey or cloth adds an evident symbolic charge whose connotations are deeply rooted in the social fabric. These works become literally carriers and transporters of new potentials and relationships.

Alÿs is a Baudelarian *flâneur* but with a sharply critical social bite. He recycles, intervenes, and engages us in a intensely particular and personal dialogue that runs through all levels of his work, akin to what Natalie Saurraute would have termed a "sous conversation". There is an angular elegance to his thought, full of minor-key nuances that find their equivalents in the pastel colours he tends to use for his drawings and paintings. He touches upon the transitory nature of city spaces engaging in a constant exchange of non-events within the chaotic but intense systems of street life, or what he him-self terms "the locus of sensations and conflicts."[2] He has been seen pushing a block of ice around the streets until it melts, or walking with a mechanical dog made out of a mag-net that sniffs and picks up rubbish from the street, or buying a gun from a store and walking off with it down the street for twelve minutes before being arrested and then repeating the action the next day with cameramen and the collaboration of the police, or on a larger scale of Beckettian absurdity asking people to move a mountain etc. Two —if I remember correct-ly— of the three double-shelled bronze snails that he inten-tionally threw away in the rubbish turned up again in the Zócalo within a month!

Catherine Lampert wants to see him in art history terms as an heir to the Situationists of the sixties, "sharing the anti-rationalism of this group. The artist should act as a *dériveur* whose surreptitious interventions in his own habitat (the city) should be both accidental and minor accumatively resulting in a revolution."[3] I take her point but Alÿs is also a city poet willingly seduced by its vital chaos.

If we follow these reverberations back to these low-profile languages of the avant-garde 60s one would also think of Ulises Carrión, who is unquestionably a significant decon-structor of language. Carrión exploits grammatical resources not only as text but also as sound in his search for other forms of representation. He belongs to a climate that was not only challenging the art system but also pushing it towards innovation, stretching the limits of art and moving it directly towards intermedia. He produced books, mail art, video, and installation and (along with Felipe Ehrenberg´s work at *Beau Geste*) might well be seen as a precursor for certain attitudes prevalent in the nineties.

We might, for example, possibly find interconnections between Carrion's *Definiciones de Arte* (1977) and certain of Alÿs's pieces. Carrión's work consists of a letter sent to a number of people asking them to reply to a question and then return the letter. The question asked was to provide a definition of art in a single sentence. The receiver thus becomes a participator in the work of art. Carrión himself has told us unequivocally that art is a sign, a function, and not a object. He believed that video would provide a new dimen-sion for such a possibility. He talks of "marginal communica-tion" referring, for example, to a work where he spread gos-sip about himself, letting people know that he was terminally ill or had just come into a mass of money. This project failed when Carrión discovered that he did not have enough friends to make it effective! Yet it remains strangely and effectively nostalgic!

Language is the last resort for the philosophical quest for truth and has become a major focal point for artists over the last twenty years. Might we not hear a disturbing echo that

runs from Carrión through to Miguel Ventura's troubled proto-megalomaniacal New International Language Committee (NILC). This project seems like a perverse, psychotic science-fiction novel but framed as pseudo-science or, more precisely, an all absorbing ideology — a new society of control where we are haunted by national platitudes, such as the neo-fascis-tic Heidi who had once been a part of an Austrian Disneyland but now seems like a character surviving without innocence in the far reaches of a Thomas Berhard text. Ventura gives us a graphic representation of language that is both amusing and acidly subversive. It is a tremendous reading, unsettling and accurate, of contemporary paranoia!

The local is inevitably a ground root reference for all artist and it can manifest itself in numerous ways — fusing itself with the global to become the *glocal*, asserting the specificity of its cultural heritage to stand as a sign of contemporary dif-ference, or obsessively rereading its origins. The local by its very nature is a place of fusions and a site for working out the tensions of contemporary languages. Gerzso may well be situated or historically suspended between Surrealism and certain influences of geometric abstraction from the 30s, but his work at another level is intensely private and a highly personal absorption of the particular. The folds in these works hold secrets. We sense not only his love of the Mexican countryside but also a deep psychological involve-ment with its archaeological sites. This blending of cultural elements leads him to a distinct poetic style, a specific twist-ing that is much more telling than the easily recognizable modernist language. Gerzso has himself acknowledged that a photo of a pre-Columbian site in Bolivia, Tihuanacu, con-tained all the seeds of his future development. What was it that was so significant for him? Perhaps the way in which pre-Columbian architecture harmonizes with the landscape in which it stands or the way in which its immense complexity, elegance and inventiveness depend as much on external as internal space. He cannot but have been moved by the way nature has absorbed them once again!

John Golding notes perceptively in an essay on Gerzso's work that it "is an art of the silhouette and above all an art of edges; edges overlapped, indented, cut back, and incised; edges that are formed by steps and grooves and slots that are also sometimes doors and windows into secret chambers. And this brings us to a recognition of one of the hallmarks of Gerzso's art, for he is, quite simply, a master of the painted edge —and to be a painter of edges is not the same thing as to be a draftsman, an area which in Gerzso's work has hith-erto tended to be subordinate top or at least at the service of his painterly activity. Gerzso's edges are mostly cutting and razor-sharp —and hence in part those implications of sadism: a recurrent device is the slicing or gashing through of over-lapping shapes or forms so that the darker areas beyond flow up to the surface binding and flattening the areas above. This can be seen very clearly in, for example, *Paisaje Arcaico* of

1963 and *Verde-azul-amarillo* of 1968."[4] In other words, the
tensions in these edges are more cultural than formal or aesthetic. *Paisaje* (1955) seems, for example, to gather within
itself not only a sense of the natural environment but also
connotations that are suggestive of ceremonial and decorative
objects fashioned from obsidian, shell or bone. Are these
edges, the echoes of their meanings, felt again in Yazpik's
monumentally assured and hermetically resistant pieces?
Hieratic works that thrust modernism back into a Mexican
self that is more disposed to confrontation than to dialogue:
independent and autonomous statements.

Mathias Goeritz equally gives a clear cultural specificity to
his work. His last piece now stands in the campus of the
Ciudad Universitaria of Mexico. It stands as a synthesis of his
main ideas and was designed together with a group of artists
(Helen Escobedo, Hersua, Sebastián, Federico Silva, and
Manuel Felguérez). It is an expression of Goeritz's belief that
creativity should be understood as an act of brotherhood
between men. Once again the monumental size harks back to
ancient Mexican sculpture but without ever losing contact
with the present. Should it be seen as urbanism, or as architecture, or as sculpture? Perhaps as all three. It impacts as an
emotional space, a collective space, that is both open and
closed, filled with lava a thousand years old from the
Pedregal de San Angel.

The manifesto, signed by the group of participating artists,
brings together many of the ideas that preoccupied Goeritz
throughout his life. It ends with the following phrase: "This
sculptural space can be seen as a means of responsibly
approaching some kind of understanding of what art is in relationship to man's life —art should not only recover his testi-
mony but should also be through sensibility a transforming
instrument."[5] Goeritz is thus able to hold on by an anchorage
in his own cultural roots to the modernist dream of utopia!

It hardly needs saying that much contemporary Latin
American work is built on popular or folk culture. It provides
an invigorating push towards the exploration of possibilities
for new sculptural forms. Riestra's figures play with context
and tradition, yet they are as much about sexuality as they
are about identity. His passion for the figure builds on manifest pre-Hispanic influences but what emerges is a sophisticated hybrid mix of the popular and the contemporary.
Riestra is a romantic figure from out of the sixties alternative
culture as is Ulises Carrión. He is not a neo-Mexicanist
although his work was associated with them. What he does
share, however, is a certain ironic stance towards the national
vision proposed by the Mexican school of the 20s and 30s.
The impulse behind these figures is that of demythification
not of identity politics. There is a surge of energy that comes
from the popular but that rephrases itself. Ron Kitaj once said
that each generation has to define its own face and Riestra's
figures are part of this search for the contemporary self.

His drawings, such as *Recuerdos del temblor* (1985) that
shows figures diving and falling onto the rubble of buildings,
are quick emotional takes. The sculptures, however, have a
monumental sense but they are also deeply emotive in the
way they exploit a language of gesture. They have an irresistible immediacy. He talks of them in terms that show how
specifically rooted they are within the expansive mythology
of Mexican popular tradition: "Working in clay —an ancient
tradition in the western as well as eastern part of Mexico—
has long excited my curiosity and provoked my interest,
indeed my craving, to penetrate into the entrails of the fantastic figure that were emerging from the damp clay, from the
wax like nature of the earth itself. Hollow like a gourd, the
clay is massed and moulded always leaving spaces to
breathe, spaces surrounded by a surface as thin as puff pas-
try, At the same time its construction is architectonic, requir-
ing walls and domes, tunnels, and spacious reception rooms
where large windows, chimneys and porticoes communicate
with the outside world."[6]

Interrelated concerns emerge again in the work of Suter and
Marcos Kurtycz. In the first instance there is a similar return
to pre-Hispanic mythology but it is chilled down and brought
under strict control through what appears as a strategically
cold aestheticization. As a result the pseudo-sacramental
finds itself charged with the homo-erotic. In the second
instance the shamanistic overtones of Kurtycz's *Caravíbora*,
that reminds us of an Indian sand drawing are dramatically
hauled into a contemporary scientific context through the use
of mercury as a material. The archaic reasserts itself as an
immediate manifestation of energy, as living, constantly
active matter, and as a potent symbol of continuity.

This re-location of popular tradition is also found in the work
of Carlos Arias. The impact of the work is heightened by the
insistence on complicating the referential field. Arias uses the
traditional craft of embroidery, usually associated with
women and by extension frequently used in contemporary art
practice as a coding of feminist aesthetics. Arias turns this
cliché back on itself but he also uses it as a vehicle for his
own sexuality. These works are playfully acid, subversive of
their own language, like Donald Barthelme's post-Freudian
rereading of *Snow White* where the heroine of bleached innocence becomes an American housewife who has an excessive
good time with the seven dwarfs! Arias makes the following
observation with regards to the development and changes
within his work: "I performed in myself a return to the
mechanics of a profession that is as much a ritual as a space
for intellectual elucidation. Without limiting potential I made
certain reductions using as few colours as possible whilst at
the same time insisting that they express as best they could
their value as material, texture and colour. I synthesized forms
into a kind of *ad hoc* drawing by filling them in. I started by
intervening in embroidered pieces made by other people. The
next step was to explore patterns that are sold commercially

to be embroidered giving them a twist that brought them visually closer to something more personal in nature. And out of that came the need to make my own designs, exploiting the perceptual values and conceptual possibilities of the material in a more concentrated fashion, as well as images that consistently reoccur as definitions in the work of those who practice this craft and of how when discussed as art the limits of the genre are broken."[7]

There is, of course, no way the social can be avoided in Latin America. There are certain ethical imperatives that art can only ignore at its own risk. It has a critical responsibility but this does not mean of course that it has to rehash the clichés of the politically correct. It calls for a series of subtly nuanced strategies to hold the attention of the visually sophisticated spectator. Once again the work has to carry more than one level of meaning. I have already mentioned Jusidman's images of schizophrenics and manic depressives who were outpatients or long term inmates at Fray Bernadino Álvarez Psychiatric Hospital in Mexico City, but let me make a few additional comments. He depicts them with an illustrated art book in their hands that shows the patient's favourite work. The illustration is tipped out towards the spectator. There is a classical discretion where everything is deliberately understated. What we have, as he says of Velazquez's *El Calabacillas*, is "a picture that paints itself *in and through* our gaze"[8]. These are strange encounters, unsettlingly direct between the spectator and the subject of the work, as well as between what is represented and the pigments that constitute the medium through which they are represented. "During this encounter, tensions are generated between immediate and withdrawing presences, between the associations and dissociations that derive from the availability of what's depicted visà-vis its status as representation."[9] We are caught between a feeling of empathy with the patients whose gaze seems to follow us around and uncomplicated seduction before the material nature of the paint.

Jusidman expands upon this when he notes: "*Bajo tratamiento* goes deeply —through the service door— into the well trodden ground where painting and madness meet. It is now common enough to judge a painting's expressivity through the degree to which it acts as an escape valve for the downloading of psychic tensions, basing our appreciation on the work's gestuality and symbolism. In contrast, in these diptychs the spectator finds himself obliged to approach the work through a complex framework: the delicate pictoric presence of the psychotics whose portrait has been drawn, the clinical evidence we have about them and the pictures painted in the books they have chosen. From there, the spectator can begin to formulate a different understanding about the work's expressivity; an expressivity in which the pigment does not translate an emotional state but rather it is constructed through visual contract out of the strategically articulated tensions between presences and distances."[10] In other

words, Jusidman moves deftly between the history of the medium and complex human emotions.

Can Jusidman's work be seen as having some tangential relationship to Semefo's (Forensic Medical Service) provocatively frontal pieces? Perhaps, but only as a metaphor for our psychic condition. Semefo breaks the silence and intimacy of Jusidman's studies and throws us into the deep end of our own fears and reticence. Teresa Margolles, one of the members of the group turns the body beyond death into a metaphor for society as a whole. We are pushed up against the life of the corpse after death — the secretions, the smell, the liquids, the organic material. The extraordinary *Lengua* (the pierced tongue of a teenager who had died a violent street death) or the child's corpse in a concrete block preserved, as it were, for ever leave us speechless. *Vaporización* (2001) demands that we physically confront the shadows we so long to avoid. It consists of a vaporiser that produces a nebulous atmosphere by using water that has been used in the morgue to wash corpses. Our reaction is to wish our wash ourselves and so remove an uncomfortable threatening presence but Margolles tests out our sensibilities and insists that we approach death as an immediate physical experience and that we share its space. Yet the reverberations spread out and Margolles returns once again to certain pre-Hispanic concerns with ceremonial washings and sacred burials, or simply to the natural Mexican fascination with death! Or perhaps what we hear is the hollow laughter of the absurd of that colossal remark by Jung or was it Freud before death: "there really is no sense to it all!" These are extraordinarily graphic works that seem to bridge across the centuries —from Aztec ritual practice to political torture.

Irony and parody constitute the classical postmodern rhetoric. They allow a critical distance and form part of the gaze of these artists before the immense and blatant contradictions of the social at so many levels of Latin American life. Marcos Ramirez's Trojan horse, *Toy-an Horse*, is a tremendous revived symbol of Mexican immigration across the border. The horse straddles the border full of people intent on scrambling across! Ruben Ortiz similarly plays between frontiers and expands the metaphorical load. He takes a sharp look at the high and low frontiers of hybrid culture and shows no hesitation in changing the cultural context of a Low rider or in introducing an alien to show the discontinuity of cultural patterns. In other words, new societies invent and don't simply make cultural exchanges!

Daniela Rossell presents a scathingly ironic portrait of Mexican high society to which she herself belongs. *Ricas y famosas* presents a series of images from what might have been a glossy fashion magazine but everything has gone wrong! Here excess is perched above an empty void, the glitter has gone and a cold shallowness pervades. These young women represent themselves, or perhaps more correctly fantasies of themselves. They are shown amidst their own possessions, surrounded by the clutter and ultimate banality of infinite purchase, momentarily frozen in their inability to make contact with life at any level. These are works that stress detail and the details twist and turn leading us back to those that they represent, mining their fragile status and revealing the sad and massive ignorance of a decadent and exhausted plutocracy. Here is our society of spectacle acting out its own cheap dreams, its own gold-leaf fatuousness, where even desire has become grotesquely uncomfortable. Rossell reveals their dumb vulgarity where they are left with their bodies as the real business. They are themselves on sale!

Mexico City is an extravagant, inexhaustible megapolis that inevitably weighs on the artist's imagination. Its presence is felt in many of the artists in this show, often tangentially rather than frontally. It is the 'supposed' subject of Melanie Smith's photos but she avoids all clichés. There are clear echoes of De Kooning's non-environment pieces, of underpasses and highways, of urban sprawl, of a reduction of all to the same that can become refantasysed through the individual's own particular delirium. Above all it is about the control systems that stage contemporary life and watch everything, the know all system of hidden camera lens, and as such it comes perhaps closer to Debord's Situationist ideas than that of Alÿs. She shows images of a society of spectacle where the true has ceased to exist or at most is shown as a hypothesis. I recall Debord's remark that "the generalized secret remains in place behind the spectacle, as the decisive complement of what it shows, and if we go to the heart of the matter, as its most significant operation."[11] We think not only of Smithson's work also of black and white military photos, of life under siege. She examines urban environments and a whole diversity of situations and registers that include not only the socio-economic but also political positionings. She holds up fragments momentarily balanced as an illusory whole.

Can we move from Melanie Smith's work through some kind of capricious, out-of-skew echo to Silvia Gruner's *Reparar* (1999)? Should it be possible it is above all as a formal echo but there is also some kind of existential affinity of human living, of being psychologically hemmed in. Gruner "documents the titanic and useless task of reassembling the minute shards of a shattered floor... Here, instead of restoring lost a continuity, (she) is manifesting her impotence before the labyrinthine nature of the enterprise, multiplying the perspectives from which the roll of adhesive tape appears in various positions in the different photographs. If it is true that the impossibility of laying hold of desire in its different forms has appeared as a constant metaphor in the work of this artist, references to a failed utopian eroticism have become more explicit in her recent work."[12] Magali Arriola is clearly correct in taking us towards desire and the

unconscious. It is a reading that is made even more explicit in Gruner's *Away from you* (2001) where we see a slight figure (Gruner herself) pushing up through the water, elegantly rising in search of air, vulnerably lost in the vast blue. It is an image both of feminist poetics and of a broader sense of human loss and need, and as such it is deeply moving, addictive, and conceptually sensual. I think of images from Sylvia Plath's *Ariel*, "of stasis in darkness" and "the substanceless blue". In other words, of the attraction and draw of suicide.

Jameson provided several years ago a key definition for postmodernism as the cultural and social condition of post technological society. Artists, like the rest of us, have a certain complicity with its direction but this does not mean that they cannot elaborate effective critical spaces and subtle readings. Pablo Vargas Lugo, Eduardo Abaroa, and Thomas Glassford do precisely this but with very distinct results. Vargas Lugo cultivates highly enigmatic relationships: "If it is true that this artist has worked from the images, objects, and events that frame and influence our daily habits, his work does not, however, operate from a critical platform to recover, deprive or propose new meanings for the convention that determine the immediate configurations of the environment. On the contrary, Vargas Lugo appears to pay homage to the simple existence of things in order to point to the different ways in which the world achieves meaning or, inversely, to evidence the trails and short cuts we take in order that the world should have meaning. His drawings, paintings, sculpture and installations reveal the surprise we feel —or perhaps have stopped feeling— before the arbitrary nature of all that allows any sign of coherent meaning as regards the environment."[13]

Glassford also exploits industrial materials of a technological society, along with classical Mexican popular icons, such as gourds, to produce bizarre hybrid sculptural objects that look like heavy metal sex aids for hard-core movies: vital, brutish, tense, erect. He makes things speak again and moves polished chrome towards some kind of futuristic landscape that reminds us of failed utopias. Abaroa similarly recycles but with a clinical off-beat irony. He deals with the language of visual affect, the rhetoric of how things look, and the iconography of desire. These are delicious, often tongue-in-cheek, statements that exist in their own right because they have the capacity to give pleasure. We can all recall Baudelaire observing that the beautiful is always strange by which he meant, of course, that it is always strangely familiar. Abaroa himself refers to his pieces as "an exercise in black humour but in colour."[14] They are, indeed, cryptic codings often making use of consumer products but lifting them to a quirky imaginative poetic status, whilst at the same time incorporating —and it is here that we find the black humour— a dense field of other references that stretch from genetics to anthropology.

Social injustices such as street violence, the minimal salary, and poverty can, of course, be approached frontally or, alternatively, through telling metaphors. Santiago Sierra's work has carried a heavy polemical edge through its advocation of a clear-cut social engagement. His paying off young Cuban drug addicts in exchange for their permission for a line to be drawn across their backs with a knife and his payment of the minimal wage to a team of unemployed people to sustain the weight of a false wall during exhibition hours in a gallery in Buenos Aires are acts that focus attention. They do not solve the problem but art has never done so nor can it be expected to do so. Sierra uses the problems he finds, in whatever social context he happens to be, in order to question power systems. These are felt issues effectively communicated. Yet their dilemma remains an obvious one, they take place within the space of another power system —the contemporary art world— that would almost certainly have preferred to avoid the confrontation but that also has a long history of absorbing and neutralizing such attempts. Miguel Calderón and Yoshua Okon also opt for a provocative frontal attack (*A propósito*, 1996). They roamed the streets and videotaped themselves as they broke into parked cars to steal radios. It is an action that challenges social infrastructure of the city and equally the spectator of the video who is not sure if it is a staged performance of theft or real theft. Equally telling and dramatic, however, is Miguel Angel Ríos' video, *A morir*, that uses a viciously effective metaphorical image to talk of acts of violence and the survival of the fittest. The spinning tops, a national game, smash into each other, hurl bodies to the side, gang up in groups, engage in hierarchical orders, fall, lift themselves up, begin again, and finally a king power figure is left standing!

The echoes, frictions, and patterns of interrelationships that rub against each other throughout this show can also come in the form of subtle understatements, often imagining the world along radical lines but through muted chords and silences. In the work of Kiyoto Ota and Inaki Bonillas we return again perhaps to the idea of beauty — of beauty attached to an idea, to a certain conceptual purity that also becomes emotion. Ota's *Resonancia congelada* (1997) follows the internal logic of the piece, the inner essence, its natural evolution. The work is the result of what happens: the process becomes a principle. Bonillas deals with a language of nuanced perception to provide us with minimal statements that have been carefully and intelligently thought through understatement shows itself here as a form of both ethics and poetry.

It hardly needs saying that the eighties and nineties were years when many young artists reacted against and rejected a nationalist based art aimed at an internal market. This rejection has taken many forms but it has led, perhaps, to a situation of a partially fatherless generation of artists who have tended to look elsewhere outside the national limits. Neo-mexicanism appeared suspect to many young artists. This involved a certain misunderstanding since neo-mexicanism was never a movement but more a kin to European neo sprouting that never managed to fully assert itself. The work of Guzmán and Galán —their powerful, saturated imagery that mixes together the kitsch, the sexual, the religious and the popular— can be seen as strategic but also as part of the wider return to painting. What was even more important is that it was in itself an ironic take on the Mexicanism of the 20s and 30s. Unfortunately it found itself on occasion being used for political and cultural ends. As a result it suffered a certain repudiation on the part of younger artists who, nonetheless, never themselves totally abandoned the problem of national identity —a major theoretical issue throughout this period and also a passport to lucrative foreign markets.

Nobody would dispute that throughout the 80s and 90s Latin America has tried to globalize itself. Economists convinced the politicians that society should open itself to foreign investment. National industries no longer seemed to matter and the only measure of success was inversion or export potential. The relationship with the outside world seemed suddenly more significant than any national or local interest. Art and artists, of course, were never far behind! They also moved outside and looked outside. It is a gesture that can be understood both in strategic terms and as a simple human need, a matter of affinities. This was by no means a new phenomenon but it was taking place in radically changing circumstances. Mexico has lived its own mini-drama of the arguments concerning "internationalism" or what is loosely seen as an abandonment of roots. We can all see the dangers of the adoption of an international coinage where art is tailor-made to a dominant style and language, just as we can all appreciate that what has been a positive recognition of "difference" can simply become assimilated and reduced to the same. There are legitimate fears that the art of/from the "other" in global circuits may simply comply and conform to the taste of a wider and more profitable international circuit. However it is also true that such negative views are inevitable in a climate that is hostile to globalization and thus to the idea of a global culture. One of the sadder consequences of this trend has been the increasing "deglobalization" of the regions. In other words, cultures excluded from globalization lose whatever they had that was local. They lose all social and economic systems of support, and consequently they lose meaning.

"International" in all events is an unhappy term. Are we talking about what Julian Stallabrass calls *High Art Lite* —that is a certain tendency towards "An art that looks like but is not quite art: that acts as a substitute for art."[15] Stallabrass uses the vulgarised commercial term, lite, to doubly underline his point. I believe increasingly from the late nineties onwards we find signs of such a presence in Latin American art but it is irrelevant to the work in this show. Nevertheless, what we are being asked to consider is the growing evidence of "an excess of art with an overtly contemporary flavour, frequency of use of popular or low cultural material, new relations to mass media, and translation of issues of conceptual art into "visually accessible and spectacular form."[16] The disturbing implication is that the preponderance of "high art lite" degrades subjectivity itself and threatens to leave us critically incompetent before the work. We all know that exchange value colonizes every aspect of daily experience. An art that reflects a facile post-modernism tends to present the spectator with dilemmas while simultaneously hiding behind an alleged undecidability. What disturbs me is that in this instance ambiguity reflects a refusal on the artist's part to take responsibility for his work. The implication is not only an abandonment of liberal social and political commitments but also of a commitment to high theory. We are left facing the risk of opportunistic cynicism, dumbed down argument, and market trend relativism.

Globalization is a thorny issue and the predicaments it sets for contemporary culture are complex. Thomas Friedman, with characteristic American market populism, sees "gloabalization as having one overarching feature —integration. The world has become an increasingly interwoven place."[17] Well it hasn't! The world is not on the brink of a new and unparalleled era of corporate cooperation and integration. Globalization is neither a homogenizing nor an inevitable phenomenon. It may now be undergoing an accelerated moment but it is not an incontestable movement. We are not dealing with unquestionable realities but rather with what Nestor Garcia Canclini describes as "a process of fragmentation and recomposition; rather than homogenizing the world, globalization reorders difference and inequalities without eliminating them."[18] And it is here in between that artists can find an immensely fertile ground. I am thinking of Alÿs, surely as significant a figure as Orozco in international circuits, of Vargas Lugo, of Abaroa, of Ruben Ortiz whose 'argot' may be more local but whose speech hits commonly shared phenomenon. These artists all talk through highly personal poetries.

The centre remains monolithic as a structure and absorbs peripheral cultures. There are evident geopolitical reasons behind the moves from the centre but there is also perhaps a loss of direction, a curious loss of power at the creative level that needs filling. This is not a generous opening (although I would not exclude a curiosity) and it is one that Mexico, along with other Latin American countries now fills, as Russia or Africa has done before, and as China is now exploding into! It is true that the large Mexican collective shows in last 3-4 years have tried to stay clear of any "national representation", as irrelevant to what was going on, and that the central axis for national representation becomes, as it should be, internal to art itself —the neo-conceptual strategies of the 90s. It is also true that outside reception tends to see as mimetic any exhibition that fails to present identity

topics for foreign consumption i.e. violence, social critique, frontier crossing, drugs, or simply pseudo tropical colour! It is perhaps true that a consciousness of the global and the instauration of new imaginaries does not necessarily imply homogenisation but rather a return to, or reinsertion in, the local that can become a frontier situation for hybrid mixtures and exchanges.

This show is full of echoes and continuities. It looks back and forwards through works that, I believe, have earned their place. And more than that have opened new possibilitities!

1. Olson, C., *The Maximus Poems,* Jargon/Corinth, New York, 1960.
2. Alys, F., quoted by Medina, C., *Arte Contemporáneo de México en el Museo Carrillo Gil*, Museo de Arte Carrillo Gil, Mexico City, 2000, p. 82.
3. Lampert, C., *El Profeta y la Mosca: Francis Alÿs*, Turner, Madrid, 2003.
4. Golding, J., *Gerzso*, Editions de Griffon, Neuchatel, 1983, p. 19.
5. Asta, F. y Prampolini, I.R., *Los ecos de Mathias Goeritz*, Instituto de Investigación Estéticas, Antiguo Colegio de San Ildefonso, Mexico City, 1997, p. 193.
6. Riestra A, quoted by Billeter, E., *Adolfo Riestra*, Galería OMR, Mexico City, 1994, p. 16.
7. Arias, C., *Arte Contemporáneo de México en el Museo Carillo Gil*, Museo Carrillo Gil, Mexico City, 2000, pp. 42-43.
8. Jusidman, Y, *Yishai Jusidman Bajo tratamiento/(en-treat-ment)*, Museo de Arte Carillo Gil, Mexico City, 1999, p. 24.
9. *Ibid*, p. 25.
10. Jusidman,Y, *Arte Contemporáneo de México en el Museo Carrillo Gil*, Museo de Arte Carrillo Gil, Mexico City, 2000, p. 191.
11. Debord, G., *Commentaires sur la société du spectacle*, Gallimard, París, 1992, p. 26.
12. Arriola, M., *Silvia Gruner: "en blanco"*, Museo de Arte Carillo Gil , Mexico City, 2000.
13. Arriola, M., *Arte Contemporáneo Mexicano en el Museo Carrillo Gil*, Museo de Arte Carrillo Gil, Mexico City, 2000, p. 151.
14. Quoted by Arriola, M, *ibid*, p. 62.
15. Stallabrass, J., *High Art Lite; British; Art in the 90s*, Verso, London, 1989, p. 2.
16. *Ibid*, p. 4.
17. Friedman, T., *The Lexus and the Olive Tree*, Harper Collins, London, 1999, p. 8.
18. Garcia Canclini, N., *Consumers and Citizens: Globalization and Multicultural conflicts*, Univ of Minnesota, Minneapolis, 2001, p. 3.

Five Pieces of Evidence Showing that this Essay is Impossible

Itala Schmelz

Exhibit One. I was not the curator of this exhibition so I have no *a priori* thesis to attach it to. Additionally, the curator has told me that there was no "theoretical structure" in the selection of the pieces.

As anyone reading these pages knows, Mexico was the guest country for ARCO'05. To commemorate this, the Museo Nacional de Arte Reina Sofía has brought together a wide-ranging retrospective. Around seventy pieces, more than forty artists. The pieces come mostly from the last decade of the xx[th] Century, but the chronological limits are flexible. What we find here is work which is to a greater or lesser extent well-known, by artists who are to a greater or lesser extent well-known. Pieces which we might say have already had their moment, their critical impact, but which still work in their own right. Osvaldo Sánchez, the guest curator[1], compiled the exhibition off the top of his head, and the result, in his words:

Is not an exhibition of recent works, it is not a show about one generation, it is not illustrating the hub of some historical inheritance, or linguistic debts, nor is it calling up the cultural heroes of national plastic arts [...] the only explicit structure of the show is the actual layout of the exhibition space, and the only intellectual reference is the solidity and spiritual rarity that emanates from the pieces themselves.[2]

The idea behind the choice was to let the pieces speak, and to let the viewer listen. The well-known curator's attitude made it very clear that he was a little tired and uncomfortable having to theorize about contemporary Mexican art, and as the person asked to write this text, I have to say I agree with him. Sánchez told me of his intention to construct "an exhibition without any tacked-on intellectual structure" and he challenged me to try to come up with a theoretical argument: "You'll find it difficult, or even impossible", he said. And this exhibition is indeed like a collage where nothing fits. But there has to be some way to express it. We cannot just stand there with our mouths shut! Although perhaps if we only could… Anyway, this text is like a spiral of noise that surrounds these pieces without touching them, that wanders around without trying to define anything and which does not say something when that thing has already been said.

Exhibit Two. Although Mexican artists and curators have brought the images of our national identity to crisis point, international expectations are still based on stereotypes.

Production of "contemporary Mexican art" has, over the last few years, had a "Tequila effect", which is to say it has achieved high visibility internationally. This has meant that every time, there has been an exercise in synthesising and position-taking, along with the conceptual and historical decisions taken by the curators involved. If it were not so exhausting, we could once more take the opportunity offered by this text to go over the models of exoticism, topicality and local colour which are what is expected of *Mexicanism* and, at the same time, to strongly criticize the narrowness of the paths by which the *different* can have access to the *mainstream*.

In 2000, Mexico's participation in Hannover's world fair was the cause of some conceptual scepticism: How should we present ourselves internationally?[3] The discussion, entitled *The Insidious Taste for All Things Global. Art for a Post-Mexico Century* and chaired by Cuauhtémoc Medina for Puebla University[4] produced a theoretical redefinition of the irrelevance of the national identity models. At that time, the historian claimed that "today, the nation and its ideologies are seen in art as objectives for critical deconstruction, and no longer as an aesthetically productive concept."[5] In 2001, Magali Arriola put on a collective exhibition at the Centro Cultural de México in París, which was entitled "Coartadas". The curator had the wisdom to exhibit the most contemporary ways that themes of national identity were being assimilated and at the same time broken apart. As she observed: "The recuperation and overturning of certain media-codes by these artists could be used to intervene between an individual experience and the construction of a collective history."[6]

James Oles entitled his exhibition for MexArtes, Berlin, 2002, "Superficies coloreadas" (Coloured Surfaces) and cleverly took the common area of colour in Mexican art as the curatorial motif. In this way he could highlight one of our national identity's most often repeated aspects. Oles points out that "this country's local colour is obviously what has made it an important stop (…along…) the pilgrimage made by modern artists attempting to get away from the industrialized metropolises"[7]. Through his explanation, the investigator makes it clear that Mexico, apart from anything else, plays an important role in modernity's imaginary. That is to say; for the mainstream, Mexico is one of the representations of the eternal exotic other, different in any and all concepts.

In 2002, PS1, New York put on a major retrospective called "Mexico City: An Exhibition About the Exchange Rate of Bodies and Values". Its curator, Klaus Biesenbach, was looking for a new statement about the *Mexican experience*, presenting the city of Mexico as an attractive urban post-apocalypsis. Medina's prologue for this project was a text entitled *Abuso Mutuo* (Mutual Abuse) in which he was already questioning —with some signs of fatigue— the idea that the signified "Mexico" could have any critical-artistic relevance. The projects, however, continued: in Italy, a collective exhibition organized by Teresa Macrì was called "Mexico Attacks!" (2003), and the name "Made in Mexico" was used by Gilbert Vicario for his exhibition at the Institute of Contemporary Art, Boston, in 2004. Neither did the most important contemporary art publications ignore the Mexican phenomenon. The cover[8] of the magazine *Parachute-104* said "Conozca Mexico"

("Meet Mexico"), a phrase which accompanied four photos which were all that was needed to confirm what André Breton said: "Mexico is a surrealist country".

As Mexicans, what sets us apart is precisely what, at the same time, makes us the same as any other country. National stigma in any country is just as powerful, empty, wrapped up, commercialised and ready for export. Every people has its own miniaturized souvenir version. There was a time (the first half of the 20th Century) when all the arts came together to try to create a national identity, and patterns were becoming mass re-produced to a ridiculous extent. Traditional icons whose dignity once reflected onto us have now become part of empty government rhetoric or obscene marketing strategies. Over the last few years, however, national identity has gone through a stage of unquestionably productive self-criticism[9].

It is always interesting to see the impact of our national symbols abroad, but it is also limiting not to be able to get away from them in international dialogue, since the field of creativity and thought has always been trans-national. This exhibition, far from making its focal point some discursive construction of national identity, actually brings together individualities in search of their own referentiality. These are subjectivities which, despite being shot through with imagineries as gregarious as those of national identity, are actually remarkable for their intimate sensuality.

Exhibit Three. **The gathering together of these pieces might actually say less about Mexican art than it does about the tastes of the curator. It is not a collective imaginary that we are being shown, but rather a most extreme individualization in each work.**

The show's selection, far from introducing us to Mexican art in an objective way, actually enables us to do a generic Freudian analysis of the curator. A definite sensuous process can be inferred through his objectual preferences. It is basically a homo-eroticised exhibition, littered with phalluses, and is as provocative as it is diverse, the dominant attitude being one of perversion and lust. Pieces with their own aura which, as the curator wished, are *brought* together, but not *mixed* together. This is a minefield of reactive seduction for the viewer, these are works which reveal the full range of forms that subjectivation can take.

In the conference that took place in Puebla in 2000, Osvaldo Sánchez's contribution was a specific text: *El cuerpo de la nación. El neomexicanismo: la pulsión homosexual y la desnacionalización*[10]. There is no doubt about the brilliance of his argument, which contains several interesting clues to the present exhibition. Sánchez pointed out that the painterly movement which was characteristic of the 1980s was a deliberate perversion of the modern use of the body as national allegory.[11] "If Neo-Mexicanism has any central figure to go

alongside the Virgin of Guadalupe, the maguey plant, the crest of Montezuma [...] and the bleeding heart, it is the sex urge. Specifically, the gay sex urge." "Here, the body itself, as its sex urge unfolds, tears down the old emblems of the nation and turns them into artifice, cosmetics, the merchandise of seduction." These practices, as he points out, "anticipate operations of de-nationalisation, which are not market operations as such, but operations of meaning." That is how, from then on, Sánchez explicitly referred to "the body as a carrier of individual identity" and called for a "de-nationalisation of the body's representations."[12]

Felix Guattari writes that "the only acceptable objective of human endeavour is to produce a subjectivity which is constantly enriching itself in relation to the world." Art and psychoanalysis "are two kinds of subjectivity production." "Art is something which subjectivity can build itself around, avoiding ending up as a inflexible collective gadget purely in the service of the powerful[13]". The idea of de-territorializing (denaturalizing, denationalizing) the body as a process of subjectivation, is particularly relevant in a society of alienation which precisely tries to take over bodies — so willing and full of desire, fragility, fallibility and vice. But what exactly do we understand by subjectivity or the process of subjectivation?

In his XVIIIth Century book *Theoretical Philosophy*, German philosopher Immanuel Kant claimed that the construction of identity is the ongoing task of the synthetic —that is to say, non-substantial— subject. The concept of subjectivity as something which can be constructed is a painful contradiction for the ego which believes it is identical to itself, and which aspires towards substance. Kant refers to the subject as 'originally synthetic' and, like a good mechanic, he checks each one of the *a priori* (i.e. only subjective) faculties which form the basis of one's connection to the real. Königsberg's philosophy puts the thing itself in brackets, and with absolute clarity condemns subjectivity to submerge itself in solipsism. What this means is that we can only relate to the world in terms of the conditions of our knowledge, and as those terms are finite, we cannot aspire towards knowledge of the infinite. Or, as Henri Bergson put it more than a century later, "that would be like trying to make the part equal the whole". In strict terms, "we only have an imitation of the real. A symbolic image."[14]

Within this model, the world of art is the perfect place for a reflexive self-awareness which dares to break away from the pre-established models, making its relationship with the world a little more complex and critical. Contemporary art, as much for the artist as the public, is in a constant process of de-construction, its meaning never complete. Through these practices, subjectivity explores and exercises its freedom. The works in this exhibition are irrefutable proof of subjectivity's permanent and experimental construction. "The thing which we affirm most strongly is the body itself."[15] and it is precisely through eroticisation that many of the artists on show here make the most varied objects or most sensationalist discourses their own. The exhibition highlights in art an atmosphere of freedom to imagine, to love and to satisfy oneself. Art as one's own self-knowledge, one's own self-indulgence, one's *own-goal*.[16]

Exhibit Four. Rather than using philosophical theory to legitimise art, my question is: What do contemporary art practices contribute to philosophical thought?

The philosophy of thinkers such as Foucault, Deleuze, Guattari, Debord, Baudrillard, Derrida, Eco, Virilio, etc., has become an arena for discussion whose aim is to define "conceptual art". It used to be the (slightly embarrassed) critics, and now it is the artists, who used it to "legitimise" their work. An occasionally pompous attitude. It is the world turned upside-down when it is the curator who has to tell the artist to keep quiet, to just let people see, appreciate, get into a work of art —Kandinsky, looking back, proclaiming that art should not be thought about, but felt. Just when we thought we had art trapped and fully understood under a logical and conceptual net, we have to let it go again. These theories work, but they are not necessarily valid. Reproducing — to a point of parody — these magnificent writers does not guarantee that current art is actually "conceptual". The work of art, like currency, has no real guarantees, chance and discovery are still the muses of choice. Aesthetic strength, individual style and even genius, and their capacity to provoke, are recourses which are strengthened by theorization, but which cannot be substituted by the theoretical.

After such a long search for a discourse through which we could deal with today's art, the discursive now seems to have tied us into a straitjacket. Artists have more discourse than artwork, and theoretical formulations, which seemed so ecstatic in their day, are now repeating themselves into emptiness. Does art that broke away from traditional forms, and, being an object, took on the attributes of sign and text, really need a critical text? And as for the writing, is it dependent on reflecting the work of art, or is it enough for it to construct meaning, fiction and thought?

Artists have very mistakenly rejected the figure of the curator, saying that attributing meanings which have nothing to do with the work shows a lack of respect. However, art is a reading ground, and however successfully the artist puts across his idea, in every case the work will show the meanings given to it by the person doing the reading. Today's art presents a fascinating argument: "the substratum of a contemporary artwork is in the collective elaboration of meaning."[17], and its specificity is "the production of intersubjective relations", not of objects.

The paradigm shift in the artistic process has by necessity involved the evolution of the public, not only of the creator. It would be interesting to see if contemporary art has had an effect on third parties in Mexico. That is to say, has anyone learnt, through art, to see things in a slightly different way? Has the practice of "deconstructive reading of signs" really helped us to free ourselves from coercive ways of thinking and moralizing? Has any critical path been opened up in the social order which is in any way significant? Because to explain ourselves, or beyond that, to justify the birth of a more or less hermetic and self-referential art, we always point to its social function and the transgressive character it has in connection with group identities.

Philosophers do not often go to contemporary art exhibitions. Strangely enough, their aesthetic tastes are not bound up with their theoretical analyses, and having science as a cognoscitive model, they do not need art. However, it is said that there has been a growing migration of philosophical thought towards the practices of the conceptual artist. Somehow, the construction of knowledge is becoming possible through artistic practices. Today's art, the domain of pretence, of appearances, of seduction, has turned out to be a wide horizon for theoretical thought —that much is true. In that case, what is the ontological effect produced by the new languages and new directions in art? Is any theoretical dimension affected or favoured by what is newly being put into practice? To what extent has the reading of contemporary art supported the structuring, conceiving or thinking of philosophical ideas?

Exhibit Five. As promising as art's role as a factor in social revolution may seem, it is still true today that the most radical anti-system stance continues to be the sublime solace of "art for art's sake"

To conclude, all that remains is for me to lose this uncomfortable awareness that power will permanently absorb any dissent. It is utterly naïve today to suppose that there is any free territory left where you can be different. Guy Debord may have seen in art a "social interstice", a place for action and subversion, but when the silhouette of Che Guevara's face goes from being clandestine graffiti to staring out from designer t-shirts, it becomes obvious that there is something fake and artificial about the figure of the rebel artist. Although we may not be trying to take a stand against a power which absorbs all opposition to its system, we do believe that art achieves something important on a social level; the vision of David facing Goliath is not lessened by the fact that it is only a myth.

On the television news, you can see in the Palestinian boy's eyes that his existence will always be inseparable from a fundamentalist identity, the machinery of genocide that is in place in the Near East will finally swallow him up, nor will he doubt even for a second what his blood is and who his enemies are. In a parallel universe, this exhibition, far from restoring national identities, is proof of some people's dilettantism in another part of the globalized world. Despite those who expect art to take the role of some kind of warrior, an art with a hammer, as Nietzsche wished, art is and always will be uncoercible, not because of its political or moral stance, but simply because of its being "art for art's sake". What else can art do except emphasise the absurd. And finally, what is the freedom offered by art worth if, at the same time, it is as if we are staring into a void?

1. The exhibition is the result of a joint project between Osvaldo Sánchez and Kevin Power, but this text was taken from a sort of dialogue with Sánchez.
2. Osvaldo Sánchez, by e-mail, 18 August 2004
3. In Mexico's case, the building of national identity models with a view to 'exportation', must undergo a revision which takes into account the first decades of the xx[th] century, and very specifically its relationship with the USA, its neighbour to the North. I shall not go into this history as there already exists a superb bibliography.
4. First Contemporary Art Symposium at the Universidad de las Américas (UDLA-P) Puebla, Mexico, November 2000.
5. Cuauhtémoc Medina. "Negociación y apertura". Published in the magazine *Curare*, n°. 17, Mexico City, 2001, p. 83.
6. Magali Arriola. *México 2001, iniciativas privadas a contrabando*. Text for the catalogue of *Alabis-Coartadas*, Centro Cultural de México of Paris, 18 January-9 March 2002.
7. James Oles. *Superficies coloreadas*, MexArtes, Berlin, 2002, text for catalogue, p. 7.
8. Graphic design by Mexican artist Jonathan Hernández.
9. These references are significant, but not comprehensive. We could cite many more examples and interesting projects.
10. Osvaldo Sánchez. "El cuerpo de la nación. El neomexicanismo: la pulsión homosexual y la desnacionalización", *Curare* magazine n. 17. México City, 2001.
11. "As of the beginning of the xx[th] century, bubblegum cards, movies and graphic illustrations made up the stronghold of discourse of the canonic body. Neo-Mexicanism perverts the modern use of the body as national allegory, whose physical ideal of the Mexican native -that overstated masculinity- marked out our territory for decades." Osvaldo Sánchez, *ibid*.
12. *Ibid*.
13. The writing of this text was greatly helped by reading *Esthetique relationnelle* by Nicolas Bourriaud, Les presses du réel, Paris, 2001. In the last chapter, "Vers une politique des formes", Bourriaud revises Felix Guattari's philosophy. The quotes come from this book, and were originally taken from, Guattari's book *Chaosmose*.
14. Henri Bergson, *Creative Evolution*.
15. Friedrich Nietzsche, *Beyond Good and Evil*.
16. *Own-goal (Autogol) is the title of a Thomas Glassford piece in the exhibition.*
17. Nicolas Bourriaud, *ibid*.

More Mexican Lies
Osvaldo Sánchez

For a long time I would go to bed early. With Proust's opening sentence of *Remembrance of Things Past*, Foucault illustrates the birth of modern language, understood as the repeated murder of the expected in terms of the canon. In this respect, he is referring to the death of an outdated model of historicity: "The relationship of succession that appears from the XIXth century onwards is a relationship which is much *earlier*."[1] Today, this "early" murderous presence is shown to be the prerequisite for admission to a global economy fuelled by local accomplices. The absence of exhibitions of Mexican art which attempt to put these last few years into any kind of historical context is perhaps confirmation of the supremacy of another more "real" temporality based on the network of "global" synchronies which we accept as "contemporary condition". Temporalities which are in line with the compulsion which regulates consumption of culture, and which guarantee the important symbolic role that contemporary art plays at the heart of these disguised dynamics. It would seem that we hardly have even a fleeting *present*, controlled from the fiction of synchrony which all spectacle is.

The gauge of success simply (pre)supposes a relationship diluted by "local attachment", which is to say one that enforces a prohibition of those temporal indicators referring to the original determining factors of production. So would this be just another Mexican exhibition, in which the options for contemporization force us to present ourselves as in some way "perpetually displaced"? It is symptomatic that Mexican contemporary art exhibitions find it hard to get into reverse gear and re-assimilate their recent past, or even give credit for the disruptions with which this recent past —more and more seen as an imperfect present— feeds into the density of the visual imaginary of its time. This "late" reverence —which is also political— has not only poisoned the Mexican art scene, but through its worldwide repetition has also made it thinner. Taking on this exhibition meant bestowing some kind of credit on this synchrony.

So how can we avoid this murderous compulsion of the "late" succession? How can we boldly exhibit those not-so-recent works that are still out there, latent —even in the very "news" that tries to deny their existence— still sharing that contaminated present, in this country of such poor memory? There is a real risk. A risk that could be aggravated by my lack of interest in dismantling any kind of historical framework. So rather than a nonconformist or studious review of the history of the last fifteen years —assuming that 1989 marked a turning point in the history of the Mexican art scene— I preferred to adopt a floating time line which would at least involve a challenge —no matter how modest— to the bulimic act of trying to adapt Mexico to the repeated announcement of its

coming international arrival. Together with Kevin Power, co-curator of this exhibition, we thought it might be interesting to throw out diagonal lines of escape across the frame of reference of these last fifteen years, lines which in fact weave today's artistic output more tightly together, making the expectation of an "obedient" artistic present more difficult, and encouraging "the uncertainty still felt by he who has managed to remain at a distance" (J. Clifford). It was also very important to find a way to play down the monopolization which a "late" generation holds over the whole artistic presence of a culture. Mixing pieces from the beginning of the nineties —now unjustly forgotten— with recent works and work by artists from other generations which deserved a more informed reappraisal, seemed to be one option.

So the list included, as a first draft (when we had a larger exhibition space available) works which one might be seen as unthinkable in the same Mexican exhibition of "actuality", with artists like Ulises Carrión and Pedro Friedeberg, Melquíades Herrera and Manuel Álvarez Bravo, Gabriel Orozco and Feliciano Béjar, Victor Jurado and Luis Barragán. In the end this transgenerational interweaving was stretched between the fragile brackets enclosing nearly two decades, with a radical emphasis on not putting forward any kind of historical construction. So more than some historical context from the 1990s onwards, we are trying to exhibit the vulnerability of the fiction of *present*, to show, if necessary, "its unlimited power of dispersal", rather than allowing the exhibition to add to the strictly-regulated network of synchronies set out by the "global art scene", in which this show is scheduled.

For the vessels which thou dost fill do not confine thee, since even if they were broken, thou wouldst not be poured out. And, when thou art poured out on us, thou art not thereby brought down; rather, we are uplifted. Thou art not scattered; rather, thou dost gather us together.[2] Peter Sloterdijk goes back to Saint Augustine to question the operational sufficiency of the modern ego in the midst of such formative delirium, such flux. He goes on to talk about how the bubbles of individuality that we are behave in close proximity, how these bubbles could and/or can confine and contain each other "behaving like restless receptacles."[3] It was the curiosity I had to uncover the slightest touch of this "restlessness" —we might also call it "desire"[4]— its quietest register, which made me take on this exhibition as a meditation on the extraordinary spiritual nature of its possible "heroic subjects" —which all comes down to a discussion on seduction— and thence to exhibit the resistance and detachment which enables any work of art to rise above those all too trivial priorities of its surroundings. In this area, the "restlessness" of the artistic subject would seep out of the gap that exists between language and object, the site where the art experience takes form. Does anything which is both generic and local remain in this experience? Is there some identifying specificity in its spiritual nature —and can that

be articulated? *(The human being) is not only the designer of
an imagined interior space of his own, with all its relevant
objects, but, always and inevitably, he also has to allow himself to get as far into the receptacles of the other and inner
proximity, as he could vis-à-vis the family furniture, or a
sounding box, or as an opposing wall."*[5] So if the exhibition
hardly calls upon the latent power of resistance in these
works at all, then the only basis of any possible effectiveness
it has, would be the actual experience of the retrospective.
Only a fool would take such a risk. And would the whole
curatorial discourse therefore become that entelechy?
Perhaps these selected works could secrete —some from
their own density and others, fewer, from their tragic lightness— this very "restlessness", in quantities sufficient to be
able to track down the subject being shown in its own delirium. In this way, the curatorial discourse, rather than following a line with an explicit meaning —for example to illus-
trate some fragment of the Mexican *Zeitgeist*— would be a
discourse which could be a precision-construction of those
"opposing walls", those summoned proximities, which are
able to create the sounding area needed to ensure that it is
not only the work which is on show, but also its experience.

So, on the one side we have — language. On the other are
the works. Let us say that this strange thing, this configura-
tion of language, is within language; it stops on itself, it
becomes still, it constitutes a space of its own and retains
the seeping of murmurs which clouds the transparency of
signs and words in that space, and thus builds up a certain
opaque, probably enigmatic, mass. That is basically what
constitutes a work of art.[6] What I might find most frighten-
ing about a curatorial construction such as this is the pretence that the work (the text), when exhibited correctly (that
is, partially hidden by the presence / latency of another
unconnected text) should actually be capable of secreting this
matrix of meaning, this opaque mass, and that this matrix
should be the only (or nearly the only) prevailing (con)text
which can be taken as a field of reference for any articulation
which is stated solely through these stressful visions. Why
has it become so counterproductive in our curatorial milieu
to try to emulate the powers of Jouvert, who said "I am like
an Aeolian harp, which makes some beautiful sounds, but
does not play any music." Would it make any sense to look
at curating no longer as a kind of instrumentalisation but
rather as an almost completely hidden handling of art, which
consigns/assigns to the artwork the exhibition staging, and
which more than reinscribing fashionable hermeneutics,
rather seeks to unveil the heuristics of silent fragmentary
experience where the artistic event takes place — its chronic
disjunction? Would it make any sense for curating to try to
re-frame the work of art in its own constituent experience,
getting round the canonical veneer devouring it as object?
Does diluting the frenzy of expectations where contemporary
art is legitimised provide us with some kind of slow effectiveness or protect us from submission of some sort?

*These scripts can and do get disaggregated into complex sets
of metaphors by which people live as they help to constitute
narratives of the Other and protonarratives of possible lives,
fantasies that could become prolegomena to the desire for
acquisition and movement.*[7] The degree of belief that we
ascribe to these "serious fictions" may indeed give away a territory which is not only entropically local. Everything seems
to depend on the credit we grant to creating new metonymies
energized by "tireless nomadic activity" which "contemporiz-
ing" involves. It is obvious, much to my chagrin, that this
exhibition works as a defective *mise-en-scène* of that remote
expectation, which is the shadow of contemporary Mexican
art in this seemingly endless season. I am interested to see
how the omissions and inclusion of certain works and the
construction of unusual proximities raise precise questions
within critical debate in Mexico, not related to the history of
the last few decades yet to be framed, but mainly related to
the strategies with which we have been negotiating these fictions, and also to the political condition of these "displaced
models" of "actuality".

*More and more identity has become a form of economic value
and strategy, less an less it is the core of a self-acknowledgement. The ultimate value of the corroded character is to be
flexible, flexible, and again: flexible. However: if the big
achievement is to be flexible and to be able to cope with anything, to adopt any role and to incorporate any value, where
do you draw the line? If the energy of defense is focused on
the protection of one interest these questions are frequently
answered by dangerous responses.*[8]

1. Michel Foucault, "From Language and Literature", Barcelona, Paidos,
1996, p. 68.
2. Saint Agustin, "Confessions", quoted in Peter Sloterdijk, *Spheres 1.
Bubbles. Microspherolgy*, Madrid, Siruela, p. 37.
3. Peter Sloterdijk, *ibid.*, pp. 86-87.
4. In his text for this catalogue, Itala Schmeltz points to the homosexual
urge as the curatorial axis of this exhibition. It is true that desire here is
(where *isn't* it?) a powerfully meaningful articulator, but that does not
give credence to the misconception that individual desire can be reduced
and labelled according to the social roles of sexuality.
5. Peter Sloterdijk, *ibid.*, p. 86.
6. Michel Foucault, *ibid.*, p. 64.
7. Arjun Appadurai, *Modernity at Large*, University of Minnesota, 2000,
p. 36.
8. Ole Bouman, *Don't save art spend it!*, Ljubljana, In the catalogue
Manifesta 3, 2000.

(p. 49)

Santiago Sierra's work belongs to a set of critical operations which call into question the belief that art is an autonomous, sublime and unselfish activity. Reviewing his works over the last twelve years, what stands out is the persistence of certain subjects —recurring lines of action which end up pointing to a basic obsession: that of deconstructing minimalism as the hegemonic language, associating it with the dictatorship of production and profit. In his actions, people become "performative ready-mades" that shape "situated stories", extending the classical idea of site specificity. Connecting the semantic charges personified by his actors to socio-economic and geopolitical conditions is an effective way of linking the personal to the political, the local to the global. Some fundamental lines of his poetics converge in his projects at the Spanish Pavilion in Venice —obstruction, linguistic provocation and the reflection on work as punishment.

Wall enclosing a space points to the technologies of mediation and restricted access posed by borders and by limits, whether visible or invisible, which place people in different geographical, social or ideological territories. The wall polarizes the Biennial spectators on either side of a hypothetical stage and formalizes physical and political tensions evocative of that strange territory of sealed cities and countries defined by contemporary exclusions. Unlike Beckett's absurd existentialist "wall of nothing", Sierra builds walls that show how frontiers have not been abolished but reinforced. Inside the Pavilion, by staging the remains of construction work on the wall, disorder and abandonment, he proposes an exercise in denuding reality and refers to other remains and other twilight zones. Covered word is a simple sculpture made of poor materials. Here, Sierra acts by omission. By covering the word 'España', he momentarily truncates its multiple historical and symbolic connotations, thus prefiguring a controversial emergence of sentimental reactions, ideological interpretations and aesthetic assessments.

Rosa Martínez, 2003

The main problem is that a considerable amount of ink was wasted in stating that my appearance in Venice constituted a critique of the immigration legislation passed by the government at that time, when, in fact, it was a work that could have been presented forty years ago or which could be repeated at the forthcoming edition, aimed at the new government. It could even be presented with a few alterations in another national pavilion, because the idea of the nation is, has been and will be exclusive, and countries are pure ideology, real only to the extent that their methods of coercion are effective. There is no Honduran or Palestinian pavilion, so the existence of national pavilions demanded a First World positioning, a certain amplitude that nevertheless did not overlook the ownership of the pavilion.

Santiago Sierra, 2003

(p. 54)

Following his premature death in 1995 —and in spite of the striking clarity of his language— for the great majority, and even for many experts, Marcos Kurtycz remained a hermetic artist. From his first performance at the First Experimental Art Fair in 1979, he revealed his commitment to what is known as "anti-art". The syncretism attributed to Kurtycz due to the combination and indistinct use of both Polish and indigenous systems of symbols represents a clear and effective appropriation of his two identities —his original and adopted identity—, and emanates from his indisputable linguistic skill and graphic virtuosity. The link between these two cultures seems obvious and even natural in him. This syncretism is complemented by the language of technology, which represents a third appropriated and ever-changing identity.

The expert manipulation and mastery of certain materials that appear repeatedly in his work, such as fire, air (from the underground), water, mercury and copal resin, combined with elements such as the labyrinth, the axe, the staircase, the spiral and the serpent, could well give rise to gnostic and/or shamanistic connotations. There is no doubt that energy exercises a considerable fascination over Kurtycz, who considered himself to be the energy conductor itself. However, up until this time, no text exists that points to an esoteric inclination in the artist's approach. His way of defining his work indicates quite the opposite: "The production and issuing of works of art in all and any media I have at hand, so that I can acquire the most intimate understanding possible of contemporary life".

Patricia Sloane, 1999

(p. 56)

In his extensive series on the gourd, that thousand-year-old daily object used for transporting liquids, Glassford delved into the relationship between objects and the body, also focusing to a certain extent on how these objects construct a notion of corporeality. In other cases, mobility was interrupted by means of surfaces made of leather, plastic or other materials which the art critic, Olivier Debroise, has interpreted as versions of the immense and intoxicating landscape of the Texan desert.

Glassford now focuses on how the *raison d'être* of the objects facilitates the circulation of bodies. Various installations use materials that generally facilitate human transport, such as banisters and rearview mirrors, which form part of an entire system created to be ignored in the fulfillment of its function. The moment a useful object reveals its ineffectiveness, this is often the moment when we really see it for the first time. Glassford no doubt refers to the way in which objects, including, of course, art objects, create a specific route to which it is essential to adapt a form of behaviour. This is not a question of specific denouncements, but of turning the symbol on itself as a means of investigation.

Eduardo Abaroa, 1999

Glassford sees the bottle gourd as a simile for the human body, whether it be a section of the female torso from the buttocks to the neck, or a possible equivalent of the scrotum and the phallus. [...] The body is interfered with by apparatus of control and sadistic domination: a gourd constrained by an orthopedic belt, imprisoned by wires and clinical tighteners (forceps, needles and clasps), perforated by chains and small rings, tattooed, cut, sewn, burned and scarred. A tribal sense is evoked by the post-industrial eccentric which expresses distrust in the frippery of progress by humiliating the chromed object of technological functionality, converting it into a form of decoration and a ritual costume of the allegedly savage.

Cuauhtémoc Medina, 1994

(p. 60)

Enrique Ježik 's work is energetic and, at times, aggressive, based on the use of heavy machinery, weapons or documentation of violent acts. In this manner he reproduces and criticizes the power relations that are instituted at a social level. He is especially interested in the contamination of social processes by violent situations and the way in which these situations can be turned into models of communication. In this respect, politics and communicative exchange appear as recurring themes throughout the entire body of his work.

Juan Antonio Molina, 2003

(p. 62)

A brief look at the work that Pablo Vargas Lugo has produced in recent years would place some of his pieces within the context of an artistic generation that has founded its discourse on an analysis of plastic art, on a conceptual commentary of our daily behaviour; other works, endowed with an enigmatic half-light, would be condemned to persist in secrecy. Although this artist has based his work on images, objects and events that encompass and refer to our routine habits, his work does not operate from a critical perspective in order to rescue, remove or re-label the conventions that determine the immediate configurations of our environment.

Magali Arriola, 1998

In his *Landscapes from Hell* series, Vargas Lugo uses bold, jarring color combinations to create netherworlds in which volcanic forms spew toxic clouds that arch over molten landscapes. Each strangely beautiful scene is self-contained and floats on a solid dark background. Examples from the artist's *Torn Map* series at first look like scraps of paper violently ripped from a whole. Yet closer inspection reveals that each little bit of paper is contoured with a different-colored paper that Vargas Lugo has lovingly cut to define the edges. The subdued palette and careful construction of these works contrasts with the implied violence of their making.

Stephanie Cash, 2003

(p. 64)

These colourful images of open-air markets, cheap kitsch, supermarkets, middle-class gymnasiums, cloth retailers, street signs, tourist services and shop windows, all faithfully record the way in which the landscape of the Third World creatively misinterprets both the charm of consumption and reflects the

difficulties of underdevelopment. Smith's work is an interminable exercise regarding the exchange between abstraction and representation, sublimation and presence, documentation and installation, in relation to spaces and objects that have already betrayed the standardization of experiences that occur simultaneously in post-industrial and semi-industrial societies. This idea is perfectly embodied in his recent video entitled *Spiral City* (2002), which is based on aerial views of the sectioned mass that constitutes the little-planned urban sprawl of Mexico City. By combining the aesthetics of erosion of Robert Smithson and Mondrian's reticle, Smith endows this work with a vantage-point from which he views the vast Mexican capital as one of the most sublime experiences of modern catastrophe.

Cuauhtémoc Medina, 2002

(p. 68)

Throughout a period stretching more than a decade, Margolles has researched the life of corpses and their mutation into works of art, either alone or in conjunction with the Semefo Group, endowing them with renewed life, even though they now cease to be perishable, due to the characteristics of the material itself and the methods of conservation applied, which is the primordial condition of life. Margolles's work ranges from the plastification of a pierced human tongue (achieved by paying the dead adolescent's family an amount corresponding to a coffin in exchange for the tongue, to a block of concrete containing a foetus, not to mention a bench made out of concrete mixed with water that has washed corpses, or an impressive collection of tattoos made in prison among the inmates themselves, using rudimentary techniques and extracted from the corpses themselves, etc.

Francisca Rivero Lake, 2003

In an interview with Gerald Matt, Margolles described her career: "Since the beginning of my career in the early nineties, I have been working on an artistic approach that has less to do with death itself than with corpses in their various stages and their social and cultural implications. I work with lifeless bodies, with decomposing material, and I always begin with the question: "How much has a corpse experienced?" I myself have passed through various stages. I begin by presenting the corpse in terms of direct violence. Finally, I pass on to cleaning the objects, which gives rise to the expression of a symbolic meaning or other factors" (Catalogue of the exhibition at the T.M. Kunsthalle Wien, Proyecto espacio, 2003, p. 19-20). Margolles recognizes parallels with the Viennese activists Mühl, Nitsch and Schwarzkogler, but refers to "a society in which violence is almost a habit and an allegory and in which the lack of sensibility to pain, lack of solidarity and the individual struggle is becoming increasingly acute". [...] The work entitled *Entierro* (1999) consists of a concrete cube that recalls minimalist art, but is really a coffin. Following a destitute woman's abortion, the artist requested the woman in question not leave the "child" to a hospital, but preserve it as a work of

227

art. Margolles made a compartment in the concrete for this purpose, a hermetic space in which to contain it.

Michael Nungesser, 2003

(p. 70)

Freezing "a thing", for me, is to strip it of its daily meaning of "a thing" and to elevate it to another category.
Freezing a bell from a Buddhist temple is a ritual act aimed at crystallizing the pace of life I enjoyed as a child that exists within me, along with the sound of that bell.

Kiyoto Ota, 1998

(p. 72)

Bajo tratamiento ("Under Treatment") explores —through the trade entrance— the now well-defined field that connects painting with madness. Those who contemplate these diptyches are forced to approach them based on the relationships woven between the meticulous but shy presence of the psychotics portrayed, the clinical information we have of them and the paintings depicted in the books they chose. Given that the colour does not convey an emotional state here and does not resort to the pictorial strategies commonly associated with representation either, the picture's sense of expressiveness is constructed during the period of time in which it is actually in contact with the onlooker. Throughout this period, tensions are generated between presences and a sense of remoteness, between associations and non-associations which derive from the layout of what is depicted, in accordance with the picture's disposition as a representation.

Yishai Jusidman, 1999

(p. 78)

The series of paper cut-outs representing maps or charts torn by an invisible hand or mysterious catastrophe continue Vargas Lugo's involvement with this technique, which in this case achieves an unusual degree of depth through the almost chaotic layering of intricately cut individual pieces.

Pedro Barachena, 2001

(p. 80)

The car in itself is not the only aspect of value to Betsabeé Romero. Each of the artist's pieces is, in itself, an object imbued with narrative value. Rearview mirrors, tyres and windows have also been subject to a process of deconstruction in order to delve into the depths of the idea of the car and its culture.
The artist has worked most intensively with tyres: "When they cease to be useful, when they are a disposable waste product; when they no longer have any design left on them and everything has been erased, then I become interested in drawing and engraving on them the architectural and cultural recollections that they have left behind them along the way. They also represent a prototype of speed and power, although in my work they serve as an archaeological symbol of memory." Instead of highlighting a sense of speed, they are created slowly, in accordance with a handcrafted approach, with the hands. In the place of

the signs, which nobody reads and which are only driven over, left behind and damaged, this new approach seeks to record what has been rubbed out, what has been left behind without noticing. By recording pre-Hispanic iconography on tyres, Betsabeé seeks to remind us of the fact that the wheel was the first instrument of impression in all cultures, and that if the Aztecs and Incas did not use it for their vehicles, this was because of geography, not their level of progress. All of this Mexican artist's works are characterized by their struggle against forgetfulness and unjustified velocity.

Sandra Balvin, 2003

Betsabeé Romero is a conceptual artist whose career is characterized by her ability to work within different disciplines and combine them. If this artist has worked within the fields of painting, engraving, sculpture, public art and, more recently, in photography and video, there is one constant feature in her efforts: her cultural cross-fertilization. [...] Romero addresses the idea of the global by combining signs, languages, practices and attitudes in a non-linear manner. The result is a mixture of instances in which cultures meet, break away or are transformed, presented with unequal frameworks of power and representation. [...] These measuring sticks of conflictive time and space, which still apply today, provide Romero with a vast inventory, both thematic and formal, with which to pursue her artistic preoccupations. For over a decade Romero worked with the car and its urban context, particularly the Volskwagen, the "vocho" or Beetle, in Mexico City. Taken from urban culture, the Beetle has not only provided Romero with a material, symbol and allegory, but also a conceptual vehicle with which to produce rich and wide-ranging networks of meanings.

Víctor Zamudio Taylor, 2004

(p. 84)

These masks were wild animals, predators, that inhabited the streets of London, Mexico City and Los Angeles, proving themselves capable of subsisting in different eco-systems. They passed through and survived the *haute couture* of Europe, the street fashion of London, post-situationist experiments in Mexico City, experimental and underground cinema in California, etc. They constituted a fantastical, theatrical and situationist insert in the social body, part of a project of combative intervention in idiosyncratic entertainment contexts: fashion, cinema, pop. These masks are simply documents of a visionary practice.
Created in collaboration with the master craftsman, Víctor Martínez —a veritable institution in Mexican freestyle wrestling, a famous tailor and designer of masks for many of the best-known wrestlers— these masks were produced for the *haute couture* collection known as *The Invisible College* by Mariana Botey, and were presented on the catwalks in England when Mariana was studying at Saints Martins College of Art in London, the city where she was living, working and creating projects and where she participated in the formation and break-up of a generation that transformed the idea of

fashion throughout the world. [...] Mariana Botey's interest in fashion was political, focusing mainly on the critical and revolutionary possibilities of eroding and bursting onto a mass, vernacular realm such as fashion.

Vicente Razo, 2004

(p. 86)

The spinning-top is a toy with its own rules, a very popular game among Mexicans. This project took place in Tepoztlán, Mexico. The process began with just one spinning top and ended with the direct involvement of thirty of the most skilful spinning-top players in the town, aged between fourteen and fifty years. The piece began in random manner, like a real game. However, after realizing the dynamics of aggression, the inevitable competitiveness among the players, the sensuality of movement and forms, as well as the fortuitous patterns of movement, this record developed as a project in multiple formats, including video, performance, sculpture and drawing.

Miguel Ángel Ríos, 2004

(p. 88)

In spite of his modest curriculum and his relatively young age, Diego Teo needed but one impressive exhibition (Garash Gallery, 2002) to burst onto the Mexican contemporary art scene. His objects are constructions that appear to be more or less conventional at first sight, but which derive from an obsessive labour: literally thousands of hours devoted to turning entire yellow pages, as well as thousands of pieces of chewing-gum, matches, pop-corn and postal letters, into sculptures and objects that possess a sense of poetry at once sophisticated and moving. It is as if the generational void and generational indifference, faithfully reflected in the choice of artistic medium used for the installations, were redeemed with almost supernatural grace by virtue of a compulsive and monstrous effort.

Daniel Lezama, 2004

(p. 90)

His works resort to the modern artifice —in the Cubist and Futurist tradition— of placing the viewer in the structural centre of the work, making the space that is represented a model of kinesis. Both his wall perforations and his subtractions from plinths or fillings, represent a metaphor of the visual and physical (im)possibilities of a pre-established constructive logic. The artist focuses on the architectural evidences of a space gently consumed as habitat. The surprise entailed by this vision, of his aesthetic pretension, derives from the displacement or alteration of basic physical attributes (weight, solidity, scale, the distribution of burdens, etc.). Many of these works, in principle, were inspired by the work of Matta-Clark... The desire to vindicate transit, that has been a constant feature in the work of Mauricio Rocha, the visual or physical trajectory of the viewer within space, seems to be the model for all these transgressions of architecture. Curiously, these physical subtractions act as visual additions.

This intervention within the interior of the *Torre de los Vientos* —a sculpture within another sculpture—, may well not only be justified by Mauricio's obsession with centering. It is also based on the seduction of the impossible —the successive sketches— which make up the architectural phenomenon. The uncontrollable power of centering —its ephemeral evocation of the sketch— compared to the determination of the final monumental. It is curious that, although we initially experience this work as a Piranesic vision, once the space has been experienced, it is the physical relationship with scale that rivets us rather than the vision of its assembly. And this experience of scale is only possible because we penetrate this structure as a sculptural object rather than as a habitat.

Osvaldo Sánchez, 1998

(p. 94)

Various works by inSITE try out more imaginative responses to the bewilderment produced by inter-cultural phenomena. I chose the Trojan Horse that Marcos Ramírez "ERRE" placed in September last a few metres away from the border huts, featuring two heads, one facing the United States (San Diego) and the other facing Mexico (Tijuana). Above all, I am interested in the way he avoids the stereotype of north-south unidirectional penetration. He also distances himself from the opposing beliefs of those who state that migrations from the south would be smuggling what the United States does not accept, without them realizing it. The artist told me that this fragile and ephemeral "anti-monument" was "translucent because we already know all their intentions towards us, and they are well aware of our intentions towards them". In the midst of Mexican sellers circulating among the lines of cars queuing up in front of the huts, who used to offer the drivers Aztec calendars and Mexican handicrafts and now sell "Spiderman and Walt Disney motifs", Ramírez "ERRE" does not present a work that constitutes a national affirmation, but a universal symbol that has been modified.

Néstor García Canclini, 1998

(p. 96)

The metaphoric vision of a parasite that sticks to the façade of a museum is extremely effective at a time in which this type of institution continues to be a legitimizing forum for artistic languages. "The characteristics of the Carrillo Gil Museum are ideal —states Zamora—, given that this museum forms part of the Government's cultural apparatus. Its building is located at the hub of an extremely chaotic road network and, what is more, it is currently experiencing difficulties due to its financial and intellectual state, problems caused by current cultural policy. It is, therefore, an ideal host for this experiment, given that in the same way as any other weak life-form in nature, it is susceptible to developing an infection".

A parasitic allegory such as this also generates considerable irritation within an area of the city whose urban planning and socio-cultural level are far removed from the conditions that prevail on the outskirts of the city. *Paracaidista. Av. Revolución*

229

#1608 bis is a paraphrase for certain settlements based on
extreme poverty that carelessly emerge in various cities,
among which Mexico City is no exception.
The complex structure that Zamora was obliged to create faithfully emulates the feeling of being faced with a suburban
neighborhood featuring extremely impoverished conditions.
[...] In order to occupy a "plot" perpendicular to the line of the
floor in question, that is to say, the museum's façade, Héctor
Zamora uses an impressive scaffolding structure held in place
by cranes and cables. The piece is designed to cater for various
stages of assembly and disassembly over a period of months in
which the artist himself will inhabit the structure.

Gonzalo Ortega, 2003

(p. 100)

Over the last nine years, Javier de la Garza has been painting
narratives relating to the impossibility of Mexico, tales in
which the poetics and themes of nationalist mythology are
embodied, precisely in order to demonstrate their implausibili-
ty. One might say that these are epiphanies of false idolatry.
Nobody will fail to observe the fact that his strategies are
directly connected to those which prevailed in Western painting during the 1980s: the more or less paraphrasing appropriation of the styles and icons of the first avant-garde movements
or of stages throughout the "history of art"; the use of
ideograms and texts as part of the painting as if to ward off
skepticism regarding the capacity of painting to convey his
discourse on its own; the tendency to present more or less
central and dominant figures, appearing against a background
that is not a scene as such, but a decorative montage of saturated surfaces, against which the figures clash with their static
and voluminous appearance. But above all, the paintings of
De la Garza reveal his associations with 1980s painting in the
way in which he presents us with a form of personal
"mythology", by means of which the painting is marked by
excessive oratory, accompanied by the impossibility of inter-
preting it. In this respect, his works produce a sensation in the
viewer that the artist is keeping a certain amount of meaning
to himself, a meaning that is revealed at the same time as it is
obscured, or that he combines a series of strident "messages"
with a lack of articulation of the parts.

Cuauhtémoc Medina, February-April 1997

(p. 104)

In Gruner's work, two levels of register predominate. On the
one hand, we find those images that capture an ascetic,
frontal scene in close-up, without any other mediation than
the cryptic character of the chosen object (a paradigmatic
example of which could be the photographic work,
Natura/Cultura, 1994). In these works, the object is employed
as an effective substitute, like a rough relic, and it is placed in
front of the lens not to reflect its tranquil dimension as an
archaeological item, but for its outward appearance to be cata-
logued, in the complete absence of any convincing articulation. On the other, we come across images whose register is

determined by the fact that they are recycled from video. [...]
The qualities of the image are blurred in unexpected brilliance, in diffuse patches and through loss of outline. They
flirt with what Andy Grundberg calls "the salivation of the
image". In these works, everything is wet, everything is captured in that virtual gland, which in the manner of an optical
vagina, covers the object and lubricates it.... If we compare
these two types of images we can construct a very precise
polarity: soft/hard, feminine/masculine, wombs/phalluses...
Over and above the seductive evidence of a work such as
Don't fuck with the past, you might get pregnant (1995), all of
Gruner's images take part in this ambivalent fiction of penetration. [...] This mechanism of repetition provides a pattern
for all the artist's films and photos: going up and down stairs,
biting and washing apples, throwing water on one's back,
turning a cage, stamping one's feet, parading with objects in
front of the camera, taking one's finger in and out, a mouth
opening and closing... We always find this reiteration of gesture, this impossible attempt to fragment time and condemn it
to a brief sequence, to a future without progress. The reduction of the act to an attempt. The non-productive nature of
performative action. In these images, action is always useless.
A form of forced labour, senseless: whether it be filling a bottle with snowflakes, or making two stones ring, or rolling in
the sand, or throwing water on oneself, or showing domestic
objects... A Sisyphus fulfilled: a mechanism that does not
manage to disguise the assumed fatuousness of the punishment. As if playing were the punishment: a type of regression,
whose purpose is to recover or re(invent) certain recollections.

Osvaldo Sánchez, 1997

(p. 108)

In retrospect, Adolfo and these other artists were forerunners
who anticipated much of the popular discussion that is taking
place today regarding problems relating "to globalization". [...]
Their work gave rise to dialogues of creation that addressed
formulations concerning their political location and social
issues. [...] Through his aesthetic hybridized expressionism,
Riestra developed a visual lexicon, connecting the questions in
which he and his community were involved. If we inspect his
art, we can identify this vocabulary, along with the existence
of a significant narrative, one that is stimulated, full of drama,
excitement and humour. [...] Completed in a "naïve" manner,
his works often appear to have been produced by a child or
an inexpert artist. However, this is the character and taste "for
the popular" that directed his attention towards those individuals or objects that he decided to depict. In all parts of
Riestra's graphic and pictorial work we find a tactile quality
full of a visceral anxiety. What is more, his means of employ-
ing colour, line and volume grab the attention, so much so
that one cannot ignore a certain sense of urgency.
In evaluating the artist's approach to daily phenomena it is
important to recall Riestra's admiration for children's art, popular expression and foreign art. By deliberately adopting an
ironic, if not subversive, approach to creation, he ignored the

traditional academic methods employed to evaluate the "quality" of what we might call "art". Riestra's sculpture brings to mind various ancient and modern cultures: Cycaldic, Chinese, Egyptian and African tribal art. In the majority of these works we find a strong sense of cultural continuity, especially with regard to everything that is rooted in the Mexican pre-conquest [...] Adolfo's art pursues a subtle theme that continues to lyrically resonate throughout all parts of his work. We can find express references to pre-Hispanic themes associated with the characteristics of Xipe-Totec, the God of Spring, such as images of metamorphosis, rebirth and transformation. His sculpture always adopts a monumental appearance, projecting a sense of tranquility and an eternal sense of stability that go beyond time.

Stephen Vollmer, 2003

(p. 110)

Based on the recipe for a drink that combines red wine and Coca Cola —*kalimotxo*— Rubén Ortiz Torres and Eduardo Abaroa propose a suggestive form of collaboration in which the key to deciphering the meaning is provided by the term "mixture". In the same way as two drinks —Coke and wine— are mixed to create a third drink —*kalimotxo*— so "technical, aesthetic and cultural" [...] interests are also mixed. The constant migration and exchange that has taken place —and continues to take place— between Mexico City and Los Angeles, the East and Los Angeles, has given rise to a *sui generis* culture in which the combination of cult and popular elements has not only resulted in a new iconography, but in a new way of facing daily life through the filters of media culture. Thus, the main daily references in the poorest, immigrant neighbourhoods of Los Angeles, the new heroes and saints to be worshipped, are the characters that appear on television: artists, comedians, sportsmen, cartoon superheroes, etc. Abaroa and Ortiz Torres have used this reality in order to create an aesthetic discourse and place a series of considerations on the table: the influence of the media on daily life, the transgression of frontiers and the hybridization of cultures and geographical areas. Abaroa and Ortiz Torres formulate an archaeology of the present based on how they exhibit the various ways in which certain characteristic elements of urban space and imagery coexist and interconnect.

Ana Elena Mallet, 2003

(p. 112)

For Francisco Toledo, animals are on a par with Man and have an equal value. They both form the same creature. They are born of the same natural origins and form a part, with equal rights, of the infinity of cosmic thought. This is Toledo's vision of the world. However, his vision encapsulates much more: his artistic vision. The animal as an emblem of all living things, as a symbol of both fecundity and sensuality, dominates his entire work. Apart from numerous self-portraits, that he has produced since his youth and which today, with the passing of the years, he produces more and more

frequently, animal iconography constitutes the predominant element of his artistic thought and a decisive motif within his world of images. Animals are ever-present: fantastical, absurd, imaginary, and never —or at least rarely— entirely real. They are transformed with human beings, they mate with humans or with other varied species. Because they all originate from the same unique and all-embracing force: life.

Erika Billeter, 1993

(p. 114)

We began by getting together at the second-hand book stalls outside the Philosophy Faculty and National School of the Plastic Arts. Teresa Margolles sold books for the philosophy students and Carlos López for the arts students. Mr. Angulo was already staging his performances by that time. We gradually established contact with actors, painters, passing philosophy students... People assembled around the books. Everything began when a girl from the School of Arts lent us the premises of a property belonging to her grandfather, who had died. It was a former mental asylum in ruins and was known as La Foresta. Teresa had just purchased her video camera. The place was destroyed. All that remained was the grounds and a small open-air theatre forum, a semi-circular area where the mental patients had staged their theatre performances. At that time, a festival of performance art was announced. And that is how we began. Alejandro Montoya suggested the name SEMEFO: Forensic Medicine Service. We loved it, due to its meaning and its phonetic power, since it sounded naked and so dry. Furthermore, that is what interested us: the largest city morgue in the world. The first work we staged was at La Quiñonera, which at that time was a hot-bed for the Mexican avant-garde of the late eighties. We were invited to participate by Rubén Bautista on 1ˢᵗ April 1990. The performance was entitled *Viento negro* (*Black Wind*), and this was a staging of the video of the same title that we had produced previously at La Foresta. That is how we entered the realm of public performance. [...] From the very beginning there was no conscious intention of being avant-garde. We simply wished to be free to express ourselves. Everything came from within, from an inner process, located in the darkest corners of ourselves. We had already been in the morgue. Our idea of death was not in the florid, mystical and heroic sense of Mexican tradition, but was conceived as a transgression, as an extreme link with the animal, with continuity... And everything originated from experiences, from childhood recollections, from waking and hallucinatory experiences with drugs, with alcohol, from each of our personal forms of paranoia. We saw death in the sense of Bataille, death as a possibility within the erotic field. It was absolute pleasure and courage. The script was edited by the group, being defined by all these limits, but featuring a freedom of action whose starting-point was represented by each one of us. Some members hardly went outside, except to the morgue, and that is why this type of meeting with the public was so intense. We wanted to blow up the public, in an interaction of mutual violence.

That is what happened at the LUCC (the last fling of the rave scene), a hard rock joint where the public consisted of drunk young people, many of them drugged to the hilt. Our performance was extremely recherché, packed with references to Giovanni Papini, to Sade, to the Medieval period, to the Church... There were actors and performance artists... and there was a considerable amount of violence. The public was seriously battered. It was so aggressive. During the third performance, Mr. Angulo cut his belly with a scalpel on stage and urinated on the public. There was violence and squirting blood and screams. People were punching each other all over the place, and fire and dynamite were blowing up moulded heads. It was incredible, really heavy. By the second performance, members of the public attended with the specific purpose of hitting back at us.

Semefo-Teresa Margolles / Osvaldo Sánchez, 1997

(p. 116)

In *Bleus* he sought to create an inversion of the meaning of what was depicted. We find an abstract landscape, featuring pastel tones, which evokes something pleasant. It is only when we take a closer look at the work that we realize what we are looking at and our perception of a pleasant scene turns into a perception of violence. *Bleus*, (in French: bruises) —a book about the artist produced by Toluca Editions (Paris) and presented within the framework of the Mois de la Photo 2003 (Paris)—, consists of five photos, accompanied by a previously unpublished text by the Cuban writer living in Mexico, José Manuel Prieto, and designed by the Frenchman Pierre Charpin. These images, which have been digitally printed, allow us to recognize a blue or purple stain on a beige background, featuring apparently sensual landscapes, which in reality, conceal a face in pain.

Milagros de la Torre, 2004

(p. 120)

Enrique Guzmán's suicide in 1986, at the age of thirty-three, added certain overtones of a coded premonition to any reading of his pictorial work. This not only stimulated his emotional banishment, but this predictive quality extended into a visionary approach, as we gradually realize the influence this artist exerted on the figurative trends that emerged in Mexico in the 1980s. More specifically, he was a forerunner of the objective, installation and performance-based trends in the 1990s, which could be looked at as transpositions into space, scale and real time of what Guzmán used as an image, based on an absolute alienation from the theoretical premises on which it was founded.

Luis Carlos Emerich, 1999

(p. 122)

Julio Galán has battled to break out of the fatal circle that surrounds us and extend, solely through his work, a bridge towards the world. He has had the fortune to be able to channel his neuroses in a creative manner, packed with imagination.

There is no doubt that, without the contributions of the Surrealist movement, which conceived imagination as a supreme gift from the very beginning, namely the liberation of Man through the creative act, the art that has been produced this century would not be the same. No modern movement has freed our approach within the field of art as much as Surrealism has. This movement was even more prolific in its theoretical explorations —in its approach to that other movement that discovered the world of psychoanalysis, not to mention its use of the hidden powers of sleep and the subconscious— than in its expressions of great art. [...] In painting Galán has found a way to gradually kill off his ghosts, whilst ensuring life at the same time, and life does not exist without its complement, death. We become tangled up with the subtle threads of this totality of life-death when we contemplate Galán's work. Among the images that recur most frequently in the artist's painting, the artist's own image stands out. What is more, Julio states that he *is* almost all his images.

Ida Rodríguez Prampolini, 1993

(p. 124)

A characteristic of the contemporary body is its fragmentation. In fact, it would not be possible to understand the depiction of the contemporary body if not through its deconstruction. Simple actions are seen in fragmented form so that they can be integrated into processes of communication, research, enjoyment, etc. Visual and sound communication would not exist if our words, spoken and written, or our movements, were not fragmented and codified in order to be transmitted. Our body also needs to be digitally deconstructed and reconstituted in order to be understood. The body can be studied using digital tools, that turn everything they see, everything they touch, everything they hear, into data [...]; skin becomes information and that information is converted, in turn, into pixels, so that it can be interpreted.

Gerardo Suter, 2002

(p. 128)

His performances, both introspective and poetic, and his often physically dangerous explorations, sometimes included self-destructive actions... His body became his medium, transformed into a conductive experience of energy. It was a visceral truth that this went hand in hand with the fact that there was a possible risk he would be hurt during the action. [...] Very often half naked, Kurtycz's athletic physical appearance was always imposing. With aggression, compassion and sensibility he took on an anaesthetized and alienated society, using personal symbols and a complex and systematic iconography associated with his private and collective memory. He may have wished his actions to produce a cathartic, liberating and even purifying effect on the viewer, mitigating their tensions with a communally shared experience, one not at all unlike a religious ceremony. [...] Going against the tide, taking risks, challenging the *status quo*, breaking taboos, upsetting stereotypes and confronting dominant culture were the subversive tactics promoted by Kurtycz. Using an anarchic anti-gallery strategy, he became a liberator within the field of Mexican art in his day.

Michael Bock, 1999

(p. 130)

Sustituto (*Substitute*) forms part of a series of videos that I made after 2002. Entitled *Animales vitales* (*Vital Animals*), this series is made up of a number of symbolic images within a field that is somewhat cryptic and emotionally abstract, where the narrative is no longer a story, but a circular and repetitive dreamlike vision of the beloved subject, without any defined individuals, time or space.
An animal is a substitute of the beloved, and with its pure and essential presence it accompanies the absurdity of the days, the absurdity of life without love.

Claudia Fernández, 2005

(p. 132)

Verena Grimm's work from the series "Killing Time" is an examination of ritual busy work, and social priorities. Many in Mexico feel their army is to be somewhat feared, not only for its military activity, but also because of its history of graft and corruption: however, the Mexican navy is seen as serving primarily ceremonial role: they march, maintain equipment and the waterfront, and seem to engage in masculine meaningless tasks. The work's title is a play on words —'killing' in the context of militaries is usually in reference to death— here the only victims are time and money. Though more innocuous in Grimmís context, the word still implies a certain lack of accomplishment and waste of resources —both human and capital. In their triptych presented in the gallery, columns of sailors, dressed in work uniforms, stand at rest. These images flank a gilded portrait but suggesting it too is possibly just decoration —calling into question the whole genre of governmental statuary that, while loosely considered "art" is essentially memorabilia devoid of serious content and artistic integrity. Other photographic work draw comparisons to highly ornamental forms (maps, model ships, etc.) prompting a reading of the sailors themselves as a sort of living statuary and further pushing the question of governmental priorities. Grimm's slowed videos concentrate on particular actions: talking, walking, polishing a terrazzo walkway, and moving chairs. The looped images focus on the expenditure of energy such actions require, leaving the viewer to ponder the true importance of such gestures in the context of other pressing societal needs.

Dan Talley, 2004

(p. 136)

The works of Miguel Calderón can be incorrectly interpreted as criticisms of certain aspects —political and socioeconomic— of the current situation in Mexico. However, these works originate from a mocking and irreverent perspective of certain models of presence. Having grown up watching television —as he himself has stated— and having had a merely fleeting interest in reading, his work presents an apparent lightness, which creates a relaxed approach and makes it accessible to the sensibility of the average onlooker. Subtle in their use of a kitsch repertoire and always caustic, his depictions range from the deliberate approach of a naughty child to riotous vandalism.

Gonzalo Ortega, 2000

Influenced by MTV culture and by false consumer museographs such as Epcot, Calderón mocks himself and his contemporaries by satirizing the agreed forms of behaviour and the tastes of the society that surrounds him. […] Calderón recycles the popular places of the middle classes as a means of generating new meanings.

Mario García Torres, 2000

(p. 138)

The video, photographic and sculptural works of Silvia Gruner very often focus on frustrated desire or on the failure of romantic possibilities, creating a space for the enjoyment of the "ego". In *Away from You* (2002), a non-narrative performance on continuous two–channel video, the artist is the figure who appears in the video swimming in eight lanes of a swimming–pool. […] As in a repeated ritual, the active body moves away from the lost object of desire time and again, indefinitely repeating in each lane of the swimming–pool the same gesture, thanks to continuous video. The lanes of the swimming–pool create a structure of spatial columns that discipline the body.

Pamela Fong, Betti–Sue Hertz, 2002

(p. 140)

Like Wittgenstein's ladder, the metaphor proposed by the name given to an abstract representation has the peculiar quality of being realized as it vanishes. Because inviting the viewer to "enter" the picture is the same as inviting him to abandon the place where he habitually resides and where everything he sees is already named, leading him towards the threshold of where the unnamed begins and throwing him out into the inclement environment of interpretation. With regard to the latter, we can infer the following: the binary scheme that prevails in the aforementioned pictures is not a representation of the meaning of the word "relation" as a mental object, but of the meaning of this term as a lived experience. The objectivity represented in them is different to the purely conceptual objectivity, which can be portrayed in a technical scheme: it is not only there for contemplation, it is fully involved in the very concretion of life, of paths which cross it in all directions. Above all, in addition to this loose tissue that describes the boundaries, reaffirming and transgressing them, other marks emerge: an unconnected series of bars —barriers— in black that are well defined and violently superimpose themselves on the maps of splashes and lines. An intense and dramatic vision is thus reflected on the canvas; a drama that emerges from the ambivalent behaviour of natural boundaries —whose grid is imprecisely and spontaneously sketched on the ground— with respect to the barriers which fall over them and dominate them.
Bolívar Echevarría, 1999

(p. 142)
Gerzso has stated that what he sought in his painting was a form of "inner quality" which, as occurs with all good painters, categorically refuses to be defined in words. This "inner quality" can only be achieved, according to Gerzso, through a long process that is almost ritual. The artist in his studio is more similar to one of Goethe's alchemists than a contemporary painter. It would be impossible to determine the exact moment throughout this long process when the painter achieves a global vision and when, during the required process, this leads to a sense of harmony. [...] Every painting is constructed by following an elaborate sequence of steps: it begins with an eminently delicate sketch with extremely fine pencilled lines; this is followed by a pencil drawing on a white background, which is often accompanied by a ghostly echo in pale orange. It is at this point that Gerzso prepares his grounds by using various application methods, which range from pastels to watery acrylics, including even a free combination of many colours. The drawings, frequently produced with written indications, and worked with very fine reticules which appear to have been geometrically calculated, await their transfer onto the ground or base which, by the way, has taken a considerable amount of time to prepare. Gerzso must always find the tonality he requires and that enables him to establish the mood —what Baudelaire called "coloured ambience" —which will permeate the entire composition [...]. "All of the intimations and sensations that Gerzso conveys through his paintings —feelings of vertigo, expansions, contractions— must evolve after a long journey: intricate procedures in Gerzso's cranial laboratory that are consummated with the same certainty as a Bach fugue.

Dore Ashton, 1995

Gerzso understands the possibilities of Cubism solely in the light of architecture. For this reason he admired Le Corbusier from a very young age. However, pre-Columbian architecture is much more suggestive that new functionalism, because it has a religious dimension and a relationship with the landscape that the painter transforms, not only by incorporating the disappearance of the visible, but also the recollection of what existed on the sides and all around. He renounces the descriptive wide angle and opts for a synthesis that facilitates a combination of memory and reality. That is why he never misses an opportunity to state that he is not an abstract artist.

Rita Eder, 1994

(p. 144)
—How does your work commence?
—In a random manner. It could be the stone selected by the quarryman. And when faced with that single mass, one that I have never seen before, I cannot pre-conceive a form and integrate it. It is not so different with steel. I begin working and continue until I discover the proportions I like and then, in accordance with what the material suggests to me, these proportions become ordered and begin to exist. I contemplate this prism (a cardboard box with geometric cuts drawn on it) and the form itself begins to suggest to me how I should progress.

One stroke leads me to the next. I imagine it is like writing a poem: each word must be in its precise place, and if not, instead of clarity you simply generate confusion and find you are unable to say what you want to say.
—In stone there is a pre-existing object, but with this box the dialogue comes from you …
—I imagine the concrete object and I ask myself about the properties of this material. I depart from a visual suggestion and it is the form that requires a specific material: silver, steel, concrete … Here you see a drawing of a series of geometric forms and then you see how this mass of porcelain in relief was transformed. I do not imagine anything in advance; I simply begin the stroke and the stroke itself orders itself until something appears, and when I feel that it has a certain coherence, then I follow it.

Javier Barreiro Cavestany interviews Jorge Yázpik, 2002

(p. 146)
Although the lyricism of the Abstraction pursued by the generation of La Ruptura remained on the margins of the analytical formulations of sixties Minimalism, the most interesting approaches of current abstract painting have derived from this aesthetic, whether it be variations of the same or reactions to it. How, then, can we understand Abstraction in Mexico in view of the absence of a local Minimalist precedent? The recent work of García Correa delves precisely into the pictorial aspects that the Formalists and Minimalists considered to be exclusive. Calling our attention to both the inner qualities (echoes of the format), and external qualities (echoes of the pictorial object), García Correa brings into play a form of Abstraction whose variations open up possibilities which stand out for their exuberance within the parameters to which they conform.

Yishai Jusidman, 2000

(p. 150)
The work of Eduardo Abaroa can sometimes be explained by the "incapacity of creative will to represent itself in a manner that is not a product of consumption" (Fernando Castro Flórez). Paraphrasing the title of one of his exhibitions, the "monstrosities of hatred and hypocrisy" which the artist has produced [...] are presented as replicas of the consumer society and appear as a form of resistance to the vices and pathologies that this kind of society entails.

Magali Arriola, 2002

(p. 152)
In my work I constantly discover points of interconnection with the architecture, spatial structures and utopian idealism that continually generate them. By using strategies to dismantle pre-conceived relationships between form and content, I seek to somehow obscure the intrinsic cultural meaning of certain materials or ordinary objects. A large number of my pieces create forms of interference between the practical functions of certain objects or materials —even depriving them of certain functions— and the spatial situations that are generated by this interference or subtraction. Recent sculptures such as

Escalera con globos (*Ladder with Balloons*) and *Elevación nº2*
(*Elevation Nº2*) suggest fragile thoughts in which architectural
analysis and logic seek to capture the illogical or emotional
element of simple or immediate actions that manifest
—or de-manifest— functional aspects of form. In some way
these pieces focus on encounters of incompatibility or
between unequal natures that are mutually contained. I am
interested in the distance between what we know, what we
see and what we feel.

José Dávila, 2004

(p. 154)

A projection of a pornographic film onto the undulating form
of a silver gourd which, by turning upon its own axis,
deforms the image: the bodies that we initially perceive in the
foreground dissolve in order to reappear again in the form of a
woman who seems to devour herself in an ecstatic gesture,
only to take delight in her own artifice. The image not only
evokes the ghost of self-penetration that was already present
in Glassford's work, the lascivious and hermaphroditic figure
of the gourd, which, in a solitary and perverse gesture engendered his first *Autogol*.

Magali Arriola, 1998

(p. 158)

I am using "culture" here as a wider concept than "art", given
that it includes non-aesthetic elements [...] the use of diverse
media —visual, mail, sound— no longer considered to be the
decisive factor in art activity, represents, rather, the coordina-
tion of a complex system of activities that take place in a
social situation, which also encompasses non-artistic factors:
people, places, objects, time, etc.

Ulises Carrión / Egmont Hojskolen, 1979

Carrión's language is defined by a common denominator:
communication and distribution. He uses diverse media and
techniques to produce a cultural product in its entirety. His
working tools consist of the media he has appropriated, such
as postal stamps, printers, radio and various others. He has
applied a magisterial treatment to these media within the
world of art. His work, in spite of his death in Amsterdam in
1989, and unlike that of so many other artists, has retained its
intense and contemporary appeal.

Martha Hellion, 2002

(p. 160)

In considering tautology and the tautological, we arrive at the
heart and soul of Iñaki Bonillas' artistic practice, which most
emphatically revolves around the concept of autoreferentiality
as is engendered in his project of "photographing photography" (photographing "bad photographers" being another
exemplary work), or, more generally, photographing, recording
and mastering *light*. Through his choice of a white support
wall —with white being the theoretical point of convergence
of the whole color spectrum, i.e. pure, intensified, "accelerated"
light— the artist reaches a plastic absolute already hinted at in
his *Photographic Works* from 1998. With nothing to see but

the absence of every and any image, nine photographic views
from a white wall must by definition imply a radically "meta-
visual" reflection on the —Talbotian, not Daguerrian— nature
of photography per se, and not so much on the images it
habitually delivers. Ignoring the consideration whether there
is anything to look at here at all, we are really looking at nine
printing processes become "visible", or at least "material";
nine different shades of white that are the result of photographic technology, not imaging.

Dieter Roelstraete, 2003

(p. 164)

The notion of literalization reminded me of the curious
dichotomy proposed by modernist critics in regards to the 'literal' and 'the 'literary': the glorification of modernist literalness as the bearer of Truth in the plastic arts, supported by
the idea that literature in painting —literary painting— detracts
from the supposedly progressive drive towards literalness. In
order to reassess the dichotomy I have opted to paint, literally,
a literary genre that shares certain semiological traits with
painting inasmuch as its semantic content communicates in
direct proportion to its formal constraints. The epistolary form
exploits devices and conventions so that specific relations may
take place with specific readers. A letter may be soliciting,
conciliatory, complaining, thankful, clarifying, threatening,
etc. Painters also make use of particular technical and contex-
tualizing strategies in order to involve the viewer in specific
ways —seducing (Vermeer), confronting (Bacon), questioning
(Manet), notifying (Stella), proposing (Morandi). The analogy
ends where the message of the letter rests on the proper use
of a rather rigid convention, while the effect of a worthy
painting makes of convention a malleable, fluid device that
generates a playfully slippery exchange with the viewer.

Yishai Jusidman, 2003

(p. 168)

Carlos Arias gives a twist to his work by focusing increasingly
on the shifting field of speculations that separate art from
handicrafts, vocation from mere manual work, moving towards
a relaxed expression of Formalist Abstraction.
Following his latest series of embroidered works on canvas,
Arias now focuses on the use of pompoms, which he combines
with silicon, composing independent volumes and relief works
on canvas. He has also created pieces with thread that take the
form of accumulated burlaps and reticular and shiny metallic
brocades. Without abandoning his pictorial intention, this project has been permeated with a new feeling that entails a recognition of his own discourse, confronting the two-dimensional
languages and wave of "conceptual" manifestations of recent
years. Neither has he strayed from or become oblivious of the
future of contemporary art and its conventions.
Although his previous works entailed an arduous labour of
outlining when creating figures, almost his entire recent production has disassociated itself from recognizable forms [...].
His abstract pieces turn to a vocabulary that refers to the

nature of the materials and their tactile values, to the composition (sometimes geometric, sometimes casual) or simply to
experimentation during the creation process required for each
work, thus generating different approaches to textures, colours
and sensations.

Abraham Cruzvillegas, 2001

(p. 172)

In Miguel Ventura's work we can find both a dramatization of a
symptom and an invitation to enter into a political nightmare,
aspects that overlap and go much further than any binary concept that "the public" and "the private" could encompass. Since
the mid-1990s, Ventura has formulated his work as the construction of a critical social fiction, like a good number of contemporary artists, instead of considering his work as a subjective output of pictures and objects or the expression of a supposed private language, an organizational simulacrum he has
christened El Nuevo Consejo Interterritorial de Lenguas (NILC)
or the New Inter-territorial Committee of Languages..

As Ventura has formulated it, the NILC is a hypothetical post-
political movement, one that is decidedly global and post-eth-
nic, which expresses itself as a combination of self-help religion and neo-right-wing party politics. The change proposed
by the NILC no longer operates at the level of transforming
the means of production or seeking to achieve state-wide
hegemony, but, in accordance with the "linguistic revolution"
of post-modernity, proposes to effect the absolute "recreation"
of culture and civilization by replacing the old historical languages with a new code based on ideograms derived from
facial gestures and hairstyles.

Cuauhtémoc Medina, 2002

(p. 176)

Alien Toy (1997) by Rubén Ortiz Torres, a Mexican artist
based in Los Angeles, California, presents another kind of
cultural break-up and reconstitution. His strategy of dissolution aims to encompass not only the national borders, but
also the precarious and artificial divisions between low and
high culture. The destabilization of the figure of the individual artist, which, as we have seen, is an element present in
the work of various artists on the Mexican art scene, has
been taken to an extreme in the work of Ortiz Torres, which
in this case has devoted itself to changing the cultural context of the "low rider". That is how the acrobatic car built
by "Chava Muñoz", originally destined for car races which
have a specific (aesthetic?) meaning within the Mexican-
American culture of Los Angeles, becomes *Alien Toy*. The
inclusion of the alien or extra-terrestrial character, a theme
extensively developed by this artist over a number of years,
presents an inevitable indication of the discontinuity that
exists among the cultural schema it applies to. As in his
videos and paintings of border natterings, Ortiz Torres's aim
with his *Alien Toy* is not to present a chauvinistic exhibition of a nationality or the tourist promotion of the cultural
features of a community, but an *in situ* essay on cross-cul-

tural hybridization, whose purpose is precisely to resist a
vertically imposed mystical or political hierarchy, whilst also
offering us a study of the contradictory transformation of
narratives, customs and visual figures of speech over time.

Eduardo Abaroa, 1999

(p. 178)

In his photography, videos, and intervention projects,
Lebrija explores 'unproductive' activity and its relationship
to individual creativity. Through poetic gestures that engage
with everyday objects and experiences, Lebrija examines the
dislocation between the grand meta-narratives of progress
associated with modernism and daily contemporary existence. By way of fragile and fragmentary anecdotes he suggests that recreational activities give meaning and signifi-
cance to our random existence.

Concurso de Aviones, 2001. Installation and documentary
material, including photography and video. In collaboration
with lawyers, architects, stockbrokers, and financial consult-
ants working in the office tower Condominio Guadalajara,
Lebrija facilitated a paper airplane competition. Participants
designed paper airplanes and then threw them from the top
of the building to see which plane would fly the furthest.

Donna Conwell, 2004

End of Season: Sales
Olivier Debroise

The first version of this text was published in the magazine
Celeste, *No. 8, December 2002. The text included here is a re-*
vised version presented at the Segundo Simposio de Arte
Contemporáneo de la Universidad de las Américas in Puebla,
"Del malestar de la curaduría", organized by Osvaldo
Sánchez, November 2002.

2002 saw what some would term a 'boom' in Mexican contemporary art at an international level. This meant that whereas
only a few years before it was surprising to see the continued
presence of Mexican artists like Gabriel Orozco, Rubén Ortiz
Torres and Francis Alÿs in various biennials during the 90s,
"demand" increased exponentially in just a few months. This
is not the place —and anyway it may still be too early— to
analyse the reasons for this sudden success. I only want to
make it clear —going back to some ideas put forward in *This*
is not Supposed to be Here— that it is very probably a phenomenon independent of simple local practices, but which fits into
series of radical modifications made to the mechanisms of
absorption, adaptation and diffusion of art in a time of globalisation. A reorganisation of art markets (and when I say markets, I am not only thinking of galleries and auction houses,
but of institutions which serve the potential demands of certain sectors and certain clients) implies that, in order to sur-
vive, the still-monopolizing centres are having to renew and
expand their capacity to absorb "peripheric cultures".
Contemporary art has been called upon to fulfill a new function
in this system, perhaps no more plural than before, but definite-
ly more diversified, and there is a certain geopolitical logic in
Mexico's sudden appearance which we must bear in mind.

Criticism of this expansion of Mexican art did not take long
to appear, voicing as much the scepticism of the specialists as
the surprise of those —like Guadalupe Loaeza, Carlos
Monsiváis or many officials— who had not even realised
until then the impact that contemporary art had on globalized cultural discourse, let alone the fact that it was a key
factor in the total transformation of mindsets. As a sample,
let's look at what the *Los Angeles Times* tourism section
writer Christopher Reynolds wrote: a condescending account
of his brief visit to the Condesa suburb, eloquently and con-
temptuously entitled *"Patas Arriba"* (Head over Heels), to
which he added this subtitle: "The new darling of the art
world is Mexico City — but how long will it last?"[1]

How long will the phenomenon last? This is actually a question asked by many artists, their dealers and even some civil
servants from the culture departments. However, it does not
—or at least it should not— really affect the curator's job, and
anyway it distracts from the more serious discussion which
should focus on understanding the phenomenon as a whole,

not so much in terms of its immediate economic or emotional
consequences. I would like, therefore, to focus this compara-
tive analysis in some of the exhibitions put on between 2002
and 2003, not necessarily away from the controversy, but at
least with a wider, less immediate and partisan perspective,
and try to bring in some elements that need a more exact
understanding of something which already feels like an
episode in the history of art in Mexico.

So throughout 2002, but particularly in the last few months,
Mexican artists have spread across four continents, their presence radiating through a group of fifteen exhibitions, including
some isolated individual shows of artists like Santiago Sierra at
the Lysson Gallery in London; Melanie Smith in Zurich or the
presentation of Francis Alÿs' video based on the film *Amores*
perros, in the Berlin Kunst-Werke; along with Gabriel Orozco's
representation in the Kassel Documenta. For the purposes of
this text, however, I have to leave out some of these exhibitions, such as the show in Quebec at the beginning of
September, another successful one put on in various Japanese
cities by Héctor Falcón, and an eccentric exhibition of Indo-
American art in the Canary Islands, which includes a strong
Mexican section.[2] I will limit myself here to an analysis of four
exhibitions, planned and organised in parallel and in competition with (though independently from) each other, and all of
which —as can be seen from their titles: they got reviews and
created controversy, and by a coincidence which was actually
due to curatorial pressure to take first place, all of them opened
in the space of one week, between the 13th and the 21st of
September. In chronological order: "Axis México, Common
Objects and Cosmopolitan Actions", at the San Diego Art
Museum, curated by Betti-Sue Hertz; "20 Million Mexicans
Can't be Wrong...", under the auspices of Cuauhtémoc Medina,
at the South London Gallery; "Zebra Crossing", the project
which Magali Arriola designed for the MexArtes-Berlín festival
for the Haus der Kulturen der Welt in Berlin and finally the second version of "Mexico City: An Exhibition about the Exchange
Rate of Bodies and Values", which Klaus Biesenbach brought
from PS1 in New York to his own art centre, the Kunst-Werke,
the very influential independent space which he set up at the
beginning of the 90s in the restored heart of Berlin.

The numbers involved in this marathon final, which meant
an army of 49 artists moving from one residence to another,
clocking up miles, does not really show the intensity of negoti-
ations, the manoeuvres, the curatorial position-taking or the
financial demands (which were used in three out of the four
exhibitions by official cultural administrations which seem to
have found, in this backing of contemporary art, an excuse to
present a new "aesthetic of political change"). A first piece of
information, which might seem dull, but is quite revealing: of
the 49 artists present in the four shows I'm looking at, only
thirteen (one third) appear on more than one of the lists; and
of them, only five (Eduardo Abaroa, Francis Alÿs, Teresa
Margolles, Santiago Sierra and Melanie Smith) appear three

times (in the end, none of them appeared in all four). The fact that these artists, already clearly part of the contemporary art scene, appear more than once is due as much to the quality of their work as to questions of ratings, publicity and financing. However, no curator deigned to make any radical change in the curatorial concept, and the 36 artists who only appeared in one of the four exhibitions were the ones who made a real difference. It ended up, therefore, being more heterogeneous and dynamic than expected and, mainly, than the art critics and reviewers had wanted to see.[3]

Behind these numbers, the most important thing might be to show where each curator stood with regard to the idea of a "national" art —or of an art that "represents" one particular geopolitical situation. For obvious reasons, both Mexican curators, Arriola and Medina, tried to set themselves apart from any "national representation", although to do so meant falling back on a rhetorical juggling act which was not always convincing. Medina comes straight out with: "20 Million Mexicans Can't be Wrong..." tries to substitute the usual expectations for this type of collective exhibition, based on geo-cultural representation, by a project which develops, uses and expands the powers of movement and activation present in travelling exhibitions. Each of the works in this exhibition is trying to operate within an imaginary geographical gap.

While Arriola specifies that:
> "Zebra Crossing", despite being paradoxically dependent on a frame of reference of national representation, suggests a skewed vision of Mexico's art scene. Without referring to the country as a geographical space beholden to the compartmentalisation and fragmentation implicit in the lines of its regional borders, the exhibition is trying to show those areas of hybridisation which rise up spontaneously like articulating joints from the specifics of a given context. So "Zebra Crossing" seems to come across as the signposts for an area of expression, whose time and space dimensions put the interruptions and displacements which create the perceptions of the surroundings, into perspective.

As for Betti-Sue Hertz, she is far more precise in her questioning of the relevance of this kind of association: "Does the nation-state really matter?" and she specifies exactly how far her proposal goes:
> "Axis México" is an exhibition of nineteen artists whose work addresses the Mexican context —both as a place and an idea, and a multi-faceted culture— and filters and adapts at the same time the conceptual art strategies which came onto the international art scene during the second half of the xx[th] century.[4]

At the other extreme, and away from all this modesty, Klaus Biesenbach (mainly because of his origins in Berlin, and the state of that cosmopolitan city which, since its four-nation partition after WWII, openly embraces multiculturalism) has no hesitation in placing his curatorship squarely in the heart of an urban *Mexican-ness*, in a capital which was destabilized by destruction —first that of the ancient Tenochtitlán, and, mainly, that of the earthquake of September 1985. The exhibition catalogue is scattered with visual references to the earthquake and the holes it left in the urban fabric of Mexico City, perhaps because they somehow evoke —as Teresa Margolles pointed out to me— the destruction of central Berlin in 1945. It is no coincidence, then, if this vision by a German cosmopolitan exorcising his own ghosts by dealing with scare-mongering which borders on the sensationalist (and which might seem to many of us to be a neo-colonial or neo-exoticist position) got all the critics' plaudits. It is also fulfilled (even if negatively) the expectations of the general public whose first question when they meet a Mexican is "How on earth can you live in a city like that?", and look at us as if we are mutants (a role which many of us are happy to adopt). The reactions of the German press to the confrontation between Biesenbach's and Arriola's projects left no room for doubt.

Described as a "cosmopolitan" show, without enough "Mexican" presence and trapped in an aesthetic which was categorised as "international contemporaneity", "Zebra Crossing" got a lukewarm reception from the Berlin critics and, according to some reports, had so little success with the public that the Hauses der Kulturen der Welt cut the ticket price by half. Not being able to see any recognisable *"Mexican-ness"*, the critics highlighted only the formal aspects of the pieces on show, nobody taking the trouble to decipher any curatorial concept in it. Arriola's exhibition also caused a lot of anger among Mexican intellectuals and artists. While Carlos Monsiváis criticised the exhibition as derivative, Rubén Ortiz Torres wrote:
> Magali's exhibition fails in its attempt to redefine the context it is in. In the "House of World Cultures", Magali has decided to show once more (like María Guerra or Rubén Gallo) that the Mexican middle class is as civilised and homogeneous as any other. The festival guides complained that Magali had insisted to them that she was not a third world person. The exhibition surroundings are problematic for her insofar as they are not a "purely" artistic space. I wonder why she agreed to do something there. The original idea of the centre (in the 1960s) was to open up the space to expressions of different cultures. [...] The idea of culture or cultures can be debated and questioned in these spaces without having to deny them or deny certain other cultures.[5]

Artemio is perhaps one of the few who drew up any kind of defence of Arriola's exhibition. In a letter published by Juan José Gurrola in his column in *Milenio*, he asserted that "Zebra Crossing" was, in my opinion, a fairly neat exhibition with a definite need to present Mexico as a country which can be part of the first world, apart from which it shows that today's artists, like myself, can speak English and can read the art and fashion magazines as avidly as they do in New York. However, I see it as an exhibition more about what is happening in

Mexico with a curatorial vision which comes completely from within, making it a lightweight, formal exhibition which fans of idiotic films like *Amores perros* and *Y tu mamá también* which seem to give a clear picture of what is happening in Mexico, will find disappointing because of the lack of violence and social criticism which supposedly characterizes us —though I don't know how or why the idea came about." [6]

Looking at the competition, Arriola really did not want to repeat her exploration of the urban traffic and disturbed modernities of the exhibition "Coartadas/Alibi", which had been shown at the Instituto de México in Paris and the Witte de With gallery in Rotterdam at the beginning of the year. Unlike Betti-Sue Hertz, who subtly weaved conceptual and formal parallelisms between her chosen artists and a history of contemporary art (Santiago Sierra and Robert Morris, Francis Alÿs and Michelangelo Pistoletto, Mónica Castillo and Ivonne Rainer, Iñaki Bonillas and Jan Dibbets, among other connections), Arriola attempted to avoid historiographic formalism by trying to establish asynchronic combinations between works on show (Pablo Vargas Lugo's enigmatic "eyes" and Miguel Ventura's cryptic languages, for example, or the plastic plates from Thomas Glassford's *Source* with the quiet "adventures" of Eduardo Abaroa's out of control bee). Although Carlos Ranc's photomural replicating José María Velasco's famous 1891 painting *El valle de México desde el cerro de Santa Isabel* (a key work in all exhibitions of Mexican art shown abroad in the nineteenth century) now with the intervention of an Aldo Chaparro bar-code reading "México está a la venta" (Mexico is for sale), was of key importance to the exhibition, these vague ironies were not seen as an appropriate response to the demand for a "national representation" by the festival which it was part of (a typical mix of *papel picada*, skulls and folk-dancing) which Arriola tried to avoid by dismantling typifications and identities. From the choice of cover for the exhibition leaflets —a Gonzalo Lebrija photograph of horses galloping over an Irish meadow— right up to the absurd stadium-seating tiers by the Monterrey group Tercerounquinto, or the word "Burocracia" (bureaucracy) written by Luis Miguel Suro in haystacks across the centre of the main room, Arriola tried to formulate a criticism "by omission" of the expectations produced by this kind of exhibition. That same museographical neatness which was determined to a great extent by the very modern layout of the Haus der Kulturen der Welt building, places the pieces within a field of contemporaneity which is deliberately confrontational to Modernity (an attitude which Iñaki Bonillas emphasised by presenting an album of photographs of the gallery in its original state at its opening in 1962).

Although I do agree to a large extent with the Artemio's opinion and statement regarding the need for a "a curatorial vision which comes completely from within", like Rubén Ortiz I believe that one of the jobs of a curator who confronts the international art scene is to do a prior evaluation (even at a market research level) of the public and its expectations, in order to define what possible impact an exhibition of this kind will have. Rubén Ortiz sums up this dilemma perfectly when he says "As long as we refuse to redefine ourselves, we are condemned to be defined" and gives the perfect example of the case of *arte povera* —was it an "Italian school" or an international tendency on the margins of minimalism? For a historian, the answer is obvious: *arte povera* was certainly a reaction to the monumentality and pretension of Italian metaphysical painting, and the architecture and decorative arts of Fascism, but by separating itself from any particular '*Italian-ness*' of references to classical antiquity (the Neo-Roman) it achieved international status and captured the imaginary of artists in distant places. The argument seems convincing, although, for reasons I shall not go into here, Mexico does not yet have the right conditions for a definition of that kind, which goes beyond and refutes the strictly national. The denial of a territorialized specificity is actually counter-productive.

Betti-Sue Hertz, as the contemporary art curator of a museum which aimed to be "popular", stuck in the middle of that kind of amusement park which is San Diego's Bilbao Park, found herself under pressure to come up with a didactic exhibition. The choice was based on where each artist belonged in terms of socio-economics, politics and gender, and on their origins and/or rootlessness. Mónica Castillo's very strange video *Autorretrato de una bailarina*, even Monterrey duo Marcela and Gina's ironic i.d. cards, Rubén Ortiz Torres and Eduardo Abaroa's "cultural monsters", one morphed into another, Mariana Botey's documentary work on the situation of the natives or Francis Alÿs' highly-politicised pieces, all set the tone of an exhibition which manages to avoid any undying theme of "representation", isolating the pieces so that they have enough space for autonomous interpretation, at the same time enclosing them within a very specific educational structure (long bilingual labels, explanatory statements running the length of the walls, audio-guides and so on). Educational efforts, however, tend to turn the specialized public off. For example, Christopher Knight, writing in the *Los Angeles Times*; reacted thus: "Each artist is presented via a huge bilingual text printed high up the walls like civic platitudes engraved in the cornices of a public building, or supertitles at an opera which translate the words of a language from one time and place into another. Here, under the pretext of educating the unlucky visitor to the museum, the voice of authority tells the public what to think of the works of art —art which is actually in need of open interpretations without any answers." [7] Apart from these lapidary texts in different coloured vinyl, each work is minutely analysed in labels of more than a page long. It is clear that this repetition of the didactic tool turns out to be counterproductive: the public finally ends up 'reading' the exhibition rather than 'seeing' it. This is doubtless due to the timidity of a museum which is little used to dealing with contemporary art formats and even less to receiving artists who are not part of the European/New York mainstream. The other extreme, adopted both by Cuauhtémoc Medina and Magali Arriola, which consists of "letting the pictures speak for themselves", is not always appropriate when dealing with "other cultures". In both cases, as James Oles pointed out, the only pieces that were given their own label were those by Teresa Margolles —as if this artist needed the support of a written text—, when the works of Pablo Vargas Lugo, to name but one, are eminently more cryptic than those of Margolles.

Despite the pressure from the "department of education" which imposed not only a reading but also a style, Hertz's curating is actually less "authorial": she kept away from the idea of a "confrontation" which depended on a previous idea in order to "liberate" the journey of each of the artists. Despite the conventionality of its format, the legitimising effect of this project is undeniable, particularly in the context of a museum like San Diego.

Cuauhtémoc Medina dealt with the problem in a very similar way to Arriola, although with totally different results and a formula which could be seen as the absolute antithesis of Hertz's. He too tried to avoid the ideas and clichés of "national" representation and also used humour to organize a kind of battle between the works in a single space. With the freedom that an eccentric and alternative space like the South London Gallery gave him, and with no help from Mexican cultural administration, Medina was able to accentuate disparities instead of focusing on connections, and to achieve it, he used the metadiscourse of anti-museography. Examples are the LG television sets on top of their boxes, Melanie Smith's coloured threads thrown over a beam (while in the video *Seis pasos hacia la abstracción* they are used to mark out a fine precise grid), paintings leant against the wall as if they were still in the artist's studio, documents pasted onto the walls, labels looking like as posters and so on. The tone is set from the moment you enter, with the knocked-together replica of an unrealistic factory, full of boxes of pre-cut pieces, blood-coloured cow hide and Singer sewing machines, with which Carlos Amorales wanted to get the Londoners to work for him, inverting a neo-Colonial work practice. Vicente Razo's unpredictable *Museo Salinas* becomes a cheerless incitement to build an actual museum of horror, while behind a sealed door you can hear the nationalist rhymes that children sing in Mexican schools inherited from the PRI (a sound piece by Francis Alÿs from his series *Ensayos*). Santiago Sierra's "presence" is limited to a laconic label advertising a radiophonic audiophonic event which had happened a few days previously outside the gallery space, wherein radio stations from the outskirts of the city, NGOs and individuals all broadcast an Argentine *cacerolada* from Geneva to Cairo.[8] Medina thus managed to create a kind of anarchic terrorist interactivity, which involved the viewer in a journey as chaotic (though subtly controlled) as a walk through the streets of Moneda and Academia at Christmas time. Even the "chapel" where the concrete block from Teresa Margolles' *Entierro* lies becomes a "resting place" on the journey, although more than one British person got goose bumps. In comparison, Klaus Biesenbach's exhibition in the Kunst-

Werke could be classified as an exercise in cultural voyeurism. The museography of the spacious ground floor room in the (formerly) alternative space of Berlin reflects this: it plays the minimalist card, and although the viewer can walk on Eduardo Abaroa's plastic corn cobs, Margolles' wall covered in human fat becomes perfectly distant, taking on a plasticity and an iconographic dimension that cannot help but remind one of a less dramatic Anselm Kiefer, losing the deleterious aura of the piece. Biesenbach seems to be using the works simply for their iconographic content, and as illustrations for a preconceived idea (probably taken from the special Mexico issue of the magazine *Parachute* in 2001 which was coordinated by Medina, though I also believe it derives something from the tone of Arriola's previous exhibition "Coartadas"[9]). If Medina's exhibition is an exercise in *agit-prop* attempting to goad the public into action, this one is an essay on camouflage which only appeals to one sense: sight. The same way in which the (numerous) videos were presented, isolated and without any context, as if they were short films, is an example of curatorial taxidermy which on many occasions undermines the intentions of the artists.

Perhaps the most obvious example of this way of dealing purely iconically with the "contemporary Mexican question" which is now so in vogue, is the treatment of Iván Edeza's video, *...de trabajos y placeres*. Working from found film material (in this case a series of Mondo Cane-style pseudo-documentaries of obscure origin, made for the voyeur market —and not only in Mexico City) Edeza made a series of edits in which he inserted "noises" between certain frames of the films, following logical sequences, as if they were random musical scores. Nor is there any proof that this is a piece of original footage, showing a grotesque bloody native-cull in the Amazon, as Biesenbach claims in his presentation, and the look of the film itself enables one to guess that it is actually a sequence from a low-budget Mexican film of the 70s. If Edeza was trying to bring some "noise into the communication" (one of conceptual art's favourite exercises), then he achieved his aim, since the work was read by the curator (and interpreted by the critics) absolutely literally, as if it were just another "document" showing the "corruption" and "exaggerated decadence" of Mexican society, just like the girls in Daniela Rossell's book *Ricas y Famosas*.

Something similar happened with Melanie Smith's very complex essay, *Spiral City* which consists of a long video of a part of Iztapalapa filmed from a helicopter and a series of aerial photographs of the city. Despite the reference to Robert Smithson's fundamental 1970 land-art exercise *Spiral Jetty*, the treatment of these images in high contrast black and white points us more towards WWII military intelligence photography, and the bombing missions we have become so used to since the first Gulf war. In Smith's work, this series represents another step in her very precise dissection of the instruments of control and the use of networks, grids and location

systems, which marks as much the extraction of the "orange element" of Mexico City in her *Orange Lush* series, as her most recent chequered paintings, taken from photographic documentation of road systems and urban layouts. In this attempt at a kind of squaring of the circle, Smith's "spiral on a grid" ends up reversing the ballistic trajectory implicit in her reconnaissance work (in the military sense). However, at the Kunst-Werke, this was reduced to a (flattened) visualisation of the territory of a "chaotic city" which runs through Biesenbach's show, something which Medina was able to avoid by re-establishing disorder in his presentation of some of these very pieces. The fact that Smith's video "looks really good" in Berlin does not give it any more meaning.

Even though I would not share Cuauhtémoc Medina's view when he said, in an interview in *La Jornada*, that it was "canonical", the Kunst-Werke show is, in fact, the more concise. Even though I myself might feel closer to Medina's London project, as Patricia Martín so rightly stresses in her catalogue text, the legitimising power of PS1 and the Kunst-Werke obviously has implications which surpass any readings the critics might give them, because they actually touch on the "social", going beyond the simple "art world". By highlighting the spectacular and working on the purely iconic, paradoxically, Biesenbach's show returns us to that hated and beloved nation and to the reactions we find which force us to see ourselves through others' eyes.

"As long as we refuse to redefine ourselves, we are condemned to be defined". And I would like to add: to repeat ourselves.

1 Christopher Reynolds, "Head over heels; The art world's new darling is Mexico City. But how long will the affair last?", *Los Angeles Times*, October 20, 2002.
2 Vivianne Loria (curator), *Mesoamérica: oscilaciones y artificios*, Centro Atlántico de Arte Moderno, Las Palmas de Gran Canaria, August 2002.
3 In all these exhibitions, Gabriel Orozco's absence muct be noted. This is due, particularly in the case of "Mexico City: An Exhibition…," to his own decisión to distance himself in order to operate in a "parallel system", giving the impresión of escaping from "national representation" and oficial validation. This tactic meant that he could present himself as an "independent curator" at the 2003 Venice Biennial.
4 I must admit that this last argument coincides completely with the position of Guillermo Santamarina and María Guerra in the exhibition "Otro arte mexicano: la ilusión perenne de un principlo vulnerable" at the Pasadena Art Center in 1991, and with the way that I dealt with the central role Mexico had as a stopover for Cuban, American, Mexico-American and Mexican artists in the exhibition "El corazón sangrante" which was also shown in 1991, in Boston.
5 E-mail to the autor, November 2002.
6 Juan José Gurrola, "Double Take: Lo nuevo del arte mexica en Berlín", *Milenio*, October 30 2002.
7 Christopher Knight, "The Border Realigned", *Los Angeles Times*, September 20, 2002
8 See *Santiago Sierra. Pabellón de España. 50ª Bienal de Venecia*, Spanish Foreign Ministry, 2003.
9 Cuauhtémoc Medina, "Conozca México", *Parachute*, N°. 104, November 2001 (with texts by Carlos Monsiváis, Cuauhtémoc Medina, Mario García Torres, Magali Arriola, Rubén Ortiz Torres, Patricia Martín, Olivier Debroise and Michelle Faguet).

Moving
Eduardo Abaroa

The theme of mobility, as an abstraction around which this group of exhibiting artists might cohere, intends to unite the work of diverse artists under one specific thematic rubric. Though they share Mexico City's artistic environment as one of their sites of intervention, these artists have not posited a series of common parameters beyond the almost compulsive adoption of media distinct from traditional painting and sculpture. The attempt has been made to locate an element of mobility in each of their works; our only viable alternative, however, is to consider each instant separately.

Post-Urban Transport
The oldest work in the show, *Gabriel Orozco's Yielding Stone* (1992), is a ball of plasticine which weighs the same as the artist. Orozco explains that the work came about out of necessity. With this piece, he could fulfill a commitment in New York City and avoid using materials that at that time would have been costly for him to purchase and transport. The malteability of the material made the piece susceptible to endless transformations white it was moved from one place to another. The residue of stones and garbage it collected along the way formed part of the piece itself, as did the fingerprints of curious spectators. This "stone" brings to mind the Duchampian concept of the "ultralight", executed with a clarity and certainty rarely equaled. If for Duchamp, "ultralights" were unused tubes of paint, their possibility of transformation only diminished when they were used to make a painting or sign. In contrast, the *Yielding Stone* maintains its distinguishing features throughout its entire existente. At the time that he produced the piece, Orozco was playing with the idea of making an infinite work of art, very much in the manner of the Argentine writer Jorge Luis Borges's most unforgettable metaphors.
In spite of the gigantic spectrum of registers on which this piece might function, forgetting, not remembering, is the most appropriate interpretation for the impersonally-acquired roundness of this material designated as an art object. The work, endlessly open, is analogous to John Cage's nihilistic silente. The excess ot mutability becomes a sublime ettect: when we consider the piece itself in relation to its infinite possibilities, the majority of these remain necessarily outside of its display. The ball of plasticine can still be shown, even after having rotated through various galleries and museums; its formal sparseness is a let-down, leaving the imagination prisoner to perplexity.
Other pieces, like *Sandals' Tale* (1996), in addition to engaging the figure of the nomad, manifest Orozco's interest in forms which arise as a consequence of use, disintegration, wear and tear. In this instante, photography is employed to document what remains of an actual process: people's transport from one place to another in a region where there are

relatively few means of transportation. Orozco is an artist who does not concern himself with mystification, but rather with a certain nostalgia for the real which nourishes the majority of his photographic works.

Francis Alÿs takes a completely different approach in his work: white he has aimed to engage similar processes in pieces like *The Collector* (1991-1992) and *Magnetic Shoes* (1994), he shows an even greater interest in having his works transform and degenerate, not onty physically but also in the mediations they effect. Thus, the treks Alÿs has made in his artistic tasks are photographed, painted by commercial sign-makers, and transformed accordingly into fables or morals, etc. There is here no commitment to the real, which is considered as just one of many possible fables. On other occasions, the work entails the execution of a simple action, which through its implications excludes personal expression as welt as any political sloganeering. Many of Alÿs's works are constructed around interrogations of an apparently exiled individual's cultural context. In this way, for example, we might view the artist posing beside rows of unemployed workers near Mexico City's central cathedral. While each worker sells his labor by means of a sign indicating his trade (plumber, plasterer, blacksmith, etc.), Alÿs displays the contradictions of his (artistic) being in the world with a sign which reads "tourist". In other works, a nomadic condition is the sole content of the piece, as was the case in the border event inSITE 97, in which Alÿs proposed to ignore the primary *raison d'être* of the event itself, the border, by refusing to cross from one side to the other. To travel around the entire world in order to cross a border without crossing the borderline itself endows that fine, through a process of etimination, with an uncertain but intense meaning. Alÿs took it upon himself —and we should keep this in mind— to eradicate any critical implication of his act in the fliers describing this work. In *Paradox of Praxis* (1995), we see the sentences "Sometimes making something leads to nothing" and "Sometimes making nothing leads to something". In the videos presented in this exhibition, the age-old dilemma of action versus contemplation is turned on its head through the performance of two simple activities: pushing a cube of ice through the streets of downtown Mexico City and recording the unpredictable movements that result from the wind's acting on a plastic bottle thrown on the ground.

Enrique Ježik addresses movement in the work *Terrain* (1998) in which he changes the pedestrian's point of view with the simple act of strapping a video camera to each of his feet. To attempt to identify the terrain evoked in the title is a task with uncertain results: on the one hand, it may involve a demarcation of the route the cameraman is traveling, while on the other it might be the terrain of the electronic video screen, which as the camera moves has been slowed to eight frames per second (instead of the usual 30). But Ježik's act does not involve an attempt to represent the terrain, but rather new terrain is generated in the principal operation itself of constructing a different way to live the act of walking; a way to create an uncodified space, an uninvestigated terrain which for the

moment is impossible to convert into property. This is an exercise in de-territorialization, which can only possibly appreciate in value in our aesthetic imagination.

The works of Alÿs, Ježik or Orozco adopt nomadism as a form of political expression. Interpretation is almost always impossible, and what is most important is the actualizing of occurrences, the rejection of any notion of territoriality, whether psychological (through the imposition of a speaking presence) or nationalist (in structuring the limits of a historical subject).

A nomadic condition is important as well for Melanie Smith, whose work approaches banality and dislocation with an attitude of fascination. In works like *Orange Lush*, Smith gathered together orange objects —a widely used colour, given its garishness. What is important in these works is not the practical function of the objects themselves, but rather that they represent the residue of a world of commercial exchange which at times destroys local cultures rather than constructing them. By including in the grouping any object whatsoever of this particular colour, Smith eliminated any narrative, symbolic or even decorative interpretations for the objects, instead leaving the collection hanging in emptiness.

Many of Smith's installations are consciously constructed to lack any specific national or regional allusions, and seek instead to generate situations which one might encounter anywhere: not only in an art gallery, but also perhaps in a club, a video store, or a tourist information centre. The artist's renunciation of cultural (and even gender) identity is one of the most outstanding features of her work. Art is to become a mute, yet at the same time highly codified, double for the loci of sexual, commercial and other types of exchange. The contexts Smith creates are particularly intriguing for their posture of joy, as opposed to critique or lamentation. The reproduction of city scenes which repeat themselves over and over again as they are transferred from one culture to another are fairly specific but are also exiled, even in their original urban context.

Another artist who has worked with themes of movement, but now as the central metaphor of a large body of work (since at least the beginning of the nineties) is Thomas Glassford. In his long series involving gourds —thousand-year-old quotidian objects used to transport liquids— Glassford undertook a profound investigation of the relationship between objects and the body, in a certain sense exploring also how objects construct a notion of corporeality, sometimes through fetishism and electronic simulation. Elsewhere in his work, mobility is interrupted by leather, plastic or other surfaces which the art critic Olivier Debroise has interpreted as versions of the immeasurable, intoxicating Texan desert landscape.

Glassford's current work addresses the idea that the object's *raison d'être* is precisely to facilitate the circulation of bodies. Various of his installations utilize materials that generally aid in human transport, like railings or rear view mirrors, which form part of an entire system created specifically not to be noticed as it performs its function. The moment when a utilitarian object reveals its inefficiency can also be the moment which causes us to actually see it for the first time. Glassford undoubtedly alludes to the way in which objects, including of course art objects, create specific routes to which we must necessarily adapt our behavior. Here, we are dealing not with particular critiques, but rather with an investigative strategy which involves turning the sign back upon itself.

Gabriel Kuri is also concerned with the recodification of daily occurrences signaled by objects extraordinary for their particular characteristics, but which function at the same time in complete accord with everyday logic. The final result is the creation of an imaginary space which differs very subtly from usual modes of codification, exemplified, for instance, by the spare tire cases he created between 1995 and 1998, which bear legends like *Model for a Monument*, *Mock up of the City*, or just the *Thought bubbles* like those used in comics. The resulting object is not so much a showy luxury item as it is an intersection of various fines of associations. Like Ježik's terrains, as these works anude to transit, they mark a territory of similarities whose interpretation is difficult to frame within a particular mythic or linguistic scheme. Their apparent yet actually incomplete neutrality, as in Orozco's *Yielding Stone*, is itself also a type of transit along language paths. A monument, which functions precisely as the definitive marker of a place, may traverse an infinite number of spaces. The traveling subject, the vehicle or part of the vehicle, or even devices necessary only in case of accident are all designated as maps of a particular moment in time. Kuri is also interested in temporal occurrence, which is intimately related to yet different from movement as a theme. With his boxes of Extra cereal, therefore, the cyclical recurrence of our need for nutrition intersects with our (cyclical?) necessity to belong to a social body. The newspaper and the breakfast cereal box... the work of art in itself reveals their kinship within a unifying logic of consumption.

In Mexico City, Philippe Hernández has developed a body of work which is difficult to place in relation to this show. The indolent and to a certain extent paralyzing nihilism of these works —some of the most highly pessimistic on the local scene— seems at times to fall prey to contradiction as it is transformed into public signs simulating messages to a community. As exemplified, however, by one of his most astute signs ("I'm not selfish, I'm destroying you too"), the coordinates of this language virus called art remain, as in many other instances in this city's artistic environment, an empty shell, accompanied by a dry laugh to which it is tremendously difficult to respond at all. If the current show has to do with mobility, Hernández's imagination provides an example of the paranoid lack of such, or at least of a nice relaxing rest within our dearly beloved contemporary customs of communication. Clearly we will not transform this artist into a *flâneur*, although... he might perhaps be a dreamy, detached beast of a similar psychological type.

Rumba (in the rhythm of a technological spasm)

Mexico's violent proliferation of technological media, particularly since the introduction of NAFTA, cannot be overlooked as we attempt to understand the most recent events in Mexican arts. It is not entirely clear whether the adoption of new technical strategies should be considered a means, or an end in itself.

In *The Trace, Remote Insinuated Presence* (1995), Rafael Lozano-Hemmer's intention to record human movements in real time is very clear. This installation is located in the interconnection of two rooms, through the use of devices which register movement in such a way that a viewer-participant in one room is able to gauge her or his position in relation to a viewer-participant in the other room. Both can play with the phantasmal presence of their counterparts, which is indicated by beams of light and a video monitor. Despite the playful and almost sentimental emphasis that the artist imparts on his interactive work, the fact that we have here the means to distill an individual's position down to a data sequence brings to mind a future in which supervisory systems might be "conscious" of each and every human movement.

Does this work intend to transform the real world into a virtual one, or to function as a means to make us conscious of our own bodies in relation to other bodies? Like many new technologies, this one involves a reiterative presencing of Cartesian space, of its now digitized perfection for the expansion of a computerized society. In projects like this one, it is clear that the concept of the individual is increasingly subordinate to its normative structure.

A piece like Lozano-Hemmer's demands a highly sophisticated production capacity, involving the organized labor of various people. To the figure of the solitary, inspired artist, we must now add a notion of the artist-impresario, producer and administrator of a wide range of resources. Other artists in Mexico have taken this concept even further, and have established various kinds of businesses with worldwide success. *Mejor Vida Corp.* (Better Life Corp.) is a company originally conceived by Minerva Cuevas, who makes use of much more modest technologies than Lozano-Hemmer's; even so, her project aims to take advantage of a multitude of technical media options, especially those that lend themselves to massive distribution of messages and products. According to Cuevas, this project "runs along the borders of activism, assumes a political stance, makes use of technology and partakes of advertising strategies". This single person's corporation has various elements, among which are a radio station, the creation of an information network about cultural and media events, the satirical use of editorial space, and, finally, the production of commodities and their distribution through a web site. These products —for example, "cannabis cookies"— have connotations of the so-called "counter-culture" and also have an almost altruistic objective, exemplified by "the fictitious, effective prices of primary necessities". Various hacker techniques are employed with sometimes surprising results. Walking the line between subversive practice and adolescent jokes, the majority of Cuevas' creations exhibit a critical attitude towards the indifference that seems to permeate many sectors of society in the face of an extreme poverty which has intensified in recent years despite "macroeconomic"advances in Mexico. *Mejor Vida Corp.* still has quite a bit to do as regards a well-defined critique, proposal or "posture", although it may be precisely this type of theoretical lack of definition which is itself assumed as a posture. The project functions less to develop a critique than to put forth a number of anti-establishment ideas. There is, however, no doubt that projects like this one act as embryos of a brutal struggle over the control of communication media.

Miguel Ventura has devoted himself to an exploration of construction and destruction in the relationship between society and the body. His attention to bodily disintegration can be seen even in his early paintings, in his first works relating to the AIDS epidemic. In an excellent publishing project, *The Notebooks of Mademoiselle Heidi Schreber*, Ventura attempts to define a concept of illness from the point of view of language and the role it plays in constituting social and individual bodies. Ventura also created a small company, the *New Interterritorial Language Committee*, but as he indicates, "...the premises of the ~~NILC~~, which employ a perverse social and political rhetoric taken from *Mein Kampf* or the vocabulary of the Chinese Cultural Revolution combined with a naïve sense of the joy of life, inevitably sabotage any type of participation in this organization". Ventura has turned to other media like video and the manufacture of multiples. The curator Robert Boyd has written that in the instructional videos shown in this exhibition: "in order to locate points of contact between authoritarian didactic methods and the desire for racial purity evidenced in eugenics, Ventura parodies pedagogical standards and at the same time points to their darker implications". Art is responsible for analyzing not only communication technologies, but also those intended to improve the body (comprising, perhaps, one single problematic). The concept and structuring of subjects as a normative strategy of contemporary Western societies is the clearest focus of Ventura's critique-fascination. His strategy is one of extreme overflow; an explosive counterpoint to the Apollonian clarity so prevalent in current Mexican neo-conceptual art.

History of Definition (or Vice Versa)

This show's obsessive interest in circulation is largely symptomatic of the technological shock suffered by the middle classes of a country with one foot in the cornfield and the other in cyberspace. On the one hand, a significant sector of agricultural society lives almost suspended in time, while in large cities institutions and customs are transforming so rapidly that we can only barely identify some continuity with beliefs we formerly held most dear. Certainly some may feel disappointed in the absence of "national" characteristics of much of the work presented here. Now —as at other moments in Mexican history— artists are risking complete dilution in a cosmopolitan culture which at times is misunderstood as a global culture.

There are, however, those whose primary interest is to work out of the parameters implied by a specific cultural history and identity.

Silvia Gruner and Rubén Ortiz Torres have chosen to confront the problematics of Mexican cultural transformation in different ways. In Gruner's case, relics of the prehispanic past, which have at other times played such an important role in the construction of a national identity —and thus also in the legitimization of state institutions— are here approached instead with an attitude of skepticism. Through her use of archeological remains, Gruner raises questions about the viability of a "national spirit", unless its content could be kept completely free of mythic references. Thus, in the video *Don't fuck with the past, you might get pregnant,* the archetype of small fertility goddesses is turned on its head as it becomes associated with a contemporary (Western) feminine attitude. A similarly ambivalent use of archetypes is evident in the video from the piece *The Middle of the Road,* created for the InSITE 94 event, in which Gruner makes use of the figure of Tlazoltéotl, a Mexica goddess associated with carnal love, and also with garbage, putrefaction and filth. Various goddess figures were stationed at one section of the fence which the United States governmental authorities erected along the border with Mexico. Movement across this part of the border was thus associated with fertile interactions and decompositions, with putrefaction regarded in a positive light as a force of social, economic and cultural exchange. The goddess figure, in a repeating series, is no Longer an archeologically valuable piece. Perhaps the fact that Gruner chose to *work* with a bastardized figure may serve to underline the idea that the mythico-historical bases of nationality have lost their meaning and effectiveness; at the same time, however, this loss does not constitute any obstacle to understanding and making use of elements of prehispanic cultures. The documentary nature of the video about the installation functions almost as a denunciation, or a critique which continue to employ an anthropological and to a certain extent spectacular tone. The depiction of a local reality around the work itself makes it possible to interpret "The Middle of the Road" as a piece which interrogates both the general and the specific issues involved in the problematics of migratory movements.

Alien Toy (1997), by Rubén Ortiz Torres, a Mexican artist currently living in Los Angeles, California, proposes another type of cultural decomposition or recomposition. His strategy of dissolution seeks to address not only national borders but also the precarious, artificial divisions between high and low culture. The destabilization of the figure of the individual artist —which we have already seen to be an active element of various artists on the Mexican scene— has been taken to an extreme in Ortiz Torres's work, which in this case is devoted to shifting the cultural context of a low rider. Thus, the acrobatic car constructed by "Chava Muñoz", initially bound for car shows which have a particular (aesthetic?) meaning in Los Angeles' Mexican-American culture, is transformed into an *Alien Toy*. The inclusion of extraterrestrial or supernatural beings in the work, a trope which this artist has developed amply over many years, functions as an irremediable sign for the discontinuity between the different cultural schemes which he subjects to this trope. As in his videos and his paintings of border trinkets, Ortiz Torres's main concern with his *Alien Toy* is not the chauvinistic exhibition of nationality nor the promotion of a community's cultural features via tourism, but rather an in situ attempt at transcultural hybridisation, which has as its objective simultaneously the negation of any mythic or political hierarchy imposed from above and a study of the contradictory transformation of narratives, customs and visual tropes over time. In almost all of Ortiz Torres's works, the question remains as to whether an artistic system can actually propose an interpretation of synchronic societal problems without transforming them completely in the process. The documentary and photographic work that Ortiz Torres has developed since the beginning of the nineties is a highly dynamic form of iconographic study, distinguished by his use of colour and his particular interest in communities which do not easily adapt to trends in anthropological photography or the canons of modern or avant-garde art. Ironic contrasts form a consistent element of this work, and hybridisation itself acts as an uncomfortable response in the context of new societies rapidly seeking to reduce the lives of their inhabitants to twisted, simplistic formulas of cultural exchange.

Finally, Damián Ortega is showing a kinetic sculpture which, unlike his other works, involves the manufacture of a sign portraying certain aspects of this country's socioeconomic context. In *False Movement Economic Stability and Growth* (1999), three drums generally used in the transport of petroleum spin in defiance of both gravity and perception, alluding to the national petroleum industry's precarious history. Given that this resource was administered and exploited exclusively by the federal government, the slogan "Economic stability and growth" comes to form part of a sophisticated political caricature. The dependence of public finances on petroleum and the spell cast over the national imagination by this resource have provoked much more than just an economic crisis, with dire consequences for the majority of the population. The artist's position around these issues is not clear, but to a local spectator it is all too evident that in recent years the petroleum parastate has been at the centre of brutal debates about opening the economy. Ortega's piece does not particularly aid us in understanding this problem, nor does it offer us tools with which we might reach a conclusion; it does not fail, however, to present us with an eloquent and humourous image of a confusing situation.

Acceleration and Immobility

The large quantity and variety of contemporary art in Mexico can be interpreted in many ways, but it is undoubtedly extremely clear that discourses around the works themselves as well as artists' specific viewpoints equally resist any explication based solely our national art history. A person seeking to understand Mexico's context and circumstances through an examination of its art would have to content himself with a question mark printed in rough type. The independence of Mexican art was an outstanding event to which some still devote a nostalgic contemplation, but nothing would be more damaging to national culture than a closed or programmatic politics. Mexican artists are now adapting to a multiform cosmopolitan practice which occasionally leads them successfully to extraordinary intuitions. But any sense of the new wave of contemporary art in Mexico is marked much more deeply with doubts than with blind optimism. If acceleration is a way to conserve immobility in developed societies, it is perhaps not the best logic simply to allow ourselves to be swept along. As always, we must constantty reinvent our path, and thus we should labor to avoid mercantile, ideological or any other kind of conformity. We must take advantage of these moments of uncertainty, without rushing to embrace directives issuing from market fundamentalism (though they may be pleasant, though they may have national origins, though they may be "what we all want to hear"). The transition to democracy has not yet been consolidated. It is possible that in the end an even more indomitable and suffocating regime will fall into place. Our entrance into the "first world" remains, perhaps fortunately, far in the distance. Mexico (and in this we are no exception) is faced with problems which cannot be solved with simple recipes. On the other hand, it is doubtful that artists will be anything more than white elephants waving little flags. An artist's nationality is not important. In fact, artists may find themselves in exile wherever they go. Are their circular ruins and nihilist abysses the signs of a deeper rupture, of a disintegration of identity itself, the outcome of which we do not dare imagine? If I knew the answer, I would not be asking the question.

Notes for a (de)contextualisation of Mexican Contemporary Art
Magali Arriola

Curatorial practice sees itself as an exercise in observation, recognition and analysis, enabling a complete evaluation of the different systems and structures which make up the framework of our everyday environment through the artworks themselves. This is why the consideration and weighing-up of the contexts from which and for which the work is created are determining factors in all curatorial processes. And within the process of communication that curating represents, what happens when the basis which the message is sent from is different from that which receives it? In other words, we must ask ourselves how we can introduce a specific discourse into what we call a globalized culture, when we know that the parameters of perception and articulation of the works are generally dependent on countless variables which constantly alter from one locality to another. Perhaps this dilemma can only be resolved if we assume that by completing a curatorial job, and creating a set of parameters which give access to the reading of the piece, we create an artificial context whose aim is to find its place within a high-transit area in which the local and the global can enter into dialogue and complement each other.

The critical practice of curating should be seen as a discursive strategy which, while being based in the conditions of creation and completion of the works, must still find its points of escape, so that it can then be seen as a platform for exchange between the different mechanisms forming cultural gears: not just the artists, art-critics and curators, but also the public and the context. In this sense, what makes the choosing and bringing together of different works for an exhibition interesting, is the possible meanings that they set off, not just separately, but as a group. And what makes curating itself interesting is the undertaking it represents as it tries to create new spaces of perception, which loosely mark out different readings or rereadings which support or defy any cultural constructions we have.

So this brings me to the exhibition *Coartadas* which I recently put on in Paris's Centro Cultural de México. This was a singular event which brought up several problematic areas connected to the creation of a curatorial discourse from a specific platform and context (Mexico) as well as from the point of view of how it would later be placed and confronted within two particular environments: firstly, the actual exhibition space, since the CCM is a gallery belonging to the Mexican government whose institutional responsibility presupposes a series of expectations within a particular politicized framework, and secondly a wider-ranging context for the show's reception, such as is the Parisian art community, with its own questions about all things "Mexican" and what one can expect of its artistic output.

My interest in doing this show and putting it on abroad was partly that of dealing with a very specific problem area, using a governmental space and the works of a number of artists.

The area in question involved the different strategies that people have spontaneously come up with to get inside and rectify all the failings and breakdowns of a political, economic and cultural system. On the other hand, I wanted to confront that same area with what is described as a new kind of exoticism, through several projects coming out of Mexico dealing with the problem, referring to a presentation of the aesthetic of marginalisation in order to highlight its methods of manipulation.

This situation would re-open two questions: (1) how a country should be perceived —from inside and outside— when, for the sake of globalisation, it is teetering between becoming part of an international exchange-network, and recuperating —on a very specific scale— its most local characteristics, and (2) how we should react when faced with the specific nature of a place, when its notion of identity is based less on inherited shared history than it is on the interaction between individuals who make up a community, and who try to see their surroundings objectively. The dilemma that *Coartadas* posed, lay in its attempt to respond to, to question, or failing that to frustrate, these different expectations while realizing that each one of them corresponded to a series of factors dealing with different constructions connected to the media, politics and culture, yet without betraying the meaning of the works.

Because they operate on this specific scale, the works included in the project come across as documentation, responses and speculation about the different ways the individual can deal with the everyday. They contain references to the development of unofficial underground economies through which the population creates its own network of exchange and complicities within the urban fabric (*El trueque*, Francis Alÿs); references to the creation of casual work which shows the flaws and cracks of a productivist economy (*Línea de 30 cm tatuada en una persona remunerada*, Santiago Sierra); to the betrayal of certain institutions, such as religion, for a small sum of money (the exorcisms performed for Miguel Calderón's camera); to the quasi-anthropological institutionalization of phenomena like drug-trafficking (*Museo del narco*, Carlos Ranc); to corruption in authority and to the various social and racial conflicts underlying them all (*Poli I*, Yoshua Okón).

This overflow into different areas has led to the creation of initiatives like the *Campaña de Destitución* (Destitution Campaign) launched by the *H. Comité de Reivindicación Humana* (The H. Committee for Human Vindication) against various public figures of the country, or *Mejor Vida Corp.* (Better Life Corp.), an association created by Minerva Cuevas to defend the human interface without distinguishing between race, sex or religion, or even a project like that of Pedro Reyes and Jorge Covarrubias to revitalize a specific section of Mexico City, the Tlatelolco area, restoring the building known as the Banobras Tower as a kind of hanging garden, actively involving all the residents of the area (*Catedral vegetal*).

In a country characterized by the impenetrability of its social and cultural strata, some of these works are opening up new complicities and perspectives within groups or communities which are setting up their own models of identification, of interaction. Reference has to be made here to the reclaiming of public space as a place for action, and to the reappraisal of its various structures as strategic gathering and meeting points: spaces for urban interconnection and media-based communication spaces. So an initiative like that of Acamonchi —a kind of cultural guerrilla group which started in the Tijuana / San Diego region through collaboration with the recent Nortec movement— has been trying to restore the cultural productivity of an area which has lived under the stigma of the border aesthetic of violence, drug-trafficking and prostitution, creating a cultural amalgam which attempts to transcend the various characterizations of regional identity.

The recognition, appropriation and misrepresentation of cultural sources and codes which have been directed towards different social levels can also be seen as a way of breaking down —even if only temporarily— the barriers that separate high culture and popular culture, establishing different connections between the various sectors of society. The infiltration of Daniela Rossell's photography in *Quién* magazine and the recuperation of the format of the soap opera (*Rinoplastia de Yoshua Okón*) and the photo-novel (*Mía* de Teresa Serrano), in one way constitute an across-the-board vindication of the victims of the plotlines and simplism of mass culture, and in another, force us to recognise ourselves as consumers of and passive collaborators in its various methods of manipulation. This blurring of formats in social, political and cultural presentations can also be seen in a recent commercially-released film, *Guerrero*, in which the Mexican politician Félix Salgado Macedonio, after reprimands for his behaviour in public, attempts to reclaim his position by producing his own feature film. The film contains real and fictional scenes in which Salgado Macedonio plays himself as judge and avenger, bringing in a new kind of law for society.

Knowing that the construction of any image of reality filtered through the mass media is dependent on the possibilities of its being recorded and broadcast, some of these projects set themselves up as a kind of counter-culture which corresponds, in its turn, to a staging of the marginalisation aesthetic, and of the manipulation of drama and fiction. They show how the exaltation of the outlaw lifestyle, and the presence in the media of corruption and all that was once prohibited, have recently created a new form of exoticism, which can include any kind of line-crossing. Francis Alÿs' piece *Re-enactments* is particularly relevant here. The work consists of a two-screen projection in which a real event is played opposite a later staged version of the same thing —in this case someone with a gun walking through a city until they are arrested— thereby showing the gap between the actual unfolding of a situation and the different ways it is later changed through a constructed image.

In this respect it is useful to look at the international success of recent films such as Steven Soderbergh's *Traffic* or Alejandro González Iñárritu's *Amores perros* which are a reference point for the re-evaluation of some of our artistic output and its connection to the national context. The Mexican production

Amores perros comes across as a hard-hitting — sometimes almost ironic — fictional take on the different realities which coexist in the urban fabric of Mexico City, in order to communicate, as its director says "the idea that anything can happen in Mexico at any time: violence, betrayal, lies, regardless of age or social class [...] I didn't use a single shot where you can recognise the city specifically, but Mexico City had to be the battleground."[1] *Traffic* on the other hand, taking as its principal theme the war against drug-trafficking as epic crusade between good and evil, reclaims the feeling of a documentary, establishing two distinct visual tones to mark out the politico-cultural barriers separating Mexico from the USA. The neat and tidy image represents the American side, while the basic sepia colours and hand-held camerawork symbolise the Mexican territory. In order to strengthen the supposed objectivity of the story, some of the scenes between the anti-drug tsar (Michael Douglas) and senators, journalists and US border patrols, were improvised arguments between the actor and those real-life characters. As Soderbergh says, "On the border and in the offices of EPIC (El Paso Intelligence Center) we had real officials telling Michael Douglas's character what they do, what the problems are and how they felt that their work could be improved through donations and publicity".

Since both films deal with very specific social realities, we still have to wonder who has a vested interest in a media-takeover of them. A film like *Amores perros* —when seen from the Mexican perspective— looks like a kind of understanding or recognition of certain types of everyday dynamics which, having been categorized and identified, can certainly be neutralized. *Traffic*, on the other hand (while admitting that although the drug comes from Mexico, the consumption (and the money) is based in the USA) had no qualms about using strategic discussions with representatives of the DEA and other American governmental bodies, to emphasize that the problem originates in, and therefore is located in, the turbulent world on the other side of the border. The paradox that contemporary art is going through, on the one side clothed in the redeeming garment of social activism and protest, and on the other being part of the complex workings of the circulation of cultural industry, is at times not far from that which defines commercial cinema's codes of distribution and parameters of reception, depending on more complex vested interests. In other words, while part of the Mexico's artistic output has gone to great lengths to establish endemic negotiation between the political and aesthetic content of the works and the conditions of their creation, the way it is received outside the country still seems dependent on a series of cultural types which serve as tools for the interpretation of the context which this output has placed itself in. In this way, the infiltration, recuperation and overturning of certain media-codes by some of the artists represented in this exhibition could be used to intervene between the way an individual experience is registered, and the construction and spreading of a collective history.

1. Interview with Alejandro González Iñárritu,
http://www.pagina12.com.ar/2000/00-10/00-10-18/pag29.ht

Eduardo Abaroa (Mexico City, 1968)
Studied at the National School of Fine Arts, UNAM, Mexico
City. His main collective exhibitions are "Mexico City: An
Exhibition about the Exchange Rates of Bodies and Values",
PS1 (New York, USA, 2002); "Axis Mexico: Common Objects
and Cosmopolitan Actions", San Diego Museum of Art (San
Diego, USA, 2002); "La Persistencia de la Imagen", Museo de
Arte Carrillo Gil (Mexico City, 2001); "InSite'97", (Tijuana-San
Diego, Mexico-USA, 1997). One-man shows include
"Calimocho Styles", collaborating with Rubén Ortiz Torres,
Galería OMR (Mexico City, 2002); "Recent Models & Freaks",
Jack Tilton Gallery (New York, USA, 1999); "Paseos del éter
(línea muerta) control remoto", Galería OMR (Mexico City,
1997); "Artículos epilépticos", Art Deposit (Mexico City, 1996);
"Don't Give Me No Ideas", Iturralde Gallery (Los Angeles,
USA, 1995). He lives and works in Mexico City.

Carlos Arias Vicuña (Santiago de Chile, 1964)
Graduated in Fine Arts at the University of Chile and holds a
Master's in Visual Arts from the UNAM in Mexico. Of particu-
lar note among his long list of collective exhibitions are
Erógena, Museo de Arte Contemporáneo Carrillo Gil-Stedelijk
Museum voor Actuele Kunst. (Mexico City-Gante, Belgium,
2000); "Soleils mexicains", Petit Palais (Paris, France, 2000);
"TRACE: First Liverpool Biennial of Contemporary Art,
Exchange Flags" (Liverpool, England, 1999); "El arte narrati-
vo", Museo de Arte Internacional Rufino Tamayo (Mexico City,
1984). His one-man shows include Galerie Albrecht (Munich,
Germany, 2003); "Bordado: 1994-1998", Museo Nacional de
Bellas Artes (Santiago de Chile, Chile, 1999); Bordado, Galería
OMR (Mexico City, 1996); "Porque llora el niño", Galería Arte
Actual Mexicano (Monterrey, Mexico, 1996). He lives and
works in Puebla, Mexico.

Iñaki Bonillas (Mexico City, 1981)
Trained as an artist in the Centro de Arte programme. He has
participated in the collective exhibitions "Los usos de la ima-
gen: fotografía, film y video en la colección Jumex", MALBA
(Buenos Aires, Argentina, 2004); "Utopia Station", the Venice
Biennial (Venice, Italy, 2003); "Zebra Crossing", Haus der
Kulturen der Welt (Berlin, Germany, 2002); "Pictures of You",
The Americas Society (New York, USA, 2002); "Do It", Museo
de Arte Carrillo Gil (Mexico City, 2001). His one-man shows
include "Five Minutes to Die", Galería OMR (Mexico City,
2004); "Iñaki Bonillas", Galerie Meert Rihoux (Brussels,
Belgium, 2003); "Photographic Views from a Wall", Galería de
Arte Mexicano (Mexico City, 2002); "Audiovisivi", Galeria
Boedone (Milan, Italy, 2001); "Sala de Proyectos", Museo de
Arte Carrillo Gil (Mexico City, 2000). He lives and works in
Mexico City.

Mariana Botey (Mexico City, 1969)
Awarded a Master's in Fine Arts from the University of
California, Irvine. Graduated in Art at Central Saint Martins

School of Art and Design, London. Has participated in many
projects and exhibitions, such as "INDEPENDENT LOS ANGE-
LES", Disney Hall (Los Angeles, USA, 2003); "Axis Mexico:
Common Objects and Cosmopolitan Actions", San Diego
Museum of Art (San Diego, USA, 2002); "The Axiomatic
Arcade", Track 16 Gallery (Santa Monica, USA, 2001); "Vídeo
Latinoamericano", Museo Nacional Centro de Arte Reina Sofía
(Madrid, Spain, 2001); "Mexperimental Cinema Program",
Guggenheim Museum-Museo Guggenheim (New York, USA,
1999-Bilbao, Spain 2000); "At the Curve of the World", Track
16 Gallery (Santa Monica, USA, 1999). She lives and works in
Los Angeles.

Miguel Calderón (Mexico City, 1971)
Graduated in Fine Arts at the San Francisco Art Institute,
California, USA. His participation in many collective exhibi-
tions includes representing Mexico at the Sao Paulo Biennial
(Brazil, 2004); "Fantastic!", Mass MOCA (Massachusetts, USA,
2003); "An Exhibition about the Exchange Rates of Bodies and
Values", PS1 Contemporary Art Center (New York, USA, 2002);
"Ultra Baroque: Aspects of Post Latin American Art", Museum
of Contemporary Art (San Diego, USA, 2000). His one-man
shows include "Forcing the Forces of Nature", Andrea Rosen
Gallery (New York, USA, 2003); "Joven Entusiasta", Museo
Rufino Tamayo (Mexico City, 1999); "Ridiculum Vitae", La
Panadería (Mexico City, 1998); "Historia Artificial", Museo de
Historia Natural (Mexico City, 1995). He lives and works in
Mexico City.

Ulises Carrión (San Andrés Tuxla, Veracruz, Mexico, 1941-
Amsterdam, Holland, 1989)
Poet, artist and editor. Founded Other Books and So (1975)
and Other Books and So Archive (1979). His individual shows
and performances include "Boekie Woekie" (Amsterdam,
1987); "Lilia Prado Superstar Film Festival", multimedia project
with De Appel (Amsterdam, Rotterdam and Groningen, the
Netherlands, 1984); "Feedback Pieces" (mail-art project), Print
Gallery (Amsterdam, 1981); "Names and Addresses", Art
Institute of Boston (Boston, USA, 1979) and Agora Studio
(Maastricht, the Netherlands); "Un Espace Parlé", Galería
Gaëtan (Geneva, Switzerland, 1978); *To Be or Not to Be* (per-
formance), Kontakt and Cosmos Galleries (Anthwerp and
Amsterdam, the Netherlands, 1976); Homage to Van Gogh
(performance), Van Gogh Museum (Amsterdam, The
Netherlands, 1975) Grammatica's, Agora Studio (Maastricht,
1974). He lived in Mexico and Amsterdam.

Francisco Castro Leñero (Mexico City, 1974)
Studied painting at the "La Esmeralda" National School of
Painting, Sculpture and Engraving. His work has been seen in
collective exhibitions such as "Territorios abstractos", Museo
Universitario del Chopo (Mexico City, 2000); "In the 90s.:
Mexican Contemporary Art", Instituto Mexicano de Cultura
(Washington DC and New York, USA, 1998); "Códigos abstrac-
tos", Museo de Arte Moderno (Mexico City, 1994); "Actualidad
plástica en Mexico", Museum Voord Moderne Kunst (Ostend,
Belgium, 1993); 3rd Iberoamerican Art Biennial, Museo de Arte

Carrillo Gil (Mexico City, 1982). He has exhibited with Alberto,
José and Miguel Castro Leñero at various times. He has occa-
sionally had one-man shows at the Galería de Arte
Contemporáneo (Mexico City); "Desplazamientos", Instituto
Tecnológico de Monterrey (Campus Estado de México, Mexico,
1999); "Estructura esencial", Museo de Arte Moderno (Mexico
City, 1994). He lives and works in Mexico City.

José Davila (Guadalajara, Jalisco, Mexico, 1974)
Graduated in Architecture at the TESO —Instituto Tecnológico
y de Estudios Superiores de Occidente— Guadalajara, Jalisco,
Mexico. His collective shows include "Light and atmosphere",
Miami Art Museum (Miami, USA, 2004); "Piel Fría /Peau
Froide", Museo de Arte Carrillo Gil (Mexico City, 2004);
"Jetset", Museum of Installation, (London, England, 2003);
"Mexico City: An Exhibition about the Exchange Rates of
Bodies and Values", P.S.1 (New York, USA, 2002); "Yo y mi cir-
cunstancia", Musée de Beaux Arts (Montreal, Canada, 1999).
He has had one-man shows at the Galería Enrique Guerrero
(Mexico City, 2004); "Untitled Elevation No 2", Les Halles
(Valais, Switzerland, 2004); "Temporality is a question of sur-
vival", Camden Arts Centre (London, United Kingdom, 2001);
"Watch your step", Galería 3.90 x 2.40 NAP, (Guadalajara,
Jalisco, Mexico, 1998). He lives and works between
Guadalajara, Mexico and Berlin, Germany.

Claudia Fernández (Mexico City, 1965)
Studied at the Escuela Nacional de Artes Plásticas de San
Carlos, Mexico. Exhibited along with other artists at "The
Armory Photography Show", Jacob Javits Center (New York,
USA, 2002); "Zebra Crossing", Haus der Kulturen der Welt,
(Berlin, Germany, 2002); Colección Jumex (Mexico City, 2001);
"Políticas de la diferencia", Generalitat Valenciana (Valencia,
Spain, 2001); "Cinco continentes y una ciudad", Museo de la
Ciudad de México (Mexico City, 2001); "Outer Limits,
International Film and Video Center", Artist Space, (New York,
2000). Her work has been seen in individual shows such as
"Mi vida es otra", Iturralde Gallery (Los Angeles, 2003);
"Project 1", Elsa Wimmer Gallery (New York, USA, 2001). She
lives and works in Mexico City.

Julio Galán (Múzquiz, Coahuila, Mexico, 1958)
Studied Architecture at Monterrey University. His work has
been seen in the following exhibitions, among others: "Carne
de gallina", Museo de Arte Contemporáneo de Oaxaca (Oaxaca,
Mexico, 2002); "Spleen", Galería de Arte Actual Mexicano
(Monterrey, Mexico, 1999); "For Lissi", Timothy Taylor Gallery
(London, United Kingdom, 1998); Galería Enrique Guerrero
(Mexico City, 1998); "Oro poderoso", Ramis Barquet Gallery
(New York, USA, 1997); Universidad de Monterrey (Monterrey,
1997); Barbara Farber Gallery (Amsterdam, Holland, 1996 and
1992); Gallery Thaddaeus "Ropac" (Paris, France, 1995); Center
for the Fine Arts (Miami, USA, 1994); Contemporary Art
Museum (Houston, USA, 1994); Pittsburgh Center for the Arts
(Pittsburgh, USA, 1993); Stedelijk Museum (Amsterdam,
The Netherlands, 1992); Museo de Monterrey (Mexico, 1987).
He lives and works in Monterrey.

Fernando García Correa (Mexico City, 1958)
Studied at the "La Esmeralda" National School of Painting,
Sculpture and Engraving, in the Academia de San Carlos,
Mexico City, and at the Ecole des Beaux Arts, Paris. His career
has included collective exhibitions such as "Mexican Report,
Blue Star", Instituto de México (San Antonio, Texas, USA,
2004); "Por mi raza hablará el espíritu", Biblioteca Luis
Arango, (Bogota, Colombia, 1996); "Quimeras", Museo Diego
Rivera (Guanajuato, Mexico, 1995); "The return of the *cadavre
esquis*", The Drawing Center (New York, USA, 1993); "Ateliers
81-82" ARC, Museo de Arte Moderno, (Paris, France, 1982).
His one-man shows include "Obra reciente", Galería de Arte
Mexicano (Mexico City, 2004); "Fernando García Correa. New
Monoprints", Aurobora Press (San Francisco, USA, 2004);
4A2G, Museo de Arte Moderno (Mexico City, 2001);
"Emplazamientos", Museo de Arte Carrillo Gil (Mexico City,
1996). He lives and works in Mexico City.

Javier de la Garza (Tampico, Tamaulipas, Mexico, 1954)
Studied Architecture at the Universidad Autónoma de
Monterrey, and Engraving at the Escuela Nacional de Artes
Plásticas. He is a self-taught painter, and has participated in
collective exhibitions such as "Munal 2000", Museo Nacional
(Mexico City, 2000); "OUTART" (Dublin, Ireland, 1999); "In
the 90s: Mexican Contemporary Art", (Mexican Cultural
Centers in Washington D.C. and New York, USA, 1998); His
most important one-man exhibitions are Triskel Art Centre
(Dublin, 2000); Galería de Arte Mexicano (Mexico City, 1998);
Calvin Morris Gallery (New York, USA, 1992). He lives and
works in Yautepec, Mexico.

Gunther Gerzso (Mexico City, 1915-2000)
He trained as a set-designer at the Cleveland Playhouse, USA.
En 1941 he began his career as a self-taught painter. Of particular note among the many collective exhibitions in which he
has participated are: "Tradition and Innovation: painting, architecture and music in Brazil, Venezuela and Mexico between
1950 and 1980", Museum of the Americas (Washington DC,
1991); "Ten Mexican artists", Mary Anne Martin/ Fine Art
Gallery (New York, USA, 1983); "Mexique: peintres contemporains", Musée Picasso (Antibes, France, 1980); "Contemporary
Mexican Artists", Phoenix Museum of Art, (Phoenix, USA,
1964). As for one-man shows, in 1995 the Mary-Anne Martin /
Fine Art Gallery of New York put on an homage-exhibition
entitled "Gunther Gerzso 80th Birthday Show". Also worthy of
note are "Pintura gráfica y dibujo 1949-1993", Museo de Arte
Contemporáneo de Oaxaca, -Museo de Arte Carrillo Gil,
Mexico, 1993-1994); "An evening with Gunther Gerzso",
Mexican Museum of San Francisco (San Francisco, USA,1988);
"Twenty years of Gunther Gerzso", Phoenix Art Museum
(Phoenix, 1970).

Thomas Glassford (Laredo, Texas, USA, 1963)
Studied Art at the University of Texas, Austin. His work has
been shown at various exhibitions including "Zebra Crossing",
Haus der Kulturen der Welt (Berlin, Germany, 2002);
"Escultura mexicana. De la academia a la instalación", Museo

del Palacio de Bellas Artes (Mexico City, 2001); "Mutations, La video mexicaine actuelle", Palais des Arts de Toulouse (Toulouse, France, 2001); "Erógena", Museo de Arte Carrillo Gil (Mexico City, 2000). Some of his one-man shows are "Aster", Laboratorio Arte Alameda (Mexico City, 2003); "Fuente", Ex-Templo de San Agustín (Mexico City, 2002); "Fuente Parabólica", Museo de la Alhóndiga (Guanajuato, Mexico, 2000); "Autogol: Monterrey", Museo de Monterrey (Monterrey, Mexico, 1995). He lives and works in Mexico City.

Verena Grimm (Mexico City, 1971)
Studied art at the EINA school in Barcelona, Spain. Has taken part in collective exhibitions such as "Sólo los personajes cambian", Museo MARCO (Monterrey, Mexico, 2004); "Mexico illuminated", Kutztown Gallery (Pennsylvania, USA, 2003); "Develando la urgencia", Canariasmediafest (Canary Island, Spain, 2002); Her one-woman shows include "Midiendo mis pasos", Laboratorio Alameda (Mexico City, 2003); Venir, Espacio 3 (Mexico City, 2003); "Boca-abajo", video rooms of Cine Morelos(Cuernavaca, Mexico, 1999); "Ad Libitum", Arte in situ, Torre de los vientos (Mexico City, 1997); "Intervalo", Galería de Arte Contemporáneo (Mexico City, 1997); "Aislamiento y abandono en el fuerte de San Juan de Ulúa" (Veracruz, Mexico, 1996). She lives and works in Mexico City.

Silvia Gruner (Mexico City, 1959)
Studied Fine Arts at Massachusetts College of Art, Boston, USA and the Betzalel Academy of Art and Design in Jerusalem, Israel. Her most important collective exhibitions include "Cinco continentes y una ciudad", Museo de la Mexico City (Mexico City, 2000); InSite 2000 (Tijuana-San Diego, Mexico-USA, 2000); "Yo y mi circunstancia", Musée de Beaux Arts (Montreal, Canada, 1999); "The Conceptual Trend; Six Artists from Mexico", El Museo del Barrio (New York, USA, 1997); "Life's Little Necessities", 2nd Johannesburg Biennial (Cape Town, South Africa, 1997). Her most important one-woman shows are "Circuito interior", Museo de Arte Carrillo Gil (Mexico City, 2000); "Silvia Gruner: Proyecto para el Museo de Arte Moderno de San Diego" (San Diego, USA, 1998); "Collares", Centro de la Imagen (Mexico City, 1997); "Cubiertos", XXIV Festival Internacional Cervantino, Alhóndiga de Granaditas (Guanajuato, Mexico, 1996). She lives and works in Mexico City.

Enrique Guzmán (Guadalajara, Mexico, 1952-Aguascalientes, Mexico, 1986)
Studied painting with Alfredo Zalce and Alfredo Zermeño. In 1971 he began his painting career at the "La Esmeralda" National School of Painting, Sculpture and Engraving in Mexico City. The most important of the many collective exhibitions he has taken part in are "De su álbum", Museo de Arte Moderno (Mexico City, 1985); "Plástica de San Luis Potosí", Galería Tierra Adentro (Mexico City, 1980); Fourth New Delhi Triennial (New Delhi, India, 1978); Galería Arvil (Mexico City, 1976); "Un año de labor", Palacio Nacional de Bellas Artes (Mexico City, 1971). His one-man shows include "Los enigmas", Galería Arvil (Mexico City, 1984); "Guzmán. Óleos recientes", Galería

Pintura Joven (Mexico City, 1974); "Preguntas y sorpresas", Galería Pintura Joven (Mexico City, 1973).

Enrique Ježik (Córdoba, Argentina, 1961)
Studied Art in Buenos Aires, Argentina. Collective exhibitions in which he has taken part include "Asamblea", Centre Culturel du Mexique (Paris, France, 2001); "Persistencia de la Imagen", Museo de Arte Carrillo Gil-ArtSonje Center (Mexico City, 2001- Seoul, South Korea, 2001); "Arte contemporáneo de Mexico", Museo Ludwig-Mexikanische Botschaft (Budapest, Hungary, 2000-Berlin, Germany, 2000); "Las transgresiones al cuerpo", Museo de Arte Carrillo Gil (Mexico City, 1997). His one-man shows include ones for the Galería Nina Menocal (Mexico City, 1998, 1995, 1993); "Seguridad", Centro de la Imagen (Mexico City, 2002); "La historia interminable", MUCA CU (México City, 2001); "Esgrima", Ex Teresa Arte Actual (Mexico City, 2001); "Trois barques, deux tours", Camac Centre d'Art (Marnay sur Seine, France, 2000); "12, 16, 7, 62", Galería Acceso A (Mexico City, 2000). He lives and works in Mexico City.

Yishai Jusidman (Mexico City, 1963)
Studied painting with Carlos Orozco Romero and studied Visual Arts at the Art Centre College of Design and at the California Institute of the Arts, followed by a post-graduate at New York University. Of particular note among his collective exhibitions are "Me and More", the Lucerne Modern Art Museum (Switzerland, 2003); "La plataforma de la humanidad", 49th Venice Biennial (Italy, 2001); ARS 01, KIASMA (Helsinki, Finland, 2001); "Ultrabaroque, Aspects of Post-Latin American Art", San Diego Museum of Contemporary Art: his work was also exhibited in museums across the USA between 2000 and 2003. His one-man shows include "Mutatis mutandis/Pintores trabajando", put on between 2002 and 2004 at SMAK (Gante, Belgium), MEIAC (Badajoz, Spain) and MARCO (Monterrey, Mexico); "Bajo tratamiento/en-treat-ment", Museo de Arte Carrillo Gil (Mexico City, Mexico, 1999); and "INveSTIGACIONES PICTÓRICAS", organized by Otis College of Art and Design in 1996-98 as a traveling exhibition for university galleries across the USA. He lives and works in Los Angeles, USA.

Marcos Kurtycz (Pielgrzymowice, Poland, 1934-Mexico City, 1996)
Studied engineering in Poland, and moved to Mexico in 1969 where he began as a visual artist, years later choosing as his method of expression the *performance*, which he called "ritual actions". Particularly notable among these 'actions' were "Memo Fax" (1990), "Pasión y muerte de un impresor" and "Laberinto" (1979). His many artistic projects include "Serpiente-Víbora" (1992-1995); "Xyzompantli" and "Cambio de cara" (1990-1991); "Softwars" and "NY Pr89ject" (1988); "Un libro diario" (1984). He took part in the collective exhibition "Alternative Books / Libros Alternativos", Southwestern College (San Diego, USA, 1986). In 1999, the Museo de Arte Carrillo Gil (Mexico City) dedicated the exhibition "Marcos Kurtycz, Memoria" to him.

Gonzalo Lebrija (Guadalajara, Mexico, 1972)
He studied Communication Sciences at the Instituto Tecnológico de Estudios Superiores de Occidente (Guadalajara, Mexico). He has taken part in collective exhibitions such as: "Jet Set", Museum of Installation (London, United Kingdom, 2003); "Piel fría", Museo de Arte Carrillo Gil (Mexico City, Mexico, 2003); "Zebra Crossing", Haus der Kulturen der Welt (Berlin, Germany, 2002); "Axis Mexico (Common Objects and Cosmopolitan Actions)", San Diego Museum of Art (San Diego, USA, 2002); "7 Dilemas", Museo de Arte Moderno (Mexico City, Mexico, 2002); "Propulsión a chorro", Museo de las Artes (Guadalajara, Mexico, 2000). Of particular note among his one-man shows are: "Lights On", i-20 Gallery (New York, USA, 2003); "15753 kms", Galería Arena Mexico Arte Contemporáneo (Guadalajara, Mexico, 2002). He lives and works in Guadalajara, Mexico.

Teresa Margolles (Culiacán, Mexico, 1963)
Graduated in Communication Sciences en la Universidad Nacional Autónoma in Mexico. Qualified in forensic technology. Co-founder of the Grupo Semefo. Her work has been shown in several collective exhibitions, such as "Dark Places: Mapping Enigma", Santa Monica Museum of Art (Santa Monica, USA, 2004); "Made in Mexico / Hecho en Mexico", ICA (Boston, USA, 2004); "Outlook" (Athens, Greece, 2003); "20 Million Mexicans Can't Be Wrong", South London Gallery (London, United Kingdom, 2002). Notable among her one-woman shows are "Muerte sin fin", MMK (Frankfurt/Main, Germany, 2004); "En el aire", Vorarlberger Kunstverein (Bregenz, Austria, 2003); Teresa Margolles, Galerie Peter Kilchmann (Zurich, Switzerland, 2003); "Das Leichentuch", Kunsthalle Wien (Vienna, Austria, 2003); "Fin", La Panadería (Mexico City, 2002). She lives and works in Mexico City.

Rubén Ortiz Torres (Mexico City, 1964)
Graduated in Visual Arts at the National School of Fine Arts, UNAM, Mexico. Holds a Master's in Fine Arts from the California Institute of the Arts, Valencia, California, USA. Collective exhibitions in which he has taken part include "Axis Mexico: Common Objects and Cosmopolitan Actions", San Diego Museum of Art, (San Diego, USA, 2002); "Departures", The J. Paul Getty Museum (Los Angeles, USA, 2000); "¡Mexcelente!", Yerba Buena Center for the Arts (San Francisco, USA, 1998); 10th Sydney Biennial (Australia, 1996); "Impressions of Nature", Museum of Modern Art (New York, USA, 1995). His one-man shows include "Borderlandia", Haus der Kulturen Der Welt (Berlin, Germany, 2002); "Photographs", Zeitgeist (Seattle, USA, 1999); "Alien Toyz", Track 16 Gallery (Los Angeles, 1998); "La casa de los espejos y Pintura para turistas", Fotoseptiembre, Galería OMR (Mexico City, 1996); "Si tuviera parque", California Institute of the Arts (Valencia, California, USA, 1992). He lives and works between Los Angeles and Mexico City.

Kiyoto Ota (Sasebo, Nagasaki, Japan, 1948)
Studied Fine Arts in Japan and Mexico. He studied a Master's in Sculpture within Visual Arts, at the National School of Fine Arts, UNAM. Most notable among the collective exhibitions he has taken part in are "Mexican Report", (Austin,Texas-

Washington D.C., USA, 2004); "1er Simposio Internacional Arte Entorno" (Valencia, Spain, 2001); "Soleils Mexicains", Petit Palais (Paris, France, 2001); "Arte Contemporáneo de Mexico" at the Museo Carrillo Gil (Mexico City, 2001); he represented Mexico at the 5th Stone Festival (Aji, Japan, 2000); "México Eterno: Arte y Permanencia", Palacio de Bellas Artes (Mexico City, 1999). He has had one-man shows in the Casa Mayor (Mexico City, 2003), Museo de la Ciudad de México (Mexico City, 2002); Tecnológico de Monterrey, Campus Edo de Mexico (Mexico, 2002); Museo de Arte Carrillo Gil, (Mexico City, 1997); Galería Arte Contemporáneo (Mexico City, 1987 y 1992); Museo de Arte Moderno, (Mexico City, 1986); Galería Mimi, (Tokyo, Japan, 1971). He lives and works in Mexico City.

Marcos Ramírez "ERRE" (Tijuana, Mexico, 1961)
Studied Law at the UABC of Tijuana. His collective exhibitions include "From Baja to Vancouver: The West Coast and Contemporary Art", Seattle Art Museum — MCA, San Diego — CCA Wattis, San Francisco - Vancouver Art Gallery (USA - Canada, 2004); "Mexico Illuminated", Albright College (Reading, PA, USA 2003); "Política de la diferencia", MALBA (Buenos Aires, Argentina, 2001); "Whitney Biennial", Whitney Museum (New York, USA, 2000); "inSITE '97" (Tijuana - San Diego, Mexico - USA, 1997); 6th Havana Biennial, Museo de La Habana (Havana, Cuba, 1997). His one-man shows include "The Multiplication of Bread", Mesa College (San Diego, USA, 2004) and the Iturralde Gallery (Los Angeles, USA, 2003); "Oro por espejos", Iturralde Gallery (Los Angeles, 2000); "Play Station", INOVA, University of Wisconsin (Milwaukee, USA, 1999); "Amor como primer idioma", MCA (San Diego, USA, 1999); "187 Pares de Manos", CECUT (Tijuana, Mexico, 1996). He lives and works in Tijuana.

Adolfo Riestra (Tepic, Mexico, 1944 - Mexico City, 1989)
Studied Law at Universidad de Guanajuato. Trained as a painter under the masters Dwite Albisson and Jesús Gallardo. Has taken part in collective exhibitions such as "Siglo XX: grandes maestros mexicanos, grandes prodigios de fin de siglo", Museo de Arte Contemporáneo de Monterrey (Monterrey, Mexico, 2003); "Soleils mexicains", Petit Palais, (Paris, France, 2000); "México Eterno: Arte y Permanencia, Museo del Palacio de Bellas Artes, (Mexico City, 1999); "Imágenes y visiones: Mexican Art between Avantgarde and the Present", Würth Museum, (Künzelsau, Germany, 1995); "Mexico: Figures of the Eighties", Mexican Cultural Institute, (San Antonio, Texas - Washington DC, USA, 1991). His one-man shows include "Adolfo Riestra: dibujante, pintor y escultor", Museo de Arte Contemporáneo de Monterrey (Monterrey, Mexico, 1998); "Obra inédita", Galería OMR (Mexico City, 1991); "Homenaje a Adolfo Riestra", Wenger Gallery, (Los Angeles, USA, 1991); "Barro nuevo", Galería OMR (Mexico City, 1986).

Miguel Angel Ríos (Catamarca, Argentina, 1953)
Studied at the Academia Nacional de Bellas Artes de Buenos Aires, Argentina. The video *A MORIR ('TIL DEATH)* has been shown as part of the collectives of LACE (Los Angeles, USA, 2004), Art Basel (Basel, Switzerland, 2004); "Ecuaciones de

Lotka-Volterra", CANAIA (Mexico City, 2004); Artist's Space (New York, USA, 2003). Other collective exhibitions he has taken part in are the VIII Salón de Arte Bancomer (Mexico City, 2002); Art Basel (Basel, Switzerland, 2002); Sydney Biennial (Sydney, Australia, 2002); Special Projects, PS1 (New York, USA 2001). One-man shows include "A MORIR ('TIL DEATH)", Media Gallery, Apeejay Techno Park (New Delhi, India); "El viaje del botanista", Sala Mendoza (Caracas, Venezuela, 2001). He lives and works between New York and Mexico City.

Mauricio Rocha Iturbide (Mexico City, 1965)
Studied at the Architecture faculty, the Max Cetto workshop at the UNAM, Mexico. Received the gold medal and 1st prize at the VIII Bienal de Arquitectura Mexicana, for the Mercado de San Pablo building, Oztotepec (Mexico City, 2004). Apart from his architectural works, both public and private, he has taken part in the following exhibitions: "Arquitectura Mexicana", Center for Architecture (New York, USA, 2004); The first international architecture biennial (Beijing, China, 2004); an intervention in MAM (Mexico City, 2003); an intervention in Ex Teresa Arte Actual (Mexico City, 1999); "Lines of Loss", Artists Space (New York, USA, 1998); an intervention in the reservoir, Isabel II Canal, ARCO'97 (Madrid, Spain, 1997); Galería de Arte Contem-poráneo (Mexico City, 1996). Lives and works in Mexico City.

Betsabeé Romero (Mexico City, 1963)
Studied Communication, Fine Arts and History in France and Mexico. His numerous collective exhibitions include the Havana Biennial (Cuba, 2004), Portoalegre Bienal (Brazil, 2003); "Cinco Continentes, una ciudad", Museo de la Ciudad de México (Mexico City, 2000); "Art Grandeur Nature", La Courneuve (Paris, France, 1999); InSite 97 (Tijuana-San Diego, Mexico-USA, 1997). He has had more than 30 one-man shows, of which a few are "On the Freeway", The Drill Hall Gallery (Canberra, Australia, 2002); "Road Show", Ramis Barquet Gallery (New York, USA, 2000); "Trama Transurbana", Museo de Arte Carrillo Gil (Mexico City, 1999); "Ni cardo ni ortiga", Museo de Monterrey (Monterrey, Mexico, 1996). He has also done many urban intervention projects in various communities such as East L.A. (USA), la Colonia Buenos Aires in Mexico City, Idaho (USA), Toulouse (France) and Chicago (USA) among others. He lives and works in Mexico City.

Grupo Semefo
It was founded in 1990, made up of Teresa Margolles, Carlos López, Arturo Angulo, Mónica Salcido, Juan Luis García Zavaleta and Juan Manuel Pernás. The many collective exhibitions in which they have shown their work include the 5th Lyons Biennial, Tony Garnier Hall (Lyons, France, 2000); 4th Monterrey Biennial, Museo de Monterrey (Monterrey, Mexico, 1999); "Así está la cosa", Centro Cultural de Arte Contemporáneo (Mexico City, 1997). The group's individual shows include the "Sterile Mineralisation" installation, present-ed at the Salón Nacional de Visual arts, Centro Nacional de las Artes (Mexico City, 1997); "SEMEFO en el Ojo Atómico", Espacio El Ojo Atómico (Madrid-Asturias-Galicia, Spain, 1997);

"Lavatio Corporis", Museo de Arte Carrillo Gil (Mexico City, 1994). The group broke up in 1998.

Santiago Sierra (Madrid, Spain, 1966)
Graduated in Fine Arts from the Universidad Complutense in Madrid. The collective exhibitions where his work has been seen include the 1st Contemporary Art Biennial of Seville (Seville, Spain, 2004); "Los usos de la imagen", MALBA-Fundación Telefónica (Buenos Aires, Argentina, 2004); "El real viaje real", PS1 (New York, USA, 2003); 50th Venice Biennial (Venice, Italy, 2003); "20 Million Mexicans Can't Be Wrong", South London Gallery (London, United Kingdom, 2002); "Pervirtiendo el minimalismo", Museo Nacional Centro de Arte Reina Sofía (Madrid, Spain, 2000). Notable among his one-man shows are the Museum Dhondt-Dhaenens (Belgium, 2004); "Edificio iluminado", Arcos de Belén, (Mexico City, 2003); "Contratación y ordenación de 30 trabajadores conforme a su color de piel", Kunsthalle Wien (Vienna, Austria, 2002); "Lona sostenida frente a la entrada de una feria de arte", Galerie Peter Kilchmann, Art Basel (Basel, Switzerland, 2001). He has lived and worked in Mexico City since 1995.

Melanie Smith (Poole, United Kingdom, 1965)
Studied Visual Arts at Reading University, England. Has partici-pated in the following collective exhibitions, among others: 8th Havana Biennial, Centro de Arte Contemporáneo Wilfredo Lam (Havana, Cuba, 2003); "Mexico City: An Exhibition about the Exchange Rates of Bodies and Values", PS1 (New York, USA, 2002); "Yo y mi circunstancia", Musée de Beaux Arts (Montreal, Canada, 1999); "Cinco continentes y una ciudad", Museo de la Mexico City (Mexico City, 1999). One-woman shows: San Diego Museum of Contemporary Art (San Diego, USA, 2004); "Seis pasos hacia la abstracción", Galerie Peter Kilchmann (Zurich, Switzerland, 2002); "Orange Lush", Instituto Anglo Mexicano de Cultura (Mexico City, 1997); L'Escaut Gallery (Brussels, Belgium, 1992). She lives and works in Mexico City.

Gerardo Suter (Buenos Aires, Argentina, 1957)
Began in photography, later becoming involved in other media of expression such as video. His most notable collective exhibi-tions include "Así está la cosa. Instalación y arte objeto en América Latina", Centro Cultural Arte Contemporáneo (Mexico City, 1997); "Las transgresiones al cuerpo", Museo de Arte Carrillo Gil (Mexico City, 1997); "What's New: Mexico City", The Art Institute of Chicago (Chicago, USA, 1990). He has had one-man shows at the Austin Museum of Art (Texas, USA, 2000); Kulturhuset Stockholm (Stockholm, Sweden, 2000); "Bitácora (disecciones de un fotógrafo)", Centro Nacional de las Artes (Mexico City, 1997); Center for the Fine Arts (Miami, USA, 1996); Museo de Arte Carrillo Gil (Mexico City, 1982). He lives and works in Cuernavaca, Mexico.

Diego Teo (Mexico City, 1978)
He did a degree in Visual Arts at the National School of Fine Arts, UNAM, Mexico. He has exhibited in collective shows such as "Tiempo Presente", Galería ART&IDEA (Mexico City, 2003); "Aparentemente Sublime", Museo de Arte Moderno, (Mexico

City, 2003); "Still Life", Museo de Arte Carrillo Gil (Mexico City, 2003); "Jarcornerdasion", Grupo Atlético, video, (Museo Carrillo Gil, Mexico City, 2000); "Esmorgasvord", Grupo Atlético, Casa del poeta exiliado Citlaltépetl, (Mexico City, 2000); "Cero-Mexico", Grupo Xix im, Casa de Lago, (Mexico City, 1999); "Cero-Japón", Grupo Xix im, (Uwa-Cho, Japan, 1999); 8th Internacional Biennial of Small Graphic Form and Ex Libris, (Ostrow Wielkopolski, Poland, 1999). His one-man projects include "Alterado", Galería ART&IDEA (Mexico City, 2004); an exhibition in Arena Mexico, (Guadalajara, Mexico, 2004); "Obra Gráfica", Galería Capellini (Ciudad del Carmen, Mexico, 1998). He lives and works in Mexico City.

Francisco Toledo (Juchitán, Oaxaca, Mexico, 1940)
He studied in the engraving department at the Escuela de Diseño Artesanías, part of the INBA, in Mexico City. Among the many collective exhibitions he has taken part in, of particular note are "Erógena", Museo de Arte Carrillo Gil-Stedelijk Museum voor Actuele Kunst (Mexico City-Gante, Belgium, 2000); "México: Una visión de su paisaje", an exhibition which travelled to several North American museums (1995); "Latin American Drawing, The Art institute of Chicago" (Chicago, USA, 1987). His one-man shows include "Francisco Toledo", Whitechapel Art Gallery-Museo Nacional Centro de Arte Reina Sofía (London, England-Madrid, Spain, 2000); "Francisco Toledo, retrospective of graphic works", Associated American Artists New York, USA, 1995); "Zoología Fantástica, Homenaje a Jorge Luis Borges", Museo de Monterrey (Monterrey, Mexico, 1989). He lives and works in Oaxaca, Mexico.

Milagros de la Torre (Lima, Peru, 1965)
Studied Communication Studies at Lima University, and Photography at the London College of Printing, London, England. The many collective exhibitions she has taken part in include the Biennials of Havana and Johannesburg in 1997, "The Garden of Forking Paths", Kunstforeningen, (Denmark, 1999), "Cartógrafos y aventureros", Fundacion La Caixa, (Barcelona, Spain, 1999), "Resistencias'" Koldo Mitxelena, (San Sebastian, Spain, 2000), "Versiones del Sur", Museo Nacional Centro de Arte Reina Sofía (Madrid, Spain, 2000); "The Eye of the Millenium: Art of the Americas", Art Museum of the Americas (Washington DC, 1999). Of particular note among her one-woman shows are "Bajo el sol negro", Palais de Tokyo, Centre National de la Photographie, (Paris, France, 1993), Museo de Arte Carrillo Gil, (Mexico City, 1999), Galería Luis Adelantado (Valencia, Spain, 2000), Galería Ramis Barquet, (Mexico City, 2000), "Censurados", Mois de la Photo-Galería Cesar / Filomena Soares (Paris, France-Lisbon, Portugal, 2002); Centro de la Imagen, (Mexico City 2004). She lives and works in Mexico and New York, USA.

Pablo Vargas Lugo (Mexico City, 1968)
Studied Visual Arts at the National School of Fine Arts, UNAM. Collective exhibitions in which he has taken part include "Los usos de la imagen", MALBA - Fundación Telefónica (Buenos Aires, Argentina, 2004); "International Paper", UCLA Hammer Museum (Los Angeles, USA, 2003); "La Persistencia de la

Imagen", Museo de Arte Carrillo Gil (Mexico City, 2001); "The Conceptual Trend", Museo del Barrio (New York, USA, 1997). Notable among his one-man shows are "Falla", Museo Tamayo Arte Contemporáneo (Mexico City, 2004); Piramid Panoram, Galería OMR (Mexico City, 2001); "Aeropuerto '99: ¡¡Seguridad a Bordo!!", Estaciones Copilco, Pino Suárez y Candelaria del Metro (Mexico City, 1999); "Congo Bravo", Museo de Arte Carrillo Gil (Mexico City, 1998); "Obra reciente", Sala Díaz (San Antonio, Texas, USA, 1997). He lives and works in Mexico City.

Miguel Ventura (San Antonio, Texas, 1954)
Graduated from Princeton University, New Jersey, USA. Studied at the School of the Museum of Fine Arts, Boston, Masachussets, USA. Among the collective shows he has taken part in are "Video X: 10 Years of Video with Momenta Art", Momenta Art (New York, USA, 2004); "o.d.d. (orden del día)", Museo de Arte Moderno (Mexico City, 2002); Mimic, Gail Gates (New York, 2001); "Yo y mi circunstancia", Musée de Beaux Arts (Montreal, Canada, 1999); "Cambio", Museo Universitario del Chopo (Mexico City, 1997). One-man shows include "The P.M.S. Dilema", Museo de arte Carrillo Gil (Mexico City, 2002); "The New Fuck Me Little Daddy House", Flatland Gallery (Utrech, the Netherlands, 1999); "Trabajos recientes", Galería de Arte Contemporáneo (Mexico City, 1991). He lives and works in Mexico City.

Jorge Yazpik (Mexico City, 1955)
Studied at the National School of Fine Arts, UNAM. Has taken part in collective exhibitions such as "Grafos y señales", Museo Nacional de la Estampa (Mexico City, 2003); "Homenaje a Gunther Gerzso", Instituto Luis Mora (Mexico City, 2001); "Escultura Mexicana, de la Academia a la Instalación", Museo del Palacio de Bellas Artes (Mexico City, 2000); "Cinco Escultores", Museo del Palacio de Bellas Artes (Mexico City, 1994); "Arte mexicano contemporáneo", Universidad de las Américas (Mexico City, 1990). His one-man shows include "Art in Context" (Naples, Fl, USA, 2004); Instituto Tecnológico de Monterrey, Campus Edo de Mexico (Mexico City, 2001); Museo Rufino Tamayo (Mexico City, 1997); Museo de Monterrey (Monterrey, Mexico, 1994); Galería del ITAM (Mexico City, 1993). He lives and works in Mexico City.

Héctor Zamora (1974, Mexico)
Graduated in graphic communication design at the UAM-Xochimilco. In 2001 he founded LSD, an independent workshop dedicated to the design of light structures. To mention only a few of the many collective exhibitions in which he has taken part: "Sin título [amarillo]", Parque Los Lagos (Xalapa, Veracruz, Mexico, 2003); "Intersecciones", Mexican Cultural Institute, (Washington DC, USA, 2003); "Descripción", Centro Cultural de España en México (Mexico City, 2002). Particularly notable among his one-man shows are "Paracaidista, Av. Revolución 1608Bis", an intervention at the building of the Museo de Arte Carrillo Gil (Mexico City, 2004); "Pneu", an intervention at the building of the Galería Garash (Mexico City, 2003); and "a = 360°r/R" an intervention in the *Torre de los Vientos*, a sculpture by Gonzalo Fonseca (Uruguay, 2000). He lives and works in Mexico City.

EXPOSICIÓN

Comisarios
Osvaldo Sánchez
Kevin Power

Coordinación
Rafael García Horrillo

Asistente de Coordinación en México
María Bostock

Registro de exposiciones
Iliana Naranjo
Blanca Padilla

Diseño de montaje
Vélera S.L.

Montaje
Exmoarte

Seguros
ING Seguros Comercial América
G. Baylin. Correduría de Seguros

Transporte
SIT Transportes Internacionales
CNCRPAM
Lucía Alfart
Moving International

Restauración
Paloma Calopa
Eugenia Jimeno
Begoña Juárez
Mary Ann Kelly
Carlos Navas

CATÁLOGO

Dirección
Kevin Power
Osvaldo Sánchez

Textos
Cuauhtémoc Medina
Kevin Power
Itala Schmelz
Osvaldo Sánchez

Edición y producción
Turner

Documentación citas textuales
María Bostock

Biografías artistas
Rafael García Horrillo

Traducciones
Ben Peirodown
Sirk Traducciones
Elena González

Diseño
gráfica futura

Coordinación
Turner

Fotografías
Enrique Bostelmann,
Carlos Contreras de Oteyza
Camilo Garza
Sergio Javier González
Cuauhtli Gutiérrez
Toni Hauri
Javier Hinojosa
Francisco Kochén
Fernando Medellín
Q, American Photo
William Short Photography

Fotomecánica
Espiral

Impresión
Artes Gráficas Palermo

Encuadernación
Ramos

AGRADECIMIENTOS

El Museo Nacional Centro de Arte Reina Sofía desea expresar su agradecimiento a las siguientes entidades y particulares, sin cuya colaboración esta exposición no hubiera sido posible

Galería Helga de Alvear, Anna y Alejandra Kurtycz, Fundación Televisa A.C., Galería Nina Menocal, La Colección Jumex, Michael Krichman y Carmen Cuenca, Galería OMR, Museum für Moderne Kunst, Teresa Margolles, Galería Ramis Barquet, Colección Daros Latin America, Ronald y Lucille Neeley, Enrique Ježik, Betsabée Romero, Elena K. Holloway, Mariana Botey, Miguel Ángel Ríos, Manuel Verdugo, Colección de Arte Contemporáneo Fundación "La Caixa", Galería Art&Idea, Diego Teo, Mauricio Rocha Iturbide, Héctor Zamora, Marcos Ramírez ERRE, Iturralde Gallery, Silvia Gruner, Galería López Quiroga, Galerie Peter Kilchmann, Galería Luis Adelantado, Guillermo Sepúlveda, Gerardo Suter, Claudia Fernández, Verena Grimm, Andrea Rosen Gallery, Jorge Yázpik, Fernando García Correa, Thomas Glassford, José Dávila, Carlos Ashida, Netherlands Media Arts Institute/Time Based Arts, Galería ProjecteSD, Colección Femsa, Yishai Jusidman, Carlos Arias, Gabriel Esper Caram, Rolando White, Miguel Ventura, Rubén Ortiz Torres, Gonzalo Lebrija.

A Maite Ortega, Eneas Bernal, Obarra Nagore, Angeles Hinojosa, Cristina Cámara y Julia Ramón.

Y a todos aquellos que han preferido permanecer en el anonimato.